U0142530

中華民國憲法概要

（含歷屆公職憲法考題）

The Constitution of R.O.C.: An Introduction | 黃炎東 ◆著

五南圖書出版公司 印行

黃炎東教授　簡歷

一、姓名：黃炎東

二、年齡：1948 年 9 月 3 日

三、籍貫：台灣省屏東縣

四、學歷：屏東師範學校畢業

　　　　　輔仁大學畢業

　　　　　臺灣大學法學碩士

　　　　　中國文化大學法學博士

　　　　　美國奧斯汀德州大學政府系訪問教授

　　　　　日本東京大學客座研究員

五、教授資格：1992 年元月獲教育部頒授正教授（教字第 6693 號）

六、學術領域專長：法學、政治學、企業管理。

七、大學教授工作資歷：

　　(一) 專任教授工作：自 1997 年迄今（2014 年）擔任中央警察大學、崇右技術學院教授。

　　(二) 兼任教職工作：自 1985 年起迄今（2014 年）擔任國立臺灣大學國家發展研究所教授。

八、大學行政主管資歷：自 1999 年元月起迄今（2014 年），連續擔任中央警察大學圖書館館長、世界警察博物館館長、公共關係室主任、校長室機要秘書等行政一級主管十餘年、崇右技術學院副校長兼財經法律系主任。

九、媒體工作資歷：自 1985 年起至 1997 年止，曾任中國新聞學會總幹事 12 年績效卓著，曾獲上級多次獎勵在案。

十、教育部於 2005 年元月首次舉辦對中央警察大學評鑑，榮獲校務組第一名，經上級獎勵在案。

十一、2010 年 3 月 17 日榮獲內政部頒發一等警察獎章。

十二、2013 年 3 月 6 日榮獲行政院頒發服務成績優良獎章。

十三、榮登 1999 年～2000 年世界年鑑：中華民國名人錄；榮登 2004 年～2009 年世界年鑑：台灣名人錄；榮登 2014 年世界年鑑：台灣名人錄。

十四、歷任國立臺灣大學國家發展研究所兼任教授、國立臺灣海洋大學航管所航運管理講座、國立中央警察大學專任教授、國立臺灣大學研究生學位考試委員、國立臺灣師範大學研究生學位考試委員、國立臺灣海洋大學海洋法律研究所研究生學位考試委員、基隆市政府市政顧問、台東市市政顧問、新竹縣政府縣政顧問、雲林同鄉會顧問、雲林同鄉文教基金會法律總顧問、國防部總政戰局國軍官兵權益保障委員會委員、長庚醫院林口總院倫理委員會委員、國立體育大學申訴委員會委員、中華武術總會法律總顧問、國立台灣大學國發所友會常務理事、國立中山大學行政主管班講座、中央警察大學全民拼治安論述文集總編輯、考試院公務人員特種考試基層行政警察人員考試典試委員、考試院司法人員考試典試委員、考試院公務人員升等考試、關務人員升等考試典試委員兼分組召集人、中華民國溫泉觀光協會法律顧問、衛生福利部法規委員會委員。

十五、現職：崇右技術學院副校長，中央警察大學教授、臺灣大學國發所兼任教授。

十六、主要著作：

(一) 專書：

1. 法律與生活 —— 解開現代人法律問題之迷思，新陸書局，2014 年 2 月出版。

2. 憲政論 —— 憲政變遷與體制改革，臺灣商務印書館，2014 年 2 月出版。

3. 新世紀刑法釋要 (修訂版)，正中書局，2012 年 9 月臺壹版。

4. 管理哲學與管理策略，中央警察大學出版社，2012 年 5 月出版。

5. 新世紀刑事訴訟法釋要，中央警察大學出版社，2011 年 3 月初版。

6. 新世紀刑法釋要，中央警察大學出版社，2010 年 12 月出版。

7. 憲法、人權與國家發展，五南圖書公司，2010 年 7 月出版。

8. 新世紀憲政思辨，水牛出版社，2009 年 6 月出版。

9. 憲政思辨 —— 我國中央政府體制發展之研究，五南圖書公司，2008 年 5 月出版。

10. 站在民主十字路口的台灣，水牛出版社，2006 年 11 月 15 日出版。

11. 公共關係與警民聯防之研究 —— 以日本警民聯防制度為例，中央警察大學出版社，2006 年 5 月出版。

12. 中華民國憲法新論，五南圖書公司，2006 年 2 月 2 版 2 刷。

13. 台灣的治安與警政革新，水牛出版社，2006 年出版。

14. 新世紀台灣憲政體制與政黨政治發展趨勢，正中書局，2004 年出版。

15. 新世紀憲法釋論，五南圖書公司，2003 年出版。

16. 我國憲法中央與地方權限劃分之研究，五南圖書公司，2000 年 6 月出版。

17. 警察百科全書，警民聯防，第 5 卷第 9 章，中央警察大學出版社，1998 年出版。

(二) 期刊和學術研討會論文：

1. 組織衝突、危機管理與企業經營管理策略，華人經濟研究半年刊第 11 卷第 2 期，中華兩岸事務交流協會編印，2013 年 9 月發表。

2. 政治現代化與經濟發展之關聯 —— 開發中國家的政黨角色，全球管理與經濟第七卷第一期，2011 年 9 月發表。

3. 憲法上中央與地方權限劃分之研究，華人前瞻研究第七卷第一期，2011 年 5 月發表。

4. 警察執法與人權之維護 —— 以釋字五三五號解釋為中心，中央警察大學「現代警察應有之素養」學術研討會，2011 年 5 月 31 日發表。

5. 言論自由權利範圍之探討，崇右技術學院「2011 通識教育學術研討會」，2011 年 5 月 13 日發表。

6. 制定刑事妥速審判法與我國人權保障之探討，法務通訊第 2519~2520 期，2010 年 11 月發表。

7. 平議個人資料保護法之修法，台灣法學雜誌 152 期，2010 年 5 月發表。

8. 為言論自由與名譽維護尋求一個合理之平衡點，台灣法學雜誌 151 期，2010 年 5 月發表。

9. 平議死刑執行的爭議 —— 在依法行政與人權保障之間尋找平衡點，台灣法學雜誌 150 期，2010 年 4 月發表。

10. 司法人員不能不食人間煙火，但要甘於寂寞 —— 對立法院司法及法制委員會審查檢察總長資格之感言，台灣法學雜誌 149 期，2010 年 4 月發表。

11. 大學財經法學教育的思考 —— 以「應用法學」與「科際整合」為特色，司法周刊，2009 年 12 月發表。

12. 公共關係與警民聯防之研究 —— 以日本警民聯防制度為例，中央警察大學「通識教育與警察倫理」學術研討會，2006 年 5 月 30 日發表。

13. 選舉制度對政黨制度發展影響之研究，中央警察大學「通識教育與警察倫理」學術研討會，2005 年 10 月 22 日發表。

14. 新世紀台灣憲政體制發展之研究，財團法人台灣新世紀文教基金會 —— 新世紀智庫論壇第 28 期，2004 年 12 月 30 日發表。

自序

　　憲法乃是國家根本大法，其主要的內容包括了人民基本權利與義務，國家機關的組織、職權、基本國策等。從當代自由民主的憲政思潮來看，憲法的主要功能乃在於人民基本權利之維護；無論政府施政或對於人民行為規範，當以人權的維護與提升為其核心價值。

　　筆者長年服務於中央警察大學、台灣大學，從事法政學術教學研究工作。自民國九十八年十月份起，筆者自中央警察大學借調至崇右技術學院服務，擔任財經法律學系系主任乙職。到校服務一個月後，配合校務未來長遠發展的規劃與需要，筆者有幸再度蒙長官的拔擢，於十一月初接任崇右技術學院副校長，並同時兼任財經法律系主任。在多年來的教學與研究工作中，深感憲法教育與人權教育對於國家發展至為重要；尤其我政府於民國九十八年五月簽署了「公民與政治權利國際公約」、「經濟社會文化權利國際公約」，並公布其施行法之後，已為我國人權法制立下重要里程碑。筆者有感於此，因而將多年教學研究心得編纂成冊，並以《中華民國憲法概要》為名，付梓出版。期望藉以提升我國人權法治教育，為我國未來的民主政治與國家發展開創更為理想之新境界。

　　全書共分為十七章，分別說明如下：

　　第一章首先闡述憲法的意義，並就歐美與日本學者的見解加以探討。

　　第二章則就憲法的性質與分類加以說明。憲法的性質主要包含有歷史性、最高性、固定性、適應性、政治性等特性。至於憲法的分類，筆者乃是從成文憲法與不成文憲法，剛性憲法與柔性憲法，欽定憲法、民定憲法與協定憲法，規範性憲法、字義性憲法與名目性憲法，三權憲法與五權憲法，聯邦制憲法與單一制憲法，一院制憲法、兩院制憲法與三院制憲法等加以比較。在本章最後則說明憲法、法律與命令之關係及區別。

　　第三章憲法思潮的演進當中，係就英國、美國、法國、德國與日本憲法的演進，及針對現代憲法的原理原則，即個人主義原則、國民主權原則、基本權利原則、分權與制衡的原則、法治主義原則、民主政治、憲政主義等概念加以探討。最後關於我國的憲政發展史，則敘述從清末立憲運動到民國三十六年憲

法制定。

第四章中華民國憲法前言暨總綱則分別就我國憲法及增修條文序言、總綱、國體與政體、主權、國民、領土、民族平等與國旗加以說明。

第五章基本權利總論，則從基本權利種類、保障與限制加以探討。

第六章基本權利各論，則就平等權、自由權、受益權、社會權、國家賠償請求權與參政權加以探討。

第七章人民的義務係針對我憲法中納稅、服兵役與受國民教育的義務加以探討。

第八章乃政府論總論，其中對於權力分立理論，總統制、內閣制、雙首長制與委員制的制度設計，一院制與兩院制的法理依據等分別概略地加以介紹。

第九章政府論各論（一），係以我國憲法中水平的權力分立為探討核心。其主要包含總統、行政院、司法院、考試院與監察院的地位，產生方式與組織職權等加以探討。

第十章政府論各論（二），係就垂直的權力分立加以探討。其中地方自治的意義，理論基礎與要件，均權主義與地方自治之關係為探討核心。此外，將我國憲法關於中央與地方的關係，其中包括權限劃分、自治監督關係、財政收支分配問題等加以探討。配合五都升格為直轄市與地方制度法修正後，於本章最後筆者亦將我國地方制度與地方自治法規加以深入剖析，並提出建設性意見，以真正落實我國之地方自治。

第十一章至第十三章分別就基本國策、憲法的修改與兩岸人民關係加以探討。

第十四章論述自一九九一至二○○五年我國歷次的憲政改革，其內容包括回溯當時修憲共識之凝聚、國是會議的召開與建議，第一至第七次歷次憲改之重點、過程與修改之內容，以及對於我國憲政體制發展之影響；並且闡釋我國憲法歷經時空之轉變後，從具有內閣制的精神、表現如總統制般之特色，最後向雙首長制傾斜，而在整體的憲政體制上是否發揮權力分立與制衡的功能等議題，進行學理上與實證上的深入探討。

第十五章就我國中央政府體制之屬性加以剖析，並論述雙首長制在我國實

施的利弊得失，以及各界對我國中央政府體制運作之看法與建議。

　　第十六章分別論述總統制、內閣制與雙首長制之特色，並闡述如何突破當前憲政瓶頸，以落實主權在民之理想。

　　第十七章論述我國未來憲政改革的重點方向，首重憲法中人權保障的核心價值；並將分別闡述、分析我國司法實務中攸關人民基本權利的重要憲法解釋。以及論述我國在簽署「公民與政治權利國際公約」、「經濟社會文化權利國際公約」兩項公約之後，未來在內國法化的過程中，如何落實人權法制的具體方向。

　　期望本書的出版能夠在符合人權保障的時代潮流與憲政主義的當代思潮中，為我國未來的國家永續發展，以及二千三百萬人民的自由、民主法治與人權保障的幸福生活，開創更為理想的新願景。又為因應當前讀者教學研究與參加國家各種考試需要，特將最近幾年來有關的憲法考題與解答有系統地加以編排列入，以激發讀者研讀之興趣並強化應考之競爭能量。

黃炎東　謹識

西元 2014 年 5 月

目錄

第一章

憲法的意涵與必要性

第一節　憲法的意義

憲法乃是萬法之法，也是規定人民的權利義務、國家重要機關組織與職權及運作方式的根本大法。憲法一詞源自於拉丁文中的 Constitutio，英文中 Constitution 和 Constitutional law，原爲組織與構造之意。日本將其譯爲「國家法」、「建國法」、「政規典範」等，後改譯爲「憲法」，而在我國古典中如詩經的「文武成憲」，國語之「賞善罰惡」、「國之憲法」、尚書之「鑒於先生成憲，其永無愆」以及唐書之「永垂典範，貽範後世」等所指的大皆是國家之典章、規範之意涵。但我國以上古典中所指稱之涵義與今日所指稱的憲法之內涵是不盡相同的，而在古羅馬帝國的立法當中，憲法一詞是用來表示皇帝的各種建制與詔令，以區別於市民會議通過的法律文件。在歐洲中世紀的憲法一詞是用來表示確立國家的基本制度的法律。如英王亨利二世頒布的「克拉倫敦憲法」（Constitutions of clarendon），直到十八世紀末葉美國獨立革命以後，頒布世界上第一部成文憲法，憲法的現代意義才逐漸確立。爲了進一步了解憲法的意涵，吾人將歐美與日本學者對於憲法的界定加以闡釋。

一、希臘學者亞里斯多德（Aristotle384BC ─ 322BC）

亞里斯多德是西方國家當中最早使用憲法一詞的學者[1]。在他的相關論述當中，他對憲法的定義幾乎等同於政體。依據亞里斯多德的說法，政體（憲法）爲城邦一切組織的依據，當中尤其重視（具一切政治決定大權的）「最高治權」

---

[1] 賽班（George H. Sabine），李少軍、尚新建譯，西方政治思想史，台北：桂冠，1991 年 10 月，頁 103 ～ 120。

組織。依亞氏之觀點，無論何種類型的城邦，它的治權一定寄託於公民團體，而公民團體實際上就以最高法律為依據[2]。

二、英國學者戴雪（Albeot Venn Dicey 1835-1922）

在戴雪的看法中憲法一詞，實包含所有直接或間接地關聯國家主權權力的運用及支配之一切原則。因此之故，大凡像這般的規則，或被利用以界限主權權力的各個分子之所有職務，或用來規定各個分子間相互關係或備用以實測主權者他的各個分子所以運用此項權威之方式，俱包括於憲法之內[3]。

三、英國學者詹寧斯（Jennings Ivor Sir 1903-1965）

詹寧斯認為，憲法乃是人們的一種結合體，它的特性取決於在統治和被統治地位的人們的特性。此外，詹寧斯還提到，憲法是一種轉變中的事物，像萬花筒的色彩一樣變換不定[4]。

四、英國白賚斯（James Bryce 1838-1922）

白賚斯為憲法下了一個簡單的定義，憲法是規定政府的形式、權力以及人民的權利、義務的法則[5]。

五、英國學者鮑格德（Bargeard）

憲法是一種根本大法，根據它以建立國家的政府，以協調個人與社會的關

---

[2] E. Barker, ed., The Politics of Aristotle. (Oxford: Clarendon Press, 1946), pp.110-156.。
[3] 戴雪（Albeot Venn Dicey）著，雷賓南譯，英憲精義，台北：帕米爾，1991 年 10 月，頁 116 ～ 117。
[4] 詹寧斯（Jennings Ivor Sir）著，龔祥瑞、侯健譯，法與憲法，北京：三聯，1997 年 11 月，頁 10 ～ 11。
[5] 左潞生，比較憲法，台北：文化，民國 63 年 6 月，再版，頁 2。

係；它可以是成文的，由主權者制訂具體的條文；它亦可能由不同時期、不同來源的國會法、判例及政治習俗所組成[6]。

六、英國學者普維爾（Bouvier）

普維爾認為憲法是國家的基本法，指示政府之所由以建立的原則，並規定主權運用的方式[7]。

七、英國政治學者安德魯・海伍德（Andrew Heywood）

英國政治學者 Andrew Heywood 從廣義的觀點指出，憲法是指一系列的規則，不論是成文的或不成文的，憲法尋求建立不同政府機關的義務、權力與功能，憲法管理各機關的關係，並界定國家與個人之間的關係。[8]

八、美國學者傅雷德利奇（Carl J. Friedrich）

憲法是對政府行動之有效有規則之抑制[9]。

九、十八世紀學者佩因（Thomas Paine）

在其著作「The Rights of Man」中論及一個國家的憲法應具備：(一) 人民應有意識地和審慎地起草憲法之基本原則，並載入正式文件頒布之。(二) 必須普遍的被國民所公認，並對其政府有拘束力。(三) 應規定和限制其政府的權力。

---

[6]　同前註。
[7]　同前註。
[8]　（Andrew Heywood）著，林文斌、劉兆隆譯，政治學，台北：韋伯，1998 年 12 月，頁 444。
[9]　Carl J. Friedrich: Constitutional Government and Democracy, Blaisdell Publishing Company Tenth Rev. edit. 1965, p.122.

(四) 政府的任何措施如果逾越憲法規定，就是違憲[10]。

十、日本學者美濃部達吉

　　日本學者美濃部達吉認為憲法一詞，有各種意義種類之區分，其中應區分為實質意義與形式意義兩種。實質意義的憲法，包含有關於國家的組織及作用的基礎法的意義。進一步說，舉凡關於國家領土範圍、國民的資格要件、國家統治組織大綱，尤其是處於國家最高地位的政府機關如何構成，享有何種權利，怎樣行使其權能，各種機關彼此互相之間，有如何之關係等法則，即關於憲法與國民之關係的基礎法則。十八世紀美國及法國革命之後，立憲制度普及於世界各國，同時除英國及匈牙利之外，各國將其國家的基礎法成文化、法典化，以做為本國的憲法而公布之。此與普通的法律有別，可以稱為形式意義的憲法，亦可簡稱為成文憲法[11]。

十一、日本學者蘆部信喜

　　日本學者蘆部信喜強調憲法的概念是多義的，並分別從憲法的形式與實質意義加以探討，其中實質意義又包含固有意義與立憲意義兩個層面，而在上述的憲法觀念當中，又以立憲意義為核心本質。其最終目的與其說是在於政治權力的組織化，不如說是限制權力來保障人權[12]。

十二、中華民國國父　孫中山先生

　　孫中山先生說：「憲法者，國家之構成法，亦即人民權利之保障書也。」[13]。

---

[10]　Austin Ranney: The Governing of Men, The University of Wisconsin, Rev, edit, 1965, p.106.

[11]　美濃部達吉著，歐宗佑譯，憲法學原理，上海：商務，1925 年，頁 271 ～ 272。

[12]　蘆部信喜著，李鴻禧譯，憲法，台北：月旦，1995 年，頁 30 ～ 31。

[13]　孫文，中華民國憲法史前編序，吳宗慈編，中華民國憲法史，台北，台聯國風，1973 年元月，頁 1。

在民國十年孫中山先生演講五權憲法時又特別指出：「憲法是把一國的政權分作幾部分，每部分都是各自獨立，各有專司的。」

　　從以上學者對於憲法的解說可以了解，憲法就是萬法之法，一切法律或命令皆由憲法而來，它是規定人民權利及義務，國家基本組織、職權、相互之間的關係與互動及基本國策之根本大法。也就是說，憲法乃一個國家的根本大法，係構成國家制度的最高法則，國家的一切組織及其權力之行使，均以之為最高的準繩，也是國家一切法律與命令的淵源所在，其核心價值在於保障人民的基本權利。

第二節　國家為何需要憲法

　　我國憲法學者張君勱在「中華民國民主憲法十講」一書指出，憲法的主要作用在於保障國家生存。國家的目的就是在於維持人民生存，而人民所以需要國家是為了保障自身的自由，國家為要使此等互相爭執之人民能相安起見，一定要有方法保障人民的自由和權利。總之，國家係基於人們的生存的需要而產生，因此，國家的權力必源於人民。

　　其次，憲法也具備保障人民基本權利的作用。近代國家的立憲政治，是以基本人權為基礎的民主政治。所謂基本人權，即一個人因其生存所必要而享有的基本自由權利，簡稱為人權。人權最重要的特質即在於不容公權力之侵犯。沒有人權，就沒有民主政治，所以歐洲各國的憲法上無不以人民基本權利之保障為核心，因此人權的保障，實為民主憲政的基礎。要談民主不能離開人權。離開人權，就成為共產主義或法西斯主義獨裁政治。民主政治給與人民種種基本權利，這些基本權利是不容移讓的。民主的根本，在於人權；民主的出發點，就是尊重人權，是由人民自由決定自己的政治制度與生活方式[14]。這樣的信念，是全世界每一部自由民主國家的憲法，所必須致力捍衛與保障的基礎。

---

[14] 張君勱著，中華民國民主憲法十講，上海：商務，1948 年，頁 1 ～ 21。

第二章

憲法的性質與分類

第一節　憲法的性質

第一項　歷史性

　　大凡一個國家的建立與發展皆有其獨特之歷史，所謂有了過去才有現在。

　　憲法乃是一國歷史經驗的總結，也是國家的根本大法，因此具有比普通的法律與命令更強的歷史性。此種歷史性不僅表現在受本國文化傳統的影響，也受外國文化傳統的影響。例如，美國憲法確立了三權分立的國家政治體制與司法審查制度，成為許多國家仿效的對象。因此，在憲法的條文當中，往往隱含著本國的歷史因素與其他國家或深或淺的影響。

　　其次，憲法的歷史性也表現在對於西方立憲主義在不同國家立憲運動的經驗總結。如美國一七八七年憲法是獨立戰爭勝利的總結，法國一七九一年憲法則是法國大革命的產物。這些憲政思潮後來都成為其他國家立憲運動所提倡的理念依據[1]。

第二項　最高性

　　憲法乃是國家的根本大法，它的法位階當然最高，如果憲法比喻是祖父，則法律是父親，而命令則是兒子，而憲法能否穩定取決於是否具備最高規範的地位。首先，它在整個國家法律體系中處於最高位階，任何法律都不可超越憲法。其次，憲法是國家立法機關進行立法的基礎，是制定其他法律與命令的依

---

[1]　林紀東，中華民國憲法釋論，台北：大中國，1978 年 10 月，頁 11。

據，因此，也導引出法律層級構造理論。同時，依據效力優先原則，一般法律與命令不能牴觸憲法，否則無效。如我國憲法第 171 條及第 172 條之規定。最後，憲法規範一切國家機關、政黨、社會團體與人民活動的根本準則，一切行為都不能違反憲法的規定[2]。

第三項　固定性

憲法規範的固定性係指憲法相較於一般法律與命令等規範它的變動面較小，所以可以長時間適用於一個國家，且能適應較大限度的社會變遷。憲法是國家的根本大法，規範國家的基本制度與根本任務，它的變化直接關係著國家與社會的穩定。因此，一般國家不會輕易更改其憲法，而力求維持憲法的穩定。其次，憲法是否能維持穩定權威也是固定性的指標之一。憲法權威的維護需要一套完善的憲法保障機制，因此，近代以來，憲法學者尋求建構較為良善的保障機制以維持憲法的穩定。最後，憲法的固定性是相對而不是絕對的，它仍會隨著政治、經濟、社會、文化的發展而變化，永遠不變的憲法是不存在的[3]。

第四項　適應性

憲法規範的適應性係指憲法在整體社會變遷環境下維持適切性的能力。但沒有憲法能完全反映政治現實，而且少有憲法可針對此目標而行。一般而言，成功的憲法可在較廣闊與持久的相關架構下，具備充分彈性而可適應變遷。而憲法規範的適應性表現的方式在各國呈現不同的情形。如美國憲法頒布至今已有兩百多年，從來沒有做根本的修改，它只因應客觀情勢的變化，而增加一些修正案。此外，為充實憲法之內容並使其不脫離憲法原有之精神，釋憲機制的設計成為憲法規範適應整體社會變遷的常用方式，諸如我國大法官會議，定期

---

[2]　同前書，頁 10。
[3]　林騰鷂，中華民國憲法，台北：三民，2004 年 10 月，頁 8。

公布之大法官會議解釋，實有補充憲法不足之功能[4]。

第五項　政治性

　　憲法乃是一種高度政治性的法律，憲法與政治的關係，可從憲法規範的對象加以觀察。憲法規範國家整體的政治生活。從政治權力的競爭、運作方式、程序及界限，到整個國家政治意志形成與發展的過程無不受到憲法的規範[5]。就憲法產生的層面而言，憲法是社會上各種政治力量妥協的產物。德國學者李士特曾言：「科學為不妥協的，立法為妥協的」。意謂法律的制定與匯集係由折衷協調之方式所獲致，因此具有妥協性。憲法為國家根本大法，係所有法律之淵源所在，比一般法律之層級更高，若不經折衷協調，難獲定案，因此，各國憲法之內容，往往反映出各種政治勢力妥協的色彩[6]。

　　其次，就一般憲法的產生及演變，係源基於民權思想，而憲法規定的內容包含國家重要政治的制度。在民主政治較不發達的國家，國家政權常常更易，而憲法亦不免有所修改，特別是各國革命事件發生，新興之政權成立後，常常廢棄原有憲法，而制頒新憲法，突顯其新興的立國精神與意識型態，因此無論任何國家之重要政治制度，都反映於其憲法當中，此乃由於憲法為國家根本大法，所以，憲法之政治性其來有自[7]。

第二節　憲法的分類

　　依據憲法的不同特性，可以作出不同的分類，但須注意的是，不論為何種特性的憲法，都沒有絕對的好或壞，一部好的憲法，即一部最能適應該國政

---

[4]　Andrew Heywood 著，林文斌、劉兆隆譯，前引書，頁 457。

[5]　許宗力，憲法與法治國行政，台北：元照，1999 年 3 月，頁 1 ～ 52。

[6]　張治安，中華民國憲法最新釋義，台北：政大，1994 年 9 月，頁 14。

[7]　管歐著，中華民國憲法論，台北：三民，1982 年 3 月，頁 9。

治、社會、文化等各面向的憲法。以下就憲法的特性所作的幾項分類：

第一項　成文憲法與不成文憲法

英國法學家 James Bryce 於一八八四年在牛津大學任教時，首次將憲法區分為成文憲法與不成文憲法。此種分類是以憲法的形式作為區分標準。成文憲法係指將國家的根本事項用一個或數個法律文書表現出來的憲法。此外，由於成文憲法是由制憲機關或個人在一定時期所制定的特別憲法，所以成文憲法又稱為制定憲法。如美國憲法即為世界上第一部成文憲法。

不成文憲法係指對國家的根本事項，不用統一的法典表示，而是表現於不同時期頒行的憲法性法律、憲法習慣與法院的判例。英國即為不成文憲法的典型國家。英國憲法主要由憲法法案、長期形成的慣例與具有憲法性質的法院判例所宣示的憲法原則所組成[8]。

第二項　剛性憲法與柔性憲法

另外，James Bryce 在一九〇一年在其所著「歷史與法學研究」一書中，提出了剛性憲法與柔性憲法的分類方式。其區分的標準在於憲法修改的機關與程序與普通法律不同。剛性憲法又稱為固定憲法，是指憲法的修改機關或程序不同於一般法律。可以包括以下三種情形。一、在修改憲法的程序上與一般法律不同。二、修改憲法係由普通立法機關進行，但須由其他政府機關行使批准權。三、修改憲法的機關既不是普通立法機關，在修改憲法的程序上也不同於普通立法程序。剛性憲法的優點在於修改程序慎重，故具有較高的穩定，而其缺點則為缺乏適應變遷性。例如我國與美國皆為剛性憲法的國家。

柔性憲法係指立法機關可以經一般立法程序修改憲法。英國是實行柔性憲法的國家，其憲法性文件都由國會按照普通立法程序制定或修改。柔性憲法的

---

[8] 涂懷瑩，現代憲法原理，台北：正中，1993 年 1 月，頁 13 ～ 14。

優點在於適應性強，但因為憲法的制定與修改較為容易，所以不及剛性憲法穩定 [9]。

第三項　欽定憲法、民定憲法與協定憲法

　　欽定憲法、民定憲法與協定憲法乃是以制定憲法的機關或主體為標準而分類。欽定憲法係指按照君主之意志制定的憲法，此種憲法以君主的主權為基礎，並以君主單方面的意思為基礎，如一八八九年日本明治天皇所頒布的憲法。協定憲法係指君主與國民或國民代表之機關共同商議而制訂的憲法。如一二一五年英國的大憲章，係由英王約翰在貴族、教會教士和城市市民代表的強大壓力下共同商議簽署的。而民定憲法係指國民直接或者由國民代表選出的代議機關制定的憲法，現今世界多數國家的憲法都屬於民定憲法。

第四項　規範性憲法、名目性憲法與字義性憲法

　　規範性憲法、字義性憲法與名目性憲法區分的標準在於憲法實施的效果。所謂的規範性憲法係指在法律上而且也在實際上生效的憲法。而名目性憲法係指憲法規定遠離國家的實際政治生活之外，不能規範國家的政治生活。而字義性憲法是指為維護實際掌握國家統治權力者之利益，而將現有的政治權力狀況，按其原狀形式化的憲法，這種憲法是專制主義與極權主義國家用以掩飾其統治的工具 [10]。

第五項　三權憲法與五權憲法

　　三權憲法是基於三權分立與制衡的原理，將國家權力區分為立法、行政、司法三權，分別由議會、總統或內閣和法院三個機關行使，而此三種權力彼此

---

[9] 李步云，憲法比較研究，北京：法律，1998 年 11 月，頁 65 ～ 66。
[10] 蘆部信喜著，李鴻禧譯，前引書，頁 34 ～ 35。

獨立、相互制衡的憲法。一七八七年的美國憲法就是最典型的三權憲法。

　　五權憲法係指將國家權力區分為行政、立法、司法、考試、監察五權，分別由行政院、立法院、司法院、考試院與監察院五個治權機關行使，乃彼此分工合作、互相制衡的國家憲法。五權憲法是根據國父　孫中山先生於一九〇六年十二月二日在東京「民報」中闡述的五權分立理論制定的。孫中山先生認為憲法應將立法權與監察權分開，行政權與考試權分開，成為行政、立法、司法、考試、監察等五權分立的憲法，如此將可以補救三權憲法的不足[11]。

第六項　聯邦制憲法與單一制憲法

　　聯邦制憲法係指實行聯邦制國家制定的憲法，但有時也包括邦聯制國家制定的憲法。聯邦制國家係由具有國家身分的各會員國（或邦、或州）聯合組成的國家區域結構。聯邦制國家除有一個聯邦憲法外，各成員國也都有各自的憲法。如美國、瑞士與加拿大等國皆屬之。至於單一制憲法係指全國只有一部憲法，世界多數國家屬於實行單一制憲法的國家[12]。

第七項　一院制憲法、兩院制憲法與三院制憲法

　　依照國家民意代表機關的組成為基準，可將憲法區分為一院制憲法、兩院制憲法與三院制憲法。一院制憲法係指民意代表機關由一院組成的國家的憲法，如丹麥、葡萄牙等國家。兩院制憲法係指民意代表機關由兩院組成的國家的憲法，如美國、日本、英國、法國、德國與義大利等國家[13]。三院制憲法係指民意代表機關由三院組成的國家的憲法，如原南非共和國憲法（1984 年 9 月

---

[11] 高旭輝，五權憲法與三權憲法之比較研究，台北：中央文物供應社，1981 年 7 月，頁 57～75。

[12] 涂懷瑩，前引書，頁 18～23。

[13] 涂懷瑩，同前註。

[14] 李步云，前引書，頁 77。

生效），該憲法規定三院由白人議院、有色人議院和印度人議院組成[14]。司法院大法官會議釋字第 76 號解釋曾就憲法本文解釋立法院、監察院及國民大會共同相當於民主國家的國會，惟憲法增修條文公布後，僅立法院爲惟一國會。

第三節　憲法、法律、命令之間的關係

第一項　法律層級構造理論

一、立論基礎

　　這一理論係由奧國純粹法學派大師 Hans Kelson 所提出。他將法律體系依序區分爲「基本規範」、「一般規範」、「個別規範」三個部分。「基本規範」係指最高位階之法規範，係法體系最終效力的淵源，憲法之效力乃淵源於「基本規範」。「一般規範」，指在位階上次於「基本規範」之次級規範，同時又作爲「個別規範」之效力淵源，包括法律與命令兩類。「個別規範」係指基於一般規範之授權，針對具體個別情形而設立之規範，其中包含了民事契約、司法判決與行政處分等等[15]。

二、基本規範、一般規範、個別規範的相互關係

(一) 效力優先原則

　　這是指在上位階的法源是有效法規範的前提下，當上下位階法源不一致時，依照法律層級構造理論，應優先適用上位階的法源。在我國，憲法是最高位階的法源，爲其他法律之依據所在。如中央法規標準法第 11 條規定：「法律不得牴觸憲法，命令不得牴觸憲法或法律，下級機關訂定之命令不得牴觸上級機關之命令。」憲法第 171 條規定：「法律與憲法牴觸者無效」，憲法第 172

---

[15] 吳庚，行政法之理論與實用，1998 年 7 月，四版，頁 63 以下。

條也規定：「命令與憲法或法律牴觸者無效。」

　　當上下位階法源同一位階時，則有特別法優於普通法原則之適用。如中央法規標準法第 16 條前段規定：「法規對其他法規所規定之同一事項而為特別之規定者，應優先適用之。其他法規修正後，仍應優先適用。」

　　至於同位階的法源則適用後法優於前法原則。如中央法規標準法第 18 條前段規定：「各機關受理人民聲請許可案件適用法規時，除依其性質應適用行為時之法規外，如在處理程序終結前，據以准許之法規有變更者，適用新法規。」

(二) 適用優先原則

　　當高低位階的法源互不牴觸的時候，基於法源位階層級越高，其規範的內容越是抽象；位階越低，其規範內容越是具體，因此法源之適用應由低位階的法源逐次適用至高位階的法源。換句話說，如法令有違憲之虞，依效力優先原則，則屬無效。如果合於憲法規範意旨，則不存在違憲問題，就必須由下而上加以適用，除非低階法源找不到適用之依據，此時方可依據憲法之精神加以適用 [16]。

第二項　法律概說

一、定　義

　　法律從廣義的觀點而言，泛指由制定法與非制定法所構成的一切法律體系或秩序。其中包含憲法、立法機關通過的法律、行政機關頒訂的規章以及非成文規定的一般習慣。狹義而言則是指人類社會中，依一定之制定程序，以國家權力強制執行的社會生活規範。憲法第 170 條：「本憲法所稱之法律，謂經立法院通過，總統公布之法律。」此外，中央法規標準法第 2 條也規定：「法律得定名為法、律、條例或通則。」

　　關於法律成立的要件與法律規範的事項，中央法規標準法第 4 條規定：

---

[16] 吳庚，前引書，頁 64～65。

「法律應經立法院通過，總統公布。」第 5 條則規定：「左列事項應以法律定之：一、憲法或法律有明文規定，應以法律定之者。二、關於人民之權利、義務者。三、關於國家各機關之組織者。四、其他重要事項之應以法律定之者。」第 6 條也規定：「應以法律規定之事項，不得以命令定之。」

二、適用原則

首先，法律之訂定不得違背憲法，如法律案之立法程序有重大瑕疵，不待調查事實即可認定牴觸憲法時，則釋憲機關即得宣告其為無效。如司法院大法官會議釋字第 342 號認為立法院通過法律之程序除有明顯重大瑕疵外，為議會自律事項，非釋憲機關所能過問，其解釋文指出：「立法院審議法律案，須在不牴觸憲法之範圍內，依其自行訂定之議事規範為之。法律案經立法院移送總統公布者，曾否踐行其議事應遵循之程序，除明顯牴觸憲法者外，乃其內部事項，屬於議會依自律原則應自行認定之範圍，並非釋憲機關審查之對象。是以總統依憲法第 72 條規定，因立法院移送而公布之法律，縱有與其議事規範不符之情形，然在形式上既已存在，仍應依中央法規標準法第 13 條之規定，發生效力。法律案之立法程序有不待調查事實即可認定為牴觸憲法，亦即有違反法律成立基本規定之明顯重大瑕疵者，則釋憲機關仍得宣告其為無效。惟其瑕疵是否已達足以影響法律成立之重大程度，如尚有爭議，並有待調查者，即非明顯，依現行體制，釋憲機關對於此種事實之調查受到限制，仍應依議會自律原則，謀求解決。」

第三項　命令概說

一、意　義

按照吳庚大法官的界定，命令係指行政機關為行使公權力，單方面訂定

具有抽象及一般性拘束力之規範[17]。命令的名稱依中央法規標準法第 3 條的規定：「各機關發布之命令，得依其性質，稱規程、規則、細則、辦法、綱要、標準或準則。」

二、種　類

(一) 緊急命令

國家發生緊急危難或重大變故，由國家元首所發布的命令，具有變更或取代法律的性質，只有在憲法明確授權下，行政部門才有發布的權限，如憲法增修條文第 2 條第 3 項規定：「總統為避免國家或人民遭遇緊急危難或應付財政經濟上重大變故，得經行政院會議之決議發布緊急命令，為必要之處置，不受憲法第 43 條之限制。但須於發布命令後十日內提交立法院追認，如立法院不同意時，該緊急命令立即失效。」如九二一地震後發布之「中華民國八十八年九月二十五日緊急命令」及行政院發布之「中華民國八十八年九月二十五日緊急命令執行要點」。

緊急命令與緊急處分不同，在解嚴之前，動員戡亂時期臨時條款第 1 項規定：「總統在動員戡亂時期，為避免國家或人民遭遇緊急危難，或應付財政經濟上重大變故，得經行政院會議之決議，為緊急處分，不受憲法第 39 或第 43 條所規定程序之限制。」此即為緊急處分之淵源。

(二) 法規命令

行政程序法第 150 條第 1 項規定：「本法所稱法規命令，係指行政機關基於法律授權，對多數不特定人民就一般事項所作抽象之對外發生法律效果之規定。」

(三) 行政規則

1. 行政程序法第 159 條第 1 項規定：「本法所稱行政規則，係指上級機關對下級機關，或長官對屬官，依其權限或職權為規範機關內部秩序及運

---

[17] 吳庚，前引書，頁 43。

作，所爲非直接對外發生法規範效力之一般、抽象之規定。」

2. 行政程序法第 159 條第 2 項規定：「行政規則包括下列各款之規定：
   一、關於機關內部之組織、事務之分配、業務處理方式、人事管理等一般性規定。二、爲協助下級機關或屬官統一解釋法令、認定事實、及行使裁量權，而訂頒之解釋性規定及裁量基準。」

(四) 特別規則

指在傳統特別權力關係範圍內所訂定之規章，例如學校校規、軍隊營規、公務員服務規章及營造物規則等 [18]。

第四項　憲法、法律與命令之關係與區別

一、憲法、法律與命令的關係

依照法律層級構造理論，憲法係所有法律與命令產生的淵源，故不得牴觸憲法。命令需依法律制定，法律須符合憲法，其作用在於解釋或補充法律之不足。此外，命令亦不得牴觸法律。

二、憲法、法律與命令的區別

(一) 意義及名稱不同

1. 憲法：憲法就是萬法之法，一切法律或命令皆由憲法而來，它是規定人民權利及義務，國家基本組織、職權、相互之間的關係與互動與基本國策之根本大法。

2. 法律：憲法第 170 條規定：「本憲法所稱之法律，謂經立法院通過，總統公布之法律。」。中央法規標準法第 2 條規定：「法律得定名爲法、律、條例或通則。」

3. 命令：行政機關爲行使公權力，單方面訂定具有抽象性及一般性拘束力

---

[18] 吳庚，前引書，頁 44 ～ 46。

的規範。各機關發布的命令得依其性質稱爲規程、規則、辦法、綱要、標準或準則（法規標準 §2、§3、§7）。

(二) 制定及修改機關不同

1. 憲法：與法律與命令的機關不同，在我國憲法增修條文規定由立法院提出憲法修正案，再由任務型國民大會複決。
2. 法律：制定與修改係由立法院負責。
3. 命令：行政規則之發布與修正由行政機關本於職權爲之。而法規命令則仍有法律保留原則之適用。

(三) 制定及修改程序不同

1. 憲法：制定程序較爲愼重，亦較難修改。在我國憲法增修條文規定，係由立法院提出憲法修正案，再由國民大會複決。
2. 法律：須經過一定之立法程序，並由總統公布。
3. 命令：行政規則依行政程序發布，政府機關可以在法定職權範圍內修改。

(四) 規定內容不同

1. 憲法：規定一國之人民基本權利、義務、國家之基本組織與基本國策爲主要內容。
2. 法律：憲法或法律有明文規定應以法律定之者；人民之權利義務者；關於國家各機關之組織者；其他重要事項應以法律定之者（中央法規標準 §5）。
3. 命令：重要事項須以法律規定者，則不得以命令定之（中央法規標準 §6）。

(五) 效力強弱不同

1. 憲法：爲一國當中最高法規範。
2. 法律：僅在不牴觸憲法之範圍內有其適用，故效力較命令爲強。
3. 命令：

(1) 原則：普通行政命令位階低於法律。

(2) 例外：緊急命令則得違反、變更或牴觸法律，但仍須經立法機關之追認程序方始合法。

第三章

憲法思潮的演進

第一節　現代憲法的起源

第一項　英國憲法的演進

　　英國憲法是從一二一五年英王約翰與諸侯簽訂的大憲章（Grand Charter）開始發展的，它是英國貴族與王權抗爭並迫使國王讓步的產物。大憲章確立了國王必需受法律約束，等級會議有權監督財政，徵稅必須全國公意許可。此外，大憲章也保障貴族與市民人身與財產的權利。繼大憲章以後，一六二八年的「權利請願書」（Petition of Right）、一六八九年的「權利法案」（Bill of Rights）皆成為英國重要的憲法性法律。

　　一六二八年的「權利請願書」依據天賦人權的原理，針對英王查理一世的強行借債與監禁並以戒嚴法審判非戰時罪刑的行為，提出了下列權利要求：一、不得因此等負擔，或因拒絕此等負擔而對任何人命令其答辯或做答辯之宣示，或傳喚出庭，或加以禁閉，或另加其他折磨或困擾。二、不得使任何自由人，因上述種種而遭致監禁或扣押。三、國王非經國會法案表示同意，不得強迫任何人徵收或繳付任何貢金、貸款、強迫獻金、租稅。四、調離駐紮各郡的陸海軍隊，停止擾民活動。五、撤廢執行戒嚴法之官員，並不宜再委任此類特職，以防其有所憑藉，違背國法民權[1]。

　　一六七九年「人身保障法」，全文 20 條，規定除叛國罪外，被逮補的臣民及其親友，有權請法院發給人身保護令狀。

---

[1]　鄒文海，比較憲法，台北：三民，1980 年 5 月，頁 53～55。

　　一六八九年「權利法案」和一七○一年的王位繼承法進一步限制了王權，擴大了議會的權力，確立英國君主立憲的體制。一九一一年和一九四九年議會法的修訂，財政方面的議案只能下議會提出通過。

　　此外，在英國許多憲法原則是透過法院判決與慣例確立的，如一九九五年安德森訴戈理案中，確立了法官的特免權，即法官對其在履行職務時的言行不負民事或刑事責任。又如國王做為英國宗教最高領袖的地位、責任內閣制的一些原則以及議會中上下兩院的人數，都是依不成文憲法的慣例而確定的[2]。

第二項　美國憲法的演進

　　美國是創造第一部成文憲法的國家，其憲法的發展起源於一七七六年七月四日在費城所召開的大陸會議（Continental Congress）上所制定的「獨立宣言」（The Declaration of Independence）。獨立宣言的首段文字如下：「我們深信不證自明（self-evident）的真理，即全人類生而平等，並由造物主賦予不可讓渡的權利，如生命、自由、和追求幸福的權利。為了使人民能獲得上述權利，政府必須由人民來建立，並在人民的同意下，取得適當的權力[3]」。

　　獨立宣言宣示了「平等」、「自由」、「天賦人權」等民主政治的原則。而它所確立的憲法原則有：一、政府存在的目的在於保障人權。二、政府的合法性基礎來自於被統治者的同意。三、任何政府損害這些目的，人民都有權改變或廢除它，以建立新的政府。

　　美國在宣布獨立以後，一七七七年制定了邦聯條例（The Articles of Confederation），但由於中央政府的權力仍十分薄弱，因此，一七八七年五月在費城召開了制憲會議（The Constitutional Convention），除了羅德島（Rhode Island）外，各州都有派遣代表參加此次會議。一七八九年三月，美國第一屆聯邦國會開幕，正式宣布憲法生效。憲法確立三權分立的政府組織原則、並規定

---

[2]　林聰賢著，外國法制史，台北：五南，民國82年初版，頁541～542。
[3]　傅崑成等編譯，美國憲法逐條釋義，台北：三民，1991年8月，頁10。

各州的政體、權力和責任，聯邦和各州的關係，憲法的批准與修改程序問題。一七八九年九月，美國國會又提出十項：「權利法案」，一七九一年十二月十五日批准生效。權利法案規定了宗教和信仰自由、言論出版自由、人民有和平集會和向政府請願的權利；除有可能的理由外，人們不受無故搜查或扣押；不得逼供，不得過分提高保釋保證金額；審判必須迅速和公開；私人財產未經合理補償不得徵用等等。上述美國憲法所確立的原則對後來各國憲法的制定都產生了重要的影響[4]。

從上述美國憲法演變的歷史可知，運用憲法修正案補充和修改憲法，是美國憲法發展的主要方式，二百多年來美國國會共通過 26 個修正案，其中前 10 條的修正案即前述之「權利法案」。其他的修正案涉及總統選舉之任期、奴隸制度的廢除、非志願的勞役、正當法律程序，女性公民的選舉權，其中較為顯著的變化是行政權力的擴大[5]。

聯邦最高法院對憲法的司法解釋也造成美國憲法的變遷。美國一七八七年憲法規定的較概括而籠統，隨著社會的發展，有些內容已不能滿足時代的需要，而美國憲法中規定的修改憲法程序又十分複雜，一個修正案的生效，須國會兩院通過和四分之三以上州議會的批准。因此，聯邦最高法院透過對憲法的解釋，不斷地賦予憲法條文以新的涵義，在不增加或改變憲法本文的前提之下，使憲法能夠適應轉變的社會條件[6]。

最後，憲法性慣例也是美國憲法演變的主要原因，例如諸如前述總統的任期，在一九五一年的第 22 條修正案生效之前，所依據的一直是慣例，再如美國的政黨制，憲法沒有規定，它們在實際的政治運作中形成許多慣例，而具有憲法性的效力[7]。

---

[4] 鄒文海，前引書，頁 232～240。
[5] 傅崑成等編譯，前引書，頁 27～28。
[6] 傅崑成等編譯，前引書，頁 29～31。
[7] 傅崑成等編譯，前引書，頁 7～18。

第三項　法國憲法的演進

　　一七八九年八月法國通過了第一個憲法性文件「人權宣言」。其中明確提出「主權在民」、「權力分立」、「平等」、「自由」、「法治」的原則。一七九一年九月國民會議頒布的憲法即以「人權宣言」為序文。後來一七九三年六月的「雅各賓憲法」也以人權宣言為基礎做了修改與補充，但並沒有真正實行。一七九九年八月的「共和國第八年憲法」與一八○二年的「共和國第十年憲法」反映出拿破崙為法國恢復帝制的準備。一八○四年拿破崙再次修改憲法，宣布法國為帝國。

　　到了一八一四年拿破崙被推翻之後，波旁王朝復辟，並頒布了「欽定憲章」。一八三○年七月革命與一八四八年的二月革命之後，分別頒布了憲法，建立法蘭西第二共和。一八五一年路易拿破崙發動政變，廢共和，改為帝制，並於一八五二年頒布法蘭西第二帝國憲法。普法戰爭後，法國改為共和，一八七五年制定了第三共和憲法，之後，共和原則逐漸確立，並運作了七十年[8]。

　　第三共和經歷兩次世界大戰，二次大戰中由於希特勒攻陷巴黎而宣告滅亡，而在納粹德國的支配下成立維祺政府。一九四○年七月十日法國國會兩院通過貝當為國家元首，並授予修改憲法權力，法國第三共和遂告結束。

　　就在同時，戴高樂將軍亡命倫敦，在阿爾及利亞成立流亡的自由法國政府並逐漸獲得各盟國承認。一九四四年，英美聯軍在西歐擊敗德國，法國得以復國，並於一九四五年十月二十一日舉行全國大選，決定是否給予這次選出代表制憲的權力。此次選出代表為制憲會議代表，同時選民還須附帶答覆制憲會議所制定憲法，是否須經公民投票複決。當時主要有兩種意見，主張加強行政部門的權力，政府法案如遭議會反對時，可以交付公民投票；另有人主張議會獨攬大權的政治制度，減少對議會的制衡。制憲會議於一九四六年四月十九日通過憲法草案，提付全國公民投票，但否決了戰後第一次制憲會議所制定的憲

---

[8]　鄒文海，前引書，頁 174。

法。一九四六年六月二日選出第二次制憲會議代表，將一院制的國會改成兩院制，並減少國會權力，而通過了第四共和憲法。

由於戰後法國海外殖民地紛紛獨立，第四共和一直處於不穩定的狀態。一九五八年五月間，法國駐阿爾及利亞的軍隊不滿政府對北非的政策，政潮嚴重，戴高樂再度執政，成立憲法起草委員會，各政黨的多方協調，向國民議會提出一個憲法修正案並獲得通過，該項修正案從多方面限制議會的職權，擴大總統與內閣的職權[9]。在戴高樂的主導下，同年九月，通過法國第五共和憲法。之後，又經過一九六〇年、一九六二年、一九六三年、一九七四年和一九七六年幾次修改，一直沿用至今[10]。

第四項　德國憲法的演進

第一次世界大戰後德國戰敗，德國皇帝退位，立憲君主制度宣告終結，一九一九年制定威瑪憲法。威瑪憲法吸收近代歐洲各國與美國憲法的精華。如聯邦制參考瑞士和美國憲法，議會內閣制借鏡英國與法國憲法。威瑪憲法區分為兩個部分，第一篇規定聯邦的組織與職權，第二篇規定人民的基本權利與義務。其所建構的政治體制是以議會內閣制為主同時限制議會的做法，即賦予總統箝制議會的廣泛權力。例如總統可以解散國會，在認為國會制定的法律違憲或不當時，可以交付國民投票。當議會決定修改憲法而參議院反對時，參議院可以提議對修改憲法進行公民投票。由於這樣的制度設計，權力不斷向總統集中，議會失去制衡的功能，導致威瑪憲政體制的崩潰與納粹的興起。

二次世界大戰後納粹德國戰敗，德國分裂為二，德意志聯邦共和國的復興重建工作，是在盟國管制下進行。盟國重建德國政治機構的基本方針，初期以一九四五年八月波茨坦宣言為依據，其後以一九四八年六月的倫敦協定為準

9　張台麟，法國總統的權力，台北：志一，1995 年 5 月，頁 7 ～ 30。
10　姚志剛、左雅玲、黃峻昇、劉淑惠、江大樹、巴登特、杜哈梅著，法國第五共和的憲政運作，台北：業強，1994 年 11 月，頁 3 ～ 8。

則。波茨坦宣言指出戰後德國政治制度的重建，應該遵循民主化及地方分權兩項原則進行。各邦政府派出代表一人組織憲法起草委員會，於一九四八年八月完成一部憲法草稿，提交波昂舉行制憲大會，經過幾個月的討論，於一九四九年二月十一日完成憲法草案，於五月正式通過，經過多次修改後，成為德意志聯邦共和國基本法[11]。

　　基本法的制定是威瑪憲法的恢復，同時也吸取威瑪憲法失敗的經驗，採取使總統和內閣直接從屬於聯邦議會的體制。立法權的主體是聯邦議會。聯邦參議院對所表決的法律有抗議權和同意權。總統由聯邦大會選舉產生。總統對外代表聯邦，對內行使聯邦文官和軍官的任命權。聯邦總理經總統提名後由聯邦議院選舉產生，總理決定一般施政方針並對議會負責，總理也可提名聯邦部長。總之，基本法削減了總統的職權而強化議會的權限[12]。

第五項　日本憲法的演進

　　日本自明治天皇時代厲行君主立憲體制，而奠定了其富國強兵的基礎，一戰制勝大清帝國，再戰獲勝強大俄國，因而激發了清末有志之士倡議立憲以救亡圖存之風潮，而日本憲政的發展可以區分為兩個階段加以探討。第一個階段是明治憲法時期，第二階段是二次大戰以後所制定新憲法的時期。明治憲法始於明治二十二年（1889年），它是一部君主立憲的憲法，此憲法係出手於伊藤博文，並以德意志帝國憲法為藍本，強調國家主權屬於天皇一人，天皇為神的子孫而具有神格，乃「神聖不可侵犯」（憲法第3條）。人民的權利雖受到保障，但並非基於西方立憲主義中天賦人權的原理，而是天皇所恩賜的權利。在政府組織方面，雖採用西方國家權力分立的制度，但事實上天皇仍擁有所有的權限，如同其憲法第55條規定：「國務大臣輔弼天皇，對其負責」，因此，在

---

[11] 李步云，前引書，頁137～140。

[12] （Kurt Sontheimer, Wilhelm Bleek）著，張安藍譯，德國政府與政治，台北：五南，1999年，頁3～20。

憲法上國務大臣只對天皇負責，而不對議會負責。日本議會也不具有實質的預算權，因此權力分立僅為形式，議會角色仍然很低落[13]。

　　雖然明治憲法在制定之初，就是極度濃厚神權色彩的欽定憲法，但是在大正時代與昭和初期，由於日本自由派學者對於自由主義與憲政主義的提倡，產生了「大正民主政治」，初步實現了政黨政治的理想。但是後來由於日本軍國主義興起，許多民主人士遭到暗殺或迫害，日本的君主立憲政治受到破壞，後來並進一步產生所謂的「天皇機關說」，將天皇定位為國家最高機關。

　　二次世界大戰後，日本無條件投降，在美國的占領之下，於一九四七年重新制定了日本憲法。美國為了避免日本軍國主義的再度興起，同時避免日本為共產主義所赤化，使日本改造成為西方民主憲政國家的制度。當時聯軍統帥麥克阿瑟提出以下三原則作為憲法起草的依據：一、維持天皇制度，天皇為國家元首，皇位依世襲而繼承。二、日本放棄發動戰爭的權利。三、日本的封建制度須加以廢止。後來聯合國聯軍統帥部於一九四六年二月完成憲法草案，史稱麥克阿瑟憲法草案，此一草案並交付給日本政府，作為憲法修正的依據。日本政府在上述原則之下於同年十月，由眾議院通過新的日本憲法，並於一九四七年五月三日正式實施。新的日本憲法實施以後，仍採內閣制，與戰前不同之處在於，內閣以前是對天皇負責，現在是對國會負責。國會仍採兩院制，權限也比戰前大幅提高許多。國會擁有立法權，取代原來的天皇命令權，國會並能選任首相，也有不信任投票權。因此，戰後日本民主政治的發展可以說是逐步地邁向正軌[14]。

---

[13] 蘆部信喜著，李鴻禧譯，憲法，台北：月旦，1995 年 12 月，頁 43～46。
[14] 鄒文海，前引書，頁 221～225。

第二節　現代憲法的原理原則

第一項　個人主義原則

　　個人主義是西方文明中最核心的政治哲學、世界觀以及意識型態。基於這種意識型態，人們最根本的政治性價值都源於個人。個人主義否定歐洲中古世紀神權的意識型態並反對教會對於個人思想的束縛，透過文藝復興與宗教改革，確立以個人為中心的世界觀。

　　在個人主義的思潮下進一步產生自由主義與民主政治之思想，強調人生而自由平等，非國家所能加以限制，並使得國家為人民所共有，利益為人民所共享，政治為人民所共理。

　　總之，在個人主義的思潮下，人權取代神權，國家取代教會，並進一步導出基本權利生命之法理。如同美國獨立宣言就充分展現個人主義的思想：一切人生而自由、獨立，並享有某些與生俱來的權利。政府是為了人民、國家、社會的共同福利與安全保障而建立的[15]。

第二項　國民主權原則

　　國民主權原則係個人主義的延伸。既然個人是最為根本、是一切政治結合所服務的最終目的，因此，對於國家與社會事務的最終決定權必然歸於個人為集體的人民。國民主權以自然權力與社會契約為基礎，強調人民的公意在國家中表現為最高權力，主權是公意具體的表現，並屬於人民。為了保證此一原則的具體實現，盧梭闡述了兩個基本原則。一、主權不可讓渡性。即主權者是個人的集合體，主權不外是公意的運用，故禁止轉讓。二、主權不可分割性。公意應當是全體人民的共同意志。因此是不能分割的。分割的意志只是一部分人

---

[15]　林紀東，前引書，頁44～46。

的意志。在具體的憲政實踐方面，諸如美國憲法序文「美國人民…決定建立這部憲法」即反映出國民主權的概念[16]。

第三項　基本權利原則

傳統上把不受國家權力侵犯與干預的這些權利稱爲基本權利。按照社會契約的政治理論，個人權利先於任何形式的國家而存在。盧梭認爲社會契約所要解決的問題在於「尋找出一種結合的形式，使它能以全部共同的力量來保護和保障每個結合者的人身與財富，並且由於這個結合而使每一個與全體相結合的個人只不過是服從自己本人，並且仍然像以往一樣的自由[17]。」美國「獨立宣言」明確闡述此一原則：人人生而平等，他們從造物主那裡被賦予某些不可轉讓的權利，其中包括生命權、自由權以及追求幸福的權利。政府成立的主要目的即在於保障人民的權利。而後來美國聯邦憲法增加十條的「權利法案」即包含了基本權利的大部分內容。在當代的憲法當中，都突顯出對於基本權利的保障，並將基本權利視爲憲法最爲重要的組成部分之一[18]。

第四項　分權與制衡的原則

政府是爲了保護人民的基本權利而設立的，此一目的決定了政府權力的有限性質。首先，政府不得任意干預個人之基本權利。政治權力的建構只需保證一種社會秩序。這樣的思考是基於權力悲觀論：政府權力本質上有侵犯人民權利的傾向。爲了防範政府對於個人生活領域的干預，政府必須在其職權範圍內活動。此一概念後來並演進爲行政法學所強調「法律優越」與「法律保留」的原則。其次，不僅作爲整體的國家權力必須要受到限制，而且國家權力也必須分立，互相制約與制衡，以防止國家權力侵犯人民的權利。近代憲法都以不同

---

[16] 莊輝濤，重建民主理論，台北：韋伯，1998 年，頁 91～118。
[17] 盧梭，社會契約論第六章，引自塞班，前引書，頁 584～598。
[18] 孫哲，新人權論，台北：五南，1995 年 1 月，頁 100～101。

方式規範了分權原則，並將其視為憲法的核心概念。諸如美國憲法就規定，立法權屬於參眾兩議院，行政權屬於總統，司法權屬於聯邦最高法院及下級法院[19]。

第五項　法治主義原則

　　這項基本原則是英國於十六至十七世紀英國法律發展史中首創的一項憲法原則。其主要立論在於「要法治，不要人治」（government of laws and not of men）的口號。英國憲法學者戴雪（Albeot Venn Dicey）認為法治即依法辦事，任何人沒有特權，犯了法及受到懲罰，不允許任何人站在法律之上。德國學者Hans Huber 認為法治的意涵包括：一、通過權力分立來限制國家權力。二、自由權的保護。三、法院審判必須獨立。四、國家根據憲法行使權力，建立立憲體制。五、行政權力必須合乎法律。六、法律面前平等性的保障。

　　總之，法治主義在憲法上的具體地體現在於憲法是國家的最高規範，任何法律、命令不得與它違反、公務員須依法行政、法律之前人人平等、依法審判、國家徵稅依照憲法規定、人民人身自由的司法保障程序等等[20]。

第三節　民主政治、憲政主義與立國精神

第一項　憲政主義的意義

　　憲法之發生，始於十八世紀末期，其思想基礎源自於社會契約說，為民主革命之產物，即由於工商階級反對君權及封建諸侯之專制，為伸張民權，防止專制，保護自由而制定。為此需要而產生了自由權之保障、私有財產制度之

---

[19] 傅崑成等編譯，前引書，頁 21 ～ 22。
[20] 法治斌、董保城著，中華民國憲法，台北：空大，1997 年，頁 31 ～ 40。

確立、門閥政治之禁止、職業自由之承認、選舉制度之確立、議會政治之確立等制度。惟自二十世紀第一次世界大戰之後，由於時移勢異之結果，憲法之發展，其立法精神及內容，均多不同之處，更強調社會國理念之保障：諸如私有財產交易自由之限制、生存權之保障、弱勢團體之照顧、直接民權之實現、文化教育之注重等制度，二次世界大戰後之趨勢，則更注重憲法之國際化及基本權利之保障[21]。

從憲法的產生及演進來看，不論是十八、十九世紀以個人本位主義為制憲基礎，或二十世紀轉變為自團體主義或社會本位主義出發，皆著眼於保障人民權利，防範專權獨裁之興起，一七八九年法國人權宣言第 3 條：「主權之淵源，在於國民，不問任何團體或個人，均不能行使國民所未賦與之權力。」第 16 條：「一個沒有權利保障，權力分立的社會，就不能說是有憲法的社會。」等規定，即明白宣示了憲法制定之必要性及原理精神，此亦為學者所指之「立憲主義」，亦稱為「憲政主義」[22]。

所謂「立憲主義」包括下列三個意涵：

一、立憲主義就是法治政治（rule of law）

亦即政府的活動不能依靠個人主觀的任意或擅斷，而必須依靠客觀的法律規範。將政府權力的行使限制於一個更高的法律底下，政府不能適其所好，為所欲為地公布法律命令，必須遵守其權力的界限，並遵守這最高法律中規劃出來的程序，這部「法」就是憲法。可以說，立憲主義乃欲確立一個具有永久性的客觀的法律規範，來限制政府的活動範圍、保護人民的合法權利[23]。

---

[21] 林紀東，中華民國憲法釋論，台北：大中國，1980 年 9 月，改訂 53，頁 38-77。
[22] 林紀東，比較憲法，台北：五南，1989 年 5 月，再版，頁 21。
[23] 劉慶瑞，中華民國憲法要義，台北：三民，1985 年 5 月，頁 1。

二、立憲主義也是民意政治

概言之，政府之決策必須直接或間接的根據被統治者的意思。換言之，在採取立憲主義的國家，人民應有權利依據直接民權的方式或依代議制度的方式，參與國家的統治作用[24]。

三、立憲主義也是保障、尊重少數人權利的政治

透過永久性的成文規定，以及較爲困難的程序，以避免爲暴民所操縱的政府，擅自破壞政治的基本規則。

立憲主義必須包含上述三個意義，若缺其一則難謂是完整的立憲主義。因爲立憲主義不止於實現法治政治，且欲使人民自己來制定法律，更避免集體主義的多數暴力[25]。

英國政治學者安德魯・海伍德（Andrew Heywood）也指出憲政主義是指有限政府的行爲，受到憲法的存在而獲得確認。因此，在這個意義下，當政府機關與政治過程受憲法的有效約束時，就存在憲政主義。更廣義而言，憲政主義是一套政治價值與願望，反映出人民希望透過內在和外在的牽制來規範政府權力，以保護對自由的欲求。在此意義下，憲政主義是一種政治自由主義。其典型形式表現於支持可達此目標的憲法條款，例如法典化的憲法、權利條款、權力分立等等。憲政主義強調民主理論規範下實行依法而治之有限政府原則。因此，憲政主義的國家必須實行權力分立，避免權力國家與人治領袖國家的出現。實行憲政的主要目的在於國家依據有限政府與法治主義的原則，建立起法律規範體系，使法律具備合法性，使政府權限受到規範以及使法律符合正義原則並受司法審查之約束，其最終目標在於保障人民之基本權利[26]。

---

[24] 同前註。

[25] 趙中麒編，中華民國憲法 Q&A，台北：風雲論壇，1994 年 6 月，初版，頁 23 ～ 24。

[26] （Andrew Heywood）著，林文彬、劉兆隆譯，前引書，頁 451。

綜上所述，吾人可知「立憲主義」目的在排除以國家爲名的壓制及權力濫用，保障個人之生命財產自由，其常用的方式即爲統治機構的權力分立，相互制衡以防止專制集權，並確立超國家的人權保障[27]。用立憲主義來檢視我國憲法，則可以發現，頗合乎立憲主義之三大精神，即法治政治、民意政治與尊重少數權利的政治。

第二項 民主政治與憲政主義的關聯

一、民主主義者對民主的認知與界定

民主政治的理念是以開發個人的自我發展與增進人類整體的成長爲最主要目的。依照民主主義者的界定，一個真正的民主政府，至少有以下幾個特性：(一) 政治上的平等。(二) 政府要順從民意。(三) 多數統治而不是少數統治，但多數也必須尊重少數。民主政治主要有三大要素：(一) 民意政治。(二) 法治政治。(三) 責任政治[28]。近代民主政治是伴隨著立憲主義的發展而逐步完善的。近代民主政治最早發源於英國，至十八、十九世紀，已逐漸普遍影響及世界很多國家，二十世紀以來，更是世界各國政治發展的主流，目前世界一百七十多個大小國家，於民主政治雖有程度上的差別，沒有一個國家不是朝這一方向發展的。

二、民主政治的基本原則

民主政治的基本原則有以下幾項：(一) 主權在民。(二) 政治上的平等。(三) 注重真正民意所在。(四) 多數統治原則。(五) 重視自由與人權。(六) 民治的政府。(七) 法治的社會。(八) 民主政治就是政黨政治。(九) 責任政治[29]。

---

[27] 許慶雄，憲法入門，台北：月旦，1994 年 5 月，頁 34。
[28] 薩孟武，政治學，台北：三民書局，1978 年，頁 26～72。
[29] 蘭尼奧斯汀原著，陳想容譯，眾人的管理，商務印書館，頁 172～176。

三、民主政治的優點

現在世界上，民主政治在各種政治體制中是較良好的政治，舉如英國、法國、德國、瑞士以及美國等都實行民主政治。論其優點，主要有下列幾項：(一) 人民都是國家的主人。(二) 自由人權有充分的保障。(三) 能形成多元而開放的社會。(四) 國家領導權可適時和平的移轉。(五) 可使國家長治久安[30]。

四、民主政治的缺點

民主政治固然有其優點，但是到目前為止，我們只能說是人類所有政治體制中較能適合我們時代潮流的一個政治制度或生活方式，因為民主政治上有以下難以完全避免的缺點：(一) 歷程麻煩，易致浪費。(二) 多數決定不一定就正確。(三) 易形成富豪政治，進而造成資本主義，最後形成帝國主義。(四) 一般人民的自由人權易流於放縱，而民選議員即代表往往擅權，作出違反民眾利益的事情。(五) 有時政府陷於軟弱無能[31]。

五、民主政治與憲政主義的關聯

綜合前文，吾人可知，立憲主義的目的在於排除以國家之名，肆行壓制及權力濫用，保障個人的自由、生命與財產，其常用的方法就是統治機構的權力分立、相互制衡，以防止專制集權，並確立超越國家的人權保障。立憲主義的持續發展之下，民意政治、法治政治與尊重少數人權利同為憲政主義重要的派生原則。因此，唯有積極地落實民主政治，才能真正達到憲政主義的理想[32]。

---

[30] 黃炎東，政黨政治與民主憲政，台北：桂冠，1998 年 9 月，頁 10 ～ 12。
[31] 黃炎東，前引書，頁 12 ～ 14。
[32] 趙中麒編，中華民國憲法 Q&A，台北：風雲論壇，1994 年 6 月，初版，頁 28 ～ 33。

第三項　中華民國憲法的立國精神

立國精神係指一國之國民所願意共享並揭櫫之國家意義[33]。因此，每個國家的憲法都有其基本的政治理念與背景，就中華民國憲法而言，其最主要的立國精神來自於三民主義與五權憲法。立國精神可從　國父遺囑理解：「凡我同志務須依照余所著，建國方略、建國大綱、三民主義…繼續努力，以求貫徹」。憲法前言所舉，鞏固國權係屬民族主義，保障民權屬民權主義，尊定社會安寧及增進人民福利為民生主義，故三民主義、五權憲法及建國大綱為我國憲法之立國精神。

第四節　我國的憲政發展史

第一項　清末立憲運動

中國制憲運動之歷史，可追溯自清末之時，康有為、梁啓超諸先生鑒於外國的侵略日甚一日，即有變法自強的建議。康梁等維新派維新主張主要有以下幾點：一、在政治上學習西方，建立三權分立的君主立憲政體。二、開制度局，制定憲法。康有為認為「國家有憲法，猶船之有舵，方之有針，所以決一國之趨向，而定天下知從違者。」三、實行三權分立。康有為認為「近泰西政論，皆言三權，有議政之官，有行政之官，有司法之官。三權立，然後政體備也。」[34]，不過，康梁等維新派等立憲之建議不為滿清政府所容納而告失敗。戊戌變法失敗以後，康有為、梁啓超流亡海外，依然堅持君主立憲的主張。與

---

[33] 胡佛、沈清松、周陽山、石之瑜合著，中華民國憲法與立國精神，台北：三民，1995 年 8 月，頁 1。

[34] 康有為傳，戊戌變法第 4 冊，上海人民，1953 年。轉引自殷嘯虎，近代中國憲政史，上海人民，1997 年 11 月，頁 16～17。

此同時，在海外的青年當中，也開始形成一股革命的思潮，特別是　國父孫中山先生所領導的國民革命運動，滿清政府在立憲派與革命派雙重的壓力下，於一九〇六年，宣布預備仿行憲政，並下令於中央籌設資政院，各省設立諮議局，使君主的大權有所限制，人民的權利有保障，得以緩和民眾的反抗。然清廷並無立憲之誠意，立憲派在失望之際，轉而支持當時民主革命運動，終於爆發辛亥革命，因此，滿清政府的君主立憲，並未成功[35]。

第二項　民主共和的憲政藍圖與袁世凱的毀憲

辛亥革命以後，各省紛紛獨立，為了鞏固革命的成果，一些省份的軍政府參照歐美國家的憲法，制定了本省的憲法性文件，即各省約法，其中最先制定的是湖北軍政府「中華民國鄂州約法」，鄂州約法制定以後，江蘇、浙江、江西、貴州等省軍政府也先後制定了約法或憲法大綱。此外，各省軍政府也要求建立一個統一的政權機構，一九一一年十一月，各省代表至武漢開會，會議中通過「臨時政府組織大綱」，共四章二十一條。臨時政府組織大綱從其內容來看基本上採用美國憲法的精神與制度，尤其是採美國的總統制，在總統的權限及其與參議院的關係上，與美國憲法也大體相同。

「臨時政府組織大綱」在制定之後，代表即著手選舉臨時大總統，結果孫中山先生當選為中華民國的臨時大總統，但後來孫中山先生為早日促成國家南北統一乃辭去大總統職務，並推舉袁世凱為大總統，為了制衡袁世凱，乃於一九一二年三月八日通過「臨時約法」共七章五十六條。與「臨時政府組織大綱」相比，「臨時約法」對有關政權問題作了重大修改：一、實行內閣制。二、擴大立法權對行政權的監督。其最終的目的在於保障參議院的權力並限制總統的權力。

袁世凱在當選正式大總統以後，極力廢除「臨時約法」。民國二年四月八日國會成立，國會參、眾兩院組成憲法起草委員會，並起草憲法大綱，並於十

---

[35] 林紀東，前引書，頁108～110。

月三十一日三讀通過草案全文，因為草案是在天壇祈年殿起草擬定，故又稱為「天壇憲草」。「天壇憲草」共十一章，113 條，基本上沿襲「臨時約法」的精神，無論在國會方面、責任內閣制，人民的權利義務的規定更為具體明確。但由於袁世凱認為此一憲法草案對其約束太大，有礙其稱帝之野心，而有後來毀國會與廢憲草之舉。

　　袁世凱解散國會之後，組織中央政治會議代行國會職權，並組織約法會議，進一步修改約法，新修「中華民國約法」在民國三年五月一日公布，世稱「袁氏約法」，原有的約法同時宣布廢止。與「臨時約法」比較，「中華民國約法」擴張了總統的權力並取消責任內閣制，此外，也廢除國會，代之以由總統控制的立法院與參政院。但是，袁世凱並不因此而滿足，進一步提倡帝制，後因護國軍起義討袁，各省紛紛響應，袁世凱乃撤銷帝制。然護國軍要求袁世凱下台，袁世凱因而羞憤致死 [36]。

第三項　軍閥的制憲與毀憲

　　袁世凱稱帝失敗羞憤致死以後，黎元洪繼任總統，但由於段祺瑞不斷的擴張權力與黎元洪發生衝突，並在對德參戰的問題達到頂點。後來由於張勳復辟，國會二度被解散。後來張勳復辟失敗，馮國璋繼任總統，段祺瑞為國務總理之後並未恢復舊國會，反而另外召集新國會，孫中山先生乃親率海軍護法，形成南北對立的局面。民國八年南北議和雖然沒有結果，但也促成聯省自治活動的產生。民國九年以後，陸續發生直皖、直奉戰爭，直系軍閥控制北京政權，民國十一年六月黎元洪復職。但到了民國十二年，黎元洪被迫離職，繼而代之的是以賄選產生的曹錕。曹錕同時制定憲法，於十月份公布，世稱「曹錕憲法」，不過到了民國十三年第二次直奉戰爭發生時，馮玉祥發動北京政變，因此曹錕憲法並未真正施行過 [37]。

---

[36] 林紀東，前引書，頁 108～110。
[37] 同前書。

第四項　從訓政到憲政

民國十七年北伐成功以後，國民政府奠都南京，並依據　國父遺教，照建國大綱的規定將建國程序分為軍政、訓政、憲政三個時期，而訓政時期結束後，須公布憲法，實行憲政，因此國民會議乃先制定中華民國訓政時期約法，並於民國二十年六月一日施行。訓政時期約法施行後發生九一八事變，部分人士主張應該提早實行憲政，團結全民，以抵抗日本帝國主義的侵略，乃由立法院著手憲法的起草工作，經過數易其稿後，於民國二十五年五月五日，由國民政府公布中華民國憲法草案（即五五憲草），此一憲草採取孫中山先生「權能區分」與「五權憲法」的理論作為組織國家的方式。國民政府原定於民國二十六年十一月十二日召集國民大會，以此草案為藍本，制定憲法，但因民國二十六年七月七日抗日戰爭發生，國民大會無法召集，而告停頓，民國二十七年四月，國民政府決定組成「國民參政會」，成為戰時之中央民意機關[38]。

民國三十四年九月抗戰勝利後，國民政府召集國民大會，制定憲法，但因當時中共勢力逐漸增大，國民政府為促進團結，重建國家秩序，乃於民國三十五年一月十日，邀請各黨派及社會賢達人士，召開政治協商會議，就政府組織、施政綱領、軍事同盟、國民大會與憲法草案事項，分別作成決議。其中關於憲法草案之決議包括國民大會無形化，立法院由選民直接選舉，職權等於各民主國家之議會，行政院對立法院負責，立法院可對行政院提不信任案，行政院方得提請總統解散立法院，以及省為地方自治最高單位，省長民選，得制定省憲等十二項原則。由於前項決議中有關國民大會、立法院、行政院及地方制度各部分，都不合於　國父遺教，國民黨二中全會乃於同年三月十六日，通過對修改憲法原則的決議如下：

一、制定憲法，應以建國大綱為最基本之依據。

二、國民大會應為有形之組織，用集中開會之方式，行使建國大綱所規定之職權，其召集之次數，酌予增加。

---

[38] 耿雲卿，中華民國憲法論，台北：華欣，1989 年 9 月，頁 32。

三、立法院對於行政院，不應有同意權及不信任權。行政院不應有提請解散立法院之權。

四、監察院不應有同意權。

五、省無需制定省憲。

但由於以上決議並不能為國民黨以外的各個黨派所接受，所以國民黨又和各黨派代表協商，達成下列三點協議：

一、國民大會為有形組織行使四權。

二、取消立法院之不信任權，及行政院之解散權。

三、取消省憲，改為省得制定省自治法。惟立法院有對總統任命行政院院長的同意權，和監察院的同意權，迄未達成立協議。

政治協商會議於決定修改憲草的原則之後，國民大會於三十五年十一月十五日召開。制憲國民大會即是以此草案為基礎制定中華民國憲法，所以政治協商會議所議決的原則，對於中華民國憲法的內容，可說具有相當關鍵的影響。到了民國三十五年十一月十二日，國民大會於南京開幕，即就憲法草案加以討論，到了十二月二十五日通過現行憲法共 175 條，並由國民政府於民國三十六年元月一日公布，自同年十二月二十五日施行[39]。

第五項 從制憲到臨時條款的制定與延長

中華民國憲法於民國三十六年元月一日公布，自同年十二月二十五日施行後，國共之間的內戰日趨白熱化，且國民政府逐漸居於劣勢，為了方便對於中共公開武裝叛亂的壓制，並且不影響對於憲法機制的變動，因而有「動員戡亂時期臨時條款」之提出。臨時條款經國民大會於民國三十七年四月十八日通過，五月十日由國民政府公布。其主要內容在於授與總統緊急處分權。其規定總統在動員戡亂時期，為避免國家或人民遭遇緊急危難，或應付財政經濟上重大變故，得經行政院會議之決議，為緊急處分，不受憲法第 39 或第 43 條所規定程

---

[39] 林紀東，前引書，頁 116～118。

序之限制。

　　後來國民政府轉進來台以後，民國四十三年三月十一日首屆國大第二次會議第七次大會乃決議「臨時條款在未經正式廢止前，維持有效。」在此之後，在解嚴以前，臨時條款分別有四次修正。第一次在民國四十九年三月十一日，修正主要是為解除總統連任之限制，並研擬國民大會創制複決兩權之行使。

　　第二次修正在民國五十五年二月十二日，其中通過了國大在動員戡亂時期可以行使普通法律之創制、複決權。其規定動員戡亂時期，國民大會得制定辦法，創制中央法律原則與複決中央法律，不受憲法第 27 條第 2 項之限制。另外，在戡亂時期，總統對於創制案或複決案認為有必要時，得召集國民大會臨時會討論之。

　　到了民國五十五年三月二十二日進行第三次修正，其主要目的在於對總統為戡亂時期之特別授權。其中規定在動員戡亂時期，本憲政體制授權總統得設置動員戡亂機構，決定動員戡亂有關大政方針，並處理戰地政務。另外，總統為適應動員戡亂需要，得調整中央政府之行政機構、人事機構及其組織。

　　臨時條款最後一次修正是在民國六十一年六月二十九日關於充實中央民意代表機構之相關規定，其中包括：一、在自由地區增加中央民意代表名額，定期選舉，其須由僑居國外國民選出之立法委員及監察委員，事實上不能辦理選舉者，得由總統訂定辦法遴選之。二、第一屆中央民意代表，係經全國人民選舉所產生，依法行使職權，其增選、補選者亦同。大陸光復地區次第辦理中央民意代表之選舉。三、增加名額選出之中央民意代表，與第一屆中央民意代表，依法行使職權。增加名額選出之國民大會代表，每六年改選一次，立法委員每三年改選一次，監察委員每六年改選一次 [40]。

---

[40]　涂懷瑩，中華民國憲法原理，作者自刊，1977 年 9 月，頁 253 ～ 257。

第四章

中華民國憲法前言暨總綱

第一節　我國憲法前言

一、憲法前言的特色與內容

中華民國憲法前言規定：「中華民國國民大會受全體國民之付託，依據孫中山先生創立中華民國之遺教，為鞏固國權，保障民權，奠定社會安寧，增進人民福利，制定本憲法，頒行全國，永矢咸遵。」其主要的內容在於指出國民大會為制憲機關、制憲權源來自於國民大會。而我國憲法前言是否具有法之拘束力，可說眾說紛紜。按世界各國憲法由於其制定之過程與制憲者之觀點不同，因此在憲法前言就會出現不同之內容與制憲意旨。各國憲法前言之性質若就法律觀點而言，其究竟是否具有法律之拘束力，可分為具有法律拘束力、無法律拘束力兩種不同憲法前言之立法例。就我國憲法前言提及的制憲目的與法理而言，我國憲法前言不但具有宣示性之效力，亦應具有法之拘束力。[1]

二、其他各國憲法前言的規定

一七八七年美國聯邦憲法規定：「美國人民，為建設更完美之合眾國，以樹立正義，保障國內治安，籌設公共國防，增進全民福利，奠定人民及其子孫後裔自由幸福，特制定美利堅合眾國憲法[2]。」

1　陳新民，憲法學釋論，三民書局總經銷，2005 年 8 月，五版，頁 47 ～ 58。
2　涂懷瑩，現代憲法原理，台北：正中，1993 年 1 月，頁 159。

　　一九四九年德國聯邦共和國憲法規定：「基於對神及人之責任信念，以保衛政治及民族統一的熱切意願，以及對世界和平之貢獻，使國民在統一之歐洲中享受其權利。德意志人民…為在此過渡時期，給予政治社會新的秩序，依據其制憲權，制定本德意志聯邦共和國基本法。本基本法同樣適用於被禁止參與其事的德國人民。德國人民全體自由地決定其達成自由統一。」[3]

　　一九五八年法國第五共和憲法規定：「法蘭西人民神聖地宣告，其眷戀於一七八九年人權宣言及國民主權原則，一如一七八九年宣言所確定，經一九四六年憲法肯定與補充。根據上述原則及人民自決原則，法國提供海外屬地自由表達其意志，參加新政治體制；此次新政治體制則基於自由、平等、博愛及共和理念及民主理念之演進[4]。」

三、法與時移則治

　　如同前述，世界各國憲法凡列有序文或前言者，多半在序文或前言中，皆開宗明義揭示制憲的理論基礎，以便使該國國民體認立憲的基本精神，奠定共同信守的觀念。我國憲法前言明定「依據　國父孫中山先生創立中華民國之遺教」，第 1 條：「中華民國基於三民主義，為民有、民治、民享之民主共和國。」明白表彰我國制憲的理論基礎為「孫中山先生之遺教」及「民有、民治、民享之民主共和國」的立國精神。

　　孫中山先生建國之理想，乃在以權能區分方式，建構政府有能、人民有權的體制，以專家政治方式，落實萬能政府為民造福理想，進而實現民有、民治、民享的民主共和國。筆者肯定孫中山先生憲法，但由於中華民國憲法的制定過程與後來三十六年公布實施的憲法內容已遠離孫中山先生的理想，加上後來動員戡亂時期臨時條款的制定與實施已嚴重限制台灣人民的基本人權。在李前總統登輝先生主政十二年期間進行了六次的憲政改革，使我們國家的民主政

---

[3]　涂懷瑩，前引書，頁 339 ～ 340。
[4]　涂懷瑩，前引書，頁 291 ～ 292。

治向前邁進了一個新里程。但至今我國憲法的設計仍未能達到權責相符的理想，特別是在總統與行政院或行政院與立法院間的權責仍無法釐清。因此，無論未來是朝向何種體制變革，全民亦應深入考量重新修改能符合台灣人民未來需要與國家發展的新憲政體制。不可諱言的，我們的民主政治現在正處於轉型的時期，尤其是在我國於 2000 年時首先發生第一次的政黨輪替的政治新局，是時一切的政治運作，無論是朝野當然難免會有一段不良適應的陣痛期，但依美國政治學權威學者杭亭頓（Samuel P. Huntington）所指出的「任何的政治體系若沒有經過兩次以上的政權輪替，那很難稱其為民主化的國家」。而揆諸 2000 年時之核四議題的爭議，其中的因素固然不只一端，但當中最大的重點，乃在我國目前的中央政府體制在總統、行政院、立法院等部門間仍存在著嚴重的權責不符現象。因此，為了防止今後再發生類似此種弊端，我們惟有從根本的重新再修訂一部能以台灣為主體並符合民意主流趨勢的新世紀憲法[5]。

第二節　總　綱

第一項　國體與政體

國體係指國家之組成型態而言，以君主一人為國家元首者，稱君主國體，如英、日；國家元首為總統或為主席者，稱共和國體，如德、法。而政體係指政府的體制，也就是統治的型態，可分為專制、獨裁、立憲政體。中華民國憲法第 1 條規定：「中華民國基於三民主義，為民有、民治、民享之民主共和國」。明確指出我國政府與國體為民主共和，國家由人民所共有，政治為人民所共管，利益為人民所共享之民主立憲政體[6]。

---

[5]　黃炎東，朝野攜手合作導正台灣憲政，台灣日報，民國 90 年 2 月 17 日，9 版。
[6]　陳新民，中華民國憲法釋論，台北：三民，1995 年 9 月，頁 62～64。

第二項　主　權

　　主權代表國家之最高權力，包含對外主權與對內主權。對外主權可彰顯國家的獨立性；對內主權則可表現出國家對內的最高性。此外，主權亦具有不可分割性等重要特徵。當代的主權學說採取國民主權學說，亦即一切國家機關必須直接或間接由國民產生，而且其權力又必須直接或間接源自於該國國民[7]。我國憲法第 2 條規定：「中華民國之主權屬於國民全體」。所以我國之主權由國民全體所掌握，藉由選舉、罷免、創制與複決四種政權，嚴格監督政府公務人員與民意代表。

第三項　國　民

　　國民係指構成特定之國家團體的自然人。國民與人民、公民的概念不同，人民為國家構成要素之一，包括國民與公民。而公民指享有國家公法上之權利及負擔公法上義務之國民而言，我國憲法第 3 條規定：「具有中華民國國籍者，為中華民國國民」。國民身分的規定各國不一，有以憲法直接規定、有以民法規定，亦有以國籍法加以規定，我國即以國籍法加以規定，原則上以屬人主義為主，以屬地主義為輔。我國民國八十九年二月九日修正之國籍法第 1 條規定：「中華民國國籍之取得、喪失、回復與撤銷，依本法之規定。」第 2 條規定：「有下列各款情形之一者，屬中華民國國籍：一、出生時父或母為中華民國國民。二、出生於父或母死亡後，其父或母死亡時為中華民國國民。三、出生於中華民國領域內，父母均無可考，或均無國籍者。四、歸化者。前項第 1 款及第 2 款之規定，於本法修正公布時之未成年人，亦適用之。」

　　此次修正理由除了條次變更外，並將原來的父系血統主義改為父母雙系血統主義，故將現行條文第 1 款、第 2 款之「父」修正為「父或母」。最後，為使本法修正公布時，因生母為我國國民之未成年人，可排除法律不溯及既往原

---

[7]　李鴻禧，國家主權與國際社會淺說，月旦，第 20 期，1997 年 1 月，頁 12 ～ 21。

則之適用，亦屬我國國籍，也增訂第 2 項條文，以保障該等未成年人之權益。

第四項　領　土

　　領土是指國家統治權行使範圍內所支配的土地，國家在其領土內，可以行使國家主權，排除其他國家權力之侵入，即所謂領土主權。其次，領土可分為領陸、領海。由領土所生的國家權力即所謂的領土主權[8]。再次，關於領土的界定，有「列舉式」與「概括式」兩種，我國憲法係採概括式，並不對國家領土範圍一一列舉，而只做簡單規定。憲法第 4 條規定：「中華民國領土，依其固有之疆域，非經國民大會之決議，不得變更之」，即為概括式規定。最後，所謂「固有疆域」係指歷史事實凡曾列入我國版圖，而未表示放棄者均屬之。表示我國既無侵略他國野心，亦不容他國侵犯。司法院大法官會議釋字第 328 號解釋指出固有疆域乃政治問題，不應由行使司法權之釋憲機關予以解釋，其解釋文如下：「中華民國國土，憲法第 4 條不採取列舉方式，而為『依其固有之疆域』之概括規定，並設有領土變更之程序，以為限制，有其政治上及歷史上之理由。其所稱固有疆域之界定，不應由行使司法權之釋憲機關予以解釋。」

　　由上述可知，在憲法第六次修改以前，議決領土變更的權力原屬於國民大會，但在第七次憲法修改後，國民大會已經廢除，此項權力已交由立法院負責。依 94 年 6 月 10 日修正公布的憲法增修條文第 4 條第 5 項則規定：「中華民國領土，依其固有之疆域，非經全體立法委員四分之一之提議，全體立法委員四分之三之出席，及出席委員四分之三之決議提出領土變更案，並於公告半年後，經中華民國自由地區選舉人投票複決，有效同意票過選舉人總額之半數，不得變更之。」

---

[8]　劉慶瑞，中華民國憲法要義，1985 年 5 月，頁 41 ～ 43。

第五項　民族平等

　　為貫徹民族平等之精神，去除民族之間的歧視，在政治、法律與經濟上落實真正的民族平等，我國憲法第 5 條規定：「中華民國各民族一律平等。」[9]，憲法第 7 條亦規定：「種族平等」。所謂各民族在制憲之初，係指漢、滿、蒙、回、藏等族，而現今則應包含台灣地區之各原住民。為了落實對於原住民語言與文化的保障，憲法增修條文第 10 條第 11 項指出：「國家肯定多元文化，並積極維護發展原住民族語言及文化。」第 12 項亦指出：「國家應依民族意願，保障原住民族之地位及政治參與，並對其教育文化、交通水利、衛生醫療、經濟土地及社會福利事業予以保障扶助並促其發展，其辦法另以法律定之。對於澎湖、金門、馬祖地區人民亦同。」而法律平等包含法律制定的平等與法律適用的平等。而平等原則並不是指絕對、機械之形式上平等，而係保障人民在法律上之實質平等，立法機關基於憲法之價值及立法目的，自得斟酌規範事物性質之差異，而為合理之區別對待。憲法第七條平等原則並非指絕對、機械之形式上平等，而係保障人民在法律上地位之實質平等，立法機關基於憲法之價值體系及立法目的，自得斟酌規範事物性質之差異而為合理之區別對待。促進民生福祉乃憲法基本原則之一，此觀憲法前言、第一條、基本國策及憲法增修條文第十條之規定自明。立法者基於社會政策考量，尚非不得制定法律，將福利資源為限定性之分配。國軍老舊眷村改建條例及其施行細則分別規定，原眷戶享有承購依同條例興建之住宅及領取由政府給與輔助購宅款之優惠，就自備款部分得辦理優惠利率貸款，對有照顧必要之原眷戶提供適當之扶助，其立法意旨與憲法第七條平等原則尚無牴觸。

　　惟鑒於國家資源有限，有關社會政策之立法，必須考量國家之經濟及財政狀況，依資源有效利用之原則，注意與一般國民間之平等關係，就福利資源為妥善之分配，並應斟酌受益人之財力、收入、家計負擔及須照顧之必要性妥為規定，不得僅以受益人之特定職位或身分作為區別對待之唯一依據；關於給付

---

[9]　參閱司法院大法官釋字第四八五號。

方式及額度之規定，亦應力求與受益人之基本生活需求相當，不得超過達成目的所需必要限度而給予明顯過度之照顧。立法機關就上開條例與本解釋意旨未盡相符之部分，應通盤檢討改進。（司法院大法官釋字第 485 號解釋文）

第六項　國　旗

　　國旗爲一國革命與建國歷史之標誌，爲國民精神之所寄。憲法第 6 條規定：「中華民國國旗，定爲紅地，左上角青天白日。」以青天蔚藍無際，表示民族自由；白日光芒，表示民權平等；紅地熱情繁榮，表示民生主義的實現及博愛象徵。

　　中華民國國徽國旗法第 6 條規定：「政府機關學校團體，及軍事部隊，應於禮堂及集會場所之正面中央，懸掛國旗於國父遺像之上。」

　　第 21 條也規定：「國徽、國旗式樣，不得作爲商業上專用標記，或製爲一切不莊嚴之用品。」

　　關於侮辱國旗、國徽之處罰，刑法第 160 條第 1 項規定：「意圖侮辱中華民國，而公然損壞、除去或污辱中華民國之國徽、國旗者，處一年以下有期徒刑、拘役或三百元以下罰金。」

　　此外，對於外國旗章之保護，刑法第 118 條規定：「意圖侮辱外國，而公然損壞、除去或污辱外國之國旗、國章者，處一年以下有期徒刑、拘役或三百元以下罰金。」

第五章

基本權利總論

第一節　基本權利種類

第一項　人權、國民權、公民權

　　這是依據權利的來源或者基本權利的主體的不同加以區分。所謂的人權，狹義而言僅包括個人人權，係指基於自然法或天賦人權的觀念，任何人不分國籍均享有之權利；廣義而言則包含了個人人權、集體人權與民族人權。而國民權係指基於國家之承認或立法規定，爲國民始得享有之權利。而公民權係指一國國民所享有的政治權利。

第二項　個人權利與集體權利

　　個人權利與集體權利係依照人權主體所做的區分。人權爲個人享有之權利。集體權利有兩種，一類爲國內的集體權利，如民族權利、婦女兒童權利、殘疾人之權利、犯罪人之權利，消費者之權利；另一類是國際的集體人權，其主體主要是國家，如自決權、發展權、和平權與環境權等[1]。

第三項　被動、消極、積極與主動地位

　　依照耶林納克（G. Jellinek）在其「公權的體系」一書當中所提出的地位理

---

[1]　孫哲，前引書，頁34。

論，將國家與人民之間的關係區分為以下四種類型：

一、消極地位：係指排除國家統治權之支配，即要求國家權力機關需處於消極不作為的地位。換句話說，即人民可要求國家不得侵害或介入干涉個人自由領域的地位，也就是所謂的自由權。

二、積極地位：國家統治權之行使在於謀求公共利益，如果與私人利益相一致時，國家也常給予人民一種請求國家活動或利用國家設備之權。此種積極要求國家行使統治權的權力稱之為受益權。而在二十世紀以後，除了原有的受益權外，又增加了社會權。

三、主動地位：國民有參與國家意思形成與參與國家統治權行使的權力。也就是所謂的參政權。

四、被動地位：國民必須服從國家統治權的支配，也就是所謂的國民的義務[2]。

第四項　制度性保障權利與方針性保障權利

憲法學者卡爾・史密特（C.Schmit）指出所謂制度性保障係指要求國家建立某些制度，並確保制度的存在，藉以保障基本權利之實現，尤其是該制度所賴以存在之基本規範，國家不得任意加以更動，以免使基本權利之保障失其依附[3]。

司法院大法官會議釋字第 368 號解釋吳庚大法官協同意見書（節錄）中指出建構基本權利明確之保障範圍，乃釋憲機關無所旁貸之責任：「憲法所保障之各種基本權利，無論屬於消極性防止公權力侵害之防衛權─各類自由權屬之，或積極性要求國家提供服務或給付之受益權─社會權為其中之典型，國家均負有使之實現之任務。為達成此項任務，國家自應就各個權利之性質，依照

---

[2]　許慶雄，憲法入門，台北：月旦，1997 年 11 月，三版，頁 48 ～ 49。
[3]　李建良，憲法理論與實踐 (一)，台北：學林，1999 年 7 月，頁 17。

社會生活之現實及國家整體發展之狀況，提供適當之制度的保障。經由制度保障功能之確認及對憲法人民權利條款作體系論之解釋，當可建立各個基本權利之保障範圍，在範圍內受保障之事項，可稱之為基本權利構成事實。受理具體案件，對相關之基本權利建構明確之保障範圍，乃釋憲機關無所旁貸之責任。」

　　此外，司法院大法官會議釋字第 380 號解釋文也採用了制度性保障理論，強調講學自由屬於制度性保障，教育部訂定大學共同必修科目違憲：「憲法第 11 條關於講學自由之規定，係對學術自由之制度性保障；就大學教育而言，應包含研究自由、教學自由及學習自由等事項。大學法第 1 條第 2 項規定：「大學應受學術自由之保障，並在法律規定範圍內，享有自治權」，其自治權之範圍，應包含直接涉及研究與教學之學術重要事項。大學課程如何訂定，大學法未定有明文，然因直接與教學、學習自由相關，亦屬學術之重要事項，為大學自治之範圍。憲法第 162 條固然規定：「全國公私立之教育文化機關，依法律受國家監督。」則國家對於大學自治之監督，應於法律規定範圍內為之，並須符合憲法第 23 條規定之法律保留原則。大學之必修課程，除法律有明文規定外，其訂定亦應符合上開大學自治之原則，大學法施行細則第 22 條第 3 項規定：「各大學共同必修科目，由教育部邀集各大學相關人員共同研訂之。」惟大學法並未授權教育部邀集各大學共同研訂共同必修科目，大學法施行細則所定內容即不得增加大學法所未規定之限制。又同條第 1 項後段：「各大學共同必修科目不及格者不得畢業」之規定，涉及對畢業條件之限制，致使各大學共同必修科目之訂定實質上發生限制畢業之效果，而依大學法第 23 條、第 25 條及學位授予法第 2 條、第 3 條規定，畢業之條件係屬大學自治權範疇。是大學法施行細則第 22 條第 1 項後段逾越大學法規定，同條第 3 項未經大學法授權，均與上開憲法意旨不符，應自本解釋公布之日起，至遲於屆滿一年時，失其效力。」

　　方針性保障係指憲法所規定之人權保障中，並不對個人賦予具體的權利，使其即可透過裁判取得救濟，而只規定立法者應努力實現之政治與經濟等目標。在國外憲法當中，有由法院得運用裁判以強制實施之規定，與明示立法者應與努力實現之方針性規定等兩種區分。我國憲法基本國策一章的規定，除了

具有憲法委託之立法裁量界限性質之外，皆屬於方針性條款[4]。

第二節　基本權利的保障與限制

憲法第 22 條規定：「凡人民之其他自由及權利，不妨害社會秩序公共利益者，均受憲法之保障。」憲法第 23 條規定：「以上各條列舉之自由權利，除為防止妨礙他人自由、避免緊急危難、維持社會秩序或增進公共利益所必要者外，不得以法律限制之。」上述之規定包含了基本權利的保障與限制的雙重概念，茲敘述如下：

第一項　基本權利的保障

一、憲法保障主義與法律保障主義

(一) 憲法保障主義

又稱為直接保障主義，係指人民所享有的各式自由權利皆於憲法當中詳細規定，立法機關不得恣意運用立法權限制人民的權利。我國憲法第 10 條至第 18 條有關人民重大基本權利及第 22 條其他自由及權利的規定係採直接保障主義[5]。

(二) 法律保障主義

又稱為間接保障主義，係指憲法對於人民自由權利的規範有「依法律」或「非依法律不得限制」的附加條件。換言之，憲法對於人民權利只做原則性之規定，其詳細的規定由立法機關的法律來加以規範[6]。如我國憲法第 23 條的例外規定：「以上各條列舉之自由權利，除為防止妨礙他人自由、避免緊急危難、維持社會秩序、或為增進公共利益所必要者外，不得以法律限制之。」

4　同前書。
5　林紀東，中華民國憲法釋論，台北，大中國，1980 年 9 月，改訂三九版，頁 163。
6　同前書。

二、事前保障主義與事後保障主義

(一) 事前保障主義

　　事前保障主義係指憲法對於人民基本權利之保障，除規定行政機關必須要有立法機關通過法律，而不得以命令限制人民權利或增加人民義務[7]。如憲法第23條之規定。

(二) 事後保障主義

　　事後保障主義乃指人民之自由或權利受有侵害時，應予於人民救濟之權，並對於實施者予以制裁，此係於憲法第24條國家賠償中規定[8]。

三、司法院大法官會議相關解釋

　　司法院大法官會議釋字第443號解釋理由書前段指出我國憲法中基本權利保障規範密度之區別，以建立規範化層級保留體系：「憲法所定人民之自由及權利範圍甚廣，凡不妨害社會秩序公共利益者，均受保障。惟並非一切自由及權利均無分軒輊受憲法毫無差別之保障：關於人民身體之自由，憲法第8條規定即較為詳盡，其中內容屬於憲法保留之事項者，縱令立法機關，亦不得制定法律加以限制（參照本院釋字第392號解釋理由書），而憲法第7條、第9條至第18條、第21條及第22條之各種自由及權利，則於符合憲法第23條之條件下，得以法律限制之。至何種事項應以法律直接規範或得委由命令予以規定，與所謂規範密度有關，應視規範對象、內容或法益本身及其所受限制之輕重而容許合理之差異：諸如剝奪人民生命或限制人民身體自由者，必須遵守罪刑法定主義，以制定法律之方式為之；涉及人民其他自由權利之限制者，亦應由法律加以規定，如以法律授權主管機關發布命令為補充規定時，其授權應符合具體明確之原則；若僅屬與執行法律之細節性、技術性次要事項，則得由主

---

[7]　法治斌、董保成，中華民國憲法，台北：空大，1999年1月，再版三刷，頁124。
[8]　管歐著，中華民國憲法論，台北：三民，民國73年3月修訂再版，頁70～72。

管機關發布命令爲必要之規範，雖因而對人民產生不便或輕微影響，尙非憲法所不許。又關於給付行政措施，其受法律規範之密度，自較限制人民權益者寬鬆，倘涉及公共利益之重大事項者，應有法律或法律授權之命令爲依據之必要，乃屬當然。」

司法院大法官會議釋字第 531 號解釋亦闡明憲法第 23 條之限制：「中華民國七十五年五月二十一日修正公布之道路交通管理處罰條例第 62 條第 2 項（本條項已於 86 年 1 月 22 日修正併入第 62 條第 1 項）規定，汽車駕駛人駕駛汽車肇事致人受傷或死亡，應即採取救護或其他必要措施，並向警察機關報告，不得逃逸，違者吊銷駕駛執照。其目的在增進行車安全，保護他人權益，以維護社會秩序，與憲法第 23 條並無牴觸（本院釋字第 284 號解釋參照）。又道路交通管理處罰條例第 67 條第 1 項明定，因駕車逃逸而受吊銷駕駛執照之處分者，不得再行考領駕駛執照（本條項業於 90 年 1 月 17 日修正公布爲終身不得考領駕駛執照）。該規定係爲維護車禍事故受害人生命安全、身體健康必要之公共政策，且在責令汽車駕駛人善盡行車安全之社會責任，屬維持社會秩序及增進公共利益所必要，與憲法第 23 條尙無違背。惟凡因而逃逸者，吊銷其駕駛執照後，對於吊銷駕駛執照之人已有回復適應社會能力或改善可能之具體事實者，是否應提供於一定條件或相當年限後，予肇事者重新考領駕駛執照之機會，有關機關就相關規定一併儘速檢討，使其更符合憲法保障人民權益之意旨。

其解釋理由書：「道路交通事故發生後，有受傷或死亡之情形者，應即時救護或採取必要之措施，以防損害範圍之擴大。如駕駛人於肇事後，隨即駕車逃離現場，不僅使肇事責任認定困難，更可能使受傷之人喪失生命、求償無門，自有從嚴處理之必要。七十五年五月二十一日修正公布之道路交通管理處罰條例第 62 條第 2 項規定，汽車駕駛人駕駛汽車肇事致人受傷或死亡，應即採取救護或其他必要措施，並向警察機關報告，不得逃逸，違者吊銷駕駛執照（本條項已於 86 年 1 月 22 日修正併入第 62 條第 1 項）。旨在增進行車安全，保護他人權益，以維護社會秩序，與憲法第 23 條並無牴觸（本院釋字第 284 號解釋參照）。又道路交通管理處罰條例第 67 條第 1 項明定，因駕車逃逸而受吊銷駕駛執照之處分者，不得再行考領駕駛執照（本條項業於 90 年 1 月 17 日修正公

布爲終身不得考領駕駛執照）。該規定係爲維護車禍事故受害人生命安全、身體健康必要之公共政策，且在責令汽車駕駛人善盡行車安全之社會責任，屬維持社會秩序及增進公共利益所必要，與憲法第 23 條尚無違背。惟凡因而逃逸者，吊銷其駕駛執照後，對於吊銷駕駛執照之人已有回復適應社會能力或改善可能之具體事實者，是否應提供於一定條件或相當年限後，予肇事者重新考領駕駛執照之機會，有關機關應就相關規定一併儘速檢討，使其更符合憲法保障人民權益之意旨。另刑法第 185 條之 4 規定：「駕駛動力交通工具肇事，致人死傷而逃逸者，處六月以上五年以下有期徒刑。」

第二項　基本權利的限制

一、基本權利的限制方式（概括限制）

我國憲法對於人權的概括限制分別規定於憲法第 22 條與第 23 條。因此，憲法第 22 條與第 23 條同時具備基本權利保障與限制的雙重功能。憲法第 22 條規定：「凡人民之其他自由及權利，不妨害社會秩序公共利益者，均受憲法之保障。」憲法第 23 條規定：「以上各條列舉之自由權利，除爲防止妨礙他人自由、避免緊急危難、維持社會秩序或增進公共利益所必要者外，不得以法律限制之。」

二、基本權利限制的內涵

(一) 公益條款

諸如憲法第 23 條所列舉四項限制人民權利之理由：一、防止妨礙他人自由。二、避免緊急危難。三、維持社會秩序。四、增進公共利益。

此外，除了憲法第 23 條以外，憲法中還有其他可基於公益限制人民基本權利的條款，稱之爲「特別公益條款」。如憲法第 144 條規定，爲發達國家資本，可對人民營業權加以限制。司法院大法官會議釋字第 514 號解釋即闡述人民營業自由及其限制。

司法院大法官會議釋字第 475 號解釋理由書第三段指出基本權利的限制必須同時考量公共利益與個人私益：「人民之自由權利固受憲法之保障，惟基於公共利益之考量及權衡個人私益所受影響，於符合憲法第 23 條之要件者，立法機關得以法律為適當之限制；又憲法於一定條件下明確授權立法機關制定法律為特別規定時，法律於符合上開條件範圍內，亦不生牴觸憲法問題。…」

(二) 比例原則

比例原則係指為達成某一特定目的而採取某一種方法或措施，必須符合合理、比例之原則，又稱為禁止過當原則、損害最小原則。此係源自於普魯士警察法中所謂「警察不得以砲轟鳥」之要求。其主要內容有三：一、適當性原則：行為應合於目的之達成。二、必要性原則：行為不超越實現目的的必要程度，亦即達成目的需採影響最輕微手段。三、狹義比例原則：又稱為衡量性原則，手段應按目的加以衡判，換句話說，任何干涉措施所造成之損害應輕於達成目的所獲致之利益，始具有合法性[9]。

司法院大法官會議釋字第 471 號解釋文規定限制人身自由之法律，其內容須符合憲法第 23 條所定要件：「人民身體之自由應予保障，憲法第 8 條設有明文。限制人身自由之法律，其內容須符合憲法第 23 條所定要件。保安處分係對受處分人將來之危險性所為拘束其身體、自由等之處置，以達教化與治療之目的，為刑罰之補充制度。本諸法治國家保障人權之原理及刑法之保護作用，其法律規定之內容，應受比例原則之規範，使保安處分之宣告，與行為人所為行為之嚴重性、行為人所表現之危險性，及對於行為人未來行為之期待性相當。…」

司法院大法官會議釋字第 476 號解釋指出肅清煙毒條例及毒品危害防制條例關於死刑、無期徒刑之規定與憲法第 23 條並無牴觸，其解釋文如下：「人民身體之自由與生存權應予保障，固為憲法第 8 條、第 15 條所明定；惟國家刑罰權之實現，對於特定事項而以特別刑法規定特別之罪刑所為之規範，倘與憲法第 23 條所要求之目的正當性、手段必要性、限制妥當性符合，即無乖於比例原

---

[9]　吳庚，行政法之理論與實用，台北：三民，1999 年 6 月，頁 57～58。

則，要不得僅以其關乎人民生命、身體之自由，遂執兩不相侔之普通刑法規定事項，而謂其係有違於前開憲法之意旨。

中華民國八十一年七月二十七日修正公布之『肅清煙毒條例』、八十七年五月二十日修正公布之『毒品危害防制條例』，其立法目的，乃特別為肅清煙毒、防制毒品危害，藉以維護國民身心健康，進而維持社會秩序，俾免國家安全之陷於危殆。因是拔其貽害之本，首予杜絕流入之途，即著重煙毒來源之截堵，以求禍害之根絕；而製造、運輸、販賣行為乃煙毒禍害之源，其源不斷，則流毒所及，非僅多數人之生命、身體受其侵害，并社會、國家之法益亦不能免，為害之鉅，當非個人一己之生命、身體法益所可比擬。對於此等行為之以特別立法嚴屬規範，當已符合比例原則；抑且製造、運輸、販賣煙毒之行為，除有上述高度不法之內涵外，更具有暴利之特質，利之所在，不免群趨僥倖，若僅藉由長期自由刑措置，而欲達成肅清、防制之目的，非但成效難期，要亦有悖於公平與正義。肅清煙毒條例第 5 條第 1 項：『販賣、運輸、製造毒品、鴉片或麻煙者，處死刑或無期徒刑。』、毒品危害防制條例第 4 條第 1 項：『製造、運輸、販賣第一級毒品者，處死刑或無期徒刑；處無期徒刑者，得併科新台幣一千萬元以下罰金。』其中關於死刑、無期徒刑之法定刑規定，係本於特別法嚴禁毒害之目的而為之處罰，乃維護國家安全、社會秩序及增進公共利益所必要，無違憲法第 23 條之規定，與憲法第 15 條亦無牴觸。」

(三) 法律保留原則

行政機關為行為必須有法律授權，積極要求行政機關之行為必須有法律依據。我國中央法規標準法第 5 條規定：「左列事項應以法律定之：一、憲法或法律有明文規定，應以法律定之者。二、關於人民之權利、義務者。三、關於國家各機關之組織者。四、其他重要事項之應以法律定之者。」

司法院大法官會議釋字第 313 號解釋文指出，法律就其構成要件，授權以命令為補充規定者，授權之內容及範圍應具體明確，然後據以發布命令：「對人民違反行政法上義務之行為科處罰鍰，涉及人民權利之限制，其處罰之構成要件及數額，應由法律定之。若法律就其構成要件，授權以命令為補充規定者，授權之內容及範圍應具體明確，然後據以發布命令，始符憲法第 23 條以法

律限制人民權利之意旨。」

　　司法院大法官會議釋字第 394 號解釋文指出對於營造業者所為裁罰性行政處分應由法律定之：「建築法第 15 條第 2 項規定：『營造業之管理規則，由內政部定之』，概括授權訂定營造業管理規則。此項授權條款雖未就授權之內容與範圍為明確之規定，惟依法律整體解釋，應可推知立法者有意授權主管機關，就營造業登記之要件、營造業及其從業人員之行為準則、主管機關之考核管理等事項，依其行政專業之考量，訂定法規命令，以資規範。至於對營造業者所為裁罰性之行政處分，固與上開事項有關，但究涉及人民權利之限制，其處罰之構成要件與法律效果，應由法律定之；法律若授權行政機關訂定法規命令予以規範，亦須為具體明確之規定，始符憲法第 23 條法律保留原則之意旨。」

　　司法院大法官會議釋字第 402 號解釋文指出裁罰性處分之構成要件與法律效果應以法律定之，並符合具體明確原則：「對人民違反行政法上義務之行為予以裁罰性之行政處分，涉及人民權利之限制，其處分之構成要件與法律效果，應由法律定之，法律雖得授權以命令為補充規定，惟授權之目的、範圍及內容必須具體明確，然後據以發布命令，方符憲法第 23 條之意旨。」

　　最後，司法院大法官會議釋字第 497 號解釋文也指出「大陸地區人民進入台灣地區許可辦法」及「大陸地區人民在台灣地區定居或居留許可辦法」未逾母法授權範圍，亦未牴觸憲法：「中華民國八十一年七月三十一日公布之台灣地區與大陸地區人民關係條例係依據八十年五月一日公布之憲法增修條文第 10 條（現行增修條文改列為第 11 條）『自由地區與大陸地區間人民權利義務關係及其他事務之處理，得以法律為特別之規定』所制定，為國家統一前規範台灣地區與大陸地區間人民權利義務之特別立法。內政部依該條例第 10 條及第 17 條之授權分別訂定『大陸地區人民進入台灣地區許可辦法』及『大陸地區人民在台灣地區定居或居留許可辦法』，明文規定大陸地區人民進入台灣地區之資格要件、許可程序及停留期限，係在確保台灣地區安全與民眾福祉，符合該條例之立法意旨，尚未逾越母法之授權範圍，為維持社會秩序或增進公共利益所必要，與上揭憲法增修條文無違，於憲法第 23 條之規定亦無牴觸。」

第六章

基本權利各論

第一節　平等權

第一項　平等、平等原則與平等權

一、平等的意義

　　平等的概念包含了絕對的平等與相對的平等。絕對的平等指的是人類社會無階級、政治、經濟地位之分，人人擁有同樣機會。相對的平等肯定人類先天秉賦的不同，後天的發展亦因人而異，這種不平等不是人為的，而是自然造成的結果，因此，現代憲法只能做到相對的平等。平等與自由，當相提並論，實則有平等始有自由可言，能自由才有平等，兩者互為因果，人民在法律上所享有之地位或機會，不得為任何人所私有，其出發點均屬相同，是謂真平等[1]。

二、平等原則的意義

　　所謂的平等原則係指「相同事件為相同處理，不同事件為不同處理」，不得將與「事物本質」不相關的因素納入考慮。換句話說，平等原則禁止對於本質相同的事件，任意做不同的處理；或本質不同的事件，作相同的處理，其目的在於追求實質的平等。

　　平等原則對於國家機關之權力具有拘束作用。就立法機關而言，其立法必須符合平等原則，否則就是「恣意立法」，而屬於違憲無效之法律。對於行政

---

[1]　劉慶瑞，前引書，頁 48 ～ 49。

機關權力之拘束在於行政機關必須「依法行政」。對於司法機關之拘束在於司法機關必須「依法審判」。[2]

三、平等權的意義

　　平等權係指人民在法律上享有同等權利，負擔同等義務而言。憲法第 7 條規定：「中華民國人民無分男女、宗教、種族、階級、黨派，在法律上一律平等。」茲說明如下：

(一) **男女平等：**凡屬於人民不分性別，在經濟、社會、政治、教育上，均依法立於同等之地位。憲法增修條文第 10 條第 6 項也規定：「國家應維護婦女之人格尊嚴，保障婦女之人身安全，消除性別歧視，促進兩性地位之實質平等。」

(二) **宗教平等：**即在法律上不問信仰何種宗教，均予同等待遇，不得歧視。

(三) **種族平等：**凡國內各族在法律上均享有同等之權利，負擔同等之義務，不受任何歧視、壓迫與限制。此外，為了落實對於原住民在語言、文化、教育、經濟與參政權方面等等的保障，憲法增修條文第 10 條第 11 項也規定：「國家肯定多元文化，並積極維護發展原住民族語言及文化。」第 12 項規定：「國家應依民族意願，保障原住民族之地位及政治參與，並對其教育文化、交通水利、衛生醫療、經濟土地及社會福利事業予以保障扶助並促其發展，其辦法另以法律定之。對於澎湖、金門及馬祖地區人民亦同。」

(四) **階級平等：**不分貧富、職位，在法律上一律平等。此外，為落實階級平等，避免資本主義所造成的貧富差距，使得資本家與勞工階級處於對立的狀態，我國憲法乃在基本國策當中做了相關之規定。如憲法第 142 條規定：「國民經濟應以民生主義為基本原則，實施平均地權，節制資本，以謀國計民生之均足。」第 153 條規定：「國家為改良勞工及農民之生活，

---

[2]　法治斌、董保城，前引書，頁 177 ～ 184。

增進其生產技能，應制定保護勞工及農民之法律，實施保護勞工及農民之政策。婦女兒童從事勞動者，應按其年齡及身體狀態，予以特別之保護。」藉以加強對於勞工及農民之保護。第 154 條關於勞資關係及其糾紛之處理規定：「勞資雙方應本協調合作原則，發展生產事業。勞資糾紛之調解與仲裁，以法律定之。」

(五) **黨派平等**：其涵義有二，1. 政黨平等：各政黨在法律上立於平等之地位，不得有任何優待或特權或者歧視與壓迫。2. 黨員平等：任何人不屬於任何政黨，均不得享受特別優待或遭受歧視[3]。

　　為維護國內各族群地位在大眾運輸工具播音語言之實質對等，民國八十九年四月十九日，總統公布「大眾運輸工具播音語言平等保障法」。第 1 條規定：「為維護國內各族群地位之實質對等，促進多元文化之發展，便利各族群使用大眾運輸工具，特制定本法。」第 6 條規定：「大眾運輸工具除國語外，另應以閩南語、客家語播音。其他原住民語言之播音，由主管機關視當地原住民族族群背景及地方特性酌予增加。但馬祖地區應加播閩北（福州）語。從事國際交通運輸之大眾運輸工具，其播音服務至少應使用一種本國族群慣用之語言。」

第二項　平等原則與司法審查

　　憲法第 7 條所定之平等原則，係為保障人民在法律上地位之實質平等，亦即法律得依事物之性質，就事實情況之差異及立法之目的，而為不同之規範。茲就我國司法院大法官會議之相關解釋加以闡述：

一、司法院大法官會議釋字第二〇五號解釋理由書

　　按中華民國人民，無分男女、宗教、種族、階級、黨派，在法律上一律平等，為憲法第 7 條所明定。其依同法第 18 條應考試服公職之權，在法律上自

---

[3]　劉慶瑞，前引書，頁 51 〜 55。

亦應一律平等。惟此所謂平等，係指實質上之平等而言，其爲因應事實上之需要，及舉辦考試之目的，就有關事項，依法酌爲適當之限制，要難謂與上述平等原則有何違背。

二、司法院大法官會議釋字第二一一號解釋文

憲法第 7 條所定之平等權，係爲保障人民在法律上地位之實質平等，並不限制法律授權主管機關，斟酌具體案件事實上之差異及立法之目的，而爲合理之不同處置。

三、司法院大法官會議釋字第三四〇號解釋理由書

中華民國人民無分黨派，在法律上一律平等，憲法第 7 條定有明文。人民登記爲各類公職候選人時，應繳納保證金，其數額由選舉委員會先期公告，但村里長候選人免予繳納，中華民國八十年八月二日修正公布之公職人員選舉罷免法第 38 條第 1 項亦有明文規定。同條第 2 項則規定：「政黨推薦之區域、山胞候選人，其保證金減半繳納。但政黨撤回推薦者，應全額繳納」，無異使無政黨推薦之候選人，須繳納較政黨推薦之候選人爲高之保證金。如主管機關公告之保證金過高時，則有意參選者，僅須結合少數人員，即可依法以備案方式成立政黨，再以政黨推薦名義減輕其負擔，反足使小黨林立，無助於政黨政治之健全發展。是上開公職人員選舉罷免法之規定，係對人民參政權所爲不必要之限制，形成不合理之差別待遇，與首開憲法第 7 條規定意旨不符，應自本解釋公布之日起不再適用。

至公職人員選舉罷免法第 50 條第 5 項後段，關於未經所屬政黨推薦或經政黨推薦後撤回之候選人，不刊登其黨籍之規定，於人民憲法上所保障之權利並無侵害可言，併此說明。

四、司法院大法官會議釋字第三六五號解釋

民法上之子女監護權以父親為優先之規定與憲法第 7 條人民無分男女在法律上一律平等，及憲法增修條文第 9 條第 5 項消除性別歧視之意旨不符，其解釋文如下：

民法第 1089 條，關於父母對於未成年子女權利之行使意思不一致時，由父行使之規定部分，與憲法第 7 條人民無分男女在法律上一律平等，及憲法增修條文第 9 條第 5 項消除性別歧視之意旨不符，應予檢討修正，並應自本解釋公布之日起，至遲於屆滿二年時，失其效力。

第二節　自由權

自由權係指人民有一定行為的自由，非依律法不受國家公權力之限制或侵犯之消極的權利。現就我國憲法所規範的自由權敘述如下：

第一項　人身自由

一、人身自由的意義與我國憲法的規定

人身自由係指人民的身體，不受國家或個人非法侵犯之謂，乃一切自由之基礎，憲法第 8 條規定如下：

第 1 項規定：「人民身體之自由應予保障，除現行犯之逮捕由法律另定外，非經司法或警察機關依法定程序，不得逮捕拘禁。非由法院依法定程序，不得審問處罰。非依法定程序之逮捕、拘禁、審問、處罰，得拒絕之。」係作為人身自由一般原則之宣示。

第 2 項規定：「人民因犯罪嫌疑被逮捕拘禁時，其逮捕拘禁機關應將逮捕拘禁原因，以書面告知本人及其本人指定之親友，並至遲於二十四小時內移送該管法院審問。本人或他人亦得聲請該管法院，於二十四小時內向逮捕之機關

提審。」前段係形式程序之特別規定，後段係提審制度之規定。

　　第 3 項規定：「法院對於前項聲請，不得拒絕，並不得先令逮捕拘禁之機關查覆。逮捕拘禁之機關，對於法院之提審，不得拒絕或遲延。」亦有關於提審制度之規定。

　　第 4 項規定：「人民遭受任何機關非法逮捕拘禁時，其本人或他人得向法院聲請追究，法院不得拒絕，並應於二十四小時內向逮捕拘禁之機關追究，依法處理。」係法院追究責任之規定。

二、正當法律程序原則

　　「正當程序」之理念，可上溯至西元一二一五年英國大憲章（Magna Carta）中有關陪制度及人身保護令狀之規定，而「正當法律程序」（due process of law）一詞則首見於一三五四年該憲章的法規版。其意涵係指凡限制人民身體自由之處置，不問其是否屬於刑事被告之身分，國家機關所依據之程序，須以法律規定，其內容更須實質正當，並符合憲法第 23 條所規定相關之條件[4]。其中包含了程序上的正當法律程序以及實體上的正當法律程序。前述憲法第 8 條第 1 項即反映出上述精神。

　　刑事訴訟法第 77 條至第 80 條即規範拘提之法定程序：

　　關於拘票，刑事訴訟法第 77 條關於第 1 項規定：「拘提被告，應用拘票。」第 2 項：「拘票，應記載左列事項：一、被告之姓名、性別、年齡、籍貫及住所或居所。但年齡、籍貫、住所或居所不明者，得免記載。二、案由。三、拘提之理由。四、應解送之處所。」

　　關於拘提的執行機關，第 78 條規定：「拘提，由司法警察或司法警察官執行，並得限制其執行之期間。拘票得作數通，分交數人各別執行。」

　　關於拘提的執行程序，第 79 條規定：「拘票應備二聯，執行拘提時，應以一聯交被告或其家屬」

---

[4]　湯德宗，行政程序法論，台北：元照，增訂二版，2003，頁 52。

關於拘提執行後之處置，第 80 條規定：「執行拘提後，應於拘票記載執行之處所及年、月、日、時；如不能執行者，記載其事由，由執行人簽名，提出於命拘提之公務員。」

刑事訴訟法第 102 條亦規範羈押之法定程序：「羈押被告，應用押票。押票，應按被告指印，並記載左列事項：一、被告之姓名、性別、年齡、出生地及住所或居所。二、案由及觸犯之法條。三、羈押之理由及其所依據之事實。四、應羈押之處所。五、羈押期間及其起算日。六、如不服羈押處分之救濟方法。第 71 條第 3 項之規定，於押票準用之。押票，由法官簽名。」

此外，司法院大法官會議釋字第 384 號解釋文也強調正當法律程序原則之重要性，並宣告檢肅流氓條例逕行強制到案、祕密證人與感訓處分等規定係屬違憲，解釋文提到：「憲法第 8 條第 1 項規定：「人民身體之自由應予保障。除現行犯之逮捕由法律另定外，非經司法或警察機關依法定程序，不得逮捕拘禁。非由法院依法定程序，不得審問處罰。非依法定程序之逮捕、拘禁、審問、處罰，得拒絕之。」其所稱「依法定程序」，係指凡限制人民身體自由之處置，不問其是否屬於刑事被告之身分，國家機關所依據之程序，須以法律規定，其內容更須實質正當，並符合憲法第 23 條所定相關之條件。檢肅流氓條例第 6 條及第 7 條授權警察機關得逕行強制人民到案，無須踐行必要之司法程序；第 12 條關於祕密證人制度，剝奪被移送裁定人與證人對質詰問之權利，並妨礙法院發見真實；第 21 條規定使受刑之宣告及執行者，無論有無特別預防之必要，有再受感訓處分而喪失身體自由之虞，均逾越必要程度，欠缺實質正當，與首開憲法意旨不符。又同條例第 5 條關於警察機關認定為流氓並予告誡之處分，人民除向內政部警政署聲明異議外，不得提起訴願及行政訴訟，亦與憲法第 16 條規定意旨相違。均應自本解釋公布之日起，至遲於中華民國八十五年十二月三十一日失其效力。」

其解釋理由書第二段並進一步闡述實質正當法律程序的意涵：「前述實質正當之法律程序，兼指實體法及程序法規定之內容，就實體法而言，如須遵守罪刑法定主義；就程序法而言，如犯罪嫌疑人除現行犯外，其逮捕應踐行必要之司法程序、被告自白須出於自由意志、犯罪事實應依證據認定、同一行為不

得重覆處罰、當事人有與證人對質或詰問證人之權利、審判與檢察之分離、審判過程以公開爲原則及對裁判不服提供審級救濟等爲其要者。除依法宣告戒嚴或國家、人民處於緊急危難之狀態，容許其有必要之例外情形外，各種法律之規定，倘與上述各項原則悖離，即應認爲有違憲法上實質正當之法律程序。現行檢肅流氓條例之制定，其前身始於戒嚴及動員戡亂時期而延續至今，對於社會秩序之維護，固非全無意義，而該條例（指現行法，下同）第2條所列舉之行爲，亦非全不得制定法律加以防制，但其內容應符合實質正當之法律程序，乃屬當然。」

三、憲法第八條第一項前段所稱「司法機關」與同條「法院」的區別

憲法第8條第1項所稱之「司法機關」包括檢察機關在內之廣義司法機關。但第1項與第2項所稱的法院係只有審判權之法官所構成之獨任或合議制法院，才有權力行使「審問」之權限。司法院大法官會議釋字第392號解釋提到檢察機關並非憲法第8條第1項與第2項所稱「審問」之法院，不具備羈押權限，其解釋文如下：「司法權之一之刑事訴訟、即刑事司法之裁判，係以實現國家刑罰權爲目的之司法程序，其審判乃以追訴而開始，追訴必須實施偵查，迨判決確定，尚須執行始能實現裁判之內容。是以此等程序悉與審判、處罰具有不可分離之關係，亦即偵查、訴追、審判、刑之執行均屬刑事司法之過程，其間代表國家從事『偵查』『訴追』『執行』之檢察機關，其所行使之職權，目的既亦在達成刑事司法之任務，則在此一範圍內之國家作用，當應屬廣義司法之一。憲法第8條第1項所規定之『司法機關』，自非僅指同法第77條規定之司法機關而言，而係包括檢察機關在內之廣義司法機關。

憲法第8條第1項、第2項所規定之『審問』，係指法院審理之訊問，其無審判權者既不得爲之，則此兩項所稱之『法院』，當指有審判權之法官所構成之獨任或合議之法院之謂。法院以外之逮捕拘禁機關，依上開憲法第8條第2項規定，應至遲於二十四小時內，將因犯罪嫌疑被逮捕拘禁之人民移送該管法院審問。是現行刑事訴訟法第101條、第102條第3項準用第71條第4項及第

120 條等規定，於法院外復賦予檢察官羈押被告之權；同法第 105 條第 3 項賦予檢察官核准押所長官命令之權；同法第 121 條第 1 項、第 259 條第 1 項賦予檢察官撤銷羈押、停止羈押、再執行羈押、繼續羈押暨其他有關羈押被告各項處分之權，與前述憲法第 8 條第 2 項規定之意旨均有不符。

憲法第 8 條第 2 項僅規定：『人民因犯罪嫌疑被逮捕拘禁時，其逮捕拘禁機關應將逮捕拘禁原因，以書面告知本人及其本人指定之親友，並至遲於二十四小時內移送該管法院審問。本人或他人亦得聲請該管法院，於二十四小時內向逮捕之機關提審。』並未以『非法逮捕拘禁』為聲請提審之前提要件，乃提審法第 1 條規定：『人民被法院以外之任何機關非法逮捕拘禁時，其本人或他人得向逮捕拘禁地之地方法院或其所隸屬之高等法院聲請提審。』以『非法逮捕拘禁』為聲請提審之條件，與憲法前開之規定有所違背。

上開刑事訴訟法及提審法有違憲法規定意旨之部分，均應自本解釋公布之日起，至遲於屆滿二年時失其效力。因此，刑事訴訟法於法院外賦予檢察官羈押被告之權以及其他各項處分，與憲法第 8 條第 2 項規定之意旨不符。因此，檢察官羈押權之行使遲至八十六年十二月二十一日失效。」

司法院大法官會議釋字第 392 號解釋的作成，是避免檢方單位為了偵查方便或者為獲得犯人的自白而濫用羈押權，而由法官對檢察官聲請羈押是否符合程序為客觀審查，因此此項修正的目的在於保障犯罪嫌疑人之人身自由，避免國家公權力不當發動之侵害。為了因應司法院大法官會議釋字第 392 號解釋之檢察官與警察機關共用二十四小時之法理，民國八十六年十二月十二日，立法院三讀通過「刑事訴訟法修正案」，於該法第 93 條第 1 項與第 2 項明定：「被告或犯罪嫌疑人因拘提或逮捕到場者，應即時訊問。偵查中經檢察官訊問後，認有羈押之必要者，應自拘提或逮捕之時起二十四小時內，敘明羈押之理由，聲請該管法院羈押之。前項情形，未經聲請者，檢察官應即將被告釋放。」

四、提審制度與人身保護令狀

提審制度源於自於英美之「人身保護令狀」，英國於一六七九年制定人身

保護法（Habeas Corpus Act），而美國憲法第 1 條第 9 項之二也規定人身保護令，之後在一七九一年增補條文第 4 至 6 條及第 8、第 14 條第 1 項更有詳細規定。其中第 5 條規定：「不得未經正當法律程序使其喪失生命、自由或財產。」第 14 條亦規定：「任何州不得制定或執行剝奪美國公民之特權或豁免權之法律。」

　　提審制度係指人民因犯罪嫌疑被捕時，其逮捕機關，應將逮捕拘禁原因，以書面告知本人及本人指定之親友始完成法定程序。同時，被逮捕本人與親友亦有權主動請求司法機關向執行逮捕拘禁之機關，於一定期限內將被拘禁者提交法院審理，審理結果，如屬有罪，則依法判刑；如屬無罪，則應立即釋放[5]。

　　我國憲法第 8 條第 2 項：「人民因犯罪嫌疑被逮捕拘禁時，其逮捕拘禁機關應將逮捕拘禁原因，以書面告知本人及其指定之親友，並至遲於二十四小時內移送該管法院審問。本人或他人亦得聲請該管法院，於二十四小時內向逮捕之機關提審。」後半段係提審制度之規定。第 3 項：「法院對於前項聲請，不得拒絕，並不得先令逮捕拘禁之機關查覆。逮捕拘禁之機關對於法院之提審，不得拒絕或遲延。」亦是有關於提審制度之規定。依據上述規定，人民因為犯罪嫌疑而遭逮捕拘禁時，有權依法聲請管轄機關迅速提審，該管轄法院並受二十四小時之期間限制。因此，人民對於管轄機關擁有絕對之提審聲請權利，而該管轄法院亦有為提審之義務。而前述司法院大法官會議釋字第 392 號解釋進一步解釋憲法第 8 條第 2 項之規定，並未以「非法逮捕拘禁」為申請提審之前提條件。

　　而八十八年十二月十五日修正後的提審法第 1 條規定：「人民被法院以外之任何機關逮捕拘禁時，其本人或他人得向逮捕拘禁地之地方法院聲請提審。」第 3 條規定：「聲請提審以書狀或言詞為之，應記載或陳明左列事項：一、聲請人之姓名、性別、年齡及住所或居所，他人為聲請時，並應記載被逮捕拘禁人之姓名、性別。二、逮捕拘禁之事實。三、執行逮捕拘禁之機關及其所在地或公務人員之姓名。四、受聲請之法院。五、聲請之年、月、日。前項情形，

---

[5]　劉慶瑞，前引書，頁 58 ～ 66。

以言詞爲之者，應就前項各款所列事項，分別陳明，由書記官製作筆錄。」第4條規定：「法院接受聲請書狀，依法律之規定，認爲無理由者，應於二十四小時內以裁定駁回之。不服前項裁定者，得於裁定送達後五日內抗告於直接上級法院。但對於高等法院所爲之裁定不得抗告。」第6條也規定：「提審票應記載左列事項：一、執行逮捕拘禁之機關及其所在地。二、被逮捕拘禁人之姓名、性別。三、發提審票之法院。四、應解交之法院。五、發提審票之年、月、日。提審票應以正本送達聲請人，其發提審票之法院與應解交之法院非同一者，並應以正本送達應解交之法院。提審票於必要時，得以電傳文件、傳真或其他電子文件代之。」

五、憲法保留原則

憲法對於人身自由之保障不同於其他基本權利，不僅是單純的揭示自由權利，人身自由是一切自由的基礎，若人身自由無法獲得有效保障，則其它就會落後，因此並進一步作程序性保障之規範。而此種有關專由司法機關或警察機關依法定程序逮捕拘禁，由法院之法定程序審問處罰之規定，係憲法所保障人身自由程序上的權利，即使是立法院亦不得根據憲法第23條四個公益條款爲理由再以法律加以限制之。制憲者對於憲法第8條人身自由正當法律程序保障之特別規定是有意排除憲法第23條之適用，此即爲憲法保留原則[6]。

司法院大法官會議釋字384號解釋理由書前段強調憲法第8條第1項係爲人身自由之憲法保留原則，其內容如下：憲法第8條第1項係爲人身自由之憲法保留原則。其解釋理由書：「人民身體自由享有充分保障，乃行使其憲法上所保障其他自由權利之前提，爲重要之基本人權。故憲法第8條對人民身體自由之保障，特詳加規定。該條第1項規定：『人民身體之自由應予保障。除現行犯之逮捕由法律另定外，非經司法或警察機關依法定程序，不得逮捕拘禁。非由法院依法定程序，不得審問處罰。非依法定程序之逮捕、拘禁、審問、處

---

[6] 吳庚，前引書，頁107。

罰，得拒絕之。』係指凡限制人民身體自由之處置，在一定限度內爲憲法保留之範圍，不問是否屬於刑事被告身分，均受上開規定之保障。除現行犯之逮捕，由法律另定外，其他事項所定之程序，亦須以法律定之，且立法機關於制定法律時，其內容更須合於實質正當，並應符合憲法第 23 條所定之條件，此乃屬人身自由之制度性保障。舉凡憲法施行以來已存在之保障人身自由之各種建制及現代法治國家對於人身自由所普遍賦予之權利與保護，均包括在內，否則人身自由之保障，勢將徒託空言，而首開憲法規定，亦必無從貫徹。」

　　此外，關於警察執行臨檢勤務，司法院大法官會議釋字第 535 號解釋認爲「實施臨檢之要件、程序及對違法臨檢行爲之救濟，均應有法律之明確規範，方符憲法保障人民自由權利之意旨。」其解釋文：「警察勤務條例規定警察機關執行勤務之編組及分工，並對執行勤務得採取之方式加以列舉，已非單純之組織法，實兼有行爲法之性質。依該條例第 11 條第 3 款，臨檢自屬警察執行勤務方式之一種。臨檢實施之手段：檢查、路檢、取締或盤查等不問其名稱爲何，均屬對人或物之查驗、干預，影響人民行動自由、財產權及隱私權等甚鉅，應恪遵法治國家警察執勤之原則。實施臨檢之要件、程序及對違法臨檢行爲之救濟，均應有法律之明確規範，方符憲法保障人民自由權利之意旨。

　　上開條例有關臨檢之規定，並無授權警察人員得不顧時間、地點及對象任意臨檢、取締或隨機檢查、盤查之立法本意。除法律另有規定外，警察人員執行場所之臨檢勤務，應限於已發生危害或依客觀、合理判斷易生危害之處所、交通工具或公共場所爲之，其中處所爲私人居住之空間者，並應受住宅相同之保障；對人實施之臨檢則須以有相當理由足認其行爲已構成或即將發生危害者爲限，且均應遵守比例原則，不得逾越必要程度。臨檢進行前應對在場者告以實施之事由，並出示證件表明其爲執行人員之身分。臨檢應於現場實施，非經受臨檢人同意或無從確定其身分或現場爲之對該受臨檢人將有不利影響或妨礙交通、安寧者，不得要求其同行至警察局、所進行盤查。其因發現違法事實，應依法定程序處理者外，身分一經查明，即應任其離去，不得稽延。前述條例第 11 條第 3 款之規定，於符合上開解釋意旨範圍內，予以適用，始無悖於維護人權之憲法意旨。現行警察執行職務法規有欠完備，有關機關應於本解釋公布

之日起二年內依解釋意旨，且參酌社會實際狀況，賦予警察人員執行勤務時應付突發事故之權限，俾對人民自由與警察自身安全之維護兼籌並顧，通盤檢討訂定，併此指明。

其解釋理由書：「按人民於其憲法上所保障之權利，遭受不法侵害，經依法定程序提起訴訟，對於確定終局裁判所適用之法律或命令發生有牴觸憲法之疑義者，得聲請解釋憲法，司法院大法官審理案件法第 5 條第 1 項第 2 款定有明文。所謂裁判所適用之法律或命令，係指法令之違憲與否與該裁判有重要關聯性而言。以刑事判決為例，並不限於判決中據以論罪科刑之實體法及訴訟法之規定，包括作為判斷行為違法性依據之法令在內，均得為聲請釋憲之對象。就本聲請案所涉之刑事判決而論，聲請人（即該刑事判決之被告）是否成立於公務員依法執行職務時當場侮辱罪，係以該受侮辱之公務員當時是否依法執行職務為前提，是該判決認定其係依法執行職務所依據之法律—警察勤務條例相關規定，即與該判決有重要關聯性，而得為聲請釋憲之客體，合先說明。

警察法第 2 條規定警察之任務為依法維持公共秩序，保護社會安全，防止一切危害，促進人民福利。第 3 條關於警察之勤務制度定為中央立法事項。警察勤務條例第 3 條至第 10 條乃就警察執行勤務之編組、責任劃分、指揮系統加以規範，第 11 條則對執行勤務得採取之方式予以列舉，除有組織法之性質外，實兼具行為法之功能。查行政機關行使職權，固不應僅以組織法有無相關職掌規定為準，更應以行為法（作用法）之授權為依據，始符合依法行政之原則，警察勤務條例既有行為法之功能，尚非不得作為警察執行勤務之行為規範。依該條例第 11 條第 3 款：「臨檢：於公共場所或指定處所、路段，由服勤人員擔任臨場檢查或路檢，執行取締、盤查及有關法令賦予之勤務」，臨檢自屬警察執行勤務方式之一種。惟臨檢實施之手段：檢查、路檢、取締或盤查等不問其名稱為何，均屬對人或物之查驗、干預，影響人民行動自由、財產權及隱私權等甚鉅。人民之有犯罪嫌疑而須以搜索為蒐集犯罪證據之手段者，依法尚須經該管法院審核為原則（參照刑事訴訟法第 128 條、第 128-1 條），其僅屬維持公共秩序、防止危害發生為目的之臨檢，立法者當無授權警察人員得任意實施之本意。是執行各種臨檢應恪遵法治國家警察執勤之原則，實施臨檢之要件、程

序及對違法臨檢行為之救濟，均應有法律之明確規範，方符憲法保障人民自由權利之意旨。

　　上開條例有關臨檢之規定，既無授權警察人員得不顧時間、地點及對象任意臨檢、取締或隨機檢查、盤查之立法本意。除法律另有規定（諸如刑事訴訟法、行政執行法、社會秩序維護法等）外，警察人員執行場所之臨檢勤務，應限於已發生危害或依客觀、合理判斷易生危害之處所、交通工具或公共場所為之，其中處所為私人居住之空間者，並應受住宅相同之保障；對人實施之臨檢則須以有相當理由足認其行為已構成或即將發生危害者為限，且均應遵守比例原則，不得逾越必要程度，儘量避免造成財物損失、干擾正當營業及生活作息。至於因預防將來可能之危害，則應採其他適當方式，諸如：設置警告標誌、隔離活動空間、建立戒備措施及加強可能遭受侵害客體之保護等，尚不能逕予檢查、盤查。臨檢進行前應對受臨檢人、公共場所、交通工具或處所之所有人、使用人等在場者告以實施之事由，並出示證件表明其為執行人員之身分。臨檢應於現場實施，非經受臨檢人同意或無從確定其身分或現場為之對該受臨檢人將有不利影響或妨礙交通、安寧者，不得要求其同行至警察局、所進行盤查。其因發現違法事實，應依法定程序處理者外，身分一經查明，即應任其離去，不得稽延。前述條例第 11 條第 3 款於符合上開解釋意旨範圍內，予以適用，始無悖於維護人權之憲法意旨。又對違法、逾越權限或濫用權力之臨檢行為，應於現行法律救濟機制內，提供訴訟救濟（包括賠償損害）之途徑：在法律未為完備之設計前，應許受臨檢人、利害關係人對執行臨檢之命令、方法、應遵守之程序或其他侵害利益情事，於臨檢程序終結前，向執行人員提出異議，認異議有理由者，在場執行人員中職位最高者應即為停止臨檢之決定，認其無理由者，得續行臨檢，經受臨檢人請求時，並應給予載明臨檢過程之書面。上開書面具有行政處分之性質，異議人得依法提起行政爭訟。現行警察執行職務法規定有欠完備，有關機關應於本解釋公布之日起二年內依解釋意旨，且參酌社會實際狀況，賦予警察人員執行勤務時應付突發事故之權限，俾對人民自由與警察自身安全之維護兼籌並顧，通盤檢討訂定，併此指明。」

六、軍事審判與司法一元主義

　　所謂的司法一元主義係指只有普通法院才可以審問或處罰罪犯。所謂普通法院乃係法院組織法所規定之地方法院、高等法院、最高法院；其他機關如軍事法院、特別法庭則無權審問或處罰罪犯[7]。為了貫徹司法一元主義，避免軍事審判系統過度龐大，司法院大法官會議釋字第 436 號解釋指出軍事審判屬於司法權，應受正當法律程序之拘束，軍事審判法第 11 條，第 133 條第 1 項、第 3 項，第 158 條及其他不許被告逕向普通法院以判決違背法令為理由請求救濟部分，與憲法意旨不符，至遲於屆滿二年時失其效力，其解釋文內容如下：「憲法第 8 條第 1 項規定，人民身體之自由應予保障，非由法院依法定程序不得審問處罰；憲法第 16 條並規定人民有訴訟之權。現役軍人亦為人民，自應同受上開規定之保障。又憲法第 9 條規定：「人民除現役軍人外，不受軍事審判」，乃因現役軍人負有保衛國家之特別義務，基於國家安全與軍事需要，對其犯罪行為得設軍事審判之特別訴訟程序，非謂軍事審判機關對於軍人之犯罪有專屬之審判權。至軍事審判之建制，憲法未設明文規定，雖得以法律定之，惟軍事審判機關所行使者，亦屬國家刑罰權之一種，其發動與運作，必須符合正當法律程序之最低要求，包括獨立、公正之審判機關與程序，並不得違背憲法第 77 條、第 80 條等有關司法權建制之憲政原理；規定軍事審判程序之法律涉及軍人權利之限制者，亦應遵守憲法第 23 條之比例原則。本於憲法保障人身自由、人民訴訟權利及第 77 條之意旨，在平時經終審軍事審判機關宣告有期徒刑以上之案件，應許被告直接向普通法院以判決違背法令為理由請求救濟。軍事審判法第 11 條，第 133 條第 1 項、第 3 項，第 158 條及其他不許被告逕向普通法院以判決違背法令為理由請求救濟部分，均與上開憲法意旨不符，應自本解釋公布之日起，至遲於屆滿二年時失其效力。有關機關於上開期限內，就涉及之關係法律，本此原則作必要之修正，並對訴訟救濟相關之審級制度為配合調整，且為貫徹審判獨立原則，關於軍事審判之審檢分立、參與審判軍官之選任標準及

---

[7]　劉慶瑞，前引書，頁 60～61。

軍法官之身分保障等事項，亦應一併檢討改進，併此指明。」

　　其解釋理由書並進一步指出軍事審判機關所行使者，亦屬國家刑罰權之一種，具司法權之性質，其發動與運作，必須符合正當法律程序之最低要求，包括獨立、公正之審判機關與程序：「人民身體自由在憲法基本權利中居於重要地位，應受最周全之保護，解釋憲法及制定法律，均須貫徹此一意旨。憲法第8條第1項規定，人民身體之自由應予保障，非由法院依法定程序不得審問處罰；憲法第16條並規定人民有訴訟之權，現役軍人亦為人民，自應同受上開規定之保障。又憲法第9條規定：「人民除現役軍人外，不受軍事審判」，乃因現役軍人負有保衛國家之特別義務，基於國家安全與軍事需要，對其犯罪行為得設軍事審判之特別訴訟程序。查其規範意旨係在保障非現役軍人不受軍事審判，非謂軍事審判機關對於軍人之犯罪有專屬之審判權，而排除現役軍人接受普通法院之審判。至軍事審判之建制，憲法未設明文規定，雖得以法律定之，惟軍事審判機關所行使者，亦屬國家刑罰權之一種，具司法權之性質，其發動與運作，必須符合正當法律程序之最低要求，包括獨立、公正之審判機關與程序，並不得違背憲法第77條司法院為國家最高司法機關，掌理刑事訴訟審判，第80條法官依法律獨立審判，不受任何干涉等有關司法權建制之憲政原理；規定軍事審判程序之法律涉及軍人權利之限制者，亦應遵守憲法第23條之比例原則。

　　本於憲法保障人身自由、人民訴訟權利及第77條之意旨，應就軍事審判制度區分平時與戰時予以規範。在平時經終審軍事審判機關宣告有期徒刑以上之案件，應許被告逕向普通法院以判決違背法令為理由請求救濟。軍事審判法第11條規定：「國防部為最高軍事審判機關」，使軍事機關完全掌理具司法性質之軍事審判，有違權力分立原則；第133條第1項、第3項規定軍事審判機關長官有判決核可權及覆議權；第158條規定軍事審判庭之組成須簽請軍事長官核定，使行政權介入軍事審判權之行使；及其他不許被告逕向普通法院以判決違背法令為理由請求救濟部分，均與上開憲法意旨不符，應自本解釋公布之日起，至遲於屆滿二年時失其效力。有關機關應於上開期限內，就涉及之關係法律，本此原則作必要之修正，並對訴訟救濟相關之審級制度為配合調整，且為

貫徹審判獨立原則,關於軍事審判之審檢分立、參與審判軍官之選任標準及軍法官之身分保障等事項,亦應一併檢討改進,併此指明。」

由於大法官會議第 436 號釋憲案指出軍事審判法有多處違憲,因此,立法院於民國八十八年十月一日通過的軍事審判法修正案。其主要的修正內容如下:縮小對「現役軍人」的定義,軍法機關改採地區制,不再隸屬部隊,並明定國防部設「地區」、「高級」、「中央」三級軍事法院;取消對於軍事長官核判權及覆議權,以示審判獨立,軍人若不服軍事判決,可上訴到高等法院,故不再以軍事審判機關為終審機關。對於軍法官的任用方式,仍採軍文併用原則,除經軍法官或司法官考試及格外,律師及法律科系教授、副教授、助理教授與講師,符合條件者,均得任用為軍法官,以提昇軍法官之素養,而軍法官考試由考試院加以舉辦。

第二項 居住遷徙自由

憲法第 10 條規定:「人民有居住及遷徙之自由。」係指人民有權利選擇其居住處所,國家或個人不得干預私人生活,且個人得依意願自由遷徙或旅居各地之權利。居住自由亦稱居住處所不可侵犯權,包括不得無故侵入、無故搜索與無故封錮;遷徙自由係指通行之自由,分為國內遷徙,依戶籍法規定,國外之遷徙,依護照條例之規定。

關於無故侵入住居,刑法第 306 條規定:「無故侵入他人住宅、建築物或附連圍繞之土地或船艦者,處一年以下有期徒刑、拘役或三百元以下罰金。無故隱匿其內,或受退去之要求而仍留滯者亦同。」

關於違法搜索,刑法第 307 條規定:「不依法令搜索他人身體、住宅、建築物、舟、車或航空機者,處二年以下有期徒刑、拘役或三百元以下罰金。」

最後,關於限制役男出境,司法院大法官會議釋字第 443 號解釋指出限制役男出境之規定,欠缺法律具體明確授權,已侵犯人民居住及遷徙之自由,其解釋文如下:「憲法第 10 條規定人民有居住及遷徙之自由,旨在保障人民有任意移居或旅行各地之權利。若欲對人民之自由權利加以限制,必須符合憲法

第 23 條所定必要之程度，並以法律定之或經立法機關明確授權由行政機關以命令訂定。限制役男出境係對人民居住遷徙自由之重大限制，兵役法及兵役法施行法均未設規定，亦未明確授權以命令定之。行政院發布之徵兵規則，委由內政部訂定役男出境處理辦法，欠缺法律授權之依據，該辦法第 8 條規定限制事由，與前開憲法意旨不符，應自本解釋公布日起至遲於屆滿六個月時，失其效力。」為配合司法院大法官會議釋字第 443 號解釋之宣告，於兵役法施行法第 48 條增訂役男得有條件出境：

第 1 項：「役齡男子尚未履行兵役義務者出境應經核准，其申請出境之限制如下：一、在學役男因奉派或推薦出國研究、進修、表演、比賽、訪問、受訓或實習等原因申請出境者，最長不得逾一年。二、未在學役男因奉派或推薦代表國家出國表演、比賽等原因申請出境者，最長不得逾三個月。三、因前二款以外原因經核准出境者，每次不得逾二個月。」

第 2 項：「役齡前出境，於徵兵及齡之年十二月三十一日前在國外就學之役齡男子，符合下列各款者，得檢附經驗證之在學證明，申請再出境，其在國內停留期間，每次不得逾二個月：一、在國外就讀當地國教育主管機關立案之正式學歷學校，而修習學士、碩士或博士學位者。二、就學最高年齡，大學至二十四歲，研究所碩士班至二十七歲，博士班至三十歲，但大學學制超過四年者，每增加一年，得延長就學最高年齡一年，其畢業後接續就讀碩士班、博士班者，均得順延就學最高年齡，其博士班就讀最高年齡以三十三歲為限。以上均計算至當年十二月三十一日止。」

第 3 項：「經核准赴大陸地區投資之台商及其員工之子，於役齡前赴大陸地區，並於徵兵及齡之年十二月三十一日起前三年，均與父母在大陸地區共同居住，並就讀當地教育主管機關立案之正式學歷學校，而修習學士、碩士或博士學位者，於屆役齡後之入出境，除應另檢附父或母任職證明及其與父母於大陸地區居住之證明外，準用前項之規定。其應檢附之文件，須經行政院設立或指定之機構，或委託之民間團體驗證。」

第 5 項：「基於國防軍事需要，行政院得停止辦理一部或全部役男出境。」

第 6 項：「役齡男子申請出境後，屆期無故未歸或逾期返國，致未能接受

徵兵處理者，依妨害兵役治罪條例之有關規定懲處。」

第三項　意見自由

憲法第 11 條規定：「人民有言論、講學、著作及出版之自由」，謂之為意見自由，關係人類思想之啟發、科學之發展、及文化之進步甚鉅，故應給予保障。茲就言論自由、講學自由、著作自由與出版自由敘述如下：

一、言論自由

係指個人有將其思想或意見以言論方式發表之自由。言論自由目前的學說有：(一) 追求真理說。(二) 健全民主程序說。(三) 表現自我說。論者的爭點主要在上述三種價值上，主張其中一方為言論自由的真正價值，其餘之價值，如果有的話，也只是剩餘價值。而「維持社會安全」之價值，所以被忽視的原因，主要即在其乃衍生價值，而非主要價值，因為，只要為滿足自我實現、追求真理、或參與政治決定而保障言論自由，其亦能有維持社會長治久安之結果[8]。

在法例上，美國聯邦最高法院大法官於一九一九年的 Schenck 案中，首先提出「明顯而立即危險」作為是否受到保障的標準，而於一九六九年聯邦最高法院 Bran-denburg 案時確立。也就是說，當言論自由如與個人生命利益或國家安全發生衝突時，言論自由應加以管制[9]。美國憲法的起草人傑佛遜曾言：「沒有新聞自由就沒有民主，而沒有民主就沒有美國」。因此大凡世界上真正的民主自由國家對新聞自由之維護乃是天經地義之事，惟新聞自由固然是民主國家所尊重，但它絕對不是絕對的，任何新聞之報導若是違反公平、公正、客觀的立場，甚而無限上綱的濫用新聞媒體的自由，則其公信力是會遭到社會大眾懷疑。新聞自由是民主政治的礎石，而民主政治所追求的目標乃是在維護人的生

---

[8]　林子儀，言論自由與新聞自由，台北：月旦，1994 年 10 月，頁 15 ～ 16。
[9]　林子儀，同前書，頁 163 ～ 192。

存與尊嚴；因此，凡民主國家對新聞自由無不都大力維護。然而，如果媒體濫用新聞自由，以致傷及人的生存與尊嚴時，將根本傷害了民主政治的礎石。再者，新聞自由係對社會違反公平、正義之情事，創造一個可以匯集眾人的智慧，以求解決問題之管道，絕非是讓新聞自由反成為製造問題，甚至滋生違反公平、正義的負面工具，是以，媒體尤應強化本身的自律與對國家社會責任。考諸歐美先進國家，對於言論自由的保障亦反映在對於新聞自由的尊重，要維持一個公平完全競爭的健康政治體系，就非得靠大眾媒體以客觀公正的立場對朝野政黨客觀公正的加以監督批評，當新聞自由與國家利益或個人生命安全之間有所衝突時，毫無疑問的，該國媒體都會站在個人生命安全或國家利益考量上，作最符合個人生命安全或國家利益的處理，亦就是在維持人民「知的權利」與社會責任上，求得一個平衡點[10]。

此外，民主政治以言論自由為前提，無言論自由則其他一切自由則淪為空談，尤其民意代表代表民意監督政府，為避免行使時受到行政或司法之不當不法干預與壓迫，特賦予免責特權，其本意即在此，但另一方面又為了防止免責特權之濫用，各國憲法的規定及學者的主張對免責特權有絕對保障與相對保障之不同，然而，不論是主張絕對保障或相對保障，都同樣認為民意代表的免責特權應以不侵害他人權利為原則，以及為提昇問政品質為目的[11]。

關於言論自由之限制，刑法第 310 條規定：「意圖散布於眾，而指摘或傳述足以毀損他人名譽之事者，為誹謗罪，處一年以下有期徒刑、拘役或五百元以下罰金。散布文字、圖畫犯前項之罪者，處二年以下有期徒刑、拘役或一千元以下罰金。對於所誹謗之事，能證明其為真實者，不罰。但涉於私德而與公共利益無關者，不在此限。」

司法院大法官會議釋字第 509 號解釋文指出行為人若能證明其係有相當理由而確信其所發表之言論為真實者，即不能以誹謗罪之刑責相繩；檢察官、自訴人、法院亦不免除舉證責任或發現真實之義務，其解釋文如下：「言論自由

---

[10]　黃炎東，媒體應善盡責任，台灣真正站起來（下），台灣日報，2000 年 10 月 17 日，9 版。
[11]　黃炎東，我的理想與追尋，台北：黎明，1997 年 7 月，頁 73 ～ 75。

爲人民之基本權利，憲法第 11 條有明文保障，國家應給予最大限度之維護，俾其實現自我、溝通意見、追求真理及監督各種政治或社會活動之功能得以發揮。惟爲兼顧對個人名譽、隱私及公共利益之保護，法律尚非不得對言論自由依其傳播方式爲合理之限制。刑法第 310 條第 1 項及第 2 項誹謗罪即係保護個人法益而設，爲防止妨礙他人之自由權利所必要，符合憲法第 23 條規定之意旨。至刑法同條第 3 項前段以對誹謗之事，能證明其爲真實者不罰，係針對言論內容與事實相符者之保障，並藉以限定刑罰權之範圍，非謂指摘或傳述誹謗事項之行爲人，必須自行證明其言論內容確屬真實，始能免於刑責。惟行爲人雖不能證明言論內容爲真實，但依其所提證據資料，認爲行爲人有相當理由確信其爲真實者，即不能以誹謗罪之刑責相繩，亦不得以此項規定而免除檢察官或自訴人於訴訟程序中，依法應負行爲人故意毀損他人名譽之舉證責任，或法院發現其爲真實之義務。就此而言，刑法第 310 條第 3 項與憲法保障言論自由之旨趣並無牴觸。」

　　解釋理由書進一步指出：「憲法第 11 條規定，人民之言論自由應予保障，鑑於言論自由有實現自我、溝通意見、追求真理、滿足人民知的權利，形成公意，促進各種合理的政治及社會活動之功能，乃維持民主多元社會正常發展不可或缺之機制，國家應給予最大限度之保障。惟爲保護個人名譽、隱私等法益及維護公共利益，國家對言論自由尚非不得依其傳播方式爲適當限制。至於限制之手段究應採用民事賠償抑或兼採刑事處罰，則應就國民守法精神、對他人權利尊重之態度、現行民事賠償制度之功能、媒體工作者對本身職業規範遵守之程度及其違背時所受同業紀律制裁之效果等各項因素，綜合考量。以我國現況而言，基於上述各項因素，尚不能認爲不實施誹謗除罪化，即屬違憲。況一旦妨害他人名譽均得以金錢賠償而了卻責任，豈非享有財富者即得任意誹謗他人名譽，自非憲法保障人民權利之本意。刑法第 310 條第 1 項：『意圖散布於眾，而指摘或傳述足以毀損他人名譽之事者，爲誹謗罪，處一年以下有期徒刑、拘役或五百元以下罰金』，第 2 項：『散布文字、圖畫犯前項之罪者，處二年以下有期徒刑、拘役或一千元以下罰金』係分別對以言詞或文字、圖畫而誹謗他人者，科予不同之刑罰，爲防止妨礙他人自由權益所必要，與憲法第 23

條所定之比例原則尚無違背。

　　刑法第 310 條第 3 項前段規定：『對於所誹謗之事，能證明其爲真實者，不罰』，係以指摘或傳述足以毀損他人名譽事項之行爲人，其言論內容與事實相符者爲不罰之條件，並非謂行爲人必須自行證明其言論內容確屬真實，始能免於刑責。惟行爲人雖不能證明言論內容爲真實，但依其所提證據資料，認爲行爲人有相當理由確信其爲真實者，即不能以誹謗罪之刑責相繩，亦不得以此項規定而免除檢察官或自訴人於訴訟程序中，依法應負行爲人故意毀損他人名譽之舉證責任，或法院發現其爲真實之義務。就此而言，刑法第 310 條第 3 項與憲法保障言論自由之旨趣並無牴觸。」

　　司法院大法官會議釋字第 364 號解釋文強調人民接近媒體使用權應與傳播媒體編輯自由同時兼顧（節錄）：「言論自由爲民主憲政之基礎。廣播電視係人民表達思想與言論之重要媒體，可藉以反映公意強化民主，啓迪新知，促進文化、道德、經濟等各方面之發展，其以廣播及電視方式表達言論之自由，爲憲法第 11 條所保障之範圍。惟廣播電視無遠弗屆，對於社會具有廣大而深遠之影響。故享有傳播之自由者，應基於自律觀念善盡其社會責任，不得有濫用自由情事。其有藉傳播媒體妨害善良風俗、破壞社會安寧、危害國家利益或侵害他人權利等情形者，國家自得依法予以限制。」

　　司法院大法官會議釋字第 401 號解釋文指出憲法保障民意代表之言論免責權範圍不及於罷免權之行使，因此，我國國內選區之立委與國大，原選區選民得罷免之，不受言論免責權規定之限制：「憲法第 32 條及第 73 條規定國民大會代表及立法委員言論及表決之免責權，係指國民大會代表在會議時所爲之言論及表決，立法委員在立法院內所爲之言論及表決，不受刑事訴追，亦不負民事賠償責任，除因違反其內部所訂自律之規則而受懲戒外，並不負行政責任之意。又罷免權乃人民參政權之一種，憲法第 133 條規定被選舉人得由原選舉區依法罷免之，則國民大會代表及立法委員因行使職權所爲言論及表決，自應對其原選舉區之選舉人負政治上責任。從而國民大會代表及立法委員經國內選舉區選出者，其原選舉區選舉人得以國民大會代表及立法委員所爲言論及表決不當爲理由，依法罷免之，不受憲法第 32 條及第 73 條規定之限制。」釋字 435

號則對言論免責權之範圍作出更明確的規範。

司法院大法官會議釋字第 414 號解釋理由書（節錄）也指出藥物廣告與國民健康有重大關係，基於公共利益之維護，自應受較嚴格之規範：「…言論自由，在於保障意見之自由流通，使人民有取得充分資訊及自我實現之機會，包括政治、學術、宗教及商業言論等，並依其性質而有不同之保護範疇及限制之準則。其中非關公意形成、真理發現或信仰表達之商業言論，尚不能與其他言論自由之保障等量齊觀。藥物廣告係利用傳播方法，宣傳醫療效能，以達招徠藥物廣告之商業言論，因與國民健康有重大關係，基於公共利益之維護，自應受較嚴格之規範。」

司法院大法官會議釋字第 364 號解釋理由書對於廣電自由與使用接近媒體權的相互關係加以探討：

…廣播電視之電波頻率爲有限性之公共資源，爲免被壟斷與獨占，國家應制定法律，使主管機關對於開放電波頻率之規劃與分配，能依公平合理之原則審慎決定，藉此謀求廣播電視之均衡發展，民眾亦得有更多利用媒體之機會。

至學理上所謂『接近使用傳播媒體』之權利（the right of access to the media），乃指一般民眾得依一定條件，要求傳播媒體提供版面或時間，許其表達意見之權利而言，以促進媒體報導或評論之確實、公正。例如媒體之報導或評論有錯誤而侵害他人之權利者，受害人即可要求媒體允許其更正或答辯，以補救之。又如廣播電視舉辦公職候選人之政見辯論，於民主政治品質之提昇，有所裨益。

惟允許民眾『接近使用傳播媒體』，就媒體本身言，係對其取材及編輯之限制。如無條件強制傳播媒體接受民眾表達其反對意見之要求，無異剝奪媒體之編輯自由，而造成傳播媒體在報導上瞻前顧後，畏縮妥協之結果，反足影響其確實、公正報導與評論之功能。是故民眾「接近使用傳播媒體」應在兼顧媒體編輯自由之原則下，予以尊重。如何設定上述「接近使用傳播媒體」之條件，自亦應於法律內爲明確之規定，期臻平等。」

綜上所述，以廣播及電視方式表達意見，屬於憲法第 11 條所保障言論自由之範圍。爲保障此項自由，國家應對電波頻率之使用爲公平合理之分配，對於

人民平等『接近使用傳播媒體』之權利，亦應在兼顧傳播媒體編輯自由原則下，予以尊重，並均應以法律定之。

二、講學自由

係指保障學術研究、講授學問、發表學說及其研究成果，不受國家權力之干涉。此外，學者也指出學術自由應涵括在講學自由當中，講學自由必須要輔以研究自由，方能獲得充分與實質的保障，因此，學術自由應為憲法第11條所稱之講學自由的概念所涵蓋[12]。

司法院大法官會議釋字第380號解釋文指出講學自由係屬學術自由之制度性保障大學法施行細則中，由教育部邀集各大學研訂共同必修科目之規定等，與憲法保障大學自治之意旨不符：「憲法第11條關於講學自由之規定，係對學術自由之制度性保障；就大學教育而言，應包含研究自由、教學自由及學習自由等事項。大學法第1條第2項規定：『大學應受學術自由之保障，並在法律規定範圍內，享有自治權』，其自治權之範圍，應包含直接涉及研究與教學之學術重要事項。大學課程如何訂定，大學法未定有明文，然因直接與教學、學習自由相關，亦屬學術之重要事項，為大學自治之範圍。憲法第162條故規定：『全國公私立之教育文化機關，依法律受國家監督。』則國家對於大學自治之監督，應於法律規定範圍內為之，並須符合憲法第23條規定之法律保留原則。大學之必修課程，除法律有明文規定外，其訂定亦應符合上開大學自治之原則，大學法施行細則第22條第3項規定：『各大學共同必修科目，由教育部邀集各大學相關人員共同研訂之。』惟大學法並未授權教育部邀集各大學共同研訂共同必修科目，大學法施行細則所定內容即不得增加大學法所未規定之限制。又同條第1項後段：『各大學共同必修科目不及格者不得畢業』之規定，涉及對畢業條件之限制，致使各大學共同必修科目之訂定實質上發生限制畢業之效果，而依大學法第23條、第25條及學位授予法第2條、第3條規定，畢

---

[12] 董保城，教育法與學術自由，台北：月旦，1997年5月，頁24～25。

業之條件係屬大學自治權範疇。是大學法施行細則第22條第1項後段逾越大學法規定，同條第3項未經大學法授權，均與上開憲法意旨不符，應自本解釋公布之日起，至遲於屆滿一年時，失其效力。」

其解釋理由書第一段指出為保障大學之學術自由，應承認大學自治之制度，對於研究、教學及學習等活動，擔保其不受不當之干涉，使大學享有組織經營之自治權能，個人享有學術自由：「憲法第11條關於講學自由之規定，以保障學術自由為目的，學術自由之保障，應自大學組織及其他建制方面，加以確保，亦即為制度性之保障。為保障大學之學術自由，應承認大學自治之制度，對於研究、教學及學習等活動，擔保其不受不當之干涉，使大學享有組織經營之自治權能，個人享有學術自由。憲法第162條規定：「全國公私立之教育文化機關，依法律受國家之監督。」大學法第1條第2項規定：「大學應受學術自由之保障，並在法律規定範圍內，享有自治權。」是教育主管機關對大學之監督，應有法律之授權，且法律本身亦須符合憲法第23條規定之法律保留原則。」

其解釋理由書第二段指出學術自由保護的領域，舉凡探討學術及發現真理者，諸如研究動機之形成，計畫之提出，研究人員之組成，預算之籌措分配，研究成果之發表，非但應受保障並得分享社會資源之供應。研究以外屬於教學與學習範疇之事項，諸如課程設計、科目訂定、講授內容、學力評定、考試規則、學生選擇科系與課程之自由，以及學生自治等亦在保障之列。除此之外，大學內部組織、教師聘任及資格評量，亦為大學之自治權限，尤其應杜絕外來之不當干涉：「按學術自由與教育之發展具有密切關係，就其發展之過程而言，免於國家權力干預之學術自由，首先表現於研究之自由與教學之自由，其保障範圍並應延伸至其他重要學術活動，舉凡與探討學問，發現真理有關者，諸如研究動機之形成，計畫之提出，研究人員之組成，預算之籌措分配，研究成果之發表，非但應受保障並得分享社會資源之供應。研究以外屬於教學與學習範疇之事項，諸如課程設計、科目訂定、講授內容、學力評定、考試規則、學生選擇科系與課程之自由，以及學生自治等亦在保障之列。除此之外，大學內部組織、教師聘任及資格評量，亦為大學之自治權限，尤應杜絕外來之不當

干涉。大學法第 4 條、第 8 條、第 11 條、第 22 條、第 23 條及私立學校法第 3 條前段均定有大學應受國家監督之意旨，惟教育主管機關依法行使其行政監督權之際，應避免涉入前述受學術自由保障之事項。至於大學課程之自主，既與教學、學習自由相關，屬學術之重要事項，自爲憲法上學術自由制度性保障之範圍。大學課程之訂定與安排，應由各大學依據大學自治與學術責任原則處理之。」

　　其解釋理由書第三段則說明了大學自治的限制：「大學法第 23 條對於大學修業年限之延長及縮短，規定爲大學自治事項，有關辦法授權由各大學自行擬定，報請教育部核備後實施，故教育部對各大學之運作僅屬於適法性監督之地位。教育部監督權之行使，應符合學術自由之保障及大學自治之尊重，不得增加法律所未規定之限制，乃屬當然。大學之必修課程，除法律有明文規定外，其訂定亦應符合上開大學自治之原則，大學法施行細則第 22 條第 3 項規定：『各大學共同必修科目，由教育部邀集各大學相關人員共同研訂之。』惟大學法並未授權教育部邀集各大學相關人員共同研訂共同必修科目，大學法施行細則所定內容即不得增加大學法所未規定之限制。教育部依此所定各大學共同必修科目僅係提供各大學訂定相關科目之準則。同條第 1 項後段：『各大學共同必修科目不及格者不得畢業』之規定，爲對畢業條件所加之限制，各大學共同必修科目之訂定因而發生限制畢業之效果，而依大學法第 23 條、第 25 條及學位授予法第 2 條、第 3 條規定，畢業之條件係屬大學自治權範疇。大學法施行細則第 22 條第 1 項後段自係逾越大學法規定，又同條第 3 項未經大學法授權，均與前揭憲法意旨不符，應自本解釋公布之日起，至遲於屆滿一年時，失其效力。於此期間，大學共同必修科目之設置，應本大學自治之精神由法律明文規定，或循大學課程自主之程序由各大學自行訂定，併此指明。」

　　司法院大法官會議釋字第 450 號解釋文指出大學自治屬於憲法第 11 條學術自由制度性保障之保障範圍，大學法及其實施細則應設軍訓室，負責軍護課程之規劃之規定，違反講學自由所保障之大學自治：「大學自治屬於憲法第 11 條講學自由之保障範圍，舉凡教學、學習自由有關之重要事項，均屬大學自治之項目，又國家對大學之監督除應以法律明定外，其訂定亦應符合大學自治之

原則，業經本院釋字第 380 號解釋釋示在案。大學於上開教學研究相關之範圍內，就其內部組織亦應享有相當程度之自主組織權。各大學如依其自主之決策認有提供學生修習軍訓或護理課程之必要者，自得設置與課程相關之單位，並依法聘任適當之教學人員。惟大學法第 11 條第 1 項第 6 款及同法施行細則第 9 條第 3 項明定大學應設置軍訓室並配置人員，負責軍訓及護理課程之規劃與教學，此一強制性規定，有違憲法保障大學自治之意旨，應自本解釋公布之日起，至遲於屆滿一年時失其效力。」

其解釋理由書則進一步明確大學自治的內容：「國家為健全大學組織，有利大學教育宗旨之實現，固得以法律規定大學內部組織之主要架構，惟憲法第 11 條關於講學自由之規定，係對學術自由之制度性保障，大學自治亦屬該條之保障範圍。舉凡教學、學習自由、講授內容、學生選擇科系與課程自由等均屬大學自治之項目，業經本院釋字第 380 號解釋釋示在案。大學於上開教學研究相關之範疇內，就其內部組織亦應享有相當程度之自主組織權，如大學認無須開設某種課程，而法令仍強制規定應設置與該課程相關之規劃及教學單位，即與憲法保障學術自由及大學自治之意旨不符。倘各大學依其自主之決策，認有提供學生修習軍訓或護理課程之必要，自得設置與軍訓或護理課程相關之單位，並依法聘請適任之教學人員。惟大學法第 11 條第 1 項第 6 款及同法施行細則第 9 條第 3 項規定，大學應設置軍訓室並配置人員，負責軍訓及護理課程之規劃與教學，未能顧及大學之自主權限，有違憲法前述意旨。本件解釋涉及制度及組織之調整，有訂定過渡期間之必要，故上開大學法及同法施行細則之規定，應自本解釋公布之日起，至遲於屆滿一年時失其效力。大學法第 11 條第 1 項第 1 款至第 4 款所列教務處、學生事務處、總務處、圖書館為支援大學教學及研究所必要，第 7 款至第 9 款之秘書室、人事室、會計室為協助大學行政之輔助單位，該法定為大學應設之內部組織，與憲法保障大學自治之意旨尚無牴觸。至大學提供體育設施及活動以健全學生體格固有必要，然是否應開設體育課程而必須設置體育室，亦屬大學自治之範疇，同條第 1 項第 5 款之規定仍應由有關機關一併檢討改進，併此指明。」

三、著作自由

　　係指人民可以藉由文學、科學、藝術以及其他學術創作，自由表示個人之意見。

四、出版自由

　　係指人民藉由印刷品的發行，以文字圖畫表達其思想意見的權利。國家給予人民出版自由，主要目的在於給予人民交換知識與表達思想之機會，我國司法院大法官會議釋字第 407 號解釋文曾對於出版自由中猥褻性言論加以界定：「…惟猥褻出版品，乃指一切在客觀上，足以刺激或滿足性慾，並引起普通一般人羞恥或厭惡感而侵害性的道德感情，有礙於社會風化之出版品而言。猥褻出版品與藝術性、醫學性、教育性等出版品之區別，應就出版品整體之特性及其目的而為觀察，並依當時之社會一般觀念定之。又有關風化之觀念，常隨社會發展、風俗變異而有所不同，主管機關所為釋示，自不能一成不變，應基於尊重憲法保障人民言論出版自由之本旨，兼顧善良風俗及青少年身心健康之維護，隨時檢討改進。至於個別案件是否已達猥褻程度，法官於審判時應就具體案情，依其獨立確信之判斷，認定事實，適用法律，不受行政機關函釋之拘束，乃屬當然。」

　　其次，在解釋理由書提到新聞局對於猥褻出版品所為之釋示，符合出版法規之意旨，與憲法尚無牴觸之處：「法官依據法律獨立審判憲法第 80 條設有明文。各機關依其職掌就有關法規為釋示之行政命令，法官於審判案件時，並不受其拘束。惟如經法官於裁判上引用者，當事人即得依司法院大法官審理案件法第 5 條第 1 項第 2 款規定聲請解釋，業經本院釋字第 216 號解釋闡釋在案。本件確定終局判決係以行政院新聞局（81）強版字第 02275 號函為其認定事實之論據，經聲請人具體指陳上開函件有牴觸憲法之疑義，依上說明，應予受理。

　　出版自由為民主憲政之基礎，出版品係人民表達思想與言論之重要媒介，可藉以反映公意，強化民主，啟迪新知，促進文化、道德、經濟等各方面之發

展，為憲法第 11 條所保障。惟出版品無遠弗屆，對社會具有廣大而深遠之影響，故享有出版自由者，應基於自律觀念，善盡其社會責任，不得有濫用自由情事。其有藉出版品妨害善良風俗，破壞社會安寧、公共秩序等情形者，國家自得依法律予以限制。

　　法律所定者，多係抽象之概念，主管機關基於職權，因執行特定法律，就此抽象概念規定，得為必要之釋示，以供本機關或下級主管機關作為適用法律、認定事實及行使裁量權之基礎。出版品是否有觸犯或煽動他人觸犯猥褻罪情節，因各國風俗習慣之不同，倫理觀念之差距而異其標準，但政府管制有關猥褻出版品乃各國所共通。猥褻出版品當指一切在客觀上，足以刺激或滿足性慾，並引起普通一般人羞恥或厭惡感而侵害性的道德感情，有礙於社會風化之出版品而言。猥褻出版品與藝術性、醫學性、教育性等出版品之區別，應就出版品整體之特性及其目的而為觀察，並依當時之社會一般觀念定之。

　　行政院新聞局依出版法第 7 條規定，為出版品中央主管機關，其斟酌我國社會情況及風俗習慣，於中華民國八十一年二月十日（81）強版字第 02275 號函釋謂「出版品記載觸犯或煽動他人觸犯出版法第 32 條第 3 款妨害風化罪，以左列各款為衡量標準：甲、內容記載足以誘發他人性慾者。乙、強調色情行為者。丙、人體圖片刻意暴露乳部、臀部或性器官，非供學術研究之用或藝術展覽者。丁、刊登婦女裸體照片、雖未露出乳部、臀部或性器官而姿態淫蕩者。戊、雖涉及醫藥、衛生、保健、但對性行為過分描述者」，係就出版品記載內容觸犯刑法第 235 條猥褻罪，違反出版法第 32 條第 3 款之禁止規定，應依同法第 37 條、第 39 條第 1 項第 3 款及第 40 條第 1 項第 4 款處罰所為例示性解釋，並附有足以誘發、強調色情、刻意暴露、過分描述等易引起性慾等特定條件，非單純刊登文字、圖畫即屬相當，以協助出版品地方主管機關認定出版法第 32 條第 3 款有關刑法妨害風化罪中之猥褻罪部分之基準，函釋本身未對人民出版自由增加法律所未規定之限制，與憲法尚無牴觸。又有關風化之觀念，常隨社會發展、風俗變異而有所不同，主管機關所為釋示，自不能一成不變，應基於尊重憲法保障人民言論出版自由之本旨，兼顧善良風俗及青少年身心健康之維護，隨時檢討改進。

　　行政罰與刑罰之構成要件各有不同，刑事判決與行政處罰原可各自認定事實。出版品記載之圖文是否已達猥褻程度，法官於審判時應就具體案情，依其獨立確信之判斷，認定事實，適用法律，不受行政機關函釋之拘束。本件僅就行政院新聞局前開函釋而為解釋，關於出版法其他事項，不在解釋範圍之內，併此說明。」惟出版法已於民國 88 年 1 月 25 日廢止。

　　關於出版自由之限制，刑法第 153 條規定：「以文字、圖畫、演說或他法，公然為左列行為之一者，處二年以下有期徒刑、拘役或一千元以下罰金：一、煽惑他人犯罪者。二、煽惑他人違背命令，或抗拒合法之命令者。」

第四項　祕密通訊自由

　　憲法第 12 條規定：「人民有祕密通訊之自由。」，祕密通訊自由不限於祕密之通訊，即使非屬祕密之一般通訊亦應保障其自由。人民之通訊，不得無故被人扣押或隱匿，且通訊之內容，不得無故被人拆閱。祕密通訊自由旨在保障人民各種藉由通訊方式傳遞資訊、意見或思想時，不受政府公權力非法地拆閱、隱匿、竊聽、搜索扣押，因此，其在性質上屬於表現自由之一種[13]。

　　關於祕密通訊自由之保障，刑法第 315 條規定：「無故開拆或隱匿他人之封緘信函、文書或圖畫者，處拘役或三千元以下罰金。無故以開拆以外之方法，窺視其內容者，亦同。」

　　我國通訊保障及監察法第 1 條規定：「為保障人民祕密通訊自由不受非法侵害，並確保國家安全，維持社會秩序，特制定本法。」第 2 條規定：「通訊監察，除為確保國家安全、維持社會秩序所必要者外，不得為之。前項監察，不得逾越所欲達成目的之必要限度，且應以侵害最少之適當方法為之。」

　　關於祕密通訊自由之限制，如監獄行刑法第 66 條關於書信之檢閱規定：「發受書信，由監獄長官檢閱之。如認為有妨害監獄紀律之虞，受刑人發信者，得述明理由，令其刪除後再行發出；受刑人受信者，得述明理由，逕予刪除再

---

[13] 劉慶瑞，前引書，頁 74。

行收受。」

第五項　宗教自由

　　信仰宗教自由主要的內容在於信仰自由、禮拜自由，傳教自由與宗教結社
自由。十六世紀歐洲的宗教改革及其後的宗教戰爭，不僅建立宗教信仰的自由
權，且奠定近代歐美自由主義的基礎。當時美國先民之所以不畏困苦艱難，飄
洋過海到新大陸重建家園，進而建立一個民有、民治、民享的合眾國，其主要
的目的就是要追求他們內心世界真正信仰的宗教自由。因此，宗教自由為美國
各州憲法所明文保障，如一七七六年維吉尼亞州權利章典第 16 條規定：「宗
教、或對創造主的禮拜及其儀式，不能依武力或暴力強迫之，而僅從理性與理
念之指示，故所有的人均有其良心信仰宗教的平等權利」，美國自建國起便實
施政教分離制度。更於憲法修正第一案規定：「國家不得通過設置國教，與禁
止宗教之法律」至今該制度已成世界各立憲國家之通則。由此可見一個國家是
否為真正自由民主，其宗教信仰是否自由乃一項最重要指標之一。

　　我國憲法第 13 條規定：「人民有信仰宗教之自由。」，其涵義有信仰宗教
與否之自由，不得對特定宗教加以獎助或禁止，也就是政教分離，且有履行宗
教儀節與否之自由，國家不得強迫人民履行任何宗教之儀節[14]。

　　宗教不僅屬於我國憲法第 13 條的自由權，亦屬於憲法第 7 條所規範的「法
律上一律平等」之一。為落實宗教平等，則必須同時強調政教分離原則。政教
分離包括國教設立之禁止、特殊待遇之禁止以及價值判斷之禁止。

　　關於信仰宗教自由之保障，刑法第 246 條規定：「對於壇廟、寺觀、教
堂、墳墓或公眾紀念處所，公然侮辱者，處六月以下有期徒刑、拘役或三百元
以下罰金。妨害喪、葬、祭禮、說教、禮拜者亦同。」

　　司法院大法官會議釋字第 490 號解釋文指出服兵役之義務未侵害宗教自由
基本權，因此，兵役法規定之兵役義務，無助長促進或限制宗教之效果，與憲

---

[14] 劉慶瑞，前引書，頁 76～77。

法第 7 條、第 13 條宗教信仰自由之保障並無牴觸，其解釋文內容如下：「人民有依法律服兵役之義務，爲憲法第 20 條所明定。惟人民如何履行兵役義務，憲法本身並無明文規定，有關人民服兵役之重要事項，應由立法者斟酌國家安全、社會發展之需要，以法律定之。憲法第 13 條規定：『人民有信仰宗教之自由。』係指人民有信仰與不信仰任何宗教之自由，以及參與或不參與宗教活動之自由；國家不得對特定之宗教加以獎勵或禁制，或對人民特定信仰畀予優待或不利益。立法者鑒於男女生理上之差異及因此種差異所生之社會生活功能角色之不同，於兵役法第 1 條規定：『中華民國男子依法皆有服兵役之義務』，係爲實踐國家目的及憲法上人民之基本義務而爲之規定，原屬立法政策之考量，非爲助長、促進或限制宗教而設，且無助長、促進或限制宗教之效果。復次，服兵役之義務，並無違反人性尊嚴亦未動搖憲法價值體系之基礎，且爲大多數國家之法律所明定，更爲保護人民，防衛國家之安全所必需，與憲法第 7 條平等原則及第 13 條宗教信仰自由之保障，並無牴觸。又兵役法施行法第 59 條第 2 項規定：同條第 1 項判處徒刑人員，經依法赦免、減刑、緩刑、假釋後，其禁役者，如實際執行徒刑時間不滿四年時，免除禁役。故免除禁役者，倘仍在適役年齡，其服兵役之義務，並不因此而免除，兵役法施行法第 59 條第 2 項因而規定，由各該管轄司法機關通知其所屬縣（市）政府處理。若另有違反兵役法之規定而符合處罰之要件者，仍應依妨害兵役治罪條例之規定處斷，並不構成一行爲重複處罰問題，亦與憲法第 13 條宗教信仰自由之保障及第 23 條比例原則之規定，不相牴觸。」

最後，司法院大法官會議釋字第 490 號解釋說明書第一段也指出宗教信仰之自由與其他之基本權利，雖同受憲法之保障，亦同受憲法之規範，除內在信仰之自由應受絕對保障，不得加以侵犯或剝奪外，宗教行爲之自由與宗教結社之自由，在必要之最小限度內，仍應受國家相關法律之約束，非可以宗教信仰爲由而否定國家及法律之存在：「現代法治國家，宗教信仰之自由，乃人民之基本權利，應受憲法之保障。所謂宗教信仰之自由，係指人民有信仰與不信仰任何宗教之自由，以及參與或不參與宗教活動之自由；國家不得對特定之宗教加以獎勵或禁制，或對人民特定信仰畀予優待或不利益，其保障範圍包含內

在信仰之自由、宗教行爲之自由與宗教結社之自由。內在信仰之自由，涉及思想、言論、信念及精神之層次，應受絕對之保障；其由之而派生之宗教行爲之自由與宗教結社之自由，則可能涉及他人之自由與權利，甚至可能影響公共秩序、善良風俗、社會道德與社會責任，因此，僅能受相對之保障。宗教信仰之自由與其他之基本權利，雖同受憲法之保障，亦同受憲法之規範，除內在信仰之自由應受絕對保障，不得加以侵犯或剝奪外，宗教行爲之自由與宗教結社之自由，在必要之最小限度內，仍應受國家相關法律之約束，非可以宗教信仰爲由而否定國家及法律之存在。因此，宗教之信仰者，既亦係國家之人民，其所應負對國家之基本義務與責任，並不得僅因宗教信仰之關係而免除。」

第六項　集會結社自由

一、集會結社的意義與限制方式

　　集會係指人民因一定目的而爲臨時性之聚會；而結社係指人民因一定目的而組織成永久性團體，爲特定人有規律的團體。憲法第 14 條規定：「人民有集會及結社之自由。」集會結社均屬現代國家人民團體生活之方式，無論政治性、文化性或爲其他目的，均要有其自由。集會遊行之限制模式有追懲制、報備制與許可制三種。需事前向主管機關報告或需得許可者，是爲預防制，我國屬之，又如僅於集會結社之後，有違法行爲而予以制裁者，是爲追懲制。而報備制係指人民僅需將遊行之意圖告知治安機關，無須獲得其批准爲舉行集會遊行之前提。

二、刑法上之規定

　　刑法第 149 條規定：「公然聚眾，意圖爲強暴脅迫，已受該管公務員解散命令三次以上，而不解散者，在場助勢之人，處六月以下有期徒刑、拘役或三百元以下罰金；首謀者，處三年以下有期徒刑。」

刑法第 154 條規定：「參與以犯罪爲宗旨之結社者，處三年以下有期徒刑、拘役或五百元以下罰金；首謀者，處一年以上，七年以下有期徒刑。犯前項之罪而自首者，減輕或免除其刑。」

三、集會遊行法的規定

(一) 定　義

本法所稱集會，係指於公共場所或公眾得出入之場所舉行會議、演說或其他聚眾活動。遊行，係指於市街、道路、巷弄或其他公共場所或公眾得出入之場所之集體行進。

(二) 合法集會遊行之保障

對於合法舉行之集會、遊行，不得以強暴、脅迫或其他非法方法予以妨害。

(三) 限制原則

司法院大法官會議釋字第 445 號解釋文指出以法律限制集會、遊行之權利，必須符合明確性原則與憲法第 23 條之規定（節錄）：「憲法第 14 條規定人民有集會之自由，此與憲法第 11 條規定之言論、講學、著作及出版之自由，同屬表現自由之範疇，爲實施民主政治最重要的基本人權。國家爲保障人民之集會自由，應提供適當集會場所，並保護集會、遊行之安全，使其得以順利進行。以法律限制集會、遊行之權利，必須符合明確性原則與憲法第 23 條之規定。」

(四)地點限制

集會、遊行不得在下列地區及其週邊範圍舉行。但經主管機關核准者，不在此限：1. 總統府、行政院、司法院、考試院、各級法院。2. 國際機場、港口。3. 重要軍事設施地區。

由於原集會遊行法部分條文違憲，侵害人民集會與表現自由，司法院大法官會議釋字第 445 號解釋文指出集會遊行法許可制及刑罰規定並不違憲，但不

得針對政治性言論之內容加以限制或違反具體明確原則，因此原來之集會遊行法第 11 條所列之對「主張共產主義或分裂國土」之言論，使主管機關於許可集會、遊行以前，得就人民政治上之言論而爲審查，與憲法保障表現自由之意旨有違，其次，第 9 條關於偶發性集會遊行之規定亦屬違憲：「憲法第 14 條規定人民有集會之自由，此與憲法第 11 條規定之言論、講學、著作及出版之自由，同屬表現自由之範疇，爲實施民主政治最重要的基本人權。國家爲保障人民之集會自由，應提供適當集會場所，並保護集會、遊行之安全，使其得以順利進行。以法律限制集會、遊行之權利，必須符合明確性原則與憲法第 23 條之規定。集會遊行法第 8 條第 1 項規定室外集會、遊行除同條項但書所定各款情形外，應向主管機關申請許可。同法第 11 條則規定申請室外集會、遊行除有同條所列情形之一者外，應予許可。其中有關時間、地點及方式等未涉及集會、遊行之目的或內容之事項，爲維持社會秩序及增進公共利益所必要，屬立法自由形成之範圍，於表現自由之訴求不致有所侵害，與憲法保障集會自由之意旨尚無牴觸。

　　集會遊行法第 11 條第 1 款規定違反同法第 4 條規定者，爲不予許可之要件，乃對『主張共產主義或分裂國土』之言論，使主管機關於許可集會、遊行以前，得就人民政治上之言論而爲審查，與憲法保障表現自由之意旨有違；同條第 2 款規定：『有事實足認爲有危害國家安全、社會秩序或公共利益之虞者』，第 3 款規定：『有危害生命、身體、自由或對財物造成重大損壞之虞者』，有欠具體明確，對於在舉行集會、遊行以前，尚無明顯而立即危險之事實狀態，僅憑將來有發生之可能，即由主管機關以此作爲集會、遊行准否之依據部分，與憲法保障集會自由之意旨不符，均應自本解釋公布之日起失其效力。

　　集會遊行法第 6 條規定集會遊行之禁制區，係爲保護國家重要機關與軍事設施之安全、維持對外交通之暢通；同法第 10 條規定限制集會、遊行之負責人、其代理人或糾察員之資格；第 11 條第 4 款規定同一時間、處所、路線已有他人申請並經許可者，爲不許可集會、遊行之要件；第 5 款規定未經依法設立或經撤銷許可或命令解散之團體，以該團體名義申請者得不許可集會、遊行；第 6 款規定申請不合第 9 條有關責令申請人提出申請書填具之各事項者爲不許

可之要件，係爲確保集會、遊行活動之和平進行，避免影響民眾之生活安寧，均屬防止妨礙他人自由、維持社會秩序或增進公共利益所必要，與憲法第 23 條規定並無牴觸。惟集會遊行法第 9 條第 1 項但書規定：「因天然災變或其他不可預見之重大事故而有正當理由者，得於二日前提出申請。」對此偶發性集會、遊行，不及於二日前申請者不予許可，與憲法保障人民集會自由之意旨有違，亟待檢討改進。

　　集會遊行法第 29 條對於不遵從解散及制止命令之首謀者科以刑責，爲立法自由形成範圍，與憲法第 23 條之規定尚無牴觸。」

三、人民團體法的規定

(一) 種　類

　　人民團體分爲左列三種：1.職業團體：係以協調同業關係，增進共同利益，促進社會經濟建設爲目的，由同一行業之單位、團體或同一職業之從業人員組成之團體。2.社會團體：係以推展文化、學術、醫療、衛生、宗教、慈善、體育、聯誼、社會服務或其他以公益爲目的，由個人或團體組成之團體。3.政治團體：係以共同民主政治理念，協助形成國民政治意志，促進國民政治參與爲目的，由中華民國國民組成之團體。

(二) 組織與活動之限制

　　人民團體之組織與活動，不得主張共產主義，或主張分裂國土。

(三) 人民團體之主管機關

　　在中央爲內政部；在省（市）爲省（市）政府社會處（局）；在縣（市）爲縣（市）政府。但其目的事業應受各該事業主管機關之指導、監督。

四、工會法第四條的規定

　　司法院大法官會議釋字第 373 號解釋文指出工會法第 4 條禁止教育事業技工、工友組織工會侵害人民在憲法上保障之結社權：「工會法第 4 條規定：『各

級政府行政及教育事業、軍火工業之員工，不得組織工會。」，其中禁止教育事業技工、工友組織工會部分，因該技工、工友所從事者僅係教育事業之服務性工作，依其工作之性質，禁止其組織工會，使其難以獲致合理之權益，實已逾越憲法第 23 條之必要限度，侵害從事此項職業之人民在憲法上保障之結社權，被宣告違憲。」

司法院大法官會議釋字第 373 號解釋理由書進一步指出國家制定有關工會之法律，應於兼顧社會秩序及公共利益前提下，使勞工享有團體交涉及爭議等權利：「憲法第 14 條規定人民有結社之自由。第 153 條第 1 項復規定國家為改良勞工之生活，增進其生產技能，應制定保護勞工之法律，實施保護勞工之政策。從事各種職業之勞動者，為改善勞動條件，增進其社會及經濟地位，得組織工會，乃現代法治國家普遍承認之勞工基本權利，亦屬憲法上開規定意旨之所在。國家制定有關工會之法律，應於兼顧社會秩序及公共利益前提下，使勞工享有團體交涉及爭議等權利。工會法第 4 條規定：『各級政府行政及教育事業、軍火工業之員工，不得組織工會。』其中禁止教育事業技工、工友組織工會部分，因該技工、工友所從事者僅為教育事業之服務性工作，其工作之性質，與國民受教育之權利雖有關連，惟禁止其組織工會，使其難以獲致合理之權益，實已逾越憲法第 23 條規定之必要限度，侵害從事此項職業之人民在憲法上保障之結社權。」

第三節　受益權

受益權係指人民居於積極之地位，要求國家為一定行為，以維護其生存及生活之權利。它與自由權的概念不同，自由權係指人民居於消極的地位，要求國家或他人不得非法侵犯其自由權利[15]。受益權又可以區分為經濟上的受益權、行政上的受益權與司法上的受益權加以討論，茲敘述如下。

---

[15] 林騰鷂，中華民國憲法，三民書局，2004 年 10 月，頁 141。

第一項　經濟上的受益權──財產權

一、意　義

　　財產權係指人民對於其所有之財產，在法令所容許範圍內，有自由使用、收益、處分之權。

二、司法院大法官會議相關解釋

　　司法院大法官會議釋字第 400 號解釋文指出人民財產權應予保障：「憲法第 15 條關於人民財產權應予保障之規定，旨在確保個人依財產之存續狀態行使其自由使用、收益及處分之權能，並免於遭受公權力或第三人之侵害，俾能實現個人自由、發展人格及維護尊嚴。如因公用或其他公益目的之必要，國家機關雖得依法徵收人民之財產，但應給予相當之補償，方符憲法保障財產權之意旨。」

　　其次，司法院大法官會議釋字第 425 號解釋文指出土地徵收補償費延遲發放，乃侵害人民財產權：「土地徵收，係國家因公共事業之需要，對人民受憲法保障之財產權，經由法定程序予以剝奪之謂。規定此項徵收及其程序之法律必須符合必要性原則，並應於相當期間內給予合理之補償。被徵收土地之所有權人於補償費發給或經合法提存前雖仍保有該土地之所有權，惟土地徵收對被徵收土地之所有權人而言，係為公共利益所特別犧牲，是補償費之發給不宜遷延過久。」

　　再次，司法院大法官會議釋字第 440 號解釋文也指出主管機關埋設地下物妨礙土地權利人行使其權利，形成特別犧牲，係為公共利益，應給予相當補償：「人民之財產權應予保障，憲法第 15 條設有明文。國家機關依法行使公權力致人民之財產遭受損失，若逾其社會責任所應忍受之範圍，形成個人之特別犧牲者，國家應予合理補償。」

　　最後，司法院大法官會議釋字第 516 號解釋對被徵收財產之所有人而言，

係為公共利益所受之特別犧牲，國家自應予以補償，以填補其財產權被剝奪或其權能受限制之損失。其解釋文如下：「國家因公用或其他公益目的之必要，雖得依法徵收人民之財產，但應給予合理之補償。此項補償乃因財產之徵收，對被徵收財產之所有人而言，係為公共利益所受之特別犧牲，國家自應予以補償，以填補其財產權被剝奪或其權能受限制之損失。故補償不僅需相當，更應儘速發給，方符憲法第 15 條規定，人民財產權應予保障之意旨。」

第二項　行政上的受益權

　　行政上之受益權係指行政上之程序，以請求國家為某種行為，因而享受其利益之權利。司法院大法官會議釋字第 368 號解釋吳庚大法官協同意見書指出：「憲法第 16 條所保障之請願、訴願及訴訟權，性質上均屬於程序性基本權利，乃人民為實現其憲法上所保障之其他各種權利，向立法、行政或司法機關請求救濟之手段性的基本權利。其中尤以向司法機關訴請裁判之訴訟權，具有最終救濟功能。」

一、請願權

(一) 請願之意義

　　請願權係指人民對於國家政策、公共利益或對於其權益之維護，得按其性質，向民意機關或主管行政機關表示其願望之權利，其程序依請願法規定。請願法第 2 條規定：「人民對國家政策、公共利害或其權益之維護，得向職權所屬之民意機關或主管行政機關請願。」

(二) 請願之限制

　　就內容的限制而言，請願法第 3 條規定：「人民請願事項，不得牴觸憲法或干預審判。」第 4 條規定：「人民對於依法應提起訴訟或訴願之事項，不得請願。」就程序的限制而言，請願法第 11 條規定：「人民請願時，不得有聚眾脅迫、妨害秩序、妨害公務或其他不法情事；違者，除依法制止或處罰外，受理請願機關得不受理其請願。」

二、訴願權

(一) 意　義

　　訴願權係指人民對於中央或地方機關之違法或不當處分，致損害其權利或利益，而請求救濟之權。依訴願法第 1 條的規定：「人民對於中央或地方機關之行政處分，認為違法或不當，致損害其權利或利益者，得依本法提起訴願。但法律另有規定者，從其規定。各級地方自治團體或其他公法人對上級監督機關之行政處分，認為違法或不當，致損害其權利或利益者，亦同。」訴願制度設立的目的在於保障人民的基本權利、減輕行政法院的負擔並建立行政自我檢查制度。

(二) 司法院大法官會議相關解釋

　　司法院大法官會議釋字 295 號解釋理由書（節錄）指出：「憲法保障人民之訴願權，其目的在使為行政處分之機關或其上級機關自行矯正其違法或不當處分，以維護人民之權益，若法律規定之其他行政救濟途徑，已足達此目的者，則在實質上即與訴願程序相當，自無須再踐行訴願程序。訴願法第 1 條：『人民對於中央或地方機關之行政處分，認為違法或不當，致損害其權利或利益者，得依本法提起訴願、再訴願。但法律另有規定者，從其規定。』其但書規定即係包括上情形在內，惟並非謂未經提起訴願或再訴願，縱已用盡其他相當於訴願、再訴願之行政救濟程序，亦不得續行行政訴訟。」

　　司法院大法官會議釋字 439 號解釋理由書（節錄）指出對裁罰處分，聲明異議應提出擔保之規定，係對人民基本權利之不必要限制，與憲法第 16 條相牴觸：「憲法第 16 條規定人民有訴願及訴訟之權利。就訴願而言，係在人民之權益遭受公權力侵害時可循國家依法所設之程序尋求救濟，使作成行政處分之機關或其上級機關經由此一程序自行矯正其違法或不當處分，以維持法規之正確適用，並保障人民之權益。對此項基本權利，依憲法第 23 條規定，須為防止妨礙他人自由、避免緊急危難、維持社會秩序或增進公共利益所必要者，始得以法律限制之。有關課稅或罰鍰之處分，對之提起行政救濟時，以繳納全部或一定比例之稅款、罰鍰或提供擔保為條件之規定，使未能繳納或提供者喪失法律

之救濟，係對人民訴訟及訴願權所爲不必要之限制，與憲法有所不符，乃本院自釋字第 224 號解釋以來一貫之見解。」

第三項　司法上的受益權

司法上的受益權即訴訟權，包括民事訴訟權、刑事訴訟權、行政訴訟權與選舉訴訟權。茲敘述如下。

一、民事訴訟

所謂民事訴訟係指因私人間之生活關係所產生的紛爭或利害之衝突，藉國家之裁判權依法而強制地解決調整之程序。民事訴訟以三審三級爲原則，當事人對於法院之裁定不服，得提出抗告，對於下級法院的裁判不服，得於二十日內依法向上級法院提起上訴，以求救濟。判決一旦確定，即發生拘束當事人之效力，並可以作爲執行名義予以強制執行[16]。

二、刑事訴訟

所謂刑事訴訟，廣義而言，係國家適用刑事法規，認定犯罪，確定刑罰範圍之一切程序。其中包括 (一) 刑事追訴程序：含偵查與控訴等程序。(二) 刑事審判程序：含審理和判決等程序。(三) 刑事執行程序[17]。

三、行政訴訟

(一) 意　義

行政訴訟係以行政訴訟以保障人民權益，確保國家行政權之合法行使，增進司法功能爲宗旨之訴訟型態。行政訴訟法第 1 條規定：「行政訴訟以保障人

---

[16] 王甲乙、楊建華、鄭健才著，民事訴訟法新論，台北：三民，2000 年 7 月，頁 1～3。
[17] 褚劍鴻，刑事訴訟法論，台北：商務，1998 年 9 月，頁 1～3。

民權益，確保國家行政權之合法行使，增進司法功能爲宗旨。」第 2 條規定：「公法上之爭議，除法律別有規定外，得依本法提起行政訴訟。」第 3 條規定：「前條所稱之行政訴訟，指撤銷訴訟、確認訴訟及給付訴訟。」

(二) 要　件

行政訴訟法第 4 條規定：「人民因中央或地方機關之違法行政處分，認爲損害其權利或法律上之利益，經依訴願法提起訴願而不服其決定，或提起訴願逾三個月不爲決定，或延長訴願決定期間逾二個月不爲決定者，得向高等行政法院提起撤銷訴訟。逾越權限或濫用權力之行政處分，以違法論。訴願人以外之利害關係人，認爲第 1 項訴願決定，損害其權利或法律上之利益者，得向高等行政法院提起撤銷訴訟。」

四、選舉訴訟

所謂選舉訴訟係指當事人爲確定依選舉法規所執行之選舉或當選是否適法所提出之訴訟，而請求國家司法機關之法院予以裁判之法定程序。申言之，依法律規定，有資格提起各該訴訟之人，在主觀上認爲選舉或當選有符合選舉法規所定之無效事由時，即得以適法之相對人爲被告，提起選舉訴訟，以求法院以裁斷之法定程序。我國憲法第 132 條規定：「選舉應嚴禁威脅利誘。選舉訴訟，由法院審判之。」

選舉訴訟制度設計的目的主要在於：(一) 嚇阻和抑制違法之選舉，藉以擔保選舉適正與適法之舉行，並淨化選風，提昇選舉的品質。(二) 爲匡正違法之選舉，藉以維持客觀之選舉秩序，確保選舉法規之實效，並維護國家社會之秩序 [18]。

---

[18]　V. O. Key, Ir, Politics, Parties, and Pressure Group, (NewYork: Thomas Y. Crorvell Co., 1958), p.672.

五、司法院大法官會議相關解釋

　　司法院大法官會議釋字第 396 號解釋理由書指出訴訟權係為一種制度性保障的權利，不容剝奪，其內容如下：「訴訟權係為一種制度性保障的權利，不容剝奪。憲法第 16 條所定人民之訴訟權，乃人民於其權利遭受侵害時，得訴請救濟之制度性保障，其具體內容，應由立法機關制定法院組織與訴訟程序有關之法律，始得實現。惟人民之訴訟權有其受憲法保障之核心領域，為訴訟權必備之基本內容，對其若有欠缺，即與憲法第 16 條保障人民訴訟權之意旨不符。本院釋字第 243 號解釋所謂有權利即有救濟之法理，即在指明人民訴請法院救濟之權利為訴訟權保障之核心內容，不容剝奪。保障訴訟權之審級制度，得由立法機關視各種訴訟案件之性質定之。公務員因公法上職務關係而有違法失職之行為，應受懲戒處分者，憲法明定為司法權之範圍；公務員懲戒委員會對懲戒案件之議決，公務員懲戒法雖規定為終局之決定，然尚不得因其未設通常上訴救濟制度，即謂與憲法第 16 條有所違背。」

　　司法院大法官會議釋字第 418 號解釋理由書（節錄）指出行政爭訟案件，得由立法者於正當法律程序前提下，由普通法院加以審理：「憲法第 16 條保障人民訴訟權，係指人民於其權利遭受侵害時，有請求法院救濟之權利，法院亦有依法審判之義務而言。此種司法上受益權，不僅形式上應保障個人得向法院主張其權利，具實質上亦須使個人之權利獲得確實有效之保護。司法救濟之方式，有不論民事、刑事或行政訴訟之裁判，均由普通法院審理；有於普通法院外，另設行政法院審理行政爭訟事件，我國即從後者。然無論採何種方式，人民於其權利因違法行政處分而遭受侵害時，得向法院請求救濟，則無不同。至立法機關將性質特殊之行政爭訟事件劃歸何種法院審理、適用何種司法程序，則屬立法者之權限，應由立法者衡酌權利之具體內涵、訴訟案件之性質及既有訴訟制度之功能等因素，以法律妥為合理之規定。」

　　司法院大法官會議釋字第 507 號解釋理由書指出訴訟權包括人民尋求刑事司法救濟在內，係為制度性保障之權利，其內容如下：「憲法第 16 條規定人民有訴訟之權，此項權利自亦包括人民尋求刑事司法救濟在內，是故人民因權利

遭受非法侵害，加害之行為人因而應負刑事責任者，被害人有請求司法機關予以偵查、追訴、審判之權利，此項權利之行使國家亦應提供制度性之保障。其基於防止濫訴並避免虛耗國家有限之司法資源，法律對於訴訟權之行使固得予以限制，惟限制之條件仍應符合憲法第 23 條之比例原則。」

第四節　社會權

　　社會權的概念，按照日本憲法學者清宮四郎教授的界定，係指基於福祉國家或社會國家理念，為使任何人皆獲得合乎人性尊嚴之生存，而予以保障之所有權利之總稱[19]。由上述可知，二十世紀西方人權中社會福利國家概念的提倡，而逐漸由原有受益權概念中脫離。社會權又可區分為「由下而上的社會權」與「由上而下的社會權」[20]，它的目的在於解決勞資對立與貧富懸殊等各種社會矛盾，避免自由權的保障流於形式，謀求社會經濟弱勢者乃至全體國民的實質平等。

　　社會權與受益權相同，係人民處於積極的地位，要求國家以積極的作為保障自由權。但是受益權的要求作為對象，主要以司法機關為核心，社會權則是以立法與行政機關為其主要核心[21]。就我國憲法現有的規定，社會權可從生存權、工作權與教育權三方面加以討論。

---

[19] 清宮四郎，憲法 (一)，有斐閣，昭和 61 年，頁 22。轉引自許慶雄，社會權論，台北：眾文，1992 年 5 月，頁 13。

[20] 中村睦男教授將社會權區分為兩種：第一種是以勞工為中心所形成的集體權利，國家權力的介入屬於補助性質，非主導力量，如罷工權、團體交涉權，又稱「由下而上社會權」；第二種是直接保障之個人權利，由國家積極介入，如失業扶助，又稱為「由上而下之社會權」，詳參中村睦男，「社會權法理之形成」，東京：有斐閣，1973 年，頁 43、295，轉引自許慶雄，社會權論，台北：眾文，1992 年 5 月，頁 17。

[21] 許慶雄，前引書，頁 2～3。

第一項　生存權

一、意　義

生存權係指人民有要求國家維持其最低生活，延續其生存權利。規定於憲法第 15 條。

二、死刑相關問題

司法院大法官會議釋字第 194 號解釋文指出戡亂時期販賣毒品處死刑並不違憲，其內容如下：「戡亂時期肅清煙毒條例第 5 條第 1 項規定：販賣毒品者，處死刑，立法固嚴，惟係於戡亂時期，為肅清煙毒，以維護國家安全及社會秩序之必要而制定，與憲法第 23 條並無牴觸，亦無牴觸憲法第 7 條可言。」

其次，司法院大法官會議釋字第 263 號解釋文也指出懲治盜匪條例意圖勒贖而擄人唯一死刑仍得酌減其刑：「懲治盜匪條例為特別刑法，其第 2 條第 1 項第 9 款對意圖勒贖而擄人者，不分犯罪情況及結果如何，概以死刑為法定刑，立法甚嚴，惟依同條例第 8 條之規定，若有情輕法重之情形者，裁判時本有刑法第 59 條酌量減輕其刑規定之適用，其有未經取贖而釋放被害人者，復得依刑法第 347 條第 5 項規定減輕其刑，足以避免過嚴之刑罰，與憲法尚無牴觸。」

司法院大法官會議釋字第 476 號解釋則針對「肅清煙毒條例」第 5 條第 1 項及「毒品危害防制條例」第 4 條第 1 項關於死刑之法定刑規定認為：「人民身體之自由與生存權應予保障，固為憲法第 8 條、第 15 條所明定；惟國家刑罰權之實現，對於特定事項而以特別刑法規定特別之罪刑所為之規範，倘與憲法第 23 條所要求之目的正當性、手段必要性、限制妥當性符合，即無乖於比例原則，要不得僅以其關乎人民生命、身體之自由，遂執兩不相侔之普通刑法規定事項，而謂其係有違於前開憲法之意旨。」

三、安樂死相關問題

　　民國八十九年六月七日公布施行的安寧緩和醫療條例第 1 條規定：「為尊重不可治癒末期病人之醫療意願及保障其權益，特制定本條例；本條例未規定者，適用其他有關法律之規定。」

　　第 3 條規定：「本條例專用名詞定義如下：一、安寧緩和醫療：指為減輕或免除末期病人之痛苦，施予緩解性、支持性之醫療照護，或不施行心肺復甦術。二、末期病人：指罹患嚴重傷病，經醫師診斷認為不可治癒，且有醫學上之證據，近期內病程進行至死亡已不可避免者。三、心肺復甦術：指對臨終或無生命徵象之病人，施予氣管內插管、體外心臟按壓、急救藥物注射、心臟電擊、心臟人工調頻、人工呼吸或其他救治行為。四、意願人：指立意願書選擇安寧緩和醫療全部或一部之人。」

　　第 4 條第 1 項規定：「末期病人得立意願書選擇安寧緩和醫療。前項意願書，至少應載明下列事項，並由意願人簽署：一、意願人之姓名、國民身分證統一編號及住所或居所。二、意願人接受安寧緩和醫療之意願及其內容。三、立意願書之日期。」

　　第 4 條第 2 項規定：「意願書之簽署，應有具完全行為能力者二人以上在場見證。但實施安寧緩和醫療之醫療機構所屬人員不得為見證人。」

　　第 7 條第 1 項規定：「不施行心肺復甦術，應符合下列規定：一、應由二位醫師診斷確為末期病人。二、應有意願人簽署之意願書。但未成年人簽署意願書時，應得其法定代理人之同意。」

　　第 7 條第 2 項規定：「前項第 1 款所定醫師，其中一位醫師應具相關專科醫師資格。」

　　第 7 條第 3 項規定：「末期病人意識昏迷或無法清楚表達意願時，第 1 項第 2 款之意願書，由其最近親屬出具同意書代替之。但不得與末期病人於意識昏迷或無法清楚表達意願前明示之意思表示相反。」

　　第 8 條規定：「醫師為末期病人實施安寧緩和醫療時，應將治療方針告知病人或其家屬。但病人有明確意思表示欲知病情時，應予告知。」

第二項　工作權

一、意　義

　　工作權係指人民有自由選擇其工作的權利，工作權如不予保障，則難達到生存權之目的。工作權之保障範圍包括：(一) 凡人民作爲生活職業之正當工作，均受國家之保障，且屬工作權之核心部分。(二) 人民有選擇工作及職業之自由，國家不得違背個人意願強迫其就業或工作。(三) 取得各種職業資格者，其職業活動範圍及工作方法之選擇，亦受憲法之保障，法律或各該職業之自治規章雖得加以規範，但均不應逾越必要程度[22]。

二、司法院大法官會議相關解釋

　　司法院大法官會議釋字第 404 號解釋文指出爲增進公共利益，對於人民工作之方法及應具備之資格或要件，得以法律爲適當限制：「憲法第 15 條規定人民之工作權應予保障，故人民得自由選擇工作及職業，以維持生計。惟人民之工作與公共福祉有密切關係，爲增進公共利益之必要，對於人民從事工作之方法及應具備之資格或其他要件，得以法律爲適當之限制，此觀憲法第 23 條規定自明。」

　　此外，司法院大法官會議釋字第 268 號解釋理由書指出應考試、服公職之權關係人民之工作權，不得逕以命令限制之：「憲法第 18 條規定人民有應考試、服公職之權。人民依法參加考試，爲取得公務人員任用資格或專門職業及技術人員執業資格之必要途徑，此觀憲法第 86 條規定甚明。此種資格關係人民之工作權，自爲憲法所保障之人民權利，不得逕以命令限制之。」

　　再次，司法院大法官會議釋字第 411 號解釋理由書對於職業選擇的概念加以釐清：「憲法第 15 條規定人民之工作權應予保障，故人民得自由選擇工作及

---

[22] 李惠宗，憲法要義，台北：敦煌，1999 年 4 月，頁 175 ～ 176。

職業，以維持生計。惟人民之工作與公共福祉有密切關係，爲增進公共利益之
必要，對於人民從事工作之方法及應具備之資格或其他要件，得以法律爲適當
之規範，此有本院釋字第 404 號解釋可資參照。惟法律之規定不能鉅細靡遺，
對於各種專門職業之執業範圍，自得授權有關機關以命令爲必要之劃分。…」

　　復次，司法院大法官會議釋字第 412 號解釋文指出工作權之平等保障的觀
念：「後備軍人轉任公職考試比敍條例第 6 條授權考試院訂定施行細則，考試
院乃於中華民國七十七年一月十一日考量公務人員任用法及公務人員俸給法已
於七十五年重新制定，並於七十六年一月十六日施行，於後備軍人轉任公職考
試比敍條例施行細則第 10 條第 5 項明定將其適用範圍限於七十六年一月十六日
以後之轉任人員，係爲配合新制公務人員任用法及公務人員俸給法，並斟酌各
種情況之差異所爲之規定，尚未違反後備軍人轉任公職考試比敍條例授權之意
旨，與憲法有關工作權之平等保障，亦無牴觸。」

　　司法院大法官會議釋字第 510 號解釋理由書指出對於工作之方式及必備之
資格或其他要件，得以法律或視工作權限制之性質，以有法律明確授權之命令
加以規範：「憲法第 15 條規定人民之工作權應予保障，人民從事工作並有選擇
職業之自由。惟其工作與公共利益密切相關者，於符合憲法第 23 條比例原則之
限度內，對於從事工作之方式及必備之資格或其他要件，得以法律加以限制。
然法律規定不能鉅細靡遺，就選擇職業之自由，尚非不得衡酌相關職業活動之
性質，對於從事特定職業之個人應具備之知識、能力、年齡及體能等資格要
件，授權有關機關以命令訂定適當之標準。

　　斯近代航空運輸，已屬人類重要交通工具，航空器之結構精密，其操作具
有高度專業性，加以航空器在高空快速飛行，其安全與否，於公共利益有密切
關係，因而從事飛航之人員，不僅須受高度之專業訓練，而其身心健全，並具
有相當之體能，尤爲從事此項職業之必要條件。七十三年十一月十九日修正公
布之民用航空法第 25 條乃規定，民用航空局對於航空人員之技能、體格或性
行，應爲定期檢查，且得爲臨時檢查，經檢查不合標準時，應限制、暫停或終
止其執業，並授權民用航空局訂定檢查標準（84 年 1 月 27 日修正公布之同法第
25 條及 87 年 1 月 21 日修正公布之第 26 條規定意旨亦同）。民用航空局依據

授權於八十二年八月二十六日修正發布之『航空人員體格檢查標準』，其第48條第1項規定，航空人員之體格，不合該標準者，應予不及格，如經特別鑑定後，認其行使職務藉由工作經驗，不致影響飛航安全時，准予缺點免計；第52條規定：『為保障民航安全，對於准予體格缺點免計者，應予時間及作業之限制。前項缺點免計之限制，該航空人員不得執行有該缺點所不能執行之任務』，及第53條規定：『對缺點免計受檢者，至少每三年需重新評估乙次。航空體檢醫師或主管，認為情況有變化時，得隨時要求加以鑑定』（89年2月17日修正發布之航空人員體格檢查標準，相關規定第49條、第52條、第53條規定意旨相仿），均係基於航空人員之工作特性，針對其執行業務時所應維持體能狀態之必要而設計，係就從事特定職業之人應具備要件所為之規範，非涉裁罰性之處分，與首開解釋意旨相符，於憲法保障人民工作權之規定，亦無牴觸。」

最後，司法院大法官會議釋字第514號解釋指出職業自由之限制，須符合法律保留原則及授權明確性原則之要求。其解釋文提到：「人民營業之自由為憲法上工作權及財產權所保障。有關營業許可之條件，營業應遵守之義務及違反義務應受之制裁，依憲法第23條規定，均應以法律定之，其內容更須符合該條規定之要件。若其限制，於性質上得由法律授權以命令補充規定時，授權之目的、內容及範圍應具體明確，始得據以發布命令，送經本院解釋在案。教育部中華民國八十一年三月十一日台（81）參字第12500號令修正發布之遊藝場業輔導管理規則，係主管機關為維護社會安寧、善良風俗及兒童暨少年之身心健康，於法制未臻完備之際，基於職權所發布之命令，固有其實際需要，惟該規則第13條第12款關於電動玩具業不得容許未滿十八歲之兒童及少年進入其營業場所之規定，第17條第3項關於違反第13條第12款規定者，撤銷其許可之規定，涉及人民工作權及財產權之限制，自應符合首開憲法意旨。相關之事項已制定法律加以規範者，主管機關尤不得沿用其未獲法律授權所發布之命令。前述管理規則之上開規定，有違憲法第23條之法律保留原則，應不予援用。」

第三項　教育權

一、意　義

憲法第 21 條規定：「人民有受國民教育之權利與義務。」本條規定國民教育既是權利亦是義務。所謂國民教育，係指人民均應接受之教育，故定為人民有受國民教育之義務。又屬於國民，教育機會皆屬均等，因此，人人皆有接受教育之權利。

鑒於我國教育體系缺乏清晰的基本原則，無法符合現代教育思潮，經由民間與政府之共同努力，於民國八十八年六月公布實施教育基本法，藉以落實憲法第 21 條的精神。教育基本法第 1 條規定：「為保障人民學習及受教育之權利，確立教育基本方針，健全教育體制，特制定本法。」第 3 條也規定：「教育之實施，應本有教無類、因材施教之原則，以人文精神及科學方法，尊重人性價值，致力開發個人潛能，培養群性，協助個人追求自我實現。」

二、教育權的主體

教育基本法第 2 條規定：「人民為教育權之主體。教育之目的以培養人民健全人格、民主素養、法治觀念、人文涵養、強健體魄及思考、判斷與創造能力，並促進其對基本人權之尊重、生態環境之保護及對不同國家、族群、性別、宗教、文化之瞭解與關懷，使其成為具有國家意識與國際視野之現代化國民。為實現前項教育目的，國家、教育機構、教師、父母應負協助之責任。」

三、教育平等權

憲法第 159 條規定：「國民受教育之機會一律平等。」

教育基本法第 4 條規定：「人民無分性別、年齡、能力、地域、族群、宗教信仰、政治理念、社經地位及其他條件，接受教育之機會一律平等。對於原住民、身心障礙者及其他弱勢族群之教育，應考慮其自主性及特殊性，依法令

予以特別保障，並扶助其發展。」

四、教育權的保障

(一) 教育經費的保障

　　教育科學文化經費之比例之上限，憲法第 164 條規定教育、科學、文化之經費，在中央不得少於其預算總額 15%，在省不得少於其預算總額 25%，在市、縣不得少於其預算總額 35%，其依法設置之教育文化基金及產業，應予以保障。但是中華民國憲法增修條文第 10 條第 8 項規定教育、科學、文化之經費，尤其國民教育之經費應優先編列，不受憲法第 164 條規定之限制。

　　憲法第 163 條規定：「國家應注重各地區教育之均衡發展，並推行社會教育，以提高一般國民之文化水準，邊遠及貧瘠地區之教育文化經費，由國庫補助之。其重要之教育文化事業，得由中央辦理或補助之。」

　　教育基本法第 5 條也規定：「各級政府應寬列教育經費，並合理分配及運用教育資源。對偏遠及特殊地區之教育，應優先予以補助。教育經費之編列應予以保障；其編列與保障之方式，另以法律定之。」

(二) 教育中立原則

　　教育基本法第 6 條規定：「教育應本中立原則。學校不得為特定政治團體或宗教信仰從事宣傳，主管教育行政機關及學校亦不得強迫學校行政人員、教師及學生參加任何政治團體或宗教活動。」

(三) 私人興學的保障

　　教育基本法第 7 條規定：「人民有依教育目的興學之自由；政府對於私人及民間團體興辦教育事業，應依法令提供必要之協助或經費補助，並依法進行財務監督。其著有貢獻者，應予獎勵。政府為鼓勵私人興學，得將公立學校委託私人辦理；其辦法由該主管教育行政機關定之。」

(四) 教師教學權、學生學習權與受教育權的保障

　　教育基本法第 8 條規定：「教育人員之工作、待遇及進修等權利義務，應以法律定之，教師之專業自主應予尊重。學生之學習權及受教育權，國家應

予保障。國民教育階段內，家長負有輔導子女之責任；並得為其子女之最佳福祉，依法律選擇受教育之方式、內容及參與學校教育事務之權利。學校應在各級政府依法監督下，配合社區發展需要，提供良好學習環境。」

教育基本法第 15 條規定：「教師專業自主權及學生學習權遭受學校或主管教育行政機關不當或違法之侵害時，政府應依法令提供當事人或其法定代理人有效及公平救濟之管道。」

(五) 弱勢團體的保障

1. 基本教育費免費

憲法第 160 條規定：「六歲至十二歲之學齡兒童，一律受基本教育，免納學費。其貧苦者，由政府供給書籍。」

2. 獎學金之設置

憲法第 161 條規定：「各級政府應廣設獎學金名額，以扶助學行俱優無力升學之學生。」

3. 原住民教育權的保障

民國八十七年六月公布的原住民族教育法第 1 條規定：「根據憲法增修條文第 10 條之規定，政府應依原住民之民族意願，保障原住民之民族教育權，提昇原住民之民族教育文化，特制定本法。」

第 2 條規定：「原住民為原住民族教育之主體，政府應本於多元、平等、尊重之精神，推展原住民民族教育。原住民民族教育應以維護民族尊嚴、延續民族命脈、增進民族福祉、促進族群共榮為目的。」

第 3 條規定：「各級政府應採積極扶助之措施，確保原住民接受各級各類教育之機會均等，並建立符合原住民需求之教育體系。」

第 9 條規定：「中央政府應寬列預算，專案專款辦理原住民教育及原住民民族教育；其比例合計不得少於中央主管教育行政機關預算總額之 1%。」

綜合上述，我國教育基本法不但將國際上有關教育之原則與目的納入基本法之內容，諸如：人民為教育權之主體、對基本人權之尊重、生態環境之保護及對不同國家、族群、性別、宗教、文化之瞭解與關懷，使其成為具有國家意

識與國際視野之現代化國民等概念等等，它也將憲法中未明確規定之規範加以補充或具體化，並增列若干教育上之基本原則如：教育中立原則、私人興學的保障、教師教學權與學生學習權與受教育權的保障與原住民教育權的保障，並比以往更合理地確立中央與地方教育權限之劃分[23]。

第五節　國家賠償請求權

第一項　國家賠償的概念與法理基礎

　　依照廖義男教授的界定，國家賠償係指公務員於執行職務行使公權力時，因故意或過失不法侵害人民之自由或權利，或公有之公共設施因設置或管理有欠缺，致人民之生命、身體或財產受損害，而由國家負賠償損害責任之一種制度。

　　國家賠償的理論依學者通說，可分為國家無責任說、國家代位責任說與國家自己責任說等三說。國家無責任說係指公務員違法執行職務，屬於違反職務授權，該行為是個人行為，故國家無必要負擔責任。國家代位責任說係指國家對於被害人直接負賠償責任，但該賠償責任本質上是公務員個人賠償責任之替代，故國家賠償責任之成立，須該行為亦構成公務員個人賠償責任為必要，即公務員因該行為而須負起損害賠償責任時，國家始負賠償責任。國家自己責任說亦稱為危險責任說或無過失責任說，其主要思想乃認為對人民損害之發生如果是執行公務之結果，縱令公務員並無故意或過失，國家亦應負損害賠償的責任[24]。

---

[23] 周志宏，教育基本法的規範內容──幾個可能的思考方向，月旦法學雜誌，第 5 期，1995 年 9 月，頁 19～27。

[24] 廖義男，國家賠償法，台北：三民，1998 年 9 月，增訂二版，頁 8～10。

我國國家賠償法通說認採取綜合之立場，國家賠償法第 2 條規定：「本法所稱公務員者，謂依法令從事於公務之人員。公務員於執行職務行使公權力時，因故意或過失不法侵害人民自由或權利者，國家應負損害賠償責任。公務員怠於執行職務，致人民自由或權利遭受損害者亦同。前項情形，公務員有故意或重大過失時，賠償義務機關對之有求償權。」顯採國家代位責任理論。

第 3 條規定：「公有公共設施因設置或管理有欠缺，致人民生命、身體或財產受損害者，國家應負損害賠償責任。前項情形，就損害原因有應負責任之人時，賠償義務機關對之有求償權。」顯採國家自己責任說。

第二項　國家機關賠償的機關、方法與時效

一、國家賠償的機關

以該管公務員所屬機關，或公共設施之設置或管理機關為賠償義務機關。

二、國家賠償的方法

國家賠償法第 7 條規定：「國家負損害賠償責任者，應以金錢為之。但以回復原狀為適當者，得依請求，回復損害發生前原狀。前項賠償所需經費，應由各級政府編列預算支應之。」

三、國家賠償的請求權時效

國家賠償法第 8 條規定：「賠償請求權，自請求權人知有損害時起，因二年間不行使而消滅；自損害發生時起，逾五年者亦同。第 2 條第 3 項、第 3 條第 2 項及第 4 條第 2 項之求償權，自支付賠償金或回復原狀之日起，因二年間不行使而消滅。」

四、司法院大法官會議相關解釋

　　司法院大法官會議釋字第 469 號對於公務員消極不作爲而生之國家賠償責任加以釐清，強調公務員因故意或過失怠於執行職務，致特定人之自由或權利遭受損害，被害人得依國家賠償法第 2 條第 2 項後段，向國家請求損害賠償。但第 2 條第 2 項後段之適用前提要件乃公務員於依法規裁量萎縮至零時始得爲之，解釋文指出：「法律規定之內容非僅屬授予國家機關推行公共事務之權限，而其目的係爲保護人民生命、身體及財產等法益，且法律對主管機關應執行職務行使公權力之事項規定明確，該管機關公務員依此規定對可得特定之人所負作爲義務已無不作爲之裁量餘地，猶因故意或過失怠於執行職務，致特定人之自由或權利遭受損害，被害人得依國家賠償法第 2 條第 2 項後段，向國家請求損害賠償。最高法院 72 年台上字第 704 號判例謂：『國家賠償法第 2 條第 2 項後段所謂公務員怠於執行職務，係指公務員對於被害人有應執行之職務而怠於執行者而言。換言之，被害人對於公務員爲特定職務行爲，有公法上請求權存在，經請求其執行而怠於執行，致自由或權利遭受損害者，始得依上開規定，請求國家負損害賠償責任。若公務員對於職務之執行，雖可使一般人民享有反射利益，人民對於公務員仍不得請求爲該職務之行爲者，縱公務員怠於執行該職務，人民尚無公法上請求權可資行使，以資保護其利益，自不得依上開規定請求國家賠償損害。』對於符合一定要件，而有公法上請求權，經由法定程序請求公務員作爲而怠於執行職務者，自有其適用，惟與首開意旨不符部分，則係對人民請求國家賠償增列法律所無之限制，有違憲法保障人民權利之意旨，應不予援用。」

第六節　參政權

　　參政權係指公民參與國家政治之權利[25]。憲法第 17 條規定：「人民有選舉、罷免、創制及複決之權。」而憲法增修條文第 10 條第 13 項規定：「國家對於僑居國外國民之政治參與，應予保障。」此四權需具中華民國國籍之人民且具法定之年齡及其他公民資格者，始得享有，四權彼此間有其相互關係及連結作用。茲敘述如下。

第一項　選舉權

一、選舉權的性質

　　關於選舉權性質的學說共有三說。

(一) 個人權利說
　　此說將選舉權視為人民之天賦人權，人民有權決定是否行使之自由，憲法與法律不得任意加以限制或剝奪。

(二) 社會職務說
　　此說主張選舉係國家基於社會利益，賦予選民的一種職務。因此，選民有履行選舉職務的當然義務，不得自行放棄。

(三) 權利兼職務說
　　此說折衷上述兩說而來，認為選舉權係國家法律賦予人民的一種權利，亦是一種職務[26]。

---

[25] 劉慶瑞，前引書，頁 95。
[26] 劉慶瑞，前引書，頁 96。

二、選舉的功能與進行的原則

學者雷競旋認為選舉有五大功能。(一) 提供了一種方法，製造出可以被國民所接受的政府與領袖。(二) 授與政府行使權力的合法依據，也就是給予政府合法性。(三) 迫使執政者對其政策負責，以及給予國民可以替換政府的手段。(四) 協助形成和表達民意。(五) 有助於促進國民對於國家的歸屬感[27]。

其次，就選舉進行的原則而言有五大原則，即普通原則、平等原則、直接原則、無記名原則與自由選舉原則。普通原則係指任何國民原則上都應該具有選舉權，不因身分而有差別待遇，反之，如果有其他資格限制，稱為限制選舉。平等原則則指「一人一票，票票等值。」直接原則係指選舉人直接選出官吏或議員。無記名原則即「祕密投票」，其目的在於保障選舉人真正獨立和自由的意思，而免心理上之脅迫。自由選舉原則是憲法明文規定外之原則，係指選舉權由人民依其意志自由行使，國家不得加以干預。

三、選舉資格

(一) 選舉人資格

選舉權人的資格必須同時具備積極條件與消極條件。

1. 積極條件

係指須具有中華民國國籍、年滿二十歲且須在選舉區內居住四個月以上。公職人員選舉罷免法第 15 條第 1 項規定：「有選舉權人在各該選舉區繼續居住四個月以上者，為公職人員選舉各該選舉區之選舉人。」第 2 項規定：「前項之居住期間，在其行政區域劃分選舉區者，仍以行政區域為範圍計算之。但於選舉公告發布後，遷入各該選舉區者，無選舉投票權。」

2. 消極條件

必須未受褫奪公權與禁治產宣告。公職人員選舉罷免法第 14 條第 1 項規定：「中華民國國民，年滿二十歲，無左列情事之一者，有選舉權。一、褫奪

---

[27] 雷競旋，選舉制度，台北：洞察，1989 年 3 月，頁 43 ～ 45。

公權尚未復權者。二、受禁治產宣告尚未撤銷者。」第 2 項規定：「前項第 1 款情形，如係戒嚴時期依懲治叛亂條例判決者，不在此限。」

3. 特殊選舉人之資格

公職人員選舉罷免法第 16 條規定：「山胞公職人員選舉，以具有山胞身分並有前條資格之有選舉權人爲選舉人。」

(二) 候選人資格

關於候選人資格：

1. 候選人之年齡

公職人員選舉罷免法第 31 條規定：「選舉人年滿二十三歲，得於其行使選舉權之選舉區登記爲公職人員候選人。但省（市）長候選人須年滿三十五歲；縣（市）長候選人須年滿三十歲；鄉（鎮、市）長候選人須年滿二十六歲。」第 2 項規定：「選舉人年滿二十三歲，得由依法設立之政黨登記爲中央公職人員全國不分區選舉之候選人。」第 3 項規定：「僑居國外之中華民國國民年滿二十三歲，未曾設有戶籍或已將戶籍遷出國外連續八年以上者，得由依法設立之政黨登記爲中央公職人員僑居國外國民選舉之候選人。」第 5 項規定：「政黨登記之全國不分區、僑居國外國民選舉候選人，應爲該黨黨員，並經各該候選人書面同意；其候選人名單應以書面爲之，並排列次序。」第 6 項規定：「回復中華民國國籍三年或因歸化取得中華民國國籍滿十年者，得依前四項規定登記爲候選人。」

2. 候選人之消極資格

公職人員選舉罷免法第 34 條規定：「有左列情事之一者，不得登記爲候選人：一、動員戡亂時期終止後，曾犯內亂、外患罪，經依刑法判刑確定者。二、曾犯貪污罪，經判刑確定者。三、曾犯刑法第 142 條、第 144 條之罪，經判刑確定者。四、犯前三款以外之罪，判處有期徒刑以上之刑確定，尚未執行或執行未畢者。但受緩刑宣告者，不在此限。五、受保安處分或感訓處分之裁判確定，尚未執行或執行未畢者。六、受破產宣告確定，尚未復權者。七、依法停止任用或受休職處分，尚未期滿者。八、褫奪公權，尚未復權者。九、受

禁治產宣告，尚未撤銷者。」

3. 不得為候選人之人員

公職人員選舉罷免法第 35 條第 1 項規定：「下列人員不得登記為候選人：一、現役軍人。二、服替代役之現役役男。三、軍事學校學生。四、各級選舉委員會之委員、監察人員、職員、鄉（鎮、市、區）公所辦理選舉事務人員及投票所、開票所工作人員。五、依其他法律規定不得登記為候選人者。」

第 2 項：「前項第一款之現役軍人屬於後備軍人或補充兵應召者，在應召未入營前，或係受教育、勤務及點閱召集，均不受限制。」

第 3 項：「當選人因第一百零三條第一項第二款至第四款情事之一，經法院判決當選無效確定者，不得申請登記為該次公職人員補選候選人。」

司法院大法官會議釋字第 290 號解釋理由書第一段即針對被選舉權人之學經歷做出了說明強調公職人員選舉罷免法對於候選人學、經歷之限制尚不違憲：「憲法第 130 條規定：『中華民國國年滿二十歲者，有依法選舉之權；除本憲法及法律別有規定者外，年滿二十三歲者，有依法被選舉之權』，是法律對於被選舉權之具體行使，於合理範圍內，並非完全不得定其條件。中華民國七十八年二月三日修正公布之動員戡亂時期公職人員選舉罷免法（80 年 8 月 2 日法律名稱修正為公職人員選舉罷免法）第 32 條第 1 項有關各級民意代表候選人學、經歷之限制，雖與其他國家不盡相同，但為提昇各級民意代表機關之議事功能及問政品質，衡諸國情，尚難謂其與憲法有所牴觸。惟國民之教育日益普及，選舉人對於候選人選擇之能力相對提高，此項對各級民意代表候選人學、經歷之限制是否仍應繼續維持，宜參酌其他民主國家之通例，隨時檢討，要認有繼續維持之必要，亦應重視其實質意義，並斟酌就學有實際困難之人士（例如因身體或其他原因其接受學校教育顯較一般國民有難於克服之障礙者），由立法機關為合理之裁量，而作適當之規定。」

四、投票制度

一般民主國家，大致採取以下幾種投票制度。

(一) 比較多數當選制

此一制度的設計採單選區，單記投票，而在選區中獲得多數選票的候選人或政黨便可當選或囊括該選區的當選名額。亦就是在應選名額的選區中，無論選票上出現多少候選人的名單，投票人只能就其中圈選一人，而在計票時，以獲得選票最多的一名便告當選，而不論這位獲得最高票的候選人其得票數是否超過 50% 加 1，皆可獲得當選，故此制又稱為贏者占全部當選席次制 [28]。

(二) 多數代表制

此一制度源自於多數決原理，係指在一選區內，候選人依法定標準，而得票較多即可當選者。這種制度可以在單數選區採之，也可以在複數選區採之。

(三) 少數代表制

係指選舉的結果，不僅多數黨可以獲得多數席次，少數黨亦可獲得部分當選人，又稱為準比例代表制，只能實行於大選區制。

(四) 二輪多數選舉制

此一制度係指選舉中要進行兩輪投票，第一輪投票中採取絕對多數制，參加競選者必須獲得選區中過半數選票才能當選，否則要進行第二輪投票；而在第二輪投票中只有兩名候選人進行投票，獲得相對多數票者當選。

(五) 比例代表制

此一制度係指各政黨或候選人按照自己所得選票占總選票的比例分得席位的當選制度。這種制度只能在複數選區採用，有的各政黨在全國範圍內按自己所得選票占全國投票總數的比例分得席位，這實質上是把全國當作一個大選區。

(六) 地域代表制

係指選舉名額的計算以行政區域為主要依據。

---

[28] 雷競旋，前引書，頁 84 ～ 85。

(七) 職業代表制

係將選舉人依職業類別加以分類，以職業為單位加以選舉。如農會、工會、商會與教育團體。

在 94 年第七次修憲之前，我國立法委員的選舉兼採多數選舉制與比例代表制。民國 89 年第六次憲法增修條文第 1 條第 1 項規定：「國民大會代表三百人，於立法院提出憲法修正案、領土變更案，經公告半年，或提出總統、副總統彈劾案時，應於三個月內採比例代表制選出之，不受憲法第 26 條、第 28 條及第 135 條之限制。比例代表制之選舉方式以法律定之。」及憲法增修條文第 4 條第 2 項規定：「前項第 3 款、第 4 款名額，採政黨比例方式選出之。第 1 款每直轄市、縣市選出之名額及第 3 款、第 4 款各政黨當選之名額，在五人以上十人以下者，應有婦女當選名額一人，超過十人者，每滿十人應增婦女當選名額一人。」民國 94 年第七次修憲後依增修條文第 4 條第 1 項規定：「立法委員自第七屆起一百一十三人，任期四年，連選得連任，於每屆任滿前三個月內依左列規定選出之，不受憲法第六十四條及第六十五條之限制：一、自由地區直轄市、縣市七十三人、每縣市至少一人。二、自由地區平地原住民及山地原住民各三人。三、全國不分區及僑居國外國民共三十四人。」第 4 條第 2 項規定：「前項第一款依各直轄市、縣市人口比例分配，並按應選名額劃分同額選舉區選出之。第三款依政黨名單投票選舉之，由獲得百分之五以上政黨選舉票之政黨依得票比率選出之，各政黨當選名單中，婦女不得低於二分之一。」

五、選區劃分

(一) 大選舉區制

係指每一個選舉區可以選出兩名以上的議員。

(二) 小選舉區制

係指每一個選舉區只能選出議員一名。

民國 94 年第七次修憲之前，我國的選區劃分是採取中選區制，也就是一選區選出三到五名議員。由於民國五十八年到七十八年立委選舉而言，平均每個

選區選出三‧四二名立委。但選區的劃分，由全省分為兩個，再到四、五個，其後增至七個，再增到民國七十八年的二十五個選區，八十一年立委選舉時，包括金門縣及連江縣兩個選區在內共有二十七個選區。立委選舉的選區劃分原則上仍是以每一個縣市作為一個選區，其中北、高兩直轄市內則再分為南、北兩個選區。值得注意的，我國所採行的中選區制原則上每選區產生三到五名議員，但也有些例外，例如金門、馬祖、澎湖、台東、嘉義市等選民較少者，目前只產生一名議員，而選民人數最多的選區則在台北縣[29]（即現今新北市）。民國 94 年第七次修憲後，我國的立法委員的選舉制度已改為單一選區兩票制。

第二項　罷免權

一、意　義

乃相對於選舉權之規定，係指人民對於經由選舉程序選出的代表及官員，在其任期屆滿前，以投票表決的方式使其去職的權利。

二、行使的限制

(一) 地區的限制
我國憲法第 133 條規定：「被選舉人得由原選舉區依法罷免之。」

(二) 時間的限制
如公職人員選舉罷免法第 69 條第 1 項規定：「公職人權之罷免，得由原選舉區選舉人向選舉委員會提出罷免案，但就職未滿一年者，不得罷免。」

(三) 連署人數之限制
為防止罷免權的濫用，罷免案的提出須有一定人的連署。公職人員選舉罷

---

[29] 同前註。

免法第 74 條規定：「罷免案之連署人，以被罷免人原選舉區選舉人爲連署人，其人數應爲原選舉區選舉人總數 13% 以上。」

(四) 再罷免的限制

罷免案如被否決應視爲人民信賴該官員，所以不應對同一人再提罷免案。公職人員選舉罷免法第 85 條第 2 項規定：「罷免案否決者，在該被罷免人之任期內，不得對其再爲罷免案之提議。」

三、司法院大法官會議相關解釋

司法院大法官會議釋字第 401 號解釋就議員言論免責權與人民罷免權行使的衝突加以闡釋，強調國內選區選出之立委與國大，原選區之選民得罷免之，不受憲法言論免責權規定之限制，解釋文指出：「憲法第 32 條及第 73 條規定國民大會代表及立法委員言論及表決之免責權，係指國民大會代表在會議時所爲之言論及表決，立法委員在立法院內所爲之言論及表決，不受刑事追訴，亦不負民事賠償責任，除因違反其內部所訂自律之規則而受懲戒外，並不負行政責任之意。又罷免權乃人民參政權之一種，憲法第 133 條規定被選舉人得由原選舉區依法罷免之，則國民大會代表及立法委員因行使職權所爲言論及表決，自應對其原選舉區之選舉人負政治上責任。從而國民大會代表及立法委員經國內選舉區選出者，其原選舉區選舉人得以國民大會代表及立法委員所爲言論及表決不當爲理由，依法罷免之，不受憲法第 32 條及第 73 條規定之限制。」

第三項　創制權

創制權係指公民依法定程序自行提出法案，並議決成爲法律的權利，屬於直接民權的一種方式。其依行使的方式可以區分爲直接創制與間接創制。直接創制係指公民所提出的創制草案無須經由議會議決，逕行由公民投票即爲生效。間接創制係指公民所提出的創制草案須先交由議會討論，若議會通過即發生效力，若議會否決或修正，則提交公民表決投票。如依行使的程序則可分爲

原則創制與法案創制。原則創制係指公民僅提出法案重要原則，由議會依該原則制定成完整法案後再經由公民複決認可。法案創制係指公民提出完整的條文內容，無須經過議會之審查[30]。

第四項　複決權

複決權係指公民對於立法機關或制憲官所通過的法律案或憲法案，得以投票決定其應否成為法律或憲法案之權利。

複決權若依行使方式可區分為強制複決與任意複決。強制複決係指立法機關所制定的法律都須交付公民複決，始生效力。任意複決係指立法機關所制定的法律原則上無須交付公民複決，但如有公民或有權機關要求時，則須交付複決。

若依行使的範圍可區分為憲法複決與法案複決。憲法複決係指公民對立法機關或制憲機關制定或修訂的憲法案，有投票決定其是否成立之權。法案複決係指公民僅能對普通法律行使複決之權[31]。

日前內政部審查通過創制複決法草案對重大公共政策，人民可行使創制複決權。該草案排除人民行使憲法立法原則的創制、複決權，僅賦予人民可對法律、地方自治條例的立法原則（法律、地方自治條例）、決定國家或地方有關公共利益之重大公共政策，行使創制權、複決權。

內政部認為，憲法層次的創制、複決是屬於國民大會的職權，並非人民的權利。有關領土、預算、租稅、人事或給付行政等事項，人民也不得行使創制、複決。創制、複決權，而須由內政部邀集相關政府代表、學者專家組成創制複決案件處理委員會。

此外，創制、複決分為全國性和地方性（直轄市、縣市和鄉鎮市）兩個層次。人民除了對地方性事務行使創制複決權外，也可針對全國性事務行使創

---

[30]　劉慶瑞，前引書，頁 110～112。
[31]　劉慶瑞，前引書，頁 113～115。

制、複決權。創制權是指針對法律立法原則，或地方自治條例的立法原則，和全國性重大公共政策行使創制；複決權是指針對法律、地方自治條例、或重大公共政策行使複決之權 [32]。

第五項　公民投票的定位

公民投票的觀念源自於盧梭「以公共意志決定大眾福祉的思想」，係指人民對憲法、一般法案或政府決策，有提議表示意願，或投票決定是否同意之權。它的目的不在於否定間接民主下的代議制度，相反的，在於補充代議制度之不足，確保主權在民。具體上是以創制複決權表示之。前者是由人民提案，送制憲機關修改憲法或由立法機關制定為法律，或由政府制定為決策；後者是對法律修改案或立法機關所議決的法律案，或政府的決策，有投票決定是否同意之權。進一步而言，「公民投票」是指人民對「事」而不是對「人」，以直接投票決定贊成或反對的制度。而這個「事」包括國家層次的法律、議案、公共政策、憲法議題，以及地方上的公共事務都可以透過公民投票來決定。創制複決與公民投票二者分別屬於不同層次的概念，在事務性質方面，二者有時並不易區別。[33] 然大致上而言，公民投票可以涵括創制複決，創制複決卻不涵括公民投票。

依據奧斯汀‧蘭尼（A.Ranney）的分類，公民投票可區分為：

一、政府控制的公民投票

在這種形式下，一個政府有權力控制什麼時候舉行公民投票，以及什麼樣的議題將發布給人民。大部分國家公民投票都是這種型態。

---

[32] 詳參中國時報，1999 年 5 月 22 日，第 1 版。
[33] 吳庚，憲法的解釋與適用，2003 年 9 月，頁 298～299。

二、憲法上規定的公民投票

有些國家之憲法規定某些特定的事務；特別是對憲法修正案；只有在公民直接投票表決才被採用。政府決定修改的措辭，而在成為法律之前須經過選民的同意。

三、民眾請願的公民投票

有些政治制度如瑞士和美國的許多州，允許選民提出對某些法令公民投票的請願書向立法機關的法案提出挑戰。如果收集了所需簽名的數目，就必須舉行一次投票，而且如果民眾都投票反對此法令，即使政府想維持這個法令也還是要廢止它[34]。

此外，西方民主國家在具體實踐上所發展出來的公民投票種類，可區分如下：

(一) 如瑞士之「政策複決權」，只要一定數目公民對於各級會議通過的法案表示異議，或議會為求慎重，則進行公民投票。

(二) 如決定加拿大魁北克獨立與否的「自決權投票」。

(三) 如澳洲之「憲法複決權」，在制憲或修憲工作完成後，在經多數公民之支持，才算正式通過。

(四) 「諮詢式的複決權」係對議會不具法律上的牽制作用，僅供諮詢參考。

(五) 「法律創制權」係針對議會未制定之法律，人民可提出憲法草案或立法要旨進行公投，以決定是否制定為法律[35]。

憲法學者許宗力認為與其為公民投票設計重重關卡，倒不如轉而呼籲政府應致力於適當行政程序的設計以提昇人民的參與，如此，政府的決策自然更為透明，更符合人民的需求而獲得人民的信賴，自然就會減少公民投票使用的次

---

[34] 奧斯汀・蘭尼（A. Ranney），政治學，台北：桂冠，1993 年 6 月，頁 223 ～ 224。

[35] 自由時報社論，要民主就要有更多的參與——我們對實施公民投票制度的看法，1997 年 4 月 13 日，3 版。

數 [36]。

根據「新台灣週刊」第 142 期的報導，台灣歷年來有過下列幾次公投議題和結果：

(一) 一九九〇年五月六日，中油五輕裂解廠興建案，高雄楠梓區後勁，投票率：66.4%，反對：60.8%。

(二) 一九九四年五月十二日，核四廠興建案，台北縣貢寮鄉，投票率：58%，反對：96%。

(三) 一九九四年十一月二十七日，核四廠興建案，台北縣，投票率：18.5%，反對：88.6%。

(四) 一九九五年三月二十三日，核四廠興建案，台北市，投票率：58%，反對：56%。

(五) 一九九五年三月二十九日，汐止鎮大同路遠東社區立體地下道案，台北縣汐止鎮，投票率：不及二成，同意：95%。

(六) 一九九五年六月十八日，高屏溪義和段河川新生地開發案，高雄縣大寮鄉，投票率：8.4%，同意：84.4%。

(七) 一九九五年八月十二日，永康公園東側巷道闢為單向車道或人行道案，台北市永康里、福佳里，投票率 15%，同意人行道案：81.7%。

(八) 一九九七年八月，嘉義縣民雄鄉頂村社區重劃案，嘉義縣民雄鄉，投票數：166 票，反對重劃：52 票。

(九) 一九九八年十二月五日，1. 台灣被中華人民共和國統治案，台南市，投票率：25%，反對：77.88%；2. 七股設置國際機場案，台南市，投票率：25%，同意：73.6% [37]。

我國立法院於 2003 年 11 月 27 日三讀通過公民投票法，而國民大會則於 2005 年 6 月 7 日通過憲法上的公民投票。其中分為全國性公民投票與地方性公民投票：

---

[36] 許宗力，憲法與法治國行政，台北：元照，1999 年 3 月，頁 81 ～ 85。
[37] 新台灣週刊 NO.142 期。

一、全國性公民投票

　　所謂全國性公民投票，其成立要件分爲：

　　A. 人民提案者：即 a. 最近一次總統、副總統選舉人總數千分之五以上提案（公投 10），百分之五以上連署（公投 12 I）。b. 提案人、連署人及投票權人：國民年滿 20 歲，無褫奪公權或受禁治產宣告者。

　　B. 立法院提案者：a. 憲法修正案及領土變更案：全體立法委員四分之一之提議，四分之三之出席，及出席委員四分之三決議通過。b. 總統、副總統罷免案：經全體立法委員四分之一之提議，全體立法委員三分之二之同意後提出。c. 立法院對重大政策之創制或複決事項認爲有進行公投之必要者，經立法院院會通過後，交由中央選舉委員會辦理公投（公投 16）。

　　C. 總統提案：國家遭受外力威脅，致國家主權有改變之虞，總統得經行政院會議之決議，就攸關國家安全事項，交付公民投票（公投 17）。全國性公投之適用事項爲：a. 法律之複決；b. 立法原則之創制；c. 重大政策之創制或複決；d. 憲法修正案、領土變更案，總統、副總統罷免案之複決（公投 2）。惟有關預算、租稅、投資、薪俸及人事事項不得作爲公民投票之提案事項。公民投票事項之認定，由行政院公民投票審議委員會爲之，審議委員會應於收到公民投票提案後，十日內完成審核，提案不合規定者，應予駁回。

二、地方性公民投票

　　所謂地方性公民投票，人民提案依公投法第 27 條規定：最近一次直轄市長或縣市長選舉人總數千分之五以上提案，百分之五以上連署即成案，其適用事項依公投法第 2 條規定爲：a. 地方自治法規複決。b. 地方自治法規立法原則之創制。c. 地方自治事項重大政策之創制或複決。

三、全國性公民投票之行使程序

全國性公民投票之行使程序可分為由人民、立法院、總統三種提案之程序處理如次：

A. 由人民提案者：如 a. 法律複決；b. 立法原則創制；c. 重大政策之創制或複決，須先經公民投票審議委員會審議，十天內不合規定者駁回，合規定者，審議委員會十天內舉行聽證確認，提案領銜人十天內向中央選舉委員會領取連署格式（公投 10）進行連署，經中央選舉委員會程序審查後，再交付全民進行公民投票。

B. 由立法院提案者：如 a. 憲法修正案及領土變更案：由立法委員四分之一之提議，四分之三之出席及出席委員四分之三之決議通過。b. 總統、副總統罷免案：經全體立法委員四分之一之提議，全體立法委員三分之二之同意後提出。經立法院通過成案後，其中憲法修正案及領土變更案須公告半年，由中央選舉委員會辦理全民公投，憲法修正案及領土變更案有效同意票過選舉人總額之半數，總統、副總統罷免案須經選舉人總額過半數之投票，有效票過半數同意罷免。

C. 由總統所提案者：如國家遭受外來之威脅，有變更主權之虞時（公投17），經行政院會議決議後交付全民進行公民投票。而人民提案之門檻為最近一次總統、副總統選舉人數千分之五以上提案（公投 10）人民連署連署門檻為最近一次總統、副總統選舉人總數之百分之五以上連署（公投 12 I）[38]。

---

[38] 參閱謝瑞智著，憲法概要，文笙書局，2005 年 9 月增訂 9 版，頁 204-205。

第六項　應考試、服公職權

一、應考試權

憲法第 18 條規定：「人民有應考試，服公職之權。」憲法第 86 條也規定：公務人員任用資格，專門職業及技術人員執業資格，均應經考試院依法考選銓定之。因此，應考試權係為擔任公務員及執行專門執業的先決條件。

公務人員考試法第 2 條規定：「公務人員之考試，以公開競爭方式行之，其考試成績之計算，不得因身分而有特別規定。其他法律與本法規定不同時，適用本法。前項考試，應依用人機關年度任用需求決定正額錄取人數，依序分發任用。並得視考試成績酌增錄取名額，列入候用名冊，於正額錄取人員分發完畢後，由用人機關報經分發機關同意自行遴用。」正額錄取人員應於規定時間內向實施訓練機關報到，逾期未報到者，即喪失考試錄取資格，若無法立即接受分發者，得檢具事證保留錄取資格。經列入候用名冊人員，於下次該項考試放榜之日前未獲遴用者，即喪失考試錄取資格。

公務人員考試法第 3 條規定：「公務人員考試，分高等考試、普通考試、初等考試三等。高等考試按學歷分為一、二、三級。為因應特殊性質機關之需要及照顧殘障者、原住民族之就業權益，得比照前項考試之等級舉行一、二、三、四、五等之特種考試，除本法另有規定者外，及格人員於六年內不得轉調申請舉辦特種考試機關及其所屬機關以外之機關任職。」

公務人員考試法第 7 條規定：「中華民國國民，年滿十八歲，具有本法所定應考資格者，得應本法之考試。但有下列各款情事之一者，不得應考：一、動員戡亂時期終止後，曾犯內亂、外患罪，經判刑確定或通緝有案尚未結案者。二、曾服公務有貪污行為，經判刑確定者或通緝有案尚未結案者。三、褫奪公權尚未復權者。四、受禁治產宣告，尚未撤銷者。」第二項依法停止任用者，經公務人員考試錄取，於依法停止任用期間仍不得分發（配）任用為公務人員。

二、服公職權

公務人員任用法第 5 條第 1 項規定：「公務人員依官等及職等任用之。」第 2 項規定：「官等分委任、薦任、簡任。」第 3 項規定：「職等分第一至第十四職等，以第十四職等爲最高職等。」第 4 項規定：「委任爲第一至第五職等；薦任爲第六至第九職等；簡任爲第十至第十四職等。」

公務人員任用法第 9 條第 1 項規定：「公務人員之任用，應具有左列資格之一：一、依法考試及格。二、依法銓敘合格。三、依法考績升等。」第 2 項：「特殊性質職務人員之任用，除應具有前項資格外，如法律另有其他特別遴用規定者，並應從其規定。」第 3 項規定：「初任各職務人員，應具有擬任職務所列職等之任用資格；未具擬任職務職等任用資格者，在同官等高二職等範圍內得予權理。……」

司法院大法官會議釋字第 42 號解釋文指出憲法第 18 條所稱之公職，涵義甚廣，凡各級民意代表、中央與地方機關之公務員，及其他依法令從事於公務者皆屬之。

此外，司法院大法官會議釋字第 491 號解釋指出公務人員考績法所定之免職處分之構成要件不符法律明確性原則且未踐行正當法律程序，不符憲法第 18 條規定，其解釋文如下：「憲法第 18 條規定人民有服公職之權利，旨在保障人民有依法令從事於公務之權利，其範圍不惟涉及人民之工作權及平等權，國家應建立相關制度，用以規範執行公權力及履行國家職責之行爲，亦應兼顧對公務人員之權益之保護。公務人員之懲戒乃國家對其違法、失職行爲之制裁。此項懲戒得視其性質，於合理範圍內，以法律規定由其長官爲之。中央或地方機關依公務人員考績法或相關法規之規定對公務人員所爲免職之懲處處分，爲限制人民服公職之權利，實質上屬於懲戒處分，其構成要件應由法律定之，方符憲法第 23 條之意旨。公務人員考績法第 12 條第 1 項第 2 款規定各機關辦理公務人員之專案考績，一次記二大過者免職。同條第 2 項復規定一次記二大過之標準由銓敘部定之，與上開解釋意旨不符。又懲處處分之構成要件，法律以抽象概念表示者，其意義須非難以理解，且爲一般受規範者所得預見，並可經

由司法審查加以確認，方符法律明確性原則。對於公務人員之免職處分既係限制憲法保障人民服公職之權利，自應踐行正當法律程序，諸如作成處分應經機關內部組成立場公正之委員會決議，處分前並應給予受處分人陳述及申辯之機會，處分書應附記理由，並表明救濟方法、期間及受理機關等，設立相關制度予以保障。復依公務人員考績法第18條規定，服務機關對於專案考績應予免職之人員，在處分確定前得先行停職。受免職處分之公務人員既得依法提起行政爭訟，則免職處分自應於確定後方得執行。相關法令應依本解釋意旨檢討改進，其與本解釋不符部分，應自本解釋公布之日起，至遲於屆滿二年時失其效力。」

第七章

人民的義務

第一節　義務的概念

一、義務的意義

　　義務係指人民在法律規定範圍內，對於應盡之責任有違反者，國家可採取適當制裁之謂。

二、義務與責任的關係

　　責任係指當義務人不履行義務時，所應接受法律上不利益處分或制裁（民事制裁、刑事制裁或行政制裁）。責任的產生必須以義務為基礎，有義務方有責任，無義務則無責任。

第二節　納稅的義務

一、憲法規定

　　憲法第 19 條規定：「人民有依法律納稅之義務。」所謂依法律係指經立法院通過，總統經行政院副署後所公布的法律。

二、理論基礎

(一) 租稅法定主義

所謂租稅法定主義係指關於租稅的徵收，必須有法律根據。亦即國家非根據法律不得課徵稅捐，亦不得要求國民繳納稅捐，而且僅於具體的經濟生活事件及行為，可以被涵攝於法律抽象的構成要件的前提下，國家稅捐債權始可成立。

(二) 租稅負擔平等主義

所謂租稅負擔平等主義係指國家應依照人民財產收入的多寡，依比率徵收租稅，以符合平等原則。

三、司法院大法官會議相關解釋

司法院大法官會議釋字第 217 號解釋理由書指出個別事件課稅原因事實及有關證據之證明力，屬事實認定問題，不屬於租稅法律主義之範圍：「憲法第 19 條規定，人民有依法律納稅之義務，乃在揭示『租稅法律主義』，其主要意旨係指人民僅依法律所定之納稅主體、稅目、稅率、納稅方法及納稅期間等項而負納稅之義務，課徵租稅固不得違反上述意旨，惟關於個別事件課稅原因事實之有無及有關證據之證明力如何，則屬事實認定問題，不屬於租稅法律主義之範圍。」

司法院大法官會議釋字第 218 號解釋文指出以固定百分比估算所得有失公平合理：「人民有依法律納稅之義務，憲法第 19 條定有明文。國家依法課徵所得稅時，納稅義務人應自行申報，並提示各種證明所得額之帳簿、文據，以便稽徵機關查核。凡未自行申報或提示證明文件者，稽徵機關得依查得之資料或同業利潤標準，核定其所得額。此項推計核定方法，與憲法首開規定之本旨並不牴觸。惟依此項推計核定方法估計所得額時，應力求客觀、合理，使與納稅義務人之實際所得相當，以維租稅公平原則。」

司法院大法官會議釋字第 346 號解釋理由書指出立法機關授權主管機關裁

量就某種稅捐課徵，須以目的特定、內容具體及範圍明確之方式爲之：「憲法第 19 條規定人民有依法律納稅之義務，前經本院釋字第 217 號解釋釋明其意旨。有關納稅義務之事項，固宜於名爲稅法之法律中規定之，惟憲法並未限制其應規定於何種法律，而立法機關就某種稅捐是否課徵，認爲宜授權主管機關裁量，因而以目的特定、內容具體及範圍明確之方式，所爲之授權規定，亦非憲法所不許。」

司法院大法官會議釋字第 367 號解釋理由書指出人民有依法律納稅之義務，係指人民須依法律所定之納稅主體、稅目、稅率、納稅方法及租稅減免等項目而負繳納義務或享受減免繳納之優惠，舉凡應以法律明定之租稅項目，自不得以命令作不同之規定，否則即屬違反租稅法律主義：「憲法第 19 條規定，人民有依法律納稅之義務，係指人民僅依法律所定之納稅主體、稅目、稅率、納稅方法及租稅減免等項目而負繳納義務或享受減免繳納之優惠，舉凡應以法律明定之租稅項目，自不得以命令作不同之規定，否則即屬違反租稅法律主義，業經本院釋字第 217 號及第 210 號著有解釋。

有關人民自由權利之限制應以法律定之且不得逾越必要之程度，憲法第 23 條定有明文。但法律之內容不能鉅細靡遺，立法機關自得授權行政機關發布命令爲補充規定。如法律之授權涉及限制人民自由權利者，其授權之目的、範圍及內容符合具體明確之條件時，亦爲憲法之所許。」

司法院大法官會議釋字第 369 號解釋文指出稅捐義務或減免爲立法裁量事項：「憲法第 19 條規定：『人民有依法律納稅之義務』，係指人民有依法律所定要件負繳納稅捐之義務或享減免繳納之優惠而言。至法律所定之內容於合理範圍內，本屬立法裁量事項，是房屋稅條例第 1 條、第 5 條、第 6 條及第 15 條之規定與憲法並無牴觸。」

司法院大法官會議釋字第 413 號解釋理由書指出：「憲法第 19 條規定，人民有依法律納稅之義務，係指人民祇有依法律所定之納稅主體、稅目、稅率、納稅方法及稅捐減免等項目而負繳納義務或享受優惠，舉凡應以法律明定之租稅項目，自不得以命令取代法律或作違背法律之規定，迭經本院釋字第 217 號、第 367 號及第 385 號等著有解釋。判例當然亦不得超越法律所定稅目、稅

率、稅捐減免或優惠等項目之外，增加法律所無之規定，並加重人民之稅賦，否則即有違憲法上之租稅法律主義。」

　　司法院大法官會議釋字第 415 號解釋理由書指出所得稅法施行細則得任意增減「免稅額」之要件，違反母法之規定，與租稅法律主義之意旨不符：「憲法第 19 條規定人民有依法律納稅之義務，係指稅捐主體、稅捐客體、稅基及稅率等稅捐構成要件，均應以法律明定之。主管機關基於法律概括授權而訂定之施行細則，僅得就實施母法有關之事項予以規範，對納稅義務及其要件不得另為增減或創設。所得稅法有關個人綜合所得稅『免稅額』之規定，其目的在使納稅義務人對特定親屬或家屬善盡其法定扶養義務，此亦為盡此扶養義務之納稅義務人應享之優惠，若施行細則得任意增減『免稅額』之要件，即與租稅法律主義之意旨不符。」

　　司法院大法官會議釋字第 420 號解釋文指出租稅事項法律之解釋應衡酌各該法律立法目的經濟上之意義及實質課稅之公平原則為之：「涉及租稅事項之法律，其解釋應本於租稅法律主義之精神，依各該法律之立法目的，衡酌經濟上之意義及實質課稅之公平原則為之。」

　　司法院大法官會議釋字第 496 號解釋理由書也強調釋字第 420 號解釋租稅法律主義之精神：「憲法第 19 條規定，人民有依法律納稅之義務，係指人民有依法律所定之納稅主體、稅目、稅率、納稅方法及稅捐減免等項目，負繳納稅捐之義務或享受減免稅捐之優惠而言。涉及租稅事項之法律，其解釋應本於租稅法律主義之精神，依各該法律之立法目的，衡酌經濟上之意義及實質課稅之公平原則為之，業經本院釋字第 420 號解釋在案。主管機關雖得基於職權，就稅捐法律之執行為必要之釋示，惟須符合首開意旨，乃屬當然。」

　　司法院大法官會議釋字第 500 號解釋文指出，財政部七十九年六月四日台財稅字第 790661303 號函實質上屬於銷售貨物或勞務代價性質之「入會費」或「保證金」如何課稅所為之釋示，並未逾越營業稅法第 1 條課稅之範圍，符合課稅公平原則，於憲法第 7 條平等權及第 19 條租稅法律主義，並無牴觸：「營業稅法第 1 條規定，在中華民國境內銷售貨物或勞務，均應依本法規定課徵營業稅。又涉及租稅事項之法律，其解釋應本於租稅法律主義之精神，依各該法

律之立法目的，衡酌經濟上之意義及實質課稅之公平原則為之，亦經本院釋字第 420 號解釋在案。財政部七十九年六月四日台財稅字第 790661303 號函釋示：『高爾夫球場（俱樂部）向會員收取入會費或保證金，如於契約訂定屆滿一定期間退會者，准予退還；未屆滿一定期間退會者，不予退還之情形，均應於收款時開立統一發票，課徵營業稅及娛樂稅。迨屆滿一定期間實際發生退會而退還入會費或保證金時，准予檢附有關文件向主管稽徵機關申請核實退還已納稅款。』係就實質上屬於銷售貨物或勞務代價性質之『入會費』或『保證金』如何課稅所為之釋示，並未逾越營業稅法第 1 條課稅之範圍，符合課稅公平原則，與上開解釋意旨無違，於憲法第 7 條平等權及第 19 條租稅法律主義，亦無牴觸。」

　　最後，司法院大法官會議釋字第 503 號解釋指出違反作為義務之行為，同時構成漏稅行為之一部或係漏稅行為之方法而處罰種類相同者，如從其一重處罰已足達成行政目的時，即不得再就其他行為併予處罰：「納稅義務人違反作為義務而被處行為罰，僅須其有違反作為義務之行為即應受處罰；而逃漏稅捐之被處漏稅罰者，則須具有處罰法定要件之漏稅事實方得為之。二者處罰目的及處罰要件雖不相同，惟其行為如同時符合行為罰及漏稅罰之處罰要件時，除處罰之性質與種類不同，必須採用不同之處罰方法或手段，以達行政目的所必要者外，不得重複處罰，乃現代民主法治國家之基本原則。是違反作為義務之行為，同時構成漏稅行為之一部或係漏稅行為之方法而處罰種類相同者，如從其一重處罰已足達成行政目的時，即不得再就其他行為併予處罰，始符憲法保障人民權利之意旨。本院釋字第 356 號解釋，應予補充。」

第三節　服兵役的義務

　　所謂服兵役係指人民應徵召入伍擔負保家衛國之責任。我國憲法第 20 條規定：「人民有依法律服兵役之義務。」各國兵役制度可區分為募兵制、民兵制與徵兵制三種，目前我國係採徵兵制。

　　關於服兵役的義務與宗教自由之間的關係，司法院大法官解釋釋字第 490
號解釋指出服兵役之義務未侵害宗教自由基本權，其解釋文內容如下：「人民
有依法律服兵役之義務，爲憲法第 20 條所明定。惟人民如何履行兵役義務，
憲法本身並無明文規定，有關人民服兵役之重要事項，應由立法者斟酌國家安
全、社會發展之需要，以法律定之。憲法第 13 條規定：『人民有信仰宗教之自
由。』係指人民有信仰與不信仰任何宗教之自由，以及參與或不參與宗教活動
之自由；國家不得對特定之宗教加以獎勵或禁制，或對人民特定信仰畀予優待
或不利益。立法者鑒於男女生理上之差異及因此種差異所生之社會生活功能角
色之不同，於兵役法第 1 條規定：中華民國男子依法皆有服兵役之義務，係爲
實踐國家目的及憲法上人民之基本義務而爲之規定，原屬立法政策之考量，非
爲助長、促進或限制宗教而設，且無助長、促進或限制宗教之效果。復次，服
兵役之義務，並無違反人性尊嚴亦未動搖憲法價值體系之基礎，且爲大多數國
家之法律所明定，更爲保護人民，防衛國家之安全所必需，與憲法第 7 條平等
原則及第 13 條宗教信仰自由之保障，並無牴觸。又兵役法施行法第 59 條第 2
項規定：同條第 1 項判處徒刑人員，經依法赦免、減刑、緩刑、假釋後，其禁
役者，如實際執行徒刑期間不滿四年時，免除禁役。故免除禁役者，倘仍在適
役年齡，其服兵役之義務，並不因此而免除，兵役法施行法第 59 條第 2 項因而
規定，由各該管轄司法機關通知其所屬縣（市）政府處理。若另有違反兵役法
之規定而符合處罰之要件者，仍應依妨害兵役治罪條例之規定處斷，並不構成
一行爲重複處罰問題，亦與憲法第 13 條宗教信仰自由之保障及第 23 條比例原
則之規定，不相牴觸。」

　　司法院大法官解釋釋字第 517 號解釋強調有關人民服兵役、應召集之事項
及其違背義務之制裁手段，應由立法機關衡酌國家安全、社會發展之需要，以
法律定之。此外，憲法上兵役制度之落實，應以法律爲之，就後備軍人違反住
居變動之申報義務者，以刑罰加以制裁亦不違憲。

　　人民有依法律服兵役之義務，爲憲法第 20 條所明定。惟兵役制度及其相
關之兵員召集、徵集如何實施，憲法並無明文規定，有關人民服兵役、應召集
之事項及其違背義務之制裁手段，應由立法機關衡酌國家安全、社會發展之需

要，以法律定之。妨害兵役治罪條例第 11 條第 1 項第 3 款規定後備軍人居住處所遷移，無故不依規定申報者，即處以刑事罰，係爲確保國防兵員召集之有效實現、維護後備軍人召集制度所必要。其僅課予後備軍人申報義務，並未限制其居住遷徙之自由，與憲法第 10 條之規定尚無違背。同條例第 11 條第 3 項規定後備軍人犯第 1 項之罪，致使召集令無法送達者，按召集種類於國防安全之重要程度分別依同條例第 6 條、第 7 條規定之刑度處罰，乃係因後備軍人違反申報義務已產生妨害召集之結果，嚴重影響國家安全，其以意圖避免召集論罪，仍屬立法機關自由形成之權限，與憲法第 23 條之規定亦無牴觸。至妨害兵役治罪條例第 11 條第 3 項雖規定致使召集令無法送達者，以意圖避免召集論，但仍不排除責任要件之適用，乃屬當然。」

關於替代役的問題，我國兵役法第 24 條規定：「在國防軍事無妨礙時，以不影響兵員補充、不降低兵員素質、不違背兵役公平前提下，得實施替代役。各種專長人員，應優先滿足國防需求，基於國防軍事需要，行政院得停止辦理一部或全部替代役徵集。」第 25 條規定：「替代役之軍事基礎訓練，由內政部會同國防部辦理。服替代役期間連同軍事基礎訓練，不得少於常備兵現役役期，其期間無現役軍人身分。」第 26 條規定：「替代役實施有關事項，另以法律定之。」

而八十九年二月二日制定替代役實施條例第 3 條指出：「本條例所稱替代役，指役齡男子於需用機關擔任輔助性工作，履行政府公共事務或其他社會服務。」第 4 條規定：「替代役之類別區分如下：一、社會治安類：警察役。消防役。二、社會服務類：社會役。環保役。醫療役。教育服務役。三、其他經行政院指定之類別。替代役類別實施順序及人數，由主管機關擬定，報請行政院核定。」替代役體位或以家庭因素申請服替代役之役期與常備兵役同；常備役體位或以宗教因素申請服替代役之役期較常備兵役長六個月以內。前項常備役體位服替代役之役期或以宗教因素申請服替代役之役期，由主管機關報請行政院核定之。替代役役男服役期滿者，由主管機關製發證明書。

第四節　受國民教育的義務

　　憲法第 21 條規定：「人民有受國民教育之權利與義務。」因此，國民教育具有權義雙重的性質。相關內容如前述，不再贅述。

第八章

政府論總論

第一節　權力分立理論與五權憲法理論

第一項　權力分立理論

　　所謂的「權力分立」，係指透過國家機關間權力的合理分配、行使和監督，以權力制衡權力建構一國憲政權力結構，以實現國家權力的分散化。這種秩序的建立係將不同權力分配給各個權力主體，以建立穩定有序的權力運作體系。此外，亦可保持各個權力機關間的制約與配合，以及權力運行的動態平衡，防止權力濫用與腐化。近代以來，西方立憲主義國家大多建立了不同形式的權力分立的制度。現茲就權力分立制度加以闡述：

一、意　義

　　「權力分立」也稱為「分權」與「制衡」，即將國家權力之作用，依其性質區分為若干單位，並由個別構成之獨立機關來行使，以形成相互制衡，藉以排除國家權力之集中與防止權力濫用，而保障國民主權與基本人權的政治原理，學者將「權力分立」與「基本人權的保障」同樣視為憲法核心概念[1]。

二、起　源

　　亞里斯多德首將把政府權力區分為計議權（deliberative）、管理權（administrative）、司法權（judicial）三要素。到了洛克的「政府論」時，則

---

[1] 許宗力，法與國家權力，台北：月旦，1996年2月，頁479～483。

將國家權力區分為立法、行政，行政又區分為對內的行政權和對外的外交權，不過，在洛克的觀念當中，立法權優於其他權力，故帶有強烈民主特性。到了孟德斯鳩的「法之精神」，才成為現今權力分立理論的主要淵源。孟德斯鳩根據英國革命的實踐，系統的闡述了「三權分立」的學說，其將國家權力區分為立法、行政與司法，主張由三個不同機關行使，三權必須各自獨立，以權力抑制權力（checks and balances）而保障人民的政治自由。其次，國家任務也可區分為三：從作用而言，指任何權力機關不得行使非其管轄權的權力。就組織而言，指任何權力機關不得同時是其他機關的成員。就權力同等價值而言，指任何主體不得犧牲其他權力主體而擴張其權力，以至於涉及到其他權力主體的權限。依此道理，進一步將國家權力區分為行政、立法、司法三種權力，至此，權力分立理論才逐漸完備。

　　後來，美國憲法起草人漢彌爾頓等人在美國憲法具體落實了孟德斯鳩三權分立的理論。一七八七年九月，美國制憲會議根據孟德斯鳩的思想制定了憲法，憲法從以下幾方面貫徹「制約」與「平衡」的原則：(一) 行政權屬於總統，但總統任命部長和締結條約時，須經國會同意，國會有權對總統和部長的違法行為進行彈劾。(二) 立法權屬於國會，但總統對國會的立法有批准和擱置否決權。國會也可在一定條件下推翻總統否決。(三) 司法權屬於獨立行使審判權的法院，而法官只要行為公正和守法，即應終身任職，但法官須經總統任命，國會批准；最高法院有權審判經國會彈劾有罪的總統和官吏，乃至審查國會立法是否違憲等權限 [2]。

三、權力分立的現代意涵

　　現代意涵的權力分立係指國家權力具有不可分割性，統一性國家權力與權力分立彼此協調一致（非孟氏所云各自獨立、彼此分割和互不從屬的權力概念）。其次，國家權力適當分立並非權力分立主要目的，其最終目的在於保障

---

[2]　M.J.C. 維爾，憲政與分權，香港：三聯，1997 年 10 月，1 版，頁 70～90。

個人自由權利。

　　其次，「三權分立」只是「權力分立」中廣爲熟知的一種型態，並非等同於「權力分立」。因此，除了美國「嚴格型權力分立」，尚有「均衡型的權力分立」、「立法機關優勢型」以及「行政機關優勢型」等型態。「均衡型的權力分立」強調行政立法合一與議會至上的概念，立法機關要求行政機關（內閣）之連帶責任，行政機關對立法機關有解散權的制度。這是在英國政治發展的過程中，由憲法習慣逐漸形成的制度[3]。「立法機關優勢型」強調行政與立法機關無權力分立之存在，而立法機關兼有行政權，行政機關全面從屬於立法機關的制度，如瑞士的委員制。「行政機關優勢型」是指議會在原則上擁有立法權，但議會之地位略受減弱，這是爲了克服「立法機關優位型」之缺陷，確保國家政治能迅速有效執行而產生的制度，如法國第五共和的雙首長制[4]。

　　「權力分立」理論除了上述行政、立法、司法「水平式權力分立」的概念，後來也發展出「垂直式權力分立」的概念。「垂直的權力分立」依司法院大法官會議釋字第498號解釋之意旨，泛指地方自治，其核心範圍包括組織自主性、人事自主性、稅收及財政自主權、地方發展規劃自主性以及制定地方自治規章自主性。總之，在「權力分立」的概念下，無論是「水平式的權力分立」（行政、立法、司法）、「垂直式的權力分立」（中央與地方），都反映出西方國家法治國的理念[5]。

第二項　五權憲法理論

　　五權分立與權能區分是孫中山先生的民權主義思想在憲政主張中的具體表現。其主要的立論在於將政治權力區分爲「政權」與「治權」兩種，「政權」

---

[3] 戴雪（Albeot Venn Dicey）著，雷賓南譯，英憲精義，台北：帕米爾，1991年10月，初版，頁133～181。

[4] 劉嘉甯，法國憲政共治之研究，台北：商務，1990年12月，初版，頁189～206。

[5] 法治斌、董保城，前引書，頁408～409。

是管理政府的力量，「治權」是政府自身的力量。孫中山先生認爲只要「人民有充分的政權，管理政府的方法很完全，便不怕政府的力量太大，不能夠管理。」

權能區分的核心在於維護直接民權，即憲法必須規定和保障人民「直接管理國家」的權力。孫中山先生在總結西方的憲政體制的經驗後指出，要使人民有權，就必須在憲法中規定選舉、罷免、創制與複決權等四權，人民有此四種權利才是徹底的直接民權，才是真正的全民政治。

其次，關於權力分立方式，孫中山先生認爲，人民要有權，政府要有能，人民掌握政權，但治權必須交給少數人去行使由他們組織政府，治理國家。它並認爲西方國家三權分立的憲政體制中三權各不相統，政客巴結選民，有極大的制度缺失。他指出「將來中華民國憲法，將來要創作一種新的主義，叫做五權分立」，即在立法、司法、行政三權獨立的基礎上，將立法權中的監督權、行政權中的考試權獨立出來。只有用五權憲法所組織的政府才是完全政府，才是完全的政府機關。

總之，孫中山先生五權分立與權能區分的根本目的在於「集合中外的精華，防止一切流弊」，藉由人民的四個政權來管理政府的五個治權，以建立一個完全民權的政治機關，充分實現主權在民的精神[6]。

第二節　總統制、內閣制、雙首長制與委員制的制度設計

第一項　總統制

總統制政府（presidential government）創始於美國。美國聯邦憲法中，第

---

[6] 高旭輝，前引書，頁 57 ～ 64。

1 條至第 3 條明文規定了立法權、行政權以及司法權分別由國會、總統、聯邦最高法院及其下級法院行使之[7]。總統制在美國實行以後，後爲拉丁美洲的阿根廷、巴西、墨西哥、亞洲的印尼、巴基斯坦、非洲的埃及、肯亞等不少國家所採用。就行政權的歸屬而言，總統總攬國家行政權，總統不僅是國家元首，更是實際的行政首長，內閣僅是總統的諮詢機關，由總統任免，向總統負責[8]。總統下設國務官員多人，不屬於國會，其中以主管外交事務的國務卿列首席。就行政與立法機關的關係觀之，立法與行政（總統）兩部門地位平等，任期有一定規定，立法部門不能因政策問題，提出不信任投票，總統也不得解散國會，保持制衡原理，行政機關（總統）不對立法機關（國會）負責，而直接對人民負責。國會所通過的法案須送交總統簽署以後才能公布實施，總統如不同意，可以運用否決權加以否決。但是如果國會以三分之二多數再次通過，該法案即可通過成爲法律。總統有向國會報告國情的義務。國會中的政黨對於總統並不直接產生影響，總統所屬的政黨也不一定是國會中的多數黨[9]。

　　總統制是一種出於「野心必須用野心控制」的考量下的設計。此制度的優點在於行政、立法權絕對分離，人民的權利較不易被侵害；其次是行政權穩定，不論國會生態如何，不會影響行政權的歸屬。它的問題則在於權力分立的結果恐將造成政府整體職能效率的低落，特別是總統與國會多數黨不相同時，由於總統可藉由否決權成爲「首席立法者」，因此立法效率在二者互相掣肘下必定大受影響；而就國家行政而言，由於總統的主要施政皆必須有國會通過的法案及預算支持[10]，若總統與國會多數意見就預算分配的意見不同，施政恐將遲滯，甚至發生行政機關關門的問題。

---

[7]　林子儀，權力分立與憲政發展，台北：月旦，1993 年 4 月，頁 95。

[8]　劉慶瑞，比較憲法，p.270，轉引自林紀東，比較憲法，台北：五南，1989 年 5 月，頁 423。

[9]　參照湯德宗著，美國國會與權力分立理論我國採行總統制可行性的初步評估，收錄於湯德宗等著，美國國會之制度運作，中研院歐美所出版，1992 年 6 月，頁 45 ～ 50。

[10]　相關的討論參照（Walter J. Oleszek）著，湯德宗譯，國會程序與政策過程，立法院秘書處發行，1992 年，頁 79 ～ 85。

第二項　內閣制

內閣制政府係以英國爲典型，爲現今多數民主國家採行的民主制度[11]，是一種議會政府或責任政府。在當代世界中，有許多國家採取內閣制，如日本、義大利、印度、以色列、德國等。其特色在於政府行政權由內閣總攬，歸屬於內閣首相或總理，國家元首垂拱無爲，不負實際政治責任，僅具象徵性地位，統而不治。內閣總理之產生，須由國會之提名與同意；內閣閣員則由內閣總理任命之。內閣總理由國會議員兼任。內閣閣員亦多由國會議員兼任。內閣對國會負責，故國會對內閣，有決議不信任投票，或否決信任決議案之權利，內閣亦有解散國會之權。元首有關國事之行爲，均須經內閣副署。內閣總理或首相，由元首任命之。其人選係選擇國會能信任者，所以通常爲多數黨領袖，一切重要行政政策，概由內閣會議決定，以元首的名義行之[12]。

在內閣制的幾個重要名詞中，「一黨內閣」係指由一個在國會中超過半數以上席次的政黨所組成的內閣；「聯合內閣」係指由幾個無法單獨組閣的政黨聯盟組成的內閣；而「影子內閣」則指國會中的反對黨比照內閣的組成方式，組成一個可以隨時準備上台執政的準執政團隊，其主要任務是領導和組織下議院中本黨議員的活動。

內閣制政府強調多數民主，行政立法兩權合一，二者之間通常處於和諧的狀態，內閣提出的法案，容易於議會中通過，此一特點在運作順利的內閣制國家中，表現出效率政府的優點，亦即國家政策可以有效地推動[13]；至於權力的制衡（check and balance），事實上並不存在於內閣制國家的行政、立法兩權之間，傳統的權力分立原則及制衡關係，僅能從國會中在野黨對執政黨的監督制衡以及司法權對兩權的制衡上發現。內閣制的最大缺點恰爲其優點的反面，由於行政權由國會中多數產生，在兩黨政治的國家中，因爲採多數決，因此少數族群的權益容易被忽視；而在多黨或小黨林立的國家中，會有因爲執政多數不

---

[11] 見劉慶瑞著，前引書，頁 293。

[12] 林紀東，比較憲法，台北：五南，1989 年 5 月，頁 428。

[13] 參照薩孟武，政治學，台北：三民，1992 年 8 月增訂，五版，頁 185。

穩定而經常發生內閣不穩定的危機，甚至造成政府變更頻仍的後果，在政策的推動及維繫上本應擁有效率的政府，反而因此而變得更缺乏效率，例如法國第三、第四共和及現在的義大利等民主國家[14]。

第三項　委員制

委員制的政府又稱為合議制的政府，起源於十九世紀中葉的瑞士。它的最大特色在於國家的行政權並非集中於國家元首或者政府首腦手中，而是由國會所產生並對國會負責的七人聯邦行政委員會所組成，總統僅擁有虛名。七人委員會作為國會執行機關的政府，因此行政權位於國會之下，因此，行政權與立法權既不分離，也不對抗。聯邦行政委員會委員，則由兩院（國民議會及聯邦院）聯合選舉，其委員一經產生即不得兼任國會議員，任期四年，可連選連任。政府一切決策經由七名委員以多數決的原則集體合議之。委員會的主席由七名委員輪流擔任，兼做國家元首與政府首腦，對外代表國家，對內主持委員會會議，但不得行使委員會的集體職責，並無權否決議案與解散國會，也無權任免政府官員。委員會委員都身兼一部之部長，但無權對於本部重大問題作單獨決定，而必須由經由委員會指定的三名委員研究決定。委員會委員可以隨時出席國會並參加討論，並有向國會提出議案權，但無權表決。凡經國會通過的法案或決定，委員會都必須執行，國會有權改變或撤銷委員會的決定與措施，故聯邦行政委員會僅為國會之執行機關。

委員制的優點在於強調專家政治、防止公共事務過度政治化，亦能有效防止專制；但它的缺點在於責任不明，不夠敏捷，只能在小國寡民與政治爭議較不強烈的情形下表現其優點[15]。憲法學者劉慶瑞即對瑞士的委員制有相當之批評：「聯邦行政委員會，以合議制行使職權，事無鉅細，均須開會決定。這種

---

[14] George Brunner 著，鄒忠科、黃松榮譯，比較政府，台北：五南，1995 年，初版，頁 72 ～ 73；許志雄，權力分立之理論與現實及其構造與動態之分析，台大法研所碩士論文，1982 年，頁 144 ～ 151。

[15] 任德厚，政治學，台北：三民，1997 年 5 月，四版，頁 283 ～ 284。

制度在政務簡單之時，固無問題，一但政務繁雜，則必感覺侷促不靈。惟瑞士由於小國寡民，國情遠較其他國家簡單，而又由於永世中立，無須捲入國際政治糾紛之漩渦，致使其政治有一顯著之特色，即政治性之問題少，而行政性與技術性之問題多，因此，合議制之行政機關，不管其在學理上有許多缺點，仍能在瑞士產生良好的結果。但政情複雜之國家，則不能輕易模仿之。今日，除南美洲之烏拉圭外，似無其他國家採用瑞士之委員制，其故在此[16]。」

第四項　雙首長制

　　雙首長制一般係指有兩位行政首長分享行政權的體制，與內閣制、總統制等單一首長制不同。法國因昔日政黨林立，各行其是，內閣無多數黨為其後盾，致使變動頻繁，政治效率低落，為振衰起弊，乃加強總統之權力，降低內閣之責任，於是第五共和憲法改採現行之雙首長制，即總統由人民直接選舉產生，負責國防、外交和憲政政策，其他政策及施政由總統任命之總理負責。總統具有：一、任免總理。二、主持國務會議。三、要求國會覆議法律。四、將法律提付人民複決。五、主動解散國民議會等權力，但若干措施，仍須經內閣副署，而國會對內閣有不信任之權，此即為法國第五共和制之特徵，其與內閣制及總統制類似規定如下：

一、類似內閣制

(一) 內閣向國會負責（§20）。

(二) 內閣總理有法律提案權（§39）；內閣閣員得列席兩院並陳述意見。

(三) 內閣總理須得議會之信任（§49）；惟國會對「政府」之不信任案，有條件限制。（§50）。

(四) 總統除任免內閣總理、公布公民複決案、解散國會、頒布緊急措施、送國會之諮文、將法律或條約送憲法委員會審核、任命憲法委員會委員外其他

---

[16] 劉慶瑞，比較憲法，頁270，轉引自林紀東，前引書，頁423。

須經由內閣總理副署，必要時並由負責部長副署之（§19）。

(五) 總統於諮詢內閣總理及兩院議長後得解散國會（§12）。

二、類似總統制

(一) 總統在一九六二年前由選舉人團選舉之，其後由人民直接選舉之，任期七年（§6）。（已於 2001 年修憲改 5 年）

(二) 總統係超越三權之實體存在，行政首長的內閣總理由總統任命之（§8），內閣總理決定並執行國家政策（§20）。

(三) 國會議員不得兼任國務員[17]。

　　判定總統與國務總理的權力多寡，可由 1. 兩者如何產生？ 2. 憲法如何規範職權？ 3. 國務總理是否有副署權？ 4. 兩者是否同黨？ 5. 如果同黨何者擔任政黨領袖等為基準加以判斷。

　　諸如新加坡是典型的內閣制，總統改由人民選舉產生，總統有條件行使政府動用國家儲備金的同意權、政府預算案同意權、政府重要人事任命同意權。奧地利總統由人民選舉產生，任免總理不必由總理副署，但是總理由國會多數黨領袖出任，總理擔任主席的國務會議可以否決總統的決定，因此傾向內閣制。法國第五共和被視為典型的雙首長制，總統負責國防、外交、憲政政策，國務總理負責其他政策，國務總理由總統任命，憲法雖未規定須由國會同意，目前則由國會行使同意權，總統則由人民直接選舉產生。總統有權解散國會，將法案交付公民投票，行使部分權力時不必總理副署。法國自第五共和實施以來，幾十年已出現多次左右共治局面。法國總統必須任命國會多數黨派人士出任總理，因此，可能出現總統與總理不同黨派。雖然憲法明定總統與總理的職權，可是實際上有些職權無法完全區分，例如外交與經濟密不可分，無法一分為二。總理所屬政黨如果在國會占了多數，與總統不同黨派，總統的權力式微，總理權力上升。總統與總理同一黨派，總統的權力則高度集中。法國雙首長制，被部分學者視為一種在總統制與內閣制之間擺盪的體制，必須視國會政

---

[17] 同前註，頁 433 ～ 434。

黨分配而定。芬蘭憲法明定總統為行政首長，由人民選舉產生。總統可以要求總理所主持的國務會議來執行總統的命令，但是國務會議認為牴觸法律，可諮詢司法總長意見，加以變更命令。總統指揮軍隊，也須由國務會議發布命令。此種含有雙首長分權體制，雖與法國第五共和不完全一致，但是也被學者稱為介於內閣制與總統制之間的體制[18]。

　　雙首長制理論與運作上有兩大困難：第一，行政首長之間的職權區分不易釐清；第二，兩位行政首長何者須向國會負責，不易設計，造成權責不一的弊端。從責任政府的觀點分析，包括內閣制或總統制等單一行政首長制，應較雙首長制為佳，行政部門由單一行政首長領導，並向代表民意的國會負責，比較符合政治權力的運作邏輯。分別設有總統與總理的國家，不一定就是雙首長制，例如德國是典型內閣制，韓國則傾向總統制。設有總統與總理的國家，必須檢視憲法對總統與總理如何授權，總理產生方式是否經國會同意，總統是否由人民直接選舉產生，總理是否對總統公布法律命令有副署權，總統或總理向國會負責[19]。

第三節　一院制與兩院制的法理依據

第一項　兩院制

　　就先進國家的國會制度，國會有一院制與兩院制。所謂兩院制即人民選舉或其他方法產生之議員組成兩個議院，分別行使國家立法權，當兩者的議決一致時始產生效力。持此兩院制論者乃是就孟德斯鳩權力制衡之原理而來，因為議會如只設立一院制則不免因議會專橫，致使討論各項民生法案不免發生草率或過於激進之流弊。因此，另外設立一個負有制衡作用的上議院來加以調和激

---

[18] 張台麟，法國總統的權力，台北：志一，1995 年 5 月，頁 1～2。
[19] 張台麟，前引書，頁 157～208。

進與保守之所偏，以確保議院之議事品質。

　　兩院制的立法機關最早產生在十三世紀末的蘇格蘭。最初的目的是爲蘇格蘭的高級貴族設立一個議院，這樣的制度設計後來被不少國家所模仿並增加許多新的內容。聯邦制國家實行兩院制，主要是爲了立法機關中兼顧人民與各邦利益的要求，即不僅反映全體人民的意志，也代表各邦的利益。上院與下院的關係，主要不是制約關係而是調和關係。君主立憲國家實行兩院制，可從英國算起，大多以上院代表貴族，下院代表平民，而透過立法機關把各階級的利益反映出來，兩院以制約的關係爲主。

　　客觀而言，各國實行兩院制有以下幾個理由：一、防止立法機關的草率與武斷。設置兩院，使得法案必須經過兩院的多次研討，審慎制定，如此法律才能精密完善。二、防止議會的專橫腐化。如果實行一院制，其專橫武斷不亞於行政機關，而設置兩院，使兩院發生相互制衡的關係，防使其違背人民的意志。三、緩和立法機關與行政機關的衝突。立法機關與行政機關由於不同的分工，對於政策難免有歧見，甚至發生衝突。爲了減少這種衝突，在一院以外再設一個站在另一個角度代表人民利益的議院，有利於減緩衝突。四、平衡代表的利益。兩院制透過對立法權的切割，透過平衡代表的利益達成不同階級與階層間的利益。此外，在聯邦制的國家設置兩院，還有維持聯邦與各邦之平衡的特殊作用[20]。

第二項　一院制

　　所謂一院制，就是由民選的議員組成一個團體，單獨行使國家最高立法權。一院制首創於一七八九年法國大革命時期，當時法王路易十六爲了解決財政困難而召開三級會議，後來因爲平民的反彈而成立了國民會議，路易政府在無法破壞國民會議的情形下向議會屈服，因此，以一院制爲基礎的國民會議逐漸形成。

---

[20]　任德厚，前引書，頁 295～296。

一院制的立法機關產生以後，就伴隨著一院制與兩院制孰優孰劣的爭論。力主一院制較爲優越的學者提出以下幾個理由：一、代議制的立法機關是人民的代表機關，它的立法意見，是人民的意見。人民在同一時間內對同一問題應該只有一種意見，因此代表人民的機關只應有一個。兩院制只會造成人民意見的割裂。二、從效率的觀點觀察，一院制可以減少兩院制繁複的立法程序，立法程序的一元化，可以節省許多時間、金錢、人力與物力。三、兩院制違背了責任政府的一元制原則。同時各院間的衝突，難免爲行政機關利用來各個擊破，反而使得立法機關無法有效並積極的監督行政機關。四、實行一院制簡便易行，既可以強化立法機關的責任，又能保證行政機關正確主動執行法律；既能夠集中體現民意，又能夠提高立法效率[21]。

第四節　透過憲政改革以建構真正權責相符的中央政府體制

所謂總統制、內閣制或法國的雙重首長制，當各有其制度性的特色，亦皆具有其歷史文化背景與民意的需求取向，我們實在很難武斷地說哪一制度最好，只能說哪一種制度較適合哪一個國家的國情與民情罷了。然而我國之憲政體制，採所謂的雙首長制，在我國已轉型成爲自由民主開放的政治體系中，爲何還會出現朝野政黨無法凝聚共識，甚而造成在國會議事中肢體衝突不斷？因此，我國未來的中央政府體制之走向，應朝向總統制或內閣制或維持現行體制加以改良，亦是我們必須加以正視且須從根本上加以解決的問題。無可否認地，當前的中央政府體制在修訂之前，乃是經過朝野政黨多次的協商談判，而各界的學者專家雖亦難能可貴的再三的提出很多寶貴意見。但朝野最後修出了日前所謂改良式的雙首長制，而現行的憲政體制雖稱爲雙首長制，但卻又與法國第五共和國的雙首長制有別，而在實際運作上缺乏重要的調適機制，如總統

---

[21] 同前註。

主動解散國會權，總統公民直選的絕對多數制（兩輪投票制）及總統任命閣揆必須考量國會之政治生態等機制之運作。因此為突破當前台灣面臨的憲政困境，筆者謹提以下意見以供國人參考：

一、以溫和理性進行朝野對話共商國是之合理解決

　　朝野政黨此時此刻更應該平心靜氣的恢復對話以共商國是：因為沒有溫和與妥協就沒有政黨，而在一個民主政治體系中若缺乏良性的政黨互動關係，那是很難建立健康的民主政治，而憲法本來就是一種高度政治性的法律，其實世界上亦很難找到一部十全十美且永遠合乎我們適用的憲法，因為我們無法保證制憲的代表是會有神仙般的功力。如美國憲法的制定與增修，又何嘗不是經過個各黨各派一再政治協商的結果。而又誰能被保證那一部制定出來的憲法是永遠百代不衰，而符合時代潮流趨勢與民主主流呢？又誰會料到實施了近兩百年的美國總統選舉人團（electoral college）制在這次的美國大選中會出現如此重大的問題呢？更何況我國的民主憲政正處於學習階段。因此，筆者認為現行的我國憲政體制既然是經由朝野協商且循修憲的正當程序而制定，在未經再修訂之前，當然無分朝野全民皆有遵守的責任與義務，此乃無庸置疑之事，否則我們又如何能樹立民主憲政之程序呢？

二、透過憲改建構真正權責相符的中央政府體制

　　俗云：「法與時移則治」，憲法固然有其固定性，且不能動輒輕言修法，但當目前的憲政體制之運作若經朝野一再地協商，卻仍無法有效的去突破政治的瓶頸，甚而繼續造成政治動盪不安，嚴重影響人民安定的生活時，那就必須考慮到憲政改革的層面了。而依筆者長年研究台灣民主政治的發展及回顧過去我國立國制憲及政府播遷來台後實施的憲政過程，深深的感到之所以會形成當前朝野在憲政體制上無法建立共識，一切的問題之癥結主要乃是出在大國的憲政體制之設計上。在中央政府體制之權責一直無法真正落實權責相符的問題，

如之前朝野政黨對中央政府的屬性與運作方式存在著嚴重爭議，乃在於當時執政的民進黨認為總統既經由公民直選產生，其權力來自人民，而行政院長直接由總統任命，當然必須向總統負責，貫徹總統的政策，而在野聯盟則認為我國的中央政府體制，依憲法（含增修條文）乃是屬於改良式的雙首長制，行政院是國家最高行政機關，行政院必須向立法院負責，因此內閣的組成，執政黨必須正視在野黨在國會之席次乃是屬於多數之事實，因此閣揆人選必須經由朝野協商協定。但若經如此產生的內閣，必然無法完全聽命於總統，反而處處唯在野黨之馬首是瞻，這當然是造成當時朝野政黨爭議的重大因素。因此要解決一切的政治僵局除了要進行朝野政黨之協商外，若欲求得一勞永逸且能為台灣未來之政局能求得長治久安之計，必須徹底的從憲政改革層面著手；同時朝野當局也應以更冷靜、理性、前瞻、務實的心情，並秉持相忍為國的胸懷，真心誠意的面對這一問題去加以立竿見影的解決之，否則頭痛醫頭腳痛醫腳，那無論是何黨來執政都是很難使台灣政局穩定，以確保民眾安和樂利的生活。按照我國現行憲法（含增修條文）規定之內容看來，我國中央政府體制的確兼具總統制與內閣制之精神與特質，究竟我國未來中央政府體制之走向是應採總統制或內閣制或就現制加以改良，一直是朝野政黨及憲法學者專家們所關切之議題，同時隨著民主化過程的演進，社會趨勢向開放式的多元化發展，在實際的運作中，有時會呈現總統制的特徵，有時會有內閣制的表象，造成困擾不已。甚至我們自民國八十年至九十四年也進行了七次修憲工程，固然我們國家的民主開放向前邁進了一個新里程，但至今有關中央政府體制之權責劃分與運作卻仍有未能順暢之處。當然就民主憲政的原理及西方民主先進國家實施民主化的過程經驗，無論是總統制或內閣制及法國的雙首長制皆有其自己國家的立憲歷史背景與特色，而政治制度亦沒有絕對的優劣標準，只能說那一種憲政制度比較適合那個國家那個時候的民意主流趨向與政治發展需要罷了。而自民國 90 年第五屆立法委員選舉結果後，民進黨獲得 87 席，得票率 36.57%，已取得國會第一大黨地位；國民黨獲得 68 席，得票率 31.28%；親民黨獲得 46 席，得票率 20.34%；台灣團結聯盟獲得 13 席，得票率 8.50%；新黨獲得 1 席，得票率 2.86%；台灣吾黨獲得 1 席，無黨籍人士獲得 9 席，也就是說這次選舉已決定了

國會之新架構，國民黨不再掌有國會過半數席次，而主要政黨都不過半，執政的民進黨雖位列國會第一大黨地位，惟與其友黨台灣團結聯盟黨所形成的泛綠陣營，在國會之總席次相較於在野的國民黨、親民黨及新黨等所結合的泛藍陣營合計之席次仍居少數，形成朝小野大的局面、加以各政黨間長期的惡鬥、行政與立法關係互動不良，造成國家嚴重的內耗，令人對國家前途與民眾的幸福生活感到無比的憂心。2008 年一月十二日國民黨在立委選舉中贏得了三分之二以上席次，在三月二十二日又以 58% 的得票率贏得了總統、副總統選舉。也就是說，人民選擇了行政權與立法權「一致政府」，由國民黨完全執政之局面。但朝野政黨間，對於國家之憲政體制、主權以及兩岸之間的關係等問題仍存有很深之歧見，甚而在立法院議事期間一再發生嚴重肢體衝突之事件。此誠非國家與人民之福。因此，為了穩定政局，順利推動國政，朝野當就國家新的政治生態狀況協商，以謀國家政局的穩定與發展。而為了謀求國家長治久安之根本大計，筆者認為未來最重要的乃是朝野政黨當能以更前瞻、務實、負責之理念相忍為國，個人的黨派的利益固然要兼顧，但國家的利益更應置於黨派利益之上，以國家與蒼生為念，共同協商，從憲政改革層面著手，重新建構一個較能符合世界民主自由普世價值與符合民意主流趨勢的憲政體制並建立一個良性競爭的政黨政治，重塑優質的憲政文化，以臻國家與人民於富強康樂之新境界。

第九章

政府論各論 (一) —— 水平的權力分立

第一節 總 統

第一項 地位與產生方式

一、地 位

憲法第 35 條規定：「總統為國家元首，對外代表中華民國。」

二、產生方式

(一) 一般情形

憲法增修條文第 2 條第 1 項規定：「總統、副總統由中華民國自由地區全體人民直接選舉之，自中華民國八十五年第九任總統、副總統選舉實施。總統、副總統候選人應聯名登記，在選票上同列一組圈選，以得票最多之一組為當選。在國外之中華民國自由地區人民返國行使選舉權，以法律定之。」

憲法增修條文第 2 條第 6 項規定：「總統、副總統之任期為四年，連選得連任一次，不適用憲法第四十七條之規定。」

(二) 總統或副總統缺位的情形

憲法增修條文第 2 條第 7 項原規定：「副總統缺位時，由總統於三個月內提名候選人，召集國民大會補選，繼任至原任期屆滿為止。」亦即由國民大會行使補選副總統的職權，但在第六次憲法修改以後，補選副總統的職權改由立法院加以行使。憲法增修條文第 2 條第 7 項修正為「副總統缺位時，總統應於

三個月內提名候選人，由立法院補選，繼任至原任期屆滿爲止。」

此外，增修條文第 2 條第 8 項規定：「總統、副總統均缺位時，由行政院院長代行其職權，並依本條第一項規定補選總統、副總統，繼任至原任期屆滿爲止，不適用憲法第四十九條之有關規定。」

最後，關於總統解職時之代行職權，憲法第 50 條規定：「總統於任滿之日解職，如屆期次任總統尚未選出，或選出後總統、副總統均未就職時，由行政院院長代行總統職權。」第 51 條也規定行政院長代行總統職權之期限「行政院院長代行總統職權時，其期限不得逾三個月。」

三、與其他國家選舉方式的比較

自兩次世界大戰以後，有關民主改革運動所呈現出的一項特色，便是大部分的國家都以總統直選爲整個改變的樞紐與焦點[1]。我國在八十一年所公布的憲法增修條文第十二條即確立總統公民直選的原則。惟產生方式是採相對多數或者絕對多數仍有許多爭議，世界各國總統選舉的方式，亦多有大同小異之處，有採絕對多數，亦有採相對多數（見表 9-1）：

表 9-1　各國總統選舉方式

國名	體制	總統選舉方式	絕對或相對	第二輪以後投票
美　國	總統制	由選民投給選舉人，再由選舉人投給總統候選人	絕對多數	國會議員
法　國	半總統制	全民直選	絕對多數	全民
芬　蘭	半總統制	以全民直選爲主，第二輪以後若仍無絕對多數，則由選舉人團行使投票權	絕對多數	全民但若仍無法絕對多數則由選舉人團代替
德　國	議會內閣制	由聯邦議會議員及根據比例代表制產生，與各邦議員同數的成員組成，行間接選舉	前兩輪係絕對多數，第三輪時係採相對多數	議員

---

[1]　楊泰順，總統直選對政治生態影響與衝擊，聯合報，1994 年 6 月 14 日，11 版。

表 9-1　各國總統選舉方式（續）

國名	體制	總統選舉方式	絕對或相對	第二輪以後投票
葡萄牙	半總統制	全民直選	第一輪係絕對多數，第二輪係相對多數	全民
希　臘	議會內閣制	議會選舉	第一輪、第二輪係三分之二多數，第三輪係五分之三多數，若仍無多數產生，則解散議會，舉行大選，再由新國會選舉總統	議員
義大利	議會內閣制	由國會兩院議員選舉產生	第一、第二輪須三分之二多數，第三輪後則為絕對多數（二分之一多數）	國會議員
愛爾蘭	議會內閣制	全民直選	相對多數，若只有一位候選人，則無須投票即告當選	
巴　西	總統制	全民直選	絕對多數，第二輪為相對多數	全民
奧地利	議會內閣制	全民直選	絕對多數，第二輪為相對多數	全民
南　韓	總統制	全民直選	相對多數	
埃　及	總統制	先由國會提名，獲三分之二議員支持成為正式候選人，再交由公民投票，獲過半數即當選	相對多數	

（附註：本表錄自於周陽山：「論多數總統產生的條件與利弊得失」，聯合報，民國八十三年元月二十九日，一版。）

　　以美國總統選舉為例究竟是採絕對多數或相對多數？各家論點有異，有人認為各州選舉人採贏者全得而主張其總統選舉係採相對多數者，亦有人認為總統選舉人必需取得過半數選舉人票才能當選者則認為，美國總統的選舉方式係採絕對多數，也有主張其為選舉人團制[2]。其實美國之總統選舉制度，也是經過

---

[2]　中央選舉委員會，總統、副總統選舉方式之研究 —— 絕對多數制與相對多數制之探討，中央選舉委員會，1999 年 6 月初版，頁 5。

一番爭辯與調整。

美國制憲會議對總統選舉方法的討論，相當詳盡；各種方法歸納起來可以分爲五種基本的類型：

(一) 由國會選舉。

(二) 由人民選舉。

(三) 由選舉人選舉。

(四) 由各州議會選舉。

(五) 由各州州長選舉。其內容如表 9-2[3]：

表 9-2　美國制憲會議對總統選舉方式的討論

總統選舉方法	建議內容要點
由國會選舉	1. 由參院選舉。 2. 由一院制國會選舉。 3. 競選連任時，改由各州州議會指定之選舉人來選。 4. 由參眾兩院聯合投票： 　(1) 採每州一票方式，得過半數州票者當選。 　(2) 得出席議員過半數票者當選。
由人民選舉	1. 先由人民選舉；若無人得過半數票而當選時，改由國會選舉。 2. 每人投票選三人。 3. 每人投票選兩人，其中至少一人非爲本州之人。 4. 先選出各州最佳人選，再由國會或由其指定之選舉人再選舉其中之一。
由選舉人選舉	1. 化全國爲若干大選區，由合格選民選出若干選舉人。 2. 選舉人由各州州議會指定： 　(1) 各州選舉人數一至三人，全國共二十五人。 　(2) 選舉人數各州相等。 　(3) 選舉人數與各州國會參眾議員總數相等，未能選出總統時，改由眾院選舉，每州一票。 3. 選舉人由人民選舉，各州選舉人數爲一至三人。 4. 選舉人由各州州長選出。 5. 選舉人由國會議員抽籤產生。
由各州州議會選舉	各州票數比例爲一至三票，合計共二十五票。

（本表錄自於楊光中：美國總統選舉人制度之研究：制憲原因之探討，中央研究院美國文化研究所編；美國總統選舉論文集，民國七十三年版，頁四一。）

---

[3]　楊光中，美國總統選舉人制度之研究：制憲原因之探討，輯於中央研究院美國文化研究所編；美國總統選舉論文集，台北，編者自刊，1984 年，頁 41。

　　以上五種建議方法，以前三種討論最多，經過多次辯論以後，最後決議主要方法以「由各州州議會所指定之選舉人在各州選舉總統」，一旦這個方法未達成目的時，再以由國會眾議院舉行選舉，仍然維持各州平等的原則。美國採總統選舉人制，因各州選舉人票以勝者全得，是以可能形成選民選票較多，而總統選舉人票反而較少的結果。例如美國歷史上即曾在一八七六年，共和黨的海斯（Rutherford B Hayes）雖然在選民總票數上落後民主黨的提爾登（Samuel J. Tilden）25 萬多票，但卻因選舉人團票多一票（185 票比 184 票）正好超過半數而當選美國第十九任總統。而在一八八八年，共和黨的哈里遜（Benjamin Harrison）在選民總票數上落後民主黨的克里佛蘭（Grover Cleveland）9 萬多票，也是因為選舉人團票超過半數（233 票比 168 票）而當選美國第二十三任總統。在二〇〇〇年的美國總統大選中，總投票率只有五成一，布希（George W Bush）得票率 47.87%（在 30 州獲勝），高爾（Albert Gore）得票率 48.38%（在 20 州及華盛頓特區獲勝）。但布希卻贏得了 271 張選舉人票而當選了美國第四十三任總統[4]。從理性民主的觀點來看，總統應該是由人民直接選舉才符合「人民主權」的理想。但是從經驗民主的角度看問題，總統選舉人團制度是必要的，因為它符合現實的需要。所以理性民主輕視政治妥協，然經驗民主卻不能沒有它。因此其後，雖屢有建議修改為由人民直接選舉總統的呼聲，但是美國人民基於對憲法與歷史傳統的尊重與珍惜，不願輕言廢止[5]。

　　美國之選舉制度是經過激辯與調整，加上美國人民對於憲法與歷史傳統的尊重與珍惜而樹立的，這是我們所應學習者，而至於採行「絕對多數」或「相對多數」之制度，則應是國人的共識建立而定，無絕對的優劣，在研擬法制時，則應廣泛討論與考慮，吾人可就其中之優缺點先行了解、分析。

　　就「絕對多數」的產生而論，其優點至少有下列幾項：

(一) 有強勢的民意基礎，利於總統日後的權力運作，足以與立法權、司法權相抗衡。如一九三六年美國總統大選，羅斯福以懸殊的票數差異打敗對手藍

---

[4]　王業立：比較選舉制度，台北：五南，2003 年，三版二刷，頁 203 ～ 210。
[5]　陳毓鈞，美國民主的解析，台北：允晨，1994 年 3 月，頁 222 ～ 223。

燈，在強大的民意基礎支持下，順勢推出「新政」，使美國聯邦政府權的大幅調漲，影響至今，即爲一顯著例子。

(二) 有助於凝聚國民共識，形成「生命共同體」意識，透過此種方式產生的總統能夠進一步強化「民族國家主義」。

(三) 有助於強化政府效能，甚至造成萬能政府的出現。

至於其缺失，則包括：

(一) 如果第一輪選舉時未能產生絕對多數的總統當選人勢須進行第二輪選舉，如果第二輪選舉時仍採取全民直選的方式，則選舉情勢將更爲緊張，甚至可能出現暴亂危機，其代價甚高。

(二) 如果總統挾其強盛的民意基礎，要求大幅度修憲擴權，則憲政主義所強調的「有限政府」、「權責合一」等制衡理念，將面臨嚴重威脅，對憲政民主的穩定成長，是十分不利的[6]。

另一方面，「相對多數」的總統選舉方式，也各有其利弊，就優點而言，有下列數項：

(一) 選務單純，一次選舉即可決定勝負，全民所付出的成本與代價，都要少的多。

(二) 比較當前憲政體制的規範，我國民國三十六年開始實行的憲政制度，原本即爲一種「修正式的內閣制」，現在爲了所採相對多數之總統直選方式，可以免除總統擴權太多，造成憲政體制的巨幅變動的流弊[7]。

但就其缺點而言，由相對多數產生的總統，有可能只具備「小部分」的民意基礎，甚至可能與其主要的對手差異十分有限[8]。

四、罷免方式

(一) 憲法第五次修改以後的規定

增修條文第 2 條第 9 項原規定：「總統、副總統之罷免案，須經國民大會

---

[6]　周陽山，論絕對多數產生的條件與利弊得失，聯合報，1994 年元月 29 日，11 版。

[7]　張君勱，前引書，頁 71。

[8]　周陽山，前引文。

代表總額四分之一之提議，三分之二之同意後提出，並經中華民國自由地區選舉人總額過半數之投票，有效票過半數同意罷免時，即為通過。」因此，行使罷免提案權的機關原屬於國民大會。

(二) 憲法第六次修改以後的規定

國民大會虛級化以後，國民大會不再具有罷免總統與副總統的權力。此一權力改由立法院行使。憲法增修條文第 2 條第 9 項修正為「總統、副總統之罷免案，須經全體立法委員四分之一之提議，全體立法委員三分之二之同意後提出，並經中華民國自由地區選舉人總額過半數之投票，有效票過半數同意罷免時，即為通過。」

第六次修憲雖然重新規定總統、副總統的罷免程序規定，但由於憲法本文、增修條文及總統副總統選舉罷免法並未規定總統或副總統任期未滿一年者得否罷免。2000 年時為了興建核四的風波，引發朝野嚴重對立而使國家陷於政局動盪不安之境，甚而有倒閣、罷免總統、副總統之議。針對這點筆者冷靜旁觀了數個月來政局發展的趨勢，深深感到：這一切問題發生的主要癥結，乃在於國人對於憲政體制及有關選舉法令之設計未能做到未雨綢繆所致，今後有關單位應有一套洞燭先機防患未然的做法。

按有關總統產生的方式，究竟採取絕對多數制或相對多數制，其實皆有一定的優缺點。但筆者認為無論採取那種方式，只要是由全民依一定程序所選出的國家元首，其職權當然應受到一定的尊重，這從歐美先進國家的憲政慣例在在皆可得到印證。

就法理邏輯及目前選罷法規定加以推定，對於總統、副總統就職未滿一年是不適用的。因為依公職人員選舉罷免法第 69 條規定：「就職未滿一年者，不得罷免」，而在總統、副總統選罷法並無此類似規定。試問：一個縣市長能享有這樣的保障，而身為一個執掌國家大政的國家元首，卻不能享有這樣的保障，這樣的法理行的通嗎？而國家的政局又如何獲得有效的穩定呢？再就法理邏輯層面而言，因為我國總統選舉之計票方式是採相對多數制，第十任當選的現任陳總統獲得的選票是 39.3%，亦就是說仍有相當數目的選民並沒有贊成陳

總統。倘若可以動輒提出罷免案，這無異是一種反表決的做法，而罷免案無論通過與否，此皆又與我們目前所採用的相對多數決制產生矛盾，此乃當時制定法律者未能考慮到的問題。因此，今後為了防止這一缺失，當可依照總統、副總統選舉罷免法第 1 條規定：「本法未規定者，依其他有關法令之規定，就職未滿一年者，不得罷免」，以一年為期以政績之良窳再由人民決定是否罷免。否則，就是任何政黨人士當選總統皆會遭遇這種困擾，這是不利於政局穩定的 [9]。針對這一項法制規定之缺失，有關部門亦加以檢討、修改，依民國 92 年 10 月 29 日修正的總統副總統選舉罷免法第 70 條第一項但書規定：「總統副總統就職未滿一年不得罷免」。

第二項　職　權

一、對外代表中華民國之權

憲法第 35 條規定：「總統為國家元首，對外代表中華民國。」

二、三軍統帥權（軍令權）

憲法第 36 條規定：「總統統率全國陸海空軍。」惟依本條規定，是否所指參謀總長即總統幕僚長，涉及長久以來眾所爭議之軍政、軍令是否一元化的問題。大法官釋字 461 號解釋試圖說明我國軍政、軍令理論上應為一元化，俾符行政院為國家最高行政機關之意旨及符合民主潮流，以接受國會監督。在「國防法」及九十年十月二十五日立法院甫三讀通過之「國防部參謀本部組織條例」相繼公布施行後，已然確認我國乃一「軍政軍令一元化」之國家。

---

[9]　黃炎東，朝野攜手合作，導正台灣憲政，台灣日報，2001 年 2 月 17 日，9 版。

三、公布法律發布命令之權（但須經副署，惟副署已受到限縮）

憲法第 37 條規定：「總統依法公布法律，發布命令，須經行政院院長之副署，或行政院院長及有關部會首長之副署。」

四、任命閣揆與人事提名權

憲法第六次修改以前，由於國民大會原具有司法院、考試院與監察院相關人事之同意權。增修條文第 2 條第 2 項原規定：「總統發布行政院院長與依憲法經國民大會或立法院同意任命人員之任免命令及解散立法院之命令，無須行政院院長之副署，不適用憲法第三十七條之規定。」但是在憲法第六次修改以後，國民大會不再具備上述之同意權。因此，增修條文第 2 條第 2 項修正為「總統發布行政院院長與依憲法經立法院同意任命人員之任免命令及解散立院之命令，無須行政院院長之副署，不適用憲法第 37 條之規定。」

五、緊急命令權

緊急命令係指即國家於非常時期，由國家元首公布，其效力超過法律，甚且可以停止憲法若干條款效力之命令。增修條文第 2 條第 3 項規定：「總統為避免國家或人民遭遇緊急危難或應付財政經濟上重大變故，得經行政院會議之決議發布緊急命令，為必要之處置，不受憲法第四十三條之限制。但須於發布命令後十日內提交立法院追認，如立法院不同意時，該緊急命令立即失效。」原憲法第 43 條規定：「國家遇有天然災害、癘疫或國家財政經濟上有重大變故，須為急速處分時，總統於立法院休會期間，得經行政院會議之決議，依緊急命令法，發布緊急命令，為必要之處置，但須於發布命令一個月內，提交立法院追認，如立法院不同意時，該緊急命令立即失效。」

而立法院職權行使法第 15 條第 1 項也規定：「總統依憲法增修條文第二條第三項之規定發布緊急命令，提交立法院追認時，不經討論，交立院委員會審

查；審查後提出院會以無記名投票表決。未獲同意者，該緊急命令立即失效。」

　　第 2 項規定：「總統於立法院休會期間發布緊急命令提交追認時，立法院應即召開臨時會，依前項規定處理。」

　　第 3 項規定：「總統於立法院解散後發布緊急命令，提交立法院追認時，立法院應於三日內召開臨時會，並於開議七日內議決，如未獲同意，該緊急命令立即失效。但於新任立法委員選舉投票日後發布者，由新任立法委員於就職後依第 1 項規定處理。」

　　過去在動員戡亂時期臨時條款規定下總統頒布緊急處分共有三次，分別爲民國四十八年八月七日拯救八七水災，其次是民國六十七年中美斷交時蔣經國總統下令延期舉行選舉，第三次是民國七十七年一月十三日蔣經國總統逝世後李登輝總統發布緊急處分事項，其內容爲：至二月十二日止國喪期間，聚衆集會、遊行及請願活動，一律停止[10]。

　　爲使九二一地震災後重建工作順利推動，李登輝總統根據行政院臨時院會的決議，依中華民國憲法增修條文第 2 條第 3 項規定，發布緊急命令，效期爲半年，這是由總統正式發布我國憲法增修條文通過後首次的緊急命令。根據緊急命令的相關條文，中央政府爲籌措災區重建財源，將在八百億元限額內發行公債或借款，且不受預算法及公共債務法限制；中央銀行得提撥專款，提供銀行辦理災民重建家園所需長期低利、無息緊急融資。而爲救災所需所採行的安置災民、緊急採購、徵用民間物資等措施，均得排除相關法令的限制。緊急命令只有簡單的十二個條文，扣除最後一條有關發布期限，其餘十一條辦理的機關包括行政院主計處、財政部、中央銀行、內政部、行政院工程會、經建會、交通部、農委會、環保署、衛生署、國防部、法務部及地方政府等單位。之後，立法院也於八十八年九月二十八日追認通過總統頒布的緊急命令，這項緊急命令自廿五日公布後實施至八十九年三月二十四日止。

　　緊急命令有下述四個界限，以防止行政權力之濫用：(一) 國家緊急權須以維持憲政體制，確保人民自由權利之明確目的爲限。(二) 緊急權之行使，應以

---

[10] 陳新民，中華民國憲法釋論，1995 年 9 月，頁 471。

應付緊急事態,限一時性之必要的最小限度,故最好能明定時限。(三) 所謂緊急危難,應以使用憲法規定之正常手段無法適時解決問題,其情形為客觀而明顯者為限。(四) 回復常態之後,應受立法與司法體系之監督,對於因緊急命令而遭遇損害之人民應有萬全之恢復權利措施[11]。

七、設置國家安全會議及所屬國家安全局與國家安全大政方針決定權

憲法增修條文第 2 條第 4 項規定:「總統為決定國家安全有關大政方針,得設國家安全會議及所屬國家安全局,其組織以法律定之。」

八、宣布解散立法院之權

憲法增修條文第 2 條第 5 項規定:「總統於立法院通過對行政院院長之不信任案後十日內,經諮詢立法院院長後,得宣告解散立法院。但總統於戒嚴或緊急命令生效期間,不得解散立法院。立法院解散後,應於六十日內舉行立法委員選舉,並於選舉結果確認後十日內自行集會,其任期重新起算。」此一解散權限採被動之設計,須以立法院通過對行政院院長之不信任案為前提,與法國總統主動解散國會權限不同。

九、對外行使締結條約、宣戰、媾和之權

憲法第 38 條規定:「總統依本憲法之規定,行使締結條約及宣戰、媾和之權。」

十、宣布戒嚴權

憲法第 39 條規定:「總統依法宣布戒嚴,但須經立法院之通過或追認。立

---

[11] 法治斌、董保城,憲法新論,台北;三民,2003 年,頁 245 ～ 246。

法院認為必要時，得決議移請總統解嚴。」

十一、司法赦免權（大赦、特赦、減刑、復權）

司法赦免權包含了大赦、特赦、減刑、復權四種類型。憲法第 40 條規定：「總統依法行使大赦、特赦、減刑及復權之權。」

所謂赦免，赦免法第 1 條規定：「本法稱赦免者，謂大赦、特赦、減刑及復權。」

首先，關於大赦之效力，依據赦免法第 2 條規定：「大赦之效力如左：一、已受罪刑之宣告者，其宣告為無效。二、未受罪刑之宣告者，其追訴權消滅。」因此，大赦不僅免除了刑罰的執行，而且使犯罪也歸於消滅。換言之，經過大赦之人，其刑事責任歸於消滅。尚未追訴的，不再追訴；已經追訴的，撤銷追訴；已受罪、刑宣告的，宣告歸於無效。

其次，特赦係指對特定已受確定判決之刑事罪犯，免除其刑之執行。關於特赦的效力，赦免法第 3 條規定：「受罪刑宣告之人經特赦者，免除其刑之執行；其情節特殊者，得以其罪刑之宣告為無效。」

再次，減刑係指針對已受特定刑之宣告之特定犯罪行為，減輕一部分刑之執行。赦免法第 4 條規定減刑之效力「受罪刑宣告之人經減刑者，減輕其所宣告之刑。」

最後，復權係指對於因犯罪而被褫奪公權之人，使其恢復應有之公權。關於復權之效力，赦免法第 5 條規定：「受褫奪公權宣告之人經復權者，回復其所褫奪之公權。」

十二、依法任免文武官員之權

憲法第 41 條規定：「總統依法任免文武官員。」此係指總統依憲法及公務人員任用法之規定，任免文武百官。概言之，總統的任免權如下：

(一) 由總統提名，經立法院同意後任命者

1. 監察院審計長，由總統提名，經立法院同意後任命之（憲 §104）。
2. 司法院長、副院長及大法官、考試院長、副院長及考試委員、監察院長、副院長、監察委員，由總統提名，立法院同意。

(二) 由機關首長提請總統任命者

如行政院副院長、各部會首長及不管部會之政務委員，由行政院長提請總統任命。

(三) 依資格任命

薦任以上的事務官，須依銓定資格及具有任用資格者，應經其所屬之最上級機關（五院）之請簡或呈薦，再由總統任命之。

(四) 由總統直接決定人選，逕行任命者

如行政院長由總統任命之。憲法增修條文第 2 條第 2 項規定：「總統發布行政院院長與依憲法經立法院同意任命人員之任免命令及解散立院之命令，無須行政院院長之副署，不適用憲法第 37 條之規定。」

十三、依法授與榮典權

憲法第四十二規定：「總統依法授與榮典。」

十四、院際調和權（應限於政治性爭議）

憲法第 44 條規定：「總統對於院與院間之爭執，除本憲法有規定者外，得召集有關各院院長會商解決之。」

十五、其他（如派任使節之權）

第三項　總統、副總統兼職的限制

有關我國副總統可否兼任行政院長一職的憲法解釋問題，無論從學理或實務，實見仁見智。以民主憲政的國家觀之，總統制的國家，總統具有實權，萬一總統發生缺位，對於政局影響重大，故有副總統之設[12]。但副總統爲備位性質，並無特定職權，因此有些國家則與以兼職，以免閒置，如美國與巴拉圭副總統兼參議院議長、菲律賓副總統可以被認命爲內閣閣員；至於內閣制國家，因元首不負行政之責，即使總統缺位，對政局影響不大，故多無副總統之設。因此，不論從總統制或內閣制，副總統之設並非絕對必要。

我國自行憲以來，以由陳誠先生（民國47年）及嚴家淦先生（民國55年）兩位副總統兼任行政院院長之成例，期間達十一年，而前副總統連戰先生亦以副總統身分兼任行政院長，引起朝野間之爭論，後來提請司法院大法官做成釋字419號解釋。

司法院大法官會議釋字第419號解釋文指出副總統與行政院院長二者職務性質亦非顯不相容，惟此項兼任如遇總統缺位或不能視事時，將影響憲法所規定繼任或代行職權之設計，與憲法設置副總統及行政院院長職位分由不同之人擔任之本旨未盡相符：

一、副總統得否兼任行政院院長憲法並無明文規定，副總統與行政院院長二者職務性質亦非顯不相容，惟此項兼任如遇總統缺位或不能視事時，將影響憲法所規定繼任或代行職權之設計，與憲法設置副總統及行政院院長職位分由不同之人擔任之本旨未盡相符。引發本件解釋之事實，應依上開解釋意旨爲適當處理。

二、行政院院長於新任總統就職時提出總辭，係基於尊重國家元首所爲之禮貌性辭職，並非其憲法上之義務。對於行政院院長非憲法上義務之辭職應如何處理，乃總統之裁量權限，爲學理上所稱統治行爲之一種，非本院應作合憲性審查之事項。

---

[12] 李鴻禧，淺談副總統在憲法上定位問題，自立晚報，2000年8月16日。

三、依憲法之規定，向立法院負責者為行政院，立法院除憲法所規定之事項外，並無決議要求總統為一定行為或不為一定行為之權限。故立法院於中華民國八十五年六月十一日所為『咨請總統儘速重新提名行政院院長，並咨請立法院同意』之決議，逾越憲法所定立法院之職權，僅屬建議性質，對總統並無憲法上之拘束力。

就筆者之觀點，應以更宏觀之遠見評析釋憲問題：

一、憲法為國家根本大法，為富有高度政治性涵義的法律，不可以一般法律視之。既然是富有高度政治性，所以不可拘泥於文字解釋，必須要顧慮政治現實面，依環境轉變而賦予新意，所謂「法與時移則治」。我國憲法自民國三十五年制定，即經各黨派、社會各階層代表之妥協訂定，復經動員戡亂時期即解嚴後之增修過程洗鍊，決不可以一管之見來看憲法。

二、我國中央政府體制雖然張君勱先生曾言為「修正式內閣制」，但憲法自民國三十六年施行以後，復經動員戡亂時期及增修程序，幾經演變，實已非內閣制或總統制，雖兼有兩種制度之精神，然已做因應國內政治環境變遷之修正，不可以內閣制或總統制的框框來看，否則將落入一偏之執。再者，以民主憲政國家觀之：總統制之國家，總統具有實權，萬一總統發生缺位，對政局影響重大，故有副總統之設。

三、按憲法第 57 條第 1 款規定，行政院有向立法院提出施政方針及施政報告之責；立法委員在開會時，有向行政院院長及行政院各部會首長質詢之權。立法院在前屆會期開議期間，雖有部分立法委員對副總統兼任行政院院長之合憲性提出質疑，惟憲法原文並無禁止副總統兼行政院院長之明文規定，副總統純屬備位性質，並無特定職務。行憲以來，我國已有陳誠先生（民國 47 年）及嚴家淦先生（民國 55 年）兩位副總統兼任行政院院長之成例，期間逾十一年，達五分之一行憲時間，且憲法精神仍未改變，是以副總統兼任行政院院長自無礙於行政院依憲法第 57 條規定對立法院負責之本旨。前副總統連戰先生於擔任行政院長時曾在立法委員任期屆滿改選後，依司法院第 387 號解釋提出總辭，並依憲法規定，經總統提名獲當時立法院院會同意，重新任命為行政院院長，除繼續推動行政政務外，亦負有向立法院提出施政報告及接受質詢之責任。

四、按我國憲法設置副總統的目的主要是為了總統缺位時，即由其代理總統之職到任期屆滿為止。而在正副總統同時缺位時則由行政院長代行職權。正副總統均不能視事時由行政院長代行職權。但是行政院院長代行職權不得超過三個月。在總統任滿解職，而次屆總統尚未選出或選出後，正副總統均未就職，行政院院長代行職權亦不得超過三個月代理期限。而依據憲法增修條文規定，正副總統缺位時，由行政院院長代行職權，並依本條第 1 項規定補選總統、副總統，繼任至原任期屆滿為止，不適用憲法第 49 條之有關規定。若副總統缺位時，總統應於三個月內提名候選人，由立法院補選，繼任至原任期屆滿為止。以上所述，總統、副總統、行政院長的繼位或代理關係是為了防止總統、副總統缺位時的處理方式，以加強種種保障的功能，使國家不可一日無元首，中斷國之大政。而若由副總統兼行政院長，則與憲法所設計的繼位或代行職權之本旨不符。因此，就我國憲法規定及大法官會議釋字第 419 號解釋文所指出的「副總統與行政院長二者職務性質尚非顯不相容，惟副總統及行政院長由一人兼任。如遇總統缺位或不能視事時，將影響憲法所規定繼任或代行職權之設計，故由副總統兼任行政院院長，與憲法設置此二職位分由不同人擔任之本旨，未盡相符。」由此我們更可充份的理解到，我國副總統兼任行政院院長與憲法設計之法理與目的是有所相悖的。

第二節　行政院

第一項　地　位

為國家最高行政機關。憲法第 53 條規定：「行政院為國家最高行政機關。」

第二項　組　織

　　憲法第 54 條規定行政院之主要人員有「行政院設院長、副院長各一人，各部會首長若干人，及不管部會之政務委員若干人。」茲敘述如下：

一、行政院長

(一) 產　生

　　1. 由總統任命之

　　憲法增修條文第 3 條第 1 項前段規定：「行政院院長由總統任命之。」

　　2. 無須行政院院長之副署

　　憲法增修條文第 2 條第 2 項規定：「總統發布行政院院長與依憲法經立法院同意任命人員之任免命令及解散立法院之命令，無須行政院院長之副署，不適用憲法第三十七條之規定。」

(二) 任　期

　　行政院長為政治任命，並無任期限制。

(三) 職　責

　　1. 綜理院務：行政院組織法第 7 條前段規定：「行政院院長綜理院務，並監督所屬機關。」

　　2. 主持行政院會議（憲 §58）。

　　3. 副署總統公布之法令權（憲 §37）。

　　4. 調和院際爭執權（憲 §44）。

　　5. 代行總統職權，但期限不得逾三個月（憲 §49、憲 §50）。

　　6. 行政院副院長及各部會首長之任命權（憲 §56）。

　　7. 移請覆議權（憲增 §3）。

　　8. 呈請總統解散立法院之權（憲增 §3）。

(四) 因事故不能視事

行政院組織法第 7 條後段規定：「行政院院長因事故不能視事時，由副院長代理其職務。」

(五) 辭職或出缺時

憲法增修條文第 3 條第 1 項後段規定：「行政院院長辭職或出缺時，在總統未任命行政院院長前，由行政院副院長暫行代理。憲法第五十五條之規定，停止適用。」

二、行政院副院長

關於行政院副院長及各部會首長之任命，憲法第 56 條規定：「行政院副院長、各部會首長及不管部會之政務委員，由行政院院長提請總統任命之。」

行政院組織法第 7 條後段規定：「行政院院長因事故不能視事時，由副院長代理其職務。」

三、各部會首長與不管部會政務委員

憲法第 54 條規定行政院之主要人員有「行政院設院長、副院長各一人，各部會首長若干人，及不管部會之政務委員若干人。」

行政院組織法第 5 條規定：「行政院置政務委員七人至九人，特任。政務委員得兼任前條委員會之主任委員。」

憲法第 56 條規定行政院副院長及各部會首長之任命「行政院副院長、各部會首長及不管部會之政務委員，由行政院院長提請總統任命之。」

四、幕僚與發言機構

秘書處，包括秘書長一人與副秘書長二人。行政院組織法第 12 條規定：「行政院置秘書長一人，特任，綜合處理本院幕僚事務；副秘書長二人，其中

一人職務比照簡任第十四職等，襄助秘書長處理本院幕僚事務。」同條第二項規定：「行政院置發言人一人，特任，處理新聞發布及聯繫事項，得由政務職務人員兼任之。」

五、行政院會議

憲法第 58 條第 1 項規定：「行政院設行政院會議，由行政院院長、副院長、各部會首長及不管部會之政務委員組織之，以院長為主席。」

行政院組織法第 11 條規定：「行政院院長得邀請或指定有關人員列席行政院會議。」

六、行政院所屬機關

行政院組織法 3 條規定：「行政院設下列各部：一、內政部。二、外交部。三、國防部。四、財政部。五、教育部。六、法務部。七、經濟及能源部。八、交通及建設部。九、勞動部。十、農業部。十一、衛生福利部。十二、環境資源部。十三、文化部。十四、科技部。」

同法第 4 條規定：「行政院設下列各委員會：一、國家發展委員會。二、大陸委員會。三、金融監督管理委員會。四、海洋委員會。五、僑務委員會。六、國軍退除役官兵輔導委員會。七、原住民族委員會。八、客家委員會。」

同法第 6 條規定：「行政院設行政院主計總處及行政院人事行政總處。」

七、獨立機關

行政院組織法第 9 條規定：「行政院設下列相當中央二級獨立機關：一、中央選舉委員會。二、公平交易委員會。三、國家通訊傳播委員會。」此外，同法第七條、第八條復規定：「行政院設國立故宮博物院。」「行政院設中央銀行。」

第三項　職　權

一、施政方針與施政報告權

　　憲法增修條文第 3 條第 2 項第 1 款規定：「行政院有向立法院提出施政方針及施政報告之責。立法委員在開會時，有向行政院院長及行政院各部會首長質詢之權。」

二、法律案、預算案與決算案提出權

　　憲法第 58 條第 2 項規定：「行政院院長、各部會首長，須將應行提出於立法院之法律案、預算案、戒嚴案、大赦案、宣戰案、媾和案、條約案及其他重要事項，或涉及各部會共同關係之事項，提出於行政院會議議決之。」

　　憲法 59 條規定：「行政院於會計年度開始三個月前，應將下年度預算案提出於立法院。」

　　憲法第 60 條規定：「行政院於會計年度結束後四個月內，應提出決算於監察院。」

三、行政院副院長及各部會首長之任命權

　　憲法第 56 條規定：「行政院副院長、各部會首長及不管部會之政務委員，由行政院院長提請總統任命之。」

四、移請覆議權

　　憲法增修條文第 3 條第 2 項第 2 款規定：「行政院對於立法院決議之法律案、預算案、條約案，如認為有窒礙難行時，得經總統之核可，於該決議案送達行政院十日內，移請立法院覆議。立法院對於行政院移請覆議案，應於送

達十五日內作成決議。如為休會期間，立法院應於七日內自行集會，並於開議十五日內作成決議。覆議案逾期未議決者，原決議失效。覆議時，如經全體立法委員二分之一以上決議維持原案，行政院院長應即接受該決議。」

五、呈請總統解散立法院之權

憲法增修條文第 3 條第 2 項第 3 款規定：「立法院得經全體立法委員三分之一以上連署，對行政院院長提出不信任案。不信任案提出七十二小時後，應於四十八小時內以記名投票表決之。如經全體立法委員二分之一以上贊成，行政院院長應於十日內提出辭職，並得同時呈請總統解散立法院；不信任案如未獲通過，一年內不得對同一行政院院長再提不信任案。」

六、總統之公布法令副署權

憲法第 37 條規定：「總統依法公布法律，發布命令，須經行政院院長之副署，或行政院院長及有關部會首長之副署。」；憲法增修條文第 2 條第 2 項則規定：「總統發布行政院院長與依憲法經立法院同意任命人員之任免命令及解散立法院之命令，無須行政院院長之副署，不適用憲法第三十七條之規定。」

七、行政組織決定權

憲法增修條文第 3 條第 3 項規定：「國家機關之職權、設立程序及總員額，得以法律為準則性之規定。」憲法增修條文第 3 條第 4 項規定：「各機關之組織、編制及員額，應依前項法律，基於政策或業務需要決定之。」

八、緊急命令、戒嚴令之議決權

憲法增修條文第 2 條第 3 項規定：「總統為避免國家或人民遭遇緊急危難或應付財政經濟上重大變故，得經行政院會議之決議發布緊急命令，為必要

之處置，不受憲法第四十三條之限制。但須於發布命令後十日內提交立法院追認，如立法院不同意時，該緊急命令立即失效。」

九、行政監督權

憲法增修條文第 9 條第 1 項第 7 款規定：「省承行政院之命，監督縣自治事項」。

十、其他（如行政執行權、受理訴願權等）

行政院組織法第 13 條規定：「行政院為處理訴願案件，設訴願審議委員會，其委員由院長指派院內簡任人員兼任之。」

第三節　立法院

第一項　地　位

立法院為全國最高立法機關，憲法第 62 條規定：「立法院為全國最高立法機關，由人民選舉立法委員組織之，代表人民行使立法權」。

其次，議會與人民的關係有委託說、代表說與國家機關說。委託說係指立法機關的各個組成分子，各為其本選舉區選民的受委託人，議員被選派到立法機關後，無言論、表決的自由，他們的言行應受到本選區選民的支配。代表說則認為立法機關整體是全國人民的受託人，因此立法機關整體意志與全體人民的意志相當。國家機關說係指選民團體與立法機關都是國家機關的一種機關，各有其職能。前者的職能在於選舉，後者的職權在於法定範圍內行使其議決之

權；在法律上，兩者不具委託關係，他們的職權都源自於憲法[13]。

總之，立法院係由人民所選舉出的立法委員所組成，具有民主之正當基礎，憲法第六次修改以後，國民大會虛級化，更確立立法院未來是唯一具有常態性與普遍性之民主正當基礎之民意機關[14]。依自民國九十四年六月十日總統令修正公布的增修條文規定，已廢除了國民大會，立法院已成為我國唯一的中央民意機關。

第二項　組　織

一、立法委員

(一) 人　數

第七屆起 113 人。

(二) 產生方式

1. 區域：自由地區直轄市、縣市 73 人。每縣市至少 1 人。
2. 原住民：自由地區平地原住民及山地原住民各 3 人。
3. 政黨比例：全國不分區及僑居國外國民共 34 人。

憲法增修條文第 4 條第 1 項規定：「立法院立法委員自第七屆起一百一十三人，依左列規定選出之，不受憲法第 64 條之限制：一、自由地區直轄市、縣市七十三人。每縣市至少一人。二、自由地區平地原住民及山地原住民各三人。三、全國不分區及僑居國外國民共三十四人。」

憲法增修條文第 4 條第 2 項規定：「前項第一款依各直轄市、縣市人口比例分配，並按應選名額劃分同額選舉區選出之。第三款依政黨名單投票選舉之，由獲得百分之五以上政黨選舉票之政黨依得票比率選出之，各政黨當選名單中，婦女不得低於二分之一。」

---

[13] 李步云，前引書，頁 773～777。
[14] 蔡宗珍，論國民大會虛級化後立法院的地位，台北；月旦，第 61 期，2000 年 6 月，頁 53。

(三) 任　期

　　每任四年；憲法增修條文第四條第一項規定：「立法院立法委員自第七屆起一百一十三人，任期四年，連選得連任，於每屆任滿前三個月內，依左列規定選出之，不受憲法第六十四條及第六十五條之限制：一、自由地區直轄市、縣市七十三人。每縣市至少一人。二、自由地區平地原住民及山地原住民各三人。三、全國不分區及僑居國外國民共三十四人。」

(四) 限　制

　　不得兼任官吏；憲法第 75 條規定：「立法委員不得兼任官吏。」司法院大法官會議釋字第 1 號解釋文指出：「立法委員依憲法第 75 條之規定不得兼任官吏，如願就任官吏，即應辭去立法委員，其未經辭職而就任官吏者，亦顯有不繼續任立法委員之意思，應於其就任官吏之時，視爲辭職。」

(五) 罷　免

　　公職人員選舉罷免法第 69 條第 1 項規定：「公職人員之罷免，得由原選舉區選舉人向選舉委員會提出罷免案。但就職未滿一年者，不得罷免。」第 2 項規定：「全國不分區、僑居國外國民選舉之當選人，不適用罷免之規定。」

二、院長、副院長

(一) 產　生

　　憲法第 66 條規定：「立法院設院長、副院長各一人，由立法委員互選之。」立法院組織法第 3 條也規定：「立法院設院長、副院長各一人，由立法委員互選產生；其選舉辦法，另定之。立法院院長應本公平中立原則，維持立法院秩序，處理議事。」

(二) 任　期

　　立法院組織法第 13 條第 1 項規定：「立法院院長、副院長之任期至該屆立法委員任期屆滿之日爲止。」

(三) 院長與副院長之代理

立法院組織法第 13 條第 2 項規定：「立法院院長綜理院務。」第 3 項規定：「立法院院長因事故不能視事時，由副院長代理其職務。」

三、立法院會議

(一) 常　會

每年兩次。

1. 時　間

憲法第 68 條規定：「立法院會期，每年兩次，自行集會，第一次自二月至五月底，第二次自九月至十二月底，必要時得延長之。」

立法院職權行使法第 2 條規定：「立法委員應分別於每年二月一日及九月一日起報到，開議日由各黨團協商決定之。但經總統解散時，由新任委員於選舉結果公告後第三日起報到，第十日開議。前項報到及出席會議，應由委員親自為之。」

2. 主席人選

立法院組織法第 4 條規定：「立法院會議，以院長為主席。全院委員會亦同。院長因事故不能出席時，以副院長為主席；院長、副院長均因事故不能出席時，由出席委員互推一人為主席。」

3. 開　議

立法院職權行使法第 4 條規定：「立法院會議，須有立法委員總額三分之一出席，始得開會。前項立法委員總額，以每會期實際報到人數為計算標準。但會期中辭職、去職或亡故者，應減除之。」

立法院職權行使法第 6 條規定：「立法院會議之決議，除法令另有規定外，以出席委員過半數之同意行之；可否同數時，取決於主席。」

(二) 臨時會

憲法第 69 條規定：「立法院遇有左列情事之一時，得開臨時會：一、總統之咨請。二、立法委員四分之一以上之請求。」

立法院組織法第 6 條規定：「立法院臨時會，依憲法第 69 條規定行之，並以決議召集臨時會之特定事項為限。停開院會期間，遇重大事項發生時，經立法委員四分之一以上之請求，得恢復開會。」

(三) 祕密會議

立法院組織法第 5 條規定：「立法院會議，公開舉行，必要時得開祕密會議。行政院院長或各部、會首長，得請開祕密會議。」

憲法增修條文第 4 條第 4 項規定：「立法院經總統解散後，在新選出之立法委員就職前，視同休會。」

四、各種委員會

(一) 程序委員會

立法院組織法第 7 條規定：「立法院設程序委員會，其組織規程，另定之。」

(二) 紀律委員會

立法院組織法第 8 條規定：「立法院設紀律委員會，其組織規程，另定之。」

(三) 修憲委員會

立法院組織法第 9 條規定：「立法院依憲法第 174 條之規定，得設修憲委員會，其組織規程，另定之。」

(四) 其他類型之委員會

立法院組織法第 10 條第 1 項規定：「立法院依憲法第六十七條之規定，設下列委員會：一、內政委員會。二、外交及國防委員會。三、經濟委員會。四、財政委員會。五、教育及文化委員會。六、交通委員會。七、司法及法制委員會。八、社會福利及衛生環境委員會。立法院於必要時，得增設特種委員會。」同法第十二條規定：「立法院各委員會之組織，另以法律定之。」

第三項　職　權

一、立法權

憲法第 63 條規定:「立法院有議決法律案、預算案、戒嚴案、大赦案、宣戰案、媾和案、條約案及國家其他重要事項之權。」因此,立法院具有立法權:

其次,法律的制定須經提案、審查、討論、議決、公布與施行等程序,敘述如下:

(一) 提　案

1. 立法委員

立法院議事規則第 8 條規定:「立法委員提出之法律案,應有十五人以上之連署;其他提案,除另有規定外,應有十人以上之連署。」同條第二項規定:「連署人不得發表反對原提案之意見;提案人撤回提案時,應先徵得連署人之同意。」

2. 行政院

憲法第 58 條第 2 項規定:「行政院院長、各部會首長,須將應行提出於立法院之法律案、預算案、戒嚴案、大赦案、宣戰案、媾和案、條約案及其他重要事項,或涉及各部會共同關係之事項,提出於行政院會議議決之。」

3. 司法院

司法院大法官會議釋字第 175 號解釋文指出司法院得向立法院提出法律案:「司法院為國家最高司法機關,基於五權分治彼此相維之憲政體制,就其所掌有關司法機關之組織及司法權行使之事項,得向立法院提出法律案。」

4. 監察院

司法院大法官會議釋字第 3 號解釋文指出監察院關於所掌事項,得向立法院提出法律案:「監察院關於所掌事項,是否得向立法院提出法律案,憲法無明文規定,而同法第 87 條則稱考試院關於所掌事項,得向立法院提出法律案。論者因執『省略規定之事項應認為有意省略』以及『明示規定其一者應認為排除其他』之拉丁法諺,認為監察院不得向立法院提案,實則此項法諺並非在任

何情形之下均可援用。如法律條文顯有闕漏，或有關法條尚有解釋之餘地時，則此法諺，即不復適用。我國憲法間有闕文，例如憲法上由選舉產生之機關，對於國民大會代表及立法院立法委員之選舉，憲法則以第 34 條、第 64 條第 2 項載明『以法律定之』。獨對於監察院監察委員之選舉，則並無類似之規定，此項闕文，自不能認為監察委員之選舉，可無需法律規定，或憲法對此有意省略，或故予排除，要甚明顯。

憲法第 71 條，即憲草第 73 條，原規定：『立法院開會時，行政院院長及各部會首長得出席陳述意見』。經制憲當時出席代表提出修正，將『行政院院長』改為『關係院院長』。其理由為：『考試院、司法院、監察院就其主管事項之法律案，關係院院長自得列席立法院陳述意見』。經大會接受修正如今文，足見關係院院長係包括立法院以外之各院院長而言。又憲法第 87 條，即憲草第 92 條，經出席代表提案修正，主張將該條所定『考試院關於所掌事項提出法律案時，由考試院秘書長出席立法院說明之』，予以刪除。其理由即為『考試院關於主管事項之法律案，可向立法院提送，與他院同。如須出席立法院說明，應由負責之院長或其所派人員出席，不必於憲法中規定秘書長出席。』足徵各院皆可提案，為當時制憲代表所不爭。遍查國民大會實錄，及國民大會代表全部提案，對於此項問題，曾無一人有任何反對或相異之言論，亦無考試院應較司法、監察兩院有何特殊理由，獨需提案之主張。

我國憲法依據孫中山先生創立中華民國之遺教而制定，載在前言。依憲法第 53 條（行政）、第 62 條（立法）、第 77 條（司法）、第 83 條（考試）、第 90 條（監察）等規定，建置五院。本憲法原始賦與之職權，各於所掌範圍內，為國家最高機關獨立行使職權，相互平等，初無軒輊；以職務需要言，監察、司法兩院各就所掌事項，需向立法院提案，與考試院同。考試院對於所掌事項，既得向立法院提出法律案，憲法對於司法、監察兩院，就其所掌事項之提案，亦初無有意省略，或故予排除之理由。法律案之議決，雖為專屬立法院之職權，而其他各院關於所掌事項，知之較稔，得各向立法院提出法律案，以為立法意見之提供者，於理於法均無不合。

綜上所述，考試院關於所掌事項，依憲法第 87 條，既得向立法院提出法律

案，基於五權分治，平等相維之體制，參以該條及第 71 條之制訂經過，監察院關於所掌事項，得向立法院提出法律案，實與憲法之精神相符。」

5. 考試院

憲法第 87 條規定：「考試院關於所掌事項，得向立法院提出法律案。」

(二) 審　查

1. 由各委員會加以審查

憲法第 67 條規定：「立法院得設各種委員會。各種委員會得邀請政府人員及社會上有關係人員到會備詢。」

2. 邀請官員與相關人員

憲法第 71 條規定：「立法院開會時，關係院院長及各部會首長得列席陳述意見。」

(三) 議　決

立法院職權行使法第 7 條規定：「立法院依憲法第 63 條規定所議決之議案，除法律案、預算案應經三讀會議決外，其餘均經二讀會議決之。」

1. 第一讀會

立法院職權行使法第 8 條規定：「第一讀會，由主席將議案宣付朗讀行之。政府機關提出之議案或立法委員提出之法律案，應先送程序委員會，提報院會朗讀標題後，即應交付有關委員會審查。但有出席委員提議，四十人以上連署或附議，經表決通過，得逕付二讀。立法委員提出之其他議案，於朗讀標題後，得由提案人說明其旨趣，經大體討論，議決交付審查或逕付二讀，或不予審議。」

2. 第二讀會

立法院職權行使法第 9 條規定：「第二讀會，於討論各委員會審查之議案，或經院會議決不經審查逕付二讀之議案時行之。第二讀會，應將議案朗讀，依次或逐條提付討論。第二讀會，得就審查意見或原案要旨，先作廣泛討論。廣泛討論後，如有出席委員提議，三十人以上連署或附議，經表決通過，得重付審查或撤銷之。」

立法院職權行使法第 10 條規定:「法律案在第二讀會逐條討論,有一部分已經通過,其餘仍在進行中時,如對本案立法之原旨有異議,由出席委員提議,五十人以上連署或附議,經表決通過,得將全案重付審查。但以一次為限。」第 10 條之一:「第二讀會討論各委員會議決不須黨團協商之議案,得經院會同意,不須討論,逕依審查意見處理。」

3. 第三讀會

立法院職權行使法第 11 條規定:「第三讀會,應於第二讀會之下次會議行之。但出席委員如無異議,亦得於二讀後繼續進行三讀。第三讀會,除發現議案內容有互相牴觸,或與憲法及其他法律相牴觸者外,祇得為文字之修正。」

立法院職權行使法第 12 條規定:「議案於完成二讀前,原提案者得經院會同意後撤回原案。法律案交付審查後,性質相同者,得為併案審查。法律案付委經逐條討論後,院會再為併案審查之交付時,審查會對已通過之條文,不再討論。」

(四) 覆 議

憲法增修條文第 3 條第 2 項第 2 款規定:「行政院對於立法院決議之法律案、預算案、條約案,如認為有窒礙難行時,得經總統之核可,於該決議案送達行政院十日內,移請立法院覆議。立法院對於行政院移請覆議案,應於送達十五日內作成決議。如為休會期間,立法院應於七日內自行集會,並於開議十五日內作成決議。覆議案逾期未議決者,原決議失效。覆議時,如經全體立法委員二分之一以上決議維持原案,行政院院長應即接受該決議。」由上述增修條文之規定可知,交還覆議權屬於行政院,其條件為:

1. 行政院移請立法院覆議

行政院對於立法院決議之法律案、預算案、條約案,如認為有窒礙難行時,得經總統之核可,於該決議案送達行政院十日內,移請立法院覆議。立法院職權行使法第 32 條也規定:「行政院得就立法院決議之法律案、預算案、條約案之全部或一部,經總統核可後,移請立法院覆議。」

2. **立法院之處理方式**

(1) 集會議決

① 正常會期：立法院對於行政院移請覆議案，應於送達十五日內作成決議。立法院職權行使法第 33 條規定：「覆議案不經討論，即交全院委員會，就是否維持原決議予以審查。全院委員會審查時，得由立法院邀請行政院院長列席說明。」第 34 條也規定：「覆議案審查後，應於行政院送達十五日內提出院會以記名投票表決。如贊成維持原決議者，超過全體立法委員二分之一，即維持原決議；如未達全體立法委員二分之一，即不維持原決議；逾期未作成決議者，原決議失效。」

② 會期間：立法院應於七日內自行集會，並於開議十五日內作成決議。覆議案逾期未議決者，原決議失效。立法院職權行使法第 35 條規定：「立法院休會期間，行政院移請覆議案，應於送達七日內舉行臨時會，並於開議十五日內，依前二條規定處理之。」

(2) 覆議效果

覆議時，如經全體立法委員二分之一以上決議維持原案，行政院院長應即接受該決議。

(五) 公　布

憲法第 37 條規定：「總統依法公布法律，發布命令，須經行政院院長之副署，或行政院院長及有關部會首長之副署。」因此公布法律的權限屬於總統。

其次，憲法第 72 條規定：「立法院法律案通過後，移送總統及行政院，總統應於收到後十日內公布之，但總統得依照本憲法第 57 條之規定辦理。」

(六) 施　行

中央法規標準法第 12 條規定：「法規應規定施行日期，或授權以命令規定施行日期。」

1. **公布日與施行日相同**

中央法規標準法第 13 條規定：「法規明定自公布或發布日施行者，自公布

或發布之日起算至第三日起發生效力。」

司法院大法官會議釋字第 161 號解釋文指出:「中央法規標準法第 13 條所定法規生效日期之起算,應將法規公布或發布之當日算入。」

其解釋理由書進一步說明:「按法規明定自公布或發布日施行者,自公布或發布之日起算至第三日起發生效力,中央法規標準法第 13 條定有明文,其所謂『自公布或發布之日起算至第三日』之文義,係將法規公布或發布之當日算入至第三日起發生效力,此項生效日期之計算,既為中央法規標準法所明定,自不適用民法第 120 條第 2 項之規定。」

2. 公布日與施行日不同

中央法規標準法第 14 條規定:「法規特定有施行日期,或以命令特定施行日期者,自該特定日起發生效力。」

3. 同一法律有不同之施行日期及區域者

中央法規標準法第 15 條規定:「法規定有施行區域或授權以命令規定施行區域者,於該特定區域內發生效力。」

二、預算與決算審查權

憲法第 63 條規定:「立法院有議決法律案、預算案、戒嚴案、大赦案、宣戰案、媾和案、條約案及國家其他重要事項之權。」因此,立法院也具有預算與決算的審查權:

(一) 預算審查

憲法第 59 條規定行政院提出預算案之期間「行政院於會計年度開始三個月前,應將下年度預算案提出於立法院。」

其次,預算法第 48 條規定:「立法院審議總預算案時,由行政院長、主計長及財政部長列席,分別報告施政計畫及歲入、歲出預算編製之經過。」第 49 條規定:「預算案之審議,應注重歲出規模、預算餘絀、計畫績效、優先順序,其中歲入以擬變更或擬設定之收入為主,審議時應就來源別決定之;歲出以擬變更或擬設定之支出為主,審議時應就機關別、政事別及基金別決定之。」

(二) 決算審查

憲法第 60 條規定行政院提出決算之期間「行政院於會計年度結束後四個月內，應提出決算於監察院。」

憲法第 105 條關於決算之審核及報告也規定：「審計長應於行政院提出決算後三個月內，依法完成其審核，並提出審核報告於立法院。」

決算法第 27 條對於立法院對審核報告之審議規定：「立法院對審核報告中有關預算之執行、政策之實施及特別事件之審核、救濟等事項，予以審議。立法院審議時，審計長應答覆質詢，並提供資料，對原編造決算之機關，於必要時，亦得通知其列席備詢，或提供資料。」

(三) 預算停止執行

司法院大法官會議釋字第 520 號解釋理由書指出因施政方針或重要政策變更涉及法定預算之停止執行時，則應本行政院對立法院負責之憲法意旨暨尊重立法院對國家重要事項之參與決策權，依照憲法增修條文第 3 條及立法院職權行使法第 17 條規定，由行政院院長或有關部會首長適時向立法院提出報告並備質詢：「本件行政院為決議停止興建核能第四電廠並停止執行相關預算，適用憲法發生疑義，並與立法院行使職權，發生適用憲法之爭議，及與立法院適用同一法律之見解有異，聲請解釋。關於解釋憲法部分，與司法院大法官審理案件法第 5 條第 1 項第 1 款中段中央機關因行使職權與其他機關之職權，發生適用憲法之爭議規定相符，應予受理；關於統一解釋部分，聲請意旨並未具體指明適用預算法何項條文與立法機關適用同一法律見解有異，與上開審理案件法第 7 條第 1 項第 1 款所定聲請要件尚有未合，惟此部分與已受理之憲法解釋係基於同一事實關係，不另為不受理之決議。又本件係就行政院停止執行法定預算與立法院發生適用憲法之爭議，至引發爭議之電力供應究以核能抑或其他能源為優，已屬能源政策之專業判斷問題，不應由行使司法權之釋憲機關予以裁決，不在解釋範圍，均合先敘明。

預算制度乃行政部門實現其施政方針並經立法部門參與決策之憲法建制，對預算之審議及執行之監督，屬立法機關之權限與職責。預算案經立法院審議

通過及公布為法定預算，形式與法律案相當，因其內容、規範對象及審議方式
與法律案不同，本院釋字第 391 號解釋曾引用學術名詞稱之為措施性法律，其
故在此。法定預算及行政法規之執行，均屬行政部門之職責，其間區別在於：
賦予行政機關執行權限之法規，其所規定之構成要件具備，即產生一定之法律
效果，若法律本身無決策裁量或選擇裁量之授權，該管機關即有義務為符合該
當法律效果之行為；立法院通過之法定預算屬於對國家機關歲出、歲入及未來
承諾之授權規範（參照預算 §6 ～ §8），其規範效力在於設定預算執行機關得動
支之上限額度與動支目的、課予執行機關必須遵循預算法規定之會計與執行程
序、並受決算程序及審計機關之監督。關於歲入之執行仍須依據各種稅法、公
共債務法等相關規定，始有實現可能。而歲出法定預算之停止執行，是否當然
構成違憲或違法，應分別情形而定，在未涉及國家重要政策變更且符合預算法
所定條件，諸如發生特殊事故、私經濟行政因經營策略或市場因素而改變等情
形，主管機關依其合義務之裁量，則尚非不得裁減經費或變動執行，是為所謂
執行預算之彈性。

　　法定預算中維持法定機關正常運作及履行其法定職務之經費，因停止執
行致影響機關之存續，若仍任由主管機關裁量，即非法之所許。其因法定預算
之停止執行具有變更施政方針或重要政策之作用者，如停止執行之過程未經立
法院參與，亦與立法部門參與決策之憲法意旨不符。故前述執行法定預算之彈
性，並非謂行政機關得自行選擇執行之項目，而無須顧及法定預算乃經立法院
通過具備規範效力之事實。預算法規中有關執行歲出分配預算應分期逐級考核
執行狀況並將考核報告送立法院備查（預算 §61），執行預算時各機關、各政事
及計畫或業務科目間經費流用之明文禁止（預算 §62），又各機關執行計畫預算
未達全年度 90% 者，相關主管人員依規定議處（參照中華民國 89 年 8 月 3 日
行政院修正發布之行政院暨所屬各機關計畫預算執行考核獎懲作業要點第 4 點
第 2 款），凡此均屬監督執行預算之機制，貫徹財政紀律之要求。本院釋字第
391 號解釋係針對預算案之審議方式作成解釋，雖曾論列預算案與法律案性質之
不同，並未否定法定預算之拘束力，僅闡明立法機關通過之預算案拘束對象非
一般人民而為國家機關，若據釋字第 391 號解釋而謂行政機關不問支出之性質

為何，均有權停止執行法定預算，理由並不充分。至預算法雖無停止執行法定預算之禁止明文，亦不得遽謂行政機關可任意不執行預算。憲法增修條文對憲法本文第 57 條行政院向立法院負責之規定雖有所修改，其第 3 條第 2 項第 2 款仍明定：『行政院對於立法院決議之法律案、預算案、條約案，如認為有窒礙難行時，得經總統之核可，於該決議案送達行政院十日內，移請立法院覆議。立法院對於行政院移請覆議案，應於送達十五日內作成決議。如為休會期間，立法院應於七日內自行集會，並於開議十五日內作成決議。覆議案逾期未決議者，原決議失效。覆議時，如經全體立法委員二分之一以上決議維持原案，行政院院長應即接受該決議。』從而行政院對立法院通過之預算案如認窒礙難行而不欲按其內容執行時，於預算案公布成為法定預算前，自應依上開憲法增修條文覆議程序處理。果如聲請機關所主張，執行法定預算屬行政權之核心領域，行政機關執行與否有自由形成之空間，則遇有立法院通過之預算案不洽其意，縱有窒礙難行之情事，儘可俟其公布成為法定預算後不予執行或另作其他裁量即可，憲法何須有預算案覆議程序之設。

　　預算案除以具體數字載明國家機關維持其正常運作及執行法定職掌所需之經費外，尚包括推行各種施政計畫所需之財政資源。且依現代財政經濟理論，預算負有導引經濟發展、影響景氣循環之功能。在代議民主之憲政制度下，立法機關所具有審議預算權限，不僅係以民意代表之立場監督財政支出、減輕國民賦稅負擔，抑且經由預算之審議，實現參與國家政策及施政計畫之形成，學理上稱為國會之參與決策權。本件所關核能電廠預算案通過之後，立法院於八十五年五月二十四日第三屆第一會期第十五次會議，亦係以變更行政院重要政策，依當時適用之憲法第 57 條第 2 款規定決議廢止核能電廠興建計畫，進行中之工程立即停工並停止動支預算，嗣行政院於同年六月十二日，亦以不同意重要政策變更而移請立法院覆議，可見基於本件核能電廠之興建對儲備能源、環境生態、產業關連之影響，並考量經費支出之龐大，以及一旦停止執行善後處理之複雜性，應認係屬國家重要政策之變更，即兩院代表到院陳述時對此亦無歧見。是本件所關核能電廠預算案自擬編、先前之停止執行，以迄再執行之覆議，既均經立法院參與或決議，則再次停止執行，立法機關自亦有參與或決

議之相同機會。法定預算已涉及重要政策，其變動自與非屬國家重要政策變更之單純預算變動，顯然有別，尚不能以所謂法定預算為實質行政行為，認聲請機關有裁量餘地而逕予決定並下達實施，或援引其自行訂定未經送請立法機關審查之中央機關附屬單位預算執行要點核定停辦，相關機關立法院執此指摘為片面決策，即非全無理由。

　　民主政治為民意政治，總統或立法委員任期屆滿即應改選，乃實現民意政治之途徑。總統候選人於競選時提出政見，獲選民支持而當選，自得推行其競選時之承諾，從而總統經由其任命之行政院院長，變更先前存在，與其政見未洽之施政方針或政策，毋逾政黨政治之常態。惟無論執政黨更替或行政院改組，任何施政方針或重要政策之改變仍應遵循憲法秩序所賴以維繫之權力制衡設計，以及法律所定之相關程序。蓋基於法治國原則，縱令實質正當亦不可取代程序合法。憲法第 57 條即屬行政與立法兩權相互制衡之設計，其中同條第 2 款關於重要政策，立法院決議變更及行政院移請覆議之規定，雖經八十六年七月二十一日修正公布之憲法增修條文刪除，並於該第 3 條第 2 項第 3 款增設立法院對行政院院長不信任投票制度，但該第 57 條之其他制衡規定基本上仍保留於增修條文第 3 條第 2 項，至於有關立法院職權之憲法第 63 條規定則未更動，故公布於八十八年一月二十五日之立法院職權行使法第 16 條，仍就行政院每一會期應向立法院提出施政方針及施政報告之程序加以規定，同法第 17 條則定有：『行政院遇有重要事項發生，或施政方針變更時，行政院院長或有關部會首長應向立法院院會提出報告，並備質詢。前項情事發生時，如有立法委員提議，三十人以上連署或附議，經院會議決，亦得邀請行政院院長或有關部會首長向立法院院會報告，並備質詢。』所謂重要事項發生，即係指發生憲法第 63 條之國家重要事項而言，所謂施政方針變更則包括政黨輪替後重要政策改變在內。針對所發生之重要事項或重要政策之改變，除其應修改法律者自須向立法院提出法律修正案，其應修改或新頒命令者應予發布並須送置於立法院外，上開條文復課予行政院向立法院報告並備質詢之義務。如前所述，法定預算皆限於一定會計年度，並非反覆實施之法律可比，毋庸提案修正，遇此情形則須由行政院院長或有關部會首長向立法院院會提出報告並備質詢，立法委員亦得主

動依同條第 2 項決議邀請行政院院長或部會首長提出報告並備質詢。上開報告因情況緊急或不能於事前預知者外，均應於事前為之。本件停止預算之執行，已涉國家重要政策之變更而未按上述程序處理，自有瑕疵，相關機關未依其行使職權之程序通知有關首長到院報告，而採取杯葛手段，亦非維護憲政運作正常處置之道。行政院應於本解釋公布之日起，儘速補行前述報告及備詢程序，相關機關亦有聽取其報告之義務。

　　行政院院長或有關部會首長依前述憲法增修條文第 3 條及立法院職權行使法第 17 條向立法院提出報告之後，若獲多數立法委員之支持，基於代議民主之憲政原理，自可貫徹其政策之實施。若立法院於聽取報告後作成反對或其他決議，此一決議固屬對政策變更之異議，實具有確認法定預算效力之作用，與不具有拘束力僅屬建議性質之決議有別，應視其決議內容，由各有關機關選擇適當途徑解決：行政院同意接受立法院多數意見繼續執行法定預算，或由行政院與立法院朝野黨團協商達成解決方案。於不能協商達成解決方案時，各有關機關應循憲法現有機制為適當之處理，諸如：行政院院長以重要政策或施政方針未獲立法院支持，其施政欠缺民主正當性又無從實現總統之付託，自行辭職以示負責；立法院依憲法增修條文第 3 條第 2 項第 3 款對行政院院長提出不信任案，使其去職（不信任案一旦通過，立法院可能遭受解散，則朝野黨派正可藉此改選機會，直接訴諸民意，此亦為代議民主制度下解決重大政治衝突習見之途徑）；立法院通過興建電廠之相關法案，此種法律內容縱然包括對具體個案而制定之條款，亦屬特殊類型法律之一種，即所謂個別性法律，並非憲法所不許。究應採取何種途徑，則屬各有關機關應抉擇之問題，非本院所能越俎代庖予以解釋之事項。然凡此均有賴朝野雙方以增進人民福祉為先，以維護憲法秩序為念，始克回復憲政運作之常態，導引社會發展於正軌。」

三、議決戒嚴案、大赦案、宣戰案、媾和案、條約案與其他國家重要事項之權力

　　憲法第 39 條規定：「總統依法宣布戒嚴，但須經立法院之通過或追認。立

法院認爲必要時，得決議移請總統解嚴。」

憲法第 63 條規定：「立法院有議決法律案、預算案、戒嚴案、大赦案、宣戰案、媾和案、條約案及國家其他重要事項之權。」

憲法第 58 條第 2 項規定：「行政院院長、各部會首長，須將應行提出於立法院之法律案、預算案、戒嚴案、大赦案、宣戰案、媾和案、條約案及其他重要事項，或涉及各部會共同關係之事項，提出於行政院會議議決之。」

四、議決領土變更權

憲法增修條文第 4 條第 5 項規定：「中華民國領土，依其固有之疆域，非經全體立法委員四分之一之提議，全體立法委員四分之三之出席，及出席委員四分之三之決議，提出領土變更案，並於公告半年後，經中華民國自由地區選舉人投票複決，有效同意票過選舉人總額之半數，不得變更之。」

五、對總統、副總統制衡的權力

(一) 聽取總統國情報告諮詢權

憲法增修條文第 1 條第 7 項原規定：「國民大會集會時，得聽取總統國情報告，並檢討國是，提供建言；如一年內未集會，由總統召集會議爲之，不受憲法第 30 條之限制。」但在第六次憲法修改以後，此一權限轉移到立法院之下。憲法增修條文第 4 條第 3 項規定：「立法院於每年集會時，得聽取總統國情報告。」

(二) 對總統提名任命之人員行使同意權

憲法增修條文第 1 條第 5 項第 6 款原規定國民大會具有對總統提名任命之人員行使同意權。「依增修條文第 5 條第 1 項、第 6 條第 2 項、第 7 條第 2 項之規定，對總統提名任命之人員，行使同意權。」但在憲法第六次修改，此一條款已經廢除，此一權力轉移到立法院之下，其中包含：

1. 司法院院長、副院長、大法官任命之同意權

憲法增修條文第 5 條第 1 項規定：「司法院設大法官十五人，並以其中一人為院長、一人為副院長，由總統提名，經立法院同意任命之，自中華民國九十二年起實施，不適用憲法第七十九條之規定。司法院大法官除法官轉任者外，不適用憲法第八十一條及有關法官終身職待遇之規定。」

2. 考試院院長、副院長、考試委員任命之同意權

憲法增修條文第 6 條第 2 項規定：「考試院設院長、副院長各一人，考試委員若干人，由總統提名，經立法院同意任命之，不適用憲法第八十四條之規定。」

3. 監察院院長、副院長、監察委員任命之同意權

憲法增修條文第 7 條第 2 項規定：「監察院設監察委員二十九人，並以其中一人為院長、一人為副院長，任期六年，由總統提名，經立法院同意任命之。憲法第九十一條至第九十三條之規定停止適用。」

六、審計長任命同意權

憲法第 104 條規定：「監察院設審計長，由總統提名，經立法院同意任命之。」

七、緊急命令之追認權

憲法增修條文第 2 條第 3 項規定：「總統為避免國家或人民遭遇緊急危難或應付財政經濟上重大變故，得經行政院會議之決議發布緊急命令，為必要之處置，不受憲法第四十三條之限制。但須於發布命令後十日內提交立法院追認，如立法院不同意時，該緊急命令立即失效。」

憲法增修條文第 4 條第 6 項規定：「總統於立法院解散後發布緊急命令，立法院應於三日內自行集會，並於開議七日內追認之。但於新任立法委員選舉

投票日後發布者，應由新任立法委員於就職後追認之。如立法院不同意時，該
緊急命令立即失效。」

　　立法院職權行使法第 15 條第 1 項規定：「總統依憲法增修條文第二條第三
項之規定發布緊急命令，提交立法院追認時，不經討論，交全院委員會審查；
審查後提出院會以無記名投票表決。未獲同意者，該緊急命令立即失效。」第
2 項規定：「總統於立法院休會期間發布緊急命令提交追認時，立法院應即召
開臨時會，依前項規定處理。」第 3 項規定：「總統於立法院解散後發布緊急
命令，提交立法院追認時，立法院應於三日內召開臨時會，並於開議七日內議
決，如未獲同意，該緊急命令立即失效。但於新任立法委員選舉投票日後發布
者，由新任立法委員於就職後依第 1 項規定處理。」

八、對總統、副總統彈劾的提案權

　　在我國憲法中，立法院並沒有彈劾權，此一權限專屬於監察院。憲法第 90
條規定：「監察院爲國家最高監察機關，行使同意、彈劾、糾舉及審計權。」
憲法第 100 條原規定監察院有彈劾總統、副總統之權力「監察院對於總統、副
總統之彈劾案，須有全體監察委員四分之一以上之提議，全體監察委員過半數
之審查及決議，向國民大會提出之。」憲法第五次修改以後，增修條文第 4 條
第 6 項規定：「立法院對於總統、副總統犯內亂或外患罪之彈劾案，須經全體
立法委員二分之一以上之提議，全體立法委員三分之二以上之決議，向國民大
會提出，不適用憲法第 90 條、第 100 條及增修條文第 7 條第 1 項有關規定。」
立法院職權行使法第 42 條規定：「立法院依憲法增修條文第四條第五項之規
定，對總統、副總統犯內亂或外患罪，得提出彈劾案。」立法院職權行使法第
43 條規定：「依前條規定彈劾總統或副總統，須經全體立法委員二分之一以
上提議，以書面詳列彈劾事由，交由程序委員會編列議程提報院會，並不經討
論，交付全院委員會審查。全院委員會審查時，得由立法院邀請被彈劾人列席
說明。」立法院職權行使法第 44 條規定：「全院委員會審查後，提出院會以
無記名投票表決，如經全體立法委員三分之二以上贊成，向國民大會提出彈劾

案。」因此，立法院對於總統、副總統犯內亂或外患罪也擁有彈劾權。

但是，憲法在第七次修改以後，國民大會已廢除，立法院的彈劾權擴大，而不再侷限於內亂罪與外患罪。憲法增修條文第 4 條第 7 項規定：「立法院對於總統、副總統之彈劾案，須經全體立法委員二分之一以上之提議，全體立法委員三分之二以上之決議，聲請司法院大法官審理，不適用憲法第九十條、第一百條及增修條文第七條第一項有關規定。」

九、對總統、副總統罷免之提案權

在第六次憲法修改以前總統、副總統的罷免提案權原屬於國民大會，在國民大會虛級化以後，未來立法院提出總統、副總統的罷免案，須經全體立法委員四分之一提議，三分之二同意後提出，並經中華民國自由地區選舉人總額過半數的投票，有效票過半數同意罷免時，即為通過。第六次憲法修改後，憲法增修條文第 2 條第 9 項規定：「總統、副總統之罷免案，須經全體立法委員四分之一之提議，全體立法委員三分之二之同意後提出，並經中華民國自由地區選舉人總額過半數之投票，有效票過半數同意罷免時，即為通過。」

十、對行政院之制衡權

(一) 聽取行政院報告與質詢權

憲法增修條文第 3 條第 2 項第 1 款規定：「行政院依左列規定，對立法院負責，憲法第五十七條之規定，停止適用：一、行政院有向立法院提出施政方針及施政報告之責。立法委員在開會時，有向行政院院長及行政院各部會首長質詢之權。」

立法院職權行使法第 17 條規定：「行政院遇有重要事項發生，或施政方針變更時，行政院院長或有關部會首長應向立法院院會提出報告，並備質詢。前項情事發生時，如有立法委員提議，三十人以上連署或附議，經院會議決，亦得邀請行政院院長或有關部會首長向立法院院會報告，並備質詢。」

立法院職權行使法第 18 條規定：「立法委員對於行政院院長及各部會首

長之施政方針、施政報告及其他事項，得提出口頭或書面質詢。前項口頭質詢分為政黨質詢及立法委員個人質詢，均以即問即答方式為之，並得採用聯合質詢。但其人數不得超過三人。政黨質詢先於個人質詢進行。」

(二) 反覆議權

憲法增修條文第3條第2項第2款規定：「行政院對於立法院決議之法律案、預算案、條約案，如認為有窒礙難行時，得經總統之核可，於該決議案送達行政院十日內，移請立法院覆議。立法院對於行政院移請覆議案，應於送達十五日內作成決議。如為休會期間，立法院應於七日內自行集會，並於開議十五日內作成決議。覆議案逾期未議決者，原決議失效。覆議時，如經全體立法委員二分之一以上決議維持原案，行政院院長應即接受該決議。」

立法院職權行使法第32條規定：「行政院得就立法院決議之法律案、預算案、條約案之全部或一部，經總統核可後，移請立法院覆議。」

立法院職權行使法第33條規定：「覆議案不經討論，即交全院委員會，就是否維持原決議予以審查。全院委員會審查時，得由立法院邀請行政院院長列席說明。」

立法院職權行使法第34條規定：「覆議案審查後，應於行政院送達十五日內提出院會以記名投票表決。如贊成維持原決議者，超過全體立法委員二分之一，即維持原決議；如未達全體立法委員二分之一，即不維持原決議；逾期未作成決議者，原決議失效。」

立法院職權行使法第35條規定：「立法院休會期間，行政院移請覆議案，應於送達七日內舉行臨時會，並於開議十五日內，依前二條規定處理之。」

(三) 倒閣權

以不信任案的方式取代已喪失之閣揆同意權。

憲法增修條文第3條第2項第3款規定：「立法院得經全體立法委員三分之一以上連署，對行政院院長提出不信任案。不信任案提出七十二小時後，應於四十八小時內以記名投票表決之。如經全體立法委員二分之一以上贊成，行政院院長應於十日內提出辭職，並得同時呈請總統解散立法院；不信任案如未

獲通過，一年內不得對同一行政院院長再提不信任案。」

　　立法院職權行使法第 36 條也規定：「立法院依憲法增修條文第三條第二項第三款之規定，得經全體立法委員三分之一以上連署，對行政院院長提出不信任案。」立法院職權行使法第 37 條規定：「不信任案應於院會報告事項進行前提出，主席收受後應即報告院會，並不經討論，交付全院委員會審查。全院委員會應自不信任案提報院會七十二小時後，立即召開審查，審查後提報院會表決。前項全院委員會審查及提報院會表決時間，應於四十八小時內完成，未於時限完成者，視為不通過。」

　　立法院職權行使法第 38 條規定：「不信任案於審查前，連署人得撤回連署，未連署人亦得參加連署；提案人撤回原提案須經連署人同意。前項不信任案經主席宣告審查後，提案人及連署人均不得撤回提案或連署。審查時如不足全體立法委員三分之一以上連署者，該不信任案視為撤回。」

　　立法院職權行使法第 39 條規定：「不信任案之表決，以記名投票表決之。如經全體立法委員二分之一以上贊成，方為通過。」

　　立法院職權行使法第 40 條規定：「立法院處理不信任案之結果，應咨送總統。」

　　立法院職權行使法第 41 條規定：「不信任案未獲通過，一年內不得對同一行政院院長再提不信任案。」

十一、對關係人員的備詢權

　　憲法第 67 條規定：「立法院得設各種委員會。各種委員會得邀請政府人員及社會上有關係人員到會備詢。」

十二、文件調閱權

　　司法院大法官會議釋字第 325 號解釋文指出立法院有文件調閱權：「本院

釋字第 76 號解釋認監察院與其他中央民意機構共同相當於民主國家之國會，於憲法增修條文第 15 條規定施行後，監察院已非中央民意機構，其地位及職權亦有所變更，上開解釋自不再適用於監察院。惟憲法之五院體制並未改變，原屬於監察院職權中之彈劾、糾舉、糾正權及爲行使此等職權，依憲法第 95 條、第 96 條具有之調查權，憲法增修條文亦未修改，此項調查權仍應專由監察院行使。立法院爲行使憲法所賦予之職權，除依憲法第 57 條第 1 款及第 67 條第 2 項辦理外，得經院會或委員會之決議，要求有關機關就議案涉及事項，提供參考資料，必要時並得經院會決議調閱文件原本，受要求之機關非依法律規定或其他正當理由不得拒絕。但國家機關獨立行使職權受憲法之保障者，如司法機關審理案件所表示之法律見解、考試機關對於應考人成績之評定、監察委員爲糾彈或糾正與否之判斷，以及訴訟案件在裁判確定前就偵查、審判所爲之處置及其卷證等，監察院對之行使調查權，本受有限制，基於同一理由，立法院之調閱文件，亦同受限制。」

因此，依據現行憲法的規定，調查權仍專屬監察院，而該號解釋也創造出立法院的文件調閱權。

此外，立法院職權行使法第 45 條規定：「立法院經院會決議，得設調閱委員會，或經委員會之決議，得設調閱專案小組，要求有關機關就特定議案涉及事項提供參考資料。調閱委員會或調閱專案小組於必要時，得經院會之決議，向有關機關調閱前項議案涉及事項之文件原本。」

立法院職權行使法第 46 條規定：「調閱委員會或調閱專案小組之設立，均應於立法院會期中爲之。但調閱文件之時間不在此限。」

立法院職權行使法第 47 條規定：「受要求調閱文件之機關，除依法律或其他正當理由得拒絕外，應於五日內提供之。但相關資料或文件原本業經司法機關或監察機關先爲調取時，應敘明理由，並提供複本。如有正當理由，無法提供複本者，應提出已被他機關調取之證明。被調閱文件之機關在調閱期間，應指派專人將調閱之文件送達立法院指定場所，以供查閱，並負保管責任。」

立法院職權行使法第 48 條規定：「政府機關或公務人員違反本法規定，於立法院調閱文件時拒絕、拖延或隱匿不提供者，得經立法院院會之決議，將其

移送監察院依法提出糾正、糾舉或彈劾。」

十三、聽證權

立法院職權行使法第 54 條規定：「各委員會為審查院會交付之議案，得依憲法第 67 條第 2 項之規定舉行公聽會。如涉及外交、國防或其他依法令應祕密事項者，以祕密會議行之。」

立法院職權行使法第 55 條規定：「公聽會須經各委員會輪值之召集委員同意，或經各委員會全體委員三分之一以上之連署或附議，並經議決，方得舉行。」

十四、行政命令審查權

立法院職權行使法第 60 條規定：「各機關依其法定職權或基於法律授權訂定之命令送達立法院後，應提報立法院會議。出席委員對於前項命令，認為有違反、變更或牴觸法律者，或應以法律規定事項而以命令定之者，如有三十人以上連署或附議，即交付有關委員會審查。」

立法院職權行使法第 61 條規定：「各委員會審查行政命令，應於院會交付審查後三個月內完成之；逾期未完成者，視為已經審查。但有特殊情形者，得經院會同意後展延；展延以一次為限。前項期間，應扣除休會期日。」

立法院職權行使法第 62 條規定：「行政命令經審查後，發現有違反、變更或牴觸法律者，或應以法律規定事項而以命令定之者，應提報院會，經議決後，通知原訂頒之機關更正或廢止之。前條第 1 項視為已經審查或經審查無前項情形之行政命令，由委員會報請院會存查。第 1 項經通知更正或廢止之命令，原訂頒機關應於二個月內更正或廢止；逾期未為更正或廢止者，該命令失效。」

立法院職權行使法第 63 條規定：「各委員會審查行政命令，本章未規定者，得準用法律案之審查規定。」

十五、受理請願權

立法院職權行使法第 64 條規定：「立法院於收受請願文書，應依下列規定辦理：一、秘書處收受請願文書後，應即送程序委員會。二、各委員會收受請願文書後，應即送秘書處收文。三、立法院會議時，請願人面遞請願文書，由有關委員會召集委員代表接受，並於接見後，交秘書處收文。四、請願人向立法院集體請願，面遞請願文書有所陳述時，由院長指定之人員接見其代表。」

十六、解決中央與地方權限爭議權

憲法第 110 條規定：「除第 107 條、第 108 條、第 109 條及第 110 條列舉事項外，如有未列舉事項發生時，其事務有全國一致之性質者屬於中央，有全省一致之性質者屬於省，有一縣之性質者屬於縣，有爭議時，由立法院解決之。」

十七、憲法修正案提出權

憲法第 174 條規定：「憲法之修改，應依左列程序之一為之：一、由國民大會代表總額五分之一之提議，三分之二之出席，及出席代表四分之三之決議，得修改之。二、由立法院立法委員四分之一之提議，四分之三之出席，及出席委員四分之三之決議，擬定憲法修正案，提請國民大會複決。此項憲法修正案，應於國民大會開會前半年公告之。」

憲法增修條文第 12 條規定：「憲法之修改，須經立法院立法委員四分之一之提議，四分之三之出席，及出席委員四分之三之決議，提出憲法修正案，並於公告半年後，經中華民國自由地區選舉人投票複決，有效同意票過選舉人總額之半數，即通過之，不適用憲法第一百七十四條之規定。」

第四項　立法委員身分保障與報酬待遇

一、言論免責權

如同前述，言論免責權即「議員在會議時所爲之言論及表決，對會外不負責任」之意，此又稱爲民意代表的「免責特權」。我國憲法對中央民意代表之「免責特權」究竟採「絕對保障」或「相對保障」並無明示，但對地方議會依據司法院院解字第 3735 號解釋，司法院大法官會議釋字第 122 號及第 165 號解釋表示，地方議會議員在會議時，所爲無關會議事項之不法言論，仍應負責，即採「相對保障[15]」。

關於立法委員的言論免責權，憲法第 73 條規定：「立法委員在院內所爲之言論及表決，對院外不負責任。」而司法院大法官會議釋字第 401 號解釋理由書指出國民大會代表及立法委員經國內選舉區選出者，其原選舉區選舉人認爲國民大會代表及立法委員所爲言論及表決不當者，得依法罷免之，不受憲法第 32 條、第 73 條言論免責權規定之限制：

憲法第 25 條規定國民大會依本憲法之規定，代表全國國民行使政權。又憲法第 62 條規定立法院爲國家最高立法機關，由人民選舉之立法委員組織之，代表人民行使立法權。二者均屬由人民直接選舉之代表或委員所組成之民意機關。憲法依民主憲政國家之通例，乃賦予國民大會代表及立法委員言論及表決之免責權，俾其能暢所欲言，充分表達民意，善盡監督政府之職責，並代表人民形成各該民意機關之決策，而無所瞻顧。憲法第 32 條規定國民大會代表在會議時所爲之言論及表決，對會外不負責任；第 73 條規定立法委員在院內所爲之言論及表決，對院外不負責任。其目的係爲保障國民大會代表及立法委員，不因其行使職權所爲言論及決議而負民事上之損害賠償責任或受刑事上之訴追，除其言行違反內部所訂自律之規則而受懲戒外，並不負行政責任，此乃憲法保障國民大會代表及立法委員之言論及表決，對外不負法律上責任。而憲法第 133

---

[15] 法治斌、董保城，憲法新論，台北：三民，2003 年，頁 273 ～ 274。

條規定被選舉人得由原選舉區依法罷免之,則係憲法基於直接民權之理念所設之制度。依上述條文,國民大會代表及立法委員於就任一定期間後,選舉人得就其言行操守、議事態度、表決立場予以監督檢驗,用示對選舉人應負政治上責任。至提議罷免之理由,自無限制之必要。其由全國不分區及僑居國外國民產生之當選人,因無原選舉區可資歸屬,自無適用罷免規定之餘地。民國八年八月二日修正公布之公職人員選舉罷免法第 69 條規定:「公職人員之罷免,得由原選舉區選舉人向選舉委員會提出罷免案。但就職未滿一年者,不得罷免。」「全國不分區、僑居國外國民選舉之當選人,不適用罷免之規定。」即係本上開意旨而制定。綜上所述,國民大會代表及立法委員經國內選舉區選出者,其原選舉區選舉人認為國民大會代表及立法委員所為言論及表決不當者,得依法罷免之,不受憲法第 32 條、第 73 條規定之限制。

因此,憲法雖賦予立法委員「免責特權」,但同時也賦予選民責任以「罷免權」來作為監督與制衡之機制[16]。

司法院大法官會議釋字第 435 號解釋理由書第一段與第二段也指出言論免責權之保障範圍,應作最大程度之界定;舉凡立法委員在院會或委員會之發言、質詢、提案、表決以及與此直接相關之附隨行為,如院內黨團協商、公聽會之發言等均屬應予保障之事項。其中所謂對院外不負責任,係指立法委員不因行使職權所為之言論及表決而負民事上損害賠償責任或受刑事上之訴追,除因其言行違反內部所訂自律之規則而受懲戒外,並不負行政責任:

憲法第 73 條規定:「立法委員在院內所為言論及表決,對院外不負責任。」旨在保障立法委員受人民付託之職務地位,並避免國家最高立法機關之功能遭致其他國家機關之干擾而受影響。立法委員得藉此保障,於無所瞻顧及溝通障礙之情境下,暢所欲言,充分表達民意,反映多元社會之不同理念,形成多數意見,以符代議民主制度理性決策之要求,並善盡監督政府之職責。故此項言論免責權之保障範圍,應作最大程度之界定,舉凡立法委員在院會或委員會之發言、質詢、提案、表決以及與此直接相關之附隨行為,如院內黨團協

---

[16] 謝瑞智,憲法新論,台北;正中,2001 年 2 月,增訂版,頁 673-677。

商、公聽會之發言等均屬應予保障之事項。其中所謂對院外不負責任，係指立法委員不因行使職權所爲之言論及表決而負民事上損害賠償責任或受刑事上之訴追，除因其言行違反內部所訂自律之規則而受懲戒外，並不負行政責任，業經本院釋字第 401 號解釋釋示在案。

憲法保障立法委員之言論，使豁免於各種法律責任，既係基於維護其職權之行使，若行爲已超越前述範圍而與行使職權無關，諸如蓄意之肢體動作等，顯然不符意見表達之適當情節致侵害他人法益者，自不在憲法上開條文保障之列。至於具體個案中，立法委員之行爲是否已逾越範圍而應負刑事責任，於維持議事運作之限度內，司法機關依民主憲政之常規，固應尊重議會自律之原則，惟遇有情節重大而明顯，或經被害人提出告訴或自訴時，爲維護社會及被害人權益，亦非不得依法行使偵審之權限。

二、不受逮捕權

憲法第 74 條原規定：「立法委員，除現行犯外，非經立法院許可，不得逮捕或拘禁。」憲法修改以後，此一權限僅侷限於「會期中」。憲法增修條文第 4 條第 8 項規定：「立法委員除現行犯外，在會期中，非經立法院許可，不得逮捕或拘禁。憲法第 74 條之規定，停止適用。」

三、報酬待遇

憲法第六次修改以後，憲法增修條文第 8 條修正爲「立法委員之報酬或待遇，應以法律定之。除年度通案調整者外，單獨增加報酬或待遇之規定，應自次屆起實施。」

第四節　司法院

第一項　地位和產生方式

一、地　位

司法院為國家最高司法機關，憲法第 77 條規定：「司法院為國家最高司法機關，掌管民事、刑事、行政訴訟之審判及公務員之懲戒。」由上述規定可知，司法院為司法組織體系上之最高機關而擁有司法權。但實際上，司法院並不掌理審判或議決事項，司法院必須尊重下屬機關的判決，以符合司法獨立之精神，這與行政機關所強調的指揮監督關係有著極大的差異 [17]。

二、產生方式

憲法第 79 條原規定：「司法院設院長、副院長各一人，由總統提名，經監察院同意任命之。司法院設大法官若干人，掌理本憲法第 78 條規定事項，由總統提名，經監察院同意任命之。」

在第三階段修憲以後，司法院院長、副院長與大法官的任命改由總統提名，經由國民大會同意。憲法增修條文第 5 條第 1 項在第六次修改後之規定為「司法院設大法官十五人，並以其中一人為院長、一人為副院長，由總統提名，經立法院同意任命之，自中華民國九十二年起實施，不適用憲法第七十九條之有關規定。」

在第七次憲法修改以後，由於國民大會的廢除，立法院的職權提昇，司法院院長、副院長與大法官的任命改由總統提名，經由立法院同意。憲法增修條

---

[17] 事實上，司法權之本質在於以超然中立之地位平亭曲直，定分止爭。以美國為例，美國司法機關即以聯邦最高法院為主，且地位崇高。如司法權非以審判為重心，而是以行政事務之處理為主，則是否仍具有最高司法機關之地位不無疑義。林紀東，中華民國憲法逐條釋義（三），1982 年 1 月，頁 19～20；翁岳生，法治國家之行政與司法，1994 年 6 月，頁 331～336。

文第 5 條第 1 項修正爲「司法院設大法官十五人，並以其中一人爲院長、一人
爲副院長，由總統提名，經立法院同意任命之，自中華民國九十二年起實施，
不適用憲法第七十九條之規定。司法院大法官除法官轉任者外，不適用憲法第
八十一條及有關法官終身職待遇之規定。」

第二項　組　織

一、院長、副院長

　　關於司法院院長、副院長的任期在憲法本文中並未規定，在第四階段修憲
以後，在憲法增修條文第 5 條第 1 項規定：「司法院設大法官十五人，並以其
中一人爲院長、一人爲副院長，由總統提名，經立法院同意任命之，自中華民
國九十二年起實施，不適用憲法第七十九條之規定。司法院大法官除法官轉任
者外，不適用憲法第八十一條及有關法官終身職待遇之規定。」第 2 項規定：
「司法院大法官任期八年，不分屆次，個別計算，並不得連任。但並爲院長、
副院長之大法官，不受任期之保障。」

　　但是，在上述的修正條文中，關於司法院正、副院長與大法官在民國
九十二年之前如有出缺要如何任命並未明確規定。若依憲法增修條文第 5 條第 1
項的文義觀之，該項所謂司法院大法官及正、副院長由總統提名、經國民大會
同意的選任方式，係自民國九十二年起實施，則民國九十二年之前司法院大法
官及正、副院長的選任，似應依憲法第 79 條有關規定爲之，亦即由總統提名、
監察院同意之。這不僅將引起憲政上諸多困擾，且會造成體制上的混亂。因爲
憲法增修條文第 5 條第 1 項係針對憲法第 79 條的規定之修正，因此，憲法第
79 條業經該增修條文而受到凍結，同時監察院的組織、職掌及功能性質亦於修
憲後有所改變[18]。因此，按照修憲整體的目的論解釋，並無回復憲法原制的意

---

[18] 　請參閱司法院大法官釋字第 325 號解釋，司法院大法官解釋續編 (七)，1993 年，頁 224。

旨，所以民國九十二年之前遇有大法官或司法院正、副院長出缺的情事，仍應適用原憲法增修條文第 4 條第 1 項的規定，由總統提名、經國民大會同意任命之（憲法第 6 次修改以後，則改由立法院同意之）。

司法院大法官會議釋字第 470 號解釋理由書也指出：「中華民國八十一年五月二十八日第二屆國民大會修正公布之憲法增修條文第 13 條第 1 項規定司法院設院長、副院長各一人，大法官若干人，由總統提名，經國民大會同意任命之，不適用憲法第 79 條之規定。嗣於八十三年八月一日將該條調整條次為第 4 條第 1 項。第三屆國民大會又於八十六年七月二十一日將該條修正其內容，並變動條次為第 5 條第 1 項：『司法院設大法官十五人，並以其中一人為院長、一人為副院長，由總統提名，經國民大會同意任命之，自中華民國九十二年起實施，不適用憲法第 79 條之有關規定。』由此可知，該條係對司法院院長、副院長資格及大法官人數、任期之重大變更，且明定自民國九十二年起實施，在此之前所提名之司法院院長、副院長及大法官自無從適用。現任司法院院長、大法官及目前出缺之副院長，係總統分別於八十三年七月三十日及八十二年四月二日，依據八十一年憲法增修條文第 13 條第 1 項規定提名，咨請國民大會同意所任命。因此院長、副院長不必具有大法官身分，而第六屆大法官之任期，依據司法院組織法第 5 條第 2 項之規定為九年，至民國九十二年十月始行屆滿。於此憲法增修條文新舊交替期間，遇有院長、副院長或大法官出缺時，其任命之程序如何，八十六年憲法增修條文第 5 條並無明文規定。憲法第 79 條雖規定，監察院對總統提名之司法院院長、副院長及大法官有同意之權，惟自民國八十一年公布之憲法增修條文第 13 條實施後，監察院已無此項權限，現行憲法增修條文第 7 條第 1 項規定亦同。司法院院長、副院長及大法官之提名自無再循憲法第 79 條規定同意任命之餘地。現行憲法增修條文第 5 條之修憲意旨原係於現任大法官之任期至九十二年十月屆滿時，由繼任之大法官銜接，在此期間，司法院院長、副院長及大法官出缺致影響司法院職權之正常運作時，其任命之程序，本應以過渡條款規定，援用八十三年憲法增修條文第 4 條。然八十六年憲法增修條文第 5 條就此漏未規定，要屬修憲之疏失，總統如行使提名權，應適用八十三年八月一日公布之憲法增修條文第 4 條規定程序為之。」

不過，在第六次憲法修改以後，由於國民大會的廢除，立法院的職權提昇，司法院院長、副院長與大法官的任命改由總統提名，經由立法院同意。憲法增修條文第 5 條第 1 項修正爲「司法院設大法官十五人，並以其中一人爲院長、一人爲副院長，由總統提名，經立法院同意任命之，自中華民國九十二年起實施，不適用憲法第七十九條之規定。司法院大法官除法官轉任者外，不適用憲法第八十一條及有關法官終身職待遇之規定。」

關於院長與副院長的職權，司法院組織法第 8 條有詳細的規定。第 8 條第 1 項規定：「司法院院長綜理院務及監督所屬機關。」第 2 項規定：「司法院院長因故不能視事時，由副院長代理其職務。」第 3 項規定：「司法院院長出缺時，由副院長代理；其代理期間至總統提名繼任院長經國民大會同意，總統任命之日爲止。」第 4 項規定：「司法院副院長出缺時，暫從缺；至總統提名繼任副院長經國民大會同意，總統任命之日爲止。」第 5 項規定：「司法院院長、副院長同時出缺時，由總統就大法官中指定一人代理院長；其代理期間至總統提名繼任院長、副院長經國民大會同意，總統任命之日爲止。」（目前組織法尚未改爲立法院同意）

二、大法官會議與憲法法庭

(一) 大法官會議

憲法增修條文第 5 條第 1 項規定：「司法院設大法官十五人，並以其中一人爲院長、一人爲副院長，由總統提名，經立法院同意任命之，自中華民國九十二年起實施，不適用憲法第七十九條之規定。司法院大法官除法官轉任者外，不適用憲法第八十一條及有關法官終身職待遇之規定。」

第 5 條第 2 項規定：「司法院大法官任期八年，不分屆次，個別計算，並不得連任。但並爲院長、副院長之大法官，不受任期之保障。」

第 5 條第 3 項規定：「中華民國九十二年總統提名之大法官，其中八位大法官，含院長、副院長，任期四年，其餘大法官任期爲八年，不適用前項任期之規定。」綜合上述，大法官任期仍爲九年，但民國九十二年以後，採交叉任期的方式，其中八人爲大法官，含院長、副院長之任期四年，其餘的大法官任

期八年。

　　司法院組織法第4條並規定大法官應具備資格「大法官應具有左列資格之一：一、曾任最高法院法官十年以上而成績卓著者。二、曾任立法委員九年以上而有特殊貢獻者。三、曾任大學法律主要科目教授十年以上而有專門著作者。四、曾任國際法庭法官或有公法學或比較法學之權威著作者。五、研究法學，富有政治經驗，聲譽卓著者。有前項任何一款資格之大法官，其人數不得超過總名額三分之一。」

(二) 憲法法庭

　　憲法增修條文第5條第4項規定：「司法院大法官，除依憲法第七十八條之規定外，並組成憲法法庭審理總統、副總統之彈劾及政黨違憲之解散事項。」

三、普通法院與行政法院

　　司法院組織法第7條規定：「司法院設各級法院、行政法院及公務員懲戒委員會；其組織均另以法律定之。」關於普通法院的組織，法院組織法第1條規定：「本法所稱法院，分左列三級：一、地方法院。二、高等法院。三、最高法院。」第2條規定：「法院審判民事、刑事及其他法律規定訴訟案件，並依法管轄非訟事件。」第3條規定：「地方法院審判案件，以法官一人獨任或三人合議行之。高等法院審判案件，以法官三人合議行之。最高法院審判案件，以法官五人合議行之。」

　　關於行政法院的組織，行政法院組織法第1條規定：「行政法院掌理行政訴訟審判事務。」第2條規定：「行政法院分下列二級：一、高等行政法院。二、最高行政法院。」第3條規定：「高等行政法院之審判，以法官三人合議行之。但簡易訴訟程序以法官一人獨任行之。最高行政法院之審判，以法官五人合議行之。」

四、公務員懲戒委員會

司法院組織法第 7 條規定：「司法院設各級法院、行政法院及公務員懲戒委員會；其組織均另以法律定之。」公務員懲戒委員會組織法第 1 條規定：「公務員懲戒委員會掌理全國公務員之懲戒。」第 2 條規定：「公務員懲戒委員會置委員九人至十五人，簡任第十四職等；委員長一人，特任，並任委員。」

第 3 條規定：「公務員懲戒委員會委員，應就具有左列資格之一者任用之：一、曾任公務員懲戒委員會委員者。二、曾任簡任司法官、行政法院簡任評事八年以上，或曾任簡任司法官、行政法院簡任評事，並任簡任行政官合計八年以上者。三、曾任教育部審定合格之大學教授，講授法律主要科目八年以上，具有簡任公務員任用資格者。前項委員，應有三分之二以上曾任司法官及行政法院評事者。」

司法院大法官會議釋字第 396 號解釋理由書指出懲戒機關之成員既屬憲法上之法官，依憲法第 82 條及本院釋字第 162 號解釋意旨，則其機關應採法院之體制：「憲法第 16 條所定人民之訴訟權，乃人民於其權利遭受侵害時，得訴請救濟之制度性保障，其具體內容，應由立法機關制定法院組織與訴訟程序有關之法律，始得實現。惟人民之訴訟權有其受憲法保障之核心領域，為訴訟權必備之基本內容，對其若有欠缺，即與憲法第 16 條保障人民訴訟權之意旨不符。本院釋字第 243 號解釋所謂有權利即有救濟之法理，即在指明人民訴請法院救濟之權利為訴訟權保障之核心內容，不容剝奪。保障訴訟權之審級制度，得由立法機關視各種訴訟案件之性質定之。公務員因公法上職務關係而有違法失職之行為，應受懲戒處分者，憲法明定為司法權之範圍；公務員懲戒委員會對懲戒案件之議決，公務員懲戒法雖規定為終局之決定，然尚不得因其未設通常上訴救濟制度，即謂與憲法第 16 條有所違背。

憲法所稱之司法機關，就其狹義而言，係指司法院及法院（包括法庭），而行使此項司法權之人員為大法官與法官。公務員懲戒委員會掌理公務員之懲戒事項，屬於司法權之行使，並由憲法上之法官為之。惟懲戒處分影響憲法上人民服公職之權利，懲戒機關之成員既屬憲法上之法官，依憲法第 82 條及本

院釋字第 162 號解釋意旨，則其機關應採法院之體制，包括組織與名稱，且懲戒案件之審議，亦應本正當法律程序之原則，對被付懲戒人予以充分之程序保障，例如採取直接審理、言詞辯論、對審及辯護制度，並予以被付懲戒人最後陳述之機會等，以貫徹憲法第 16 條保障人民訴訟權之本旨。有關機關應就公務員懲戒機關之組織、名稱與懲戒程序，併予檢討修正。」

第三項　職　權

一、解釋憲法之權

(一) 解釋事項與聲請解釋機關

憲法第 78 條規定：「司法院解釋憲法，並有統一解釋法律及命令之權。」司法院大法官審理案件法第 4 條規定：「大法官解釋憲法之事項如左：一、關於適用憲法發生疑義之事項。二、關於法律或命令，有無牴觸憲法之事項。三、關於省自治法、縣自治法、省法規及縣規章有無牴觸憲法之事項。前項解釋之事項，以憲法條文有規定者爲限。」

司法院大法官審理案件法第 5 條第 1 項規定：「有左列情形之一者，得聲請解釋憲法：一、中央或地方機關，於其行使職權，適用憲法發生疑義，或因行使職權與其他機關之職權，發生適用憲法之爭議，或適用法律與命令發生有牴觸憲法之疑義者。二、人民、法人或政黨於其憲法上所保障之權利，遭受不法侵害，經依法定程序提起訴訟，對於確定終局裁判所適用之法律或命令發生有牴觸憲法之疑義者。三、依立法委員現有總額三分之一以上之聲請，就其行使職權，適用憲法發生疑義，或適用法律發生有牴觸憲法之疑義者。」

此外，司法院大法官會議釋字第 371 號解釋理由書指出各級法院法官於審理案件時，對於應適用之法律，依其合理之確信，認爲有牴觸憲法之疑義者，自應許其先行聲請解釋憲法以求解決，無須受訴訟審級之限制。司法院大法官審理案件法第 5 條第 2 項、第 3 項之規定，與上開意旨不符部分，應停止適用：

採用成文憲法之現代法治國家，基於權力分立之憲政原理，莫不建立法令違憲審查制度。其未專設違憲審查之司法機關者，此一權限或依裁判先例或經

憲法明定由普通法院行使，前者如美國，後者如日本（1946 年憲法第 81 條）。其設置違憲審查之司法機關者，法律有無牴觸憲法則由此一司法機關予以判斷，如德國（1949 年基本法第 93 條及第 100 條）、奧國（1929 年憲法第 140 條及第 140-1 條）、義大利（1947 年憲法第 134 條及第 136 條）及西班牙（1978 年憲法第 161 條至第 163 條）等國之憲法法院。各國情況不同，其制度之設計及運作，雖難期一致，惟目的皆在保障憲法在規範層級中之最高性，並維護法官獨立行使職權，俾其於審判之際僅服從憲法及法律，不受任何干涉。我國法制以承襲歐陸國家爲主，行憲以來，違憲審查制度之發展，亦與上述歐陸國家相近。憲法第 171 條規定：「法律與憲法牴觸者無效。法律與憲法有無牴觸發生疑義時，由司法院解釋之」，第 173 條規定：「憲法之解釋，由司法院爲之」，第 78 條又規定：「司法院解釋憲法，並有統一解釋法律及命令之權」，第 79 條第 2 項及憲法增修條文第 4 條第 2 項則明定司法院大法官掌理第 78 條規定事項。是解釋法律牴觸憲法而宣告其爲無效，乃專屬司法院大法官之職掌。各級法院法官依憲法第 80 條之規定，應依據法律獨立審判，故依法公布施行之法律，法官應以其爲審判之依據，不得認定法律爲違憲而逕行拒絕適用。惟憲法乃國家最高規範，法官均有優先遵守之義務，各級法院法官於審理案件時，對於應適用之法律，依其合理之確信，認爲有牴觸憲法之疑義者，自應許其先行聲請解釋憲法以求解決，無須受訴訟審級之限制。既可消除法官對遵守憲法與依據法律之間可能發生之取捨困難，亦可避免司法資源之浪費。是遇有前述情形，各級法院得以之爲先決問題裁定停止訴訟程序，並提出客觀上形成確信法律爲違憲之具體理由，聲請本院大法官解釋。司法院大法官審理案件法第 5 條第 2 項、第 3 項之規定，與上開意旨不符部分，應停止適用。關於各級法院法官聲請本院解釋法律違憲事項以本解釋爲準，其聲請程式準用同法第 8 條第 1 項之規定。

(二) 審理方式

司法院大法官審理案件法第 14 條第 1 項規定：「大法官解釋憲法，應有大法官現有總額三分之二之出席，及出席人三分之二同意，方得通過。但宣告命

令牴觸憲法時，以出席人過半數同意行之。」

　　第 17 條規定：「大法官決議之解釋文，應附具解釋理由書，連同各大法官對該解釋之協同意見書或不同意見書，一併由司法院公布之，並通知本案聲請人及其關係人。大法官所爲之解釋，得諭知有關機關執行，並得確定執行之種類及方法。」

二、統一解釋法令之權

(一) 解釋事項與聲請解釋機關

　　司法院大法官審理案件法第 2 條規定：「司法院大法官，以會議方式，合議審理司法院解釋憲法與統一解釋法律及命令之案件；並組成憲法法庭，合議審理政黨違憲之解散案件。」

　　司法院大法官審理案件法第 7 條第 1 項規定：「有左列情形之一者，得聲請統一解釋：一、中央或地方機關，就其職權上適用法律或命令所持見解，與本機關或他機關適用同一法律或命令時所已表示之見解有異者。但該機關依法應受本機關或他機關見解之拘束，或得變更其見解者，不在此限。二、人民、法人或政黨於其權利遭受不法侵害，認確定終局裁判適用法律或命令所表示之見解，與其他審判機關之確定終局裁判，適用同一法律或命令時所已表示之見解有異者。但得依法定程序聲明不服，或後裁判已變更前裁判之見解者，不在此限。」第 2 項規定：「前項第 2 款之聲請，應於裁判確定後三個月內爲之。」第 3 項規定：「聲請統一解釋不合前二項規定者，應不受理。」

(二) 審理方式

　　司法院大法官審理案件法第 14 條第 2 項規定：「大法官統一解釋法律及命令，應有大法官現有總額過半數之出席，及出席人數過半數之同意，方得通過。」

三、一般法官之規範審查權

法官是否有權拒絕適用牴觸憲法之法律或牴觸憲法或法律之命令？茲敘述如下：

(一) 就牴觸憲法之法律而言，學理上有肯定說與否定說兩種觀點：

否定說：主張一般法官對法律之內容是否牴觸憲法無實質審查權。其主要理由在於憲法第 171 條第 2 項規定：「法律與憲法有無牴觸發生疑義時，由司法院解釋」。

肯定說：則認為憲法第 171 條第 2 項規定，並非有意使法官獨占法律之違憲審查權，而係獨占法律之非難權。

而在實務上，一般而言否定一般法官之法律違憲審查權。其主要的理由有三：1. 我國現行制度，關於法律之違憲審查屬於大法官會議的權限，屬於獨占式之規範審查。2. 司法院大法官會議釋字第 371 號解釋確認法律之違憲審查權屬於司法院大法官，明示法官「不得認定法律為違憲而逕行拒絕適用」，只得以先決問題裁定停止訴訟程序，聲請大法官解釋。3. 司法院大法官會議釋字第 371 號解釋另一方面創設各級法院法官「於審理案件時，對於應適用之法律，依其合理之確信，認為有牴觸憲法之疑義者」，亦得裁定停止訴訟，並提出客觀上形成確信法律為違憲之具體理由，聲請釋憲[19]。司法院大法官會議釋字第 371 號解釋理由書指出：「採用成文憲法之現代法治國家，基於權力分立之憲政原理，莫不建立法令違憲審查制度。其未專設違憲審查之司法機關者，此一權限或依裁判先例或經憲法明定由普通法院行使，前者如美國，後者如日本（1946年憲法第 81 條）。其設置違憲審查之司法機關者，法律有無牴觸憲法則由此一司法機關予以判斷，如德國（1949 年基本法第 93 條及第 100 條）、奧國（1929年憲法第 140 條及第 140-1 條）、義大利（1947 年憲法第 134 條及第 136 條）及西班牙（1978 年憲法第 161 條至第 163 條）等國之憲法法院。各國情況不同，其制度之設計及運作，雖難期一致，惟目的皆在保障憲法在規範層級中之最高

---

[19] 吳庚，前引書，頁 70～71。

性，並維護法官獨立行使職權，俾其於審判之際僅服從憲法及法律，不受任何干涉。我國法制以承襲歐陸國家為主，行憲以來，違憲審查制度之發展，亦與上述歐陸國家相近。憲法第171條規定：『法律與憲法牴觸者無效。法律與憲法有無牴觸發生疑義時，由司法院解釋之』，第173條規定：『憲法之解釋，由司法院為之』，第78條又規定：『司法院解釋憲法，並有統一解釋法律及命令之權』，第79條第2項及憲法增修條文第4條第2項則明定司法院大法官掌理第78條規定事項。是解釋法律牴觸憲法而宣告其為無效，乃專屬司法院大法官之職掌。各級法院法官依憲法第80條之規定，應依據法律獨立審判，故依法公布施行之法律，法官應以其為審判之依據，不得認定法律為違憲而逕行拒絕適用。惟憲法乃國家最高規範，法官均有優先遵守之義務，各級法院法官於審理案件時，對於應適用之法律，依其合理之確信，認為有牴觸憲法之疑義者，自應許其先行聲請解釋憲法以求解決，無須受訴訟審級之限制。既可消除法官對遵守憲法與依據法律之間可能發生之取捨困難，亦可避免司法資源之浪費。是遇有前述情形，各級法院得以之為先決問題裁定停止訴訟程序，並提出客觀上形成確信法律為違憲之具體理由，聲請本院大法官解釋。司法院大法官審理案件法第5條第2項、第3項之規定，與上開意旨不符部分，應停止適用。關於各級法院法官聲請本院解釋法律違憲事項以本解釋為準，其聲請程式準用同法第8條第1項之規定。」

(二) **牴觸憲法或法律之命令，實務上肯定一般法官有命令違憲審查權，其主要的原因有三**：1. 我國現行制度，關於命令之違憲審查屬於分權式之規範審查，司法院大法官會議與各級法院有不同程度之審查權。2. 大法官會議得宣告命令無效或撤銷，各級法院得拒絕適用。3. 各級法院對命令拒絕適用審查權，不因大法官審理案件法之實行而受到影響：該法第5條第2項之規定，乃是給予最高法院與行政法院選擇機會，如非僅欲拒絕適用，而欲使命令受宣告無效，則停止訴訟程序，聲請大法官解釋[20]。

---

[20] 同前註。

司法院院解字第 4012 號指出：「與憲法或法律牴觸之命令（其客體爲法規命令），法院得逕認爲無效，不予適用」。

司法院大法官會議釋字第 38 號解釋前段指出：

憲法第 80 條之規定，旨在保障法官獨立審判不受任何干涉。所謂依據法律者，係以法律爲審判之主要依據，並非除法律以外，與憲法或法律不相牴觸之有效規章（自治規章），均行排斥而不用。

依此文義反面解釋，即與憲法或法律牴觸之無效規章，法官自得逕行排斥而不用。基本上與院解字第 4012 號意旨相符。

最後，司法院大法官會議釋字第 407 號解釋指出法官於審判時應就具體案情，依其獨立確信之判斷，認定事實，適用法律，不受行政機關函釋之拘束：

主管機關基於職權因執行特定法律之規定，得爲必要之釋示（職權命令，行政規則），以供本機關或下級機關所屬公務員行使職權時之依據。……至於個別案件是否已達猥褻程度，法官於審判時應就具體案情，依其獨立確信之判斷，認定事實，適用法律，不受行政機關函釋之拘束，乃屬當然。

四、違憲政黨之解散權

(一) 申請理由

憲法增修條文第 5 條第 5 項規定：「政黨之目的或其行爲，危害中華民國之存在或自由民主之憲政秩序者爲違憲。」

司法院大法官審理案件法第 19 條第 1 項規定：「政黨之目的或其行爲，危害中華民國之存在或自由民主之憲政秩序者，主管機關得聲請司法院憲法法庭解散之。」

(二) 審理方式

司法院大法官審理案件法第 20 條規定：「憲法法庭審理案件，以參與審理之資深大法官充審判長；資同以年長者充之。」

第 21 條規定：「憲法法庭應本於言詞辯論而爲裁判。但駁回聲請而認無行

言詞辯論之必要者，不在此限。」

　　第 22 條規定：「前條言詞辯論，如委任訴訟代理人者，其受任人以律師或法學教授爲限；其人數不得超過三人。前項代理人應先經憲法法庭之許可。」

　　第 23 條規定：「憲法法庭爲發見真實之必要，得囑託檢察官或調度司法警察爲搜索、扣押。前項搜索、扣押及調度司法警察準用刑事訴訟法及調度司法警察條例有關之規定。」

　　第 24 條規定：「憲法法庭行言詞辯論，須有大法官現有總額四分之三以上出席，始得爲之。未參與辯論之大法官不得參與評議判決。經言詞辯論之判決，應於言詞辯論終結後一個月內指定期日宣示之。」

　　第 25 條規定：「憲法法庭對於政黨違憲解散案件判決之評議，應經參與言詞辯論大法官三分之二之同意決定之。評議未獲前項人數同意時，應爲不予解散之判決。憲法法庭對於政黨違憲解散案件裁定之評議，或依第 21 條但書爲裁判時，應有大法官現有總額四分之三之出席，及出席人過半數之同意行之。」

　　第 32 條規定：「憲法法庭審理政黨違憲解散案件之程序，除本法有規定者外，準用行政訴訟之規定；其審理規則，由司法院定之。」

(三) 判決效力

　　第 26 條規定：「憲法法庭認聲請有理由者，應以判決宣示被聲請解散之政黨違憲應予解散；認聲請無理由者，應以判決駁回其聲請。」

　　第 30 條第 1 項規定：「被宣告解散之政黨，應即停止一切活動，並不得成立目的相同之代替組織，其依政黨比例方式產生之民意代表自判決生效時起喪失其資格。」第 2 項規定：「憲法法庭之判決，各關係機關應即爲實現判決內容之必要處置。」第 3 項規定：「政黨解散後，其財產之清算，準用民法法人有關之規定。」

　　第 31 條規定：「憲法法庭審理政黨違憲解散案件，如認該政黨之行爲已足以危害國家安全或社會秩序，而有必要時，於判決前得依聲請機關之請求，以裁定命被聲請政黨停止全部或一部之活動。」

五、審理總統、副總統之彈劾權

依 94 年憲法增修條文第五條第四項規定:「司法院大法官,除依憲法第七十八條之規定外,並組成憲法法庭審理總統、副總統之彈劾及政黨違憲之解散權」。而總統、副總統之彈劾係依憲法增修條文第四條第七項規定:「立法院對於總統、副總統之彈劾案,須經全體立法委員二分之一以上之提議,全體立法委員三分之二以上之決議,聲請司法院大法官審理。」亦就說依據九十四年新增修憲法條文規定,今後總統、副總統之彈劾案得先由立法院決議再交由司法院大法官審理之。

六、監督地方自治權

司法院大法官審理案件法第 4 條規定:「大法官解釋憲法之事項如左:一、關於適用憲法發生疑義之事項。二、關於法律或命令,有無牴觸憲法之事項。三、關於省自治法、縣自治法、省法規及縣規章有無牴觸憲法之事項。前項解釋之事項,以憲法條文有規定者為限。」

七、公務員懲戒權

(一) 懲戒事由

公務員懲戒法第 2 條規定:「公務員有左列各款情事之一者,應受懲戒:一、違法。二、廢弛職務或其他失職行為。」

(二) 懲戒流程

公務員懲戒法第 8 條規定:「同一違法失職案件,涉及之公務員有數人,其隸屬同一移送機關者,移送監察院審查或公務員懲戒委員會審議時,應全部移送。」

第 18 條規定監察院移送懲戒者之情形「監察院認為公務員有第 2 條所定情事,應付懲戒者,應將彈劾案連同證據,移送公務員懲戒委員會審議。」

第 19 條規定各級長官移送懲戒者之情形「各院、部、會長官、地方最高行政長官或其他相當之主管長官，認為所屬公務員有第 2 條所定情事者，應備文聲敘事由，連同證據送請監察院審查。但對於所屬九職等或相當於九職等以下之公務員，得逕送公務員懲戒委員會審議。依前項但書規定逕送審議者，應提出移送書，記載被付懲戒人之姓名、職級、違法或失職之事實及證據，連同有關卷證，一併移送，並應按被付懲戒人之人數，檢附移送書之繕本。」

第 27 條規定懲戒機關之議決方式「公務員懲戒委員會審議案件，應以委員依法任用總額過半數之出席及出席委員過半數之同意議決之。出席委員之意見分三說以上，不能得過半數之同意時，應將各說排列，由最不利於被付懲戒人之意見順次算入次不利於被付懲戒人之意見，至人數達過半數為止。」

第 33 條規定聲請再審議之事由「懲戒案件之議決，有左列各款情形之一者，原移送機關或受懲戒處分人，得移請或聲請再審議：一、適用法規顯有錯誤者。二、原議決所憑之證言、鑑定、通譯或證物經確定判決，證明其為虛偽或偽造、變造者。三、原議決所憑之刑事裁判，已經確定裁判變更者。四、原議決後，其相關之刑事確定裁判所認定之事實，與原議決相異者。五、發現確實之新證據，足認應變更原議決者。六、就足以影響原議決之重要證據，漏未斟酌者。前項移請或聲請，於原處分執行完畢後，亦得為之。」第 37 條並規定：「移請或聲請再審議，無停止懲戒處分執行之效力。」

(三) 懲戒處分之種類

公務員懲戒法第 9 條規定：「公務員之懲戒處分如左：一、撤職。二、休職。三、降級。四、減俸。五、記過。六、申誡。前項第 2 款至第 5 款之處分於政務官不適用之。九職等或相當於九職等以下公務員之記過與申誡，得逕由主管長官行之。」

八、選編或變更判例權

法院組織法第 57 條規定：「最高法院之裁判，其所持法律見解，認有編為判例之必要者，應分別經由院長、庭長、法官組成之民事庭會議、刑事庭會議

或民、刑事庭總會議決議後，報請司法院備查。最高法院審理案件，關於法律上之見解，認有變更判例之必要時，適用前項規定。」

九、法律提案權

司法院大法官會議釋字第 175 號解釋文指出司法院得向立法院提出法律案：「司法院爲國家最高司法機關，基於五權分治彼此相維之憲政體制，就其所掌有關司法機關之組織及司法權行使之事項，得向立法院提出法律案。」

其解釋理由書並提到：「查司法院關於所掌事項，是否得向立法院提出法律案，本院釋字第 3 號解釋，雖係就監察院可否提出法律案而爲之解釋，但其第三段載有：『我國憲法依據　孫中山先生創立中華民國之遺教而制定，載在前言。依憲法第 53 條（行政）、第 62 條（立法）、第 77 條（司法）、第 83 條（考試）、第 90 條（監察）等規定，建置五院，本憲法原始賦予之職權，各於所掌範圍內爲國家最高機關，獨立行使職權，相互平等，初無軒輊。以職務需要言，監察、司法兩院各就所掌事項需向立法院提案，與考試院同，考試院對於所掌事項，既得向立法院提出法律案，憲法對於司法、監察兩院就其所掌事項之提案，亦初無有意省略或故予排除之理由。法律案之議決，雖爲專屬立法院之職權，而其他各院關於所掌事項，知之較稔，得各向立法院提出法律案，以爲立法意見之提供者，於法於理，均無不合。』等語，業已明示司法院得向立法院提出法律案。蓋司法院爲國家最高司法機關，基於五權分治，彼此相維之憲政體制，並求法律之制定臻於至當，司法院就所掌事項，自有向立法院提出法律案之職責。且法律案之提出，僅爲立法程序之發動，非屬最後之決定，司法院依其實際經驗與需要爲之，對於立法權與司法權之行使，當均有所裨益。

次按尊重司法，加強司法機關之權責，以保障人民之權利，乃現代法治國家共赴目標。爲期有關司法法規，更能切合實際需要，而發揮其功能，英美法系國家最高司法機關，多具有此項法規之制定權；大陸法系國家，亦有類似之制度。晚近中南美各國憲法，復有明定最高司法機關得爲法律案之提出者。足

見首開見解，不僅合乎我國憲法之精神，並爲世界憲政之趨勢。且自審檢分隸後，司法院所掌業務日益繁重，爲利司法之改進，符合憲法第 77 條、78 條、第 82 條，設置司法院及各級法院，掌理民事、刑事、行政訴訟之審判，及公務員之懲戒；並由司法院行使解釋憲法，暨統一解釋法令之職權，以貫徹宏揚憲政之本旨，司法院就其所掌有關司法機關之組織及司法權行使之事項，得向立法院提出法律案。」

十、民事訴訟、刑事訴訟、行政訴訟與非訟事件受理權

(一) 民事訴訟

所謂民事訴訟係指因私人間之生活關係所產生的紛爭或利害之衝突，藉國家之裁判權依法而強制地解決調整之程序。民事訴訟以三審三級爲原則，當事人對於法院之裁定不服，得提抗告，對於下級法院的裁判不服，得於二十日內依法向上級法院提起上訴，以求救濟。判決一旦確定，即發生拘束當事人之效力，並可以作爲執行名義予以強制執行[21]。

(二) 刑事訴訟

所謂刑事訴訟，廣義而言，係國家適用刑事法規，認定犯罪，確定刑罰範圍之一切程序。其中包括 1. 刑事追訴程序：含偵查與控訴。2. 刑事審判程序：含審理和判決。3. 刑事執行程序[22]。

(三) 行政訴訟

1. 意　義

行政訴訟法第 1 條規定：「行政訴訟以保障人民權益，確保國家行政權之合法行使，增進司法功能爲宗旨。」第 3 條規定：「前條所稱之行政訴訟，指撤銷訴訟、確認訴訟及給付訴訟。」

---

[21] 王甲乙、楊建華、鄭健才著，前引書，頁 1～3。
[22] 褚劍鴻，前引書，頁 1～3。

2. 要　件

行政訴訟法第 4 條規定：「人民因中央或地方機關之違法行政處分，認為損害其權利或法律上之利益，經依訴願法提起訴願而不服其決定，或提起訴願逾三個月不為決定，或延長訴願決定期間逾二個月不為決定者，得向高等行政法院提起撤銷訴訟。逾越權限或濫用權力之行政處分，以違法論。訴願人以外之利害關係人，認為第 1 項訴願決定，損害其權利或法律上之利益者，得向高等行政法院提起撤銷訴訟。」

(四) 非訟事件

依民國九十四年二月五日總統公布的非訴事件法規定：包含民事非訟事件、登記事件、家事非訟事件、商事非訟事件。

第四項　司法獨立

所謂司法獨立，是指法官依據法律獨立審判，不受任何機關或政治力之干涉，其內涵包含了組織獨立、審判獨立、人事獨立與預算獨立四個部分：

一、組織獨立

係指基於權力分立的原理，司法院與其他四院處於平等的地位，相互分工與制衡。

二、審判獨立

法官審判案件不僅不受行政機關干涉，也不受司法上級機關干涉，一切依據法律審判。憲法第 80 條規定法官之地位「法官須超出黨派以外，依據法律獨立審判，不受任何干涉。」

三、人事獨立

想要使法官獨立審判，不畏權勢，必須保障法官之身分[23]。憲法第 81 條規定法官身分之保障「法官爲終身職，非受刑事或懲戒處分或禁治產之宣告，不得免職，非依法律，不得停職、轉任或減俸。」

四、預算獨立

司法機關欲在組織上彰顯其獨立性，必須在預算方面不受限於行政機關。民國八十三年五月二十五日五百七十二名法官連署提出於國民大會之修憲請願書中說明司法預算必須獨立的理由如下：

獨立而健全的司法，有賴健全財政之支援。依現制，司法預算係依附行政院總預算案之下，由行政院編列後並向立法院提出，司法機關因無獨立提出預算之權，其人事及設施費用之支應，乃操諸行政院之手。我們必須知道，在法治國家裡，司法是定分止爭最終的也是最重要的途徑，人權之保障是在每個具體的案例中透過審判者之良心與智慧加以實踐，然審判者良心之得以確保，智慧之得以運用，則有賴充分之物力及人力之財政上支援，倘若司法機關不得逕向立法院提出預算案，其預算任由行政院分配之，則從事審判之司法者所必要之資源，尚需仰行政院之鼻息，所謂司法權制衡行政權、保障人權云云，無非虛華之奢談罷了。因此，我們以爲：爲使司法權發揮應有之制衡功能，並避免行政權得以利用預算之分配箝制司法權，以達到實質上之審判獨立爲目的，有必要在憲法上明定司法機關有逕向立法院提出預算之權利[24]。

至於司法預算如何獨立，憲法學者蘇永欽教授曾提出五種提高司法預算獨立性的修憲方案評估。這五類修憲方案分別爲：

第一案：行政院對於司法院所提的預算不得刪減，應照轉立法院，但須加註意見。

---

[23] 許慶雄，憲法入門 (二) —— 政府體制篇，台北：月旦，1998 年，頁 176 ～ 178。
[24] 轉引自蘇永欽，司法改革的再改革，台北：元照，1998 年 10 月，頁 392。

第二案：司法預算獨立編列，逕送立法院審議。

第三案：立法院在審查司法院歲入預算時，固可刪減，但不得低於前一年度。

第四案：一方面行政院必須提出的概算編列預算，只得附記其不同意支出的具體意見供立法院參考，另一方面，立法院只得就行政院在司法院附註部分作同意刪減或回覆的決議，不得逾此範圍作其他刪減。

第五案：明文規定司法預算占國家總預算歲出的最低百分比，不論行政部門的編製或立法部門的審議都不得逾此下限。

在上述五個方案當中，蘇永欽教授認爲第一案與第五案較爲可行，但是第五案必須透過修憲方式，仍有潛在預算浪費的風險。因此，他認爲只有第一案較爲可行。現今憲法增修條文第 5 條第 6 項規定：「司法院所提出之年度司法概算，行政院不得刪減，但得加註意見，編入中央政府總預算案，送立法院審議。」此條即採上述之第一案，藉以保障司法預算之獨立[25]。

第五項　軍事審判制度的重新定位

司法院大法官會議釋字第 436 號解釋指出軍事審判屬於司法權，應受正當法律程序之拘束：「憲法第 8 條第 1 項規定，人民身體之自由應予保障，非由法院依法定程序不得審問處罰；憲法第 16 條並規定人民有訴訟之權。現役軍人亦爲人民，自應同受上開規定之保障。又憲法第 9 條規定：『人民除現役軍人外，不受軍事審判』，乃因現役軍人負有保衛國家之特別義務，基於國家安全與軍事需要，對其犯罪行爲得設軍事審判之特別訴訟程序，非謂軍事審判機關對於軍人之犯罪有專屬之審判權。至軍事審判之建制，憲法未設明文規定，雖得以法律定之，惟軍事審判機關所行使者，亦屬國家刑罰權之一種，其發動與運作，必須符合正當法律程序之最低要求，包括獨立、公正之審判機關與程序，並不得違背憲法第 77 條、第 80 條等有關司法權建制之憲政原理；規定軍

---

[25] 蘇永欽，前引書，頁 385 ～ 390。

事審判程序之法律涉及軍人權利之限制者，亦應遵守憲法第 23 條之比例原則。本於憲法保障人身自由、人民訴訟權利及第 77 條之意旨，在平時經終審軍事審判機關宣告有期徒刑以上之案件，應許被告直接向普通法院以判決違背法令為理由請求救濟。軍事審判法第 11 條，第 133 條第 1 項、第 3 項，第 158 條及其他不許被告逕向普通法院以判決違背法令為理由請求救濟部分，均與上開憲法意旨不符，應自本解釋公布之日起，至遲於屆滿二年時失其效力。有關機關於上開期限內，就涉及之關係法律，本此原則作必要之修正，並對訴訟救濟相關之審級制度為配合調整，且為貫徹審判獨立原則，關於軍事審判之審檢分立、參與審判軍官之選任標準及軍法官之身分保障等事項，亦應一併檢討改進，併此指明。」

由於上述釋憲案指出，原有軍事審判法第 11 條、第 133 條第 1 項、第 3 項、第 158 條及其他不許被告逕向普通法院以判決違背法令為理由請求救濟部分，已經違憲，並於民國八十八年十月三日失效，因此，立法院後來通過的軍事審判法修正案，促成我國軍事審判制度產生重大變革，未來軍法機關改採地區制，設三級軍事法院，獨立於軍令體系外，不再隸屬部隊，並取消軍事長官參審權，落實司法獨立的精神 [26]。

軍事審判法第 8 條規定：「本法所稱軍事法院分為下列三級：一、地方軍事法院。二、高等軍事法院。三、最高軍事法院。」此依規定明定國防部設「地區」、「高級」、「中央」三級軍事法院，以符合法律程序所要求的獨立、公正的審判機關。

第 18 條規定：「各級軍事法院及分院置院長一人、軍事審判官若干人，院長由軍事審判官兼任，綜理各該法院行政事務。

各級軍事法院軍法行政之監督，依下列規定。但不得影響審判權之行使：一、國防部部長監督各級軍事法院及分院。二、最高軍事法院院長監督該院與所屬下級軍事法院及其分院。三、高等軍事法院院長監督該院及其分院與所屬下級軍事法院及其分院。四、高等軍事法院分院院長監督該分院與所屬下級軍

---

[26] 請參 1999 年 10 月 2 日，中央日報。

事法院及其分院。五、地方軍事法院院長監督該院及其分院。六、地方軍事法院分院院長監督該分院。」

　　此外，軍事審判法修正案也縮小對「現役軍人」的定義。關於軍事審判法的適用範圍與現役軍人的範圍，軍事審判法第 1 條規定：「現役軍人犯陸海空軍刑法或其特別法之罪，依本法之規定追訴審判之，其在戰時犯陸海空軍刑法或其特別法以外之罪者，亦同。非現役軍人不受軍事審判。但戒嚴法有特別規定者，從其規定。」第 2 條規定：「本法稱現役軍人者，謂依兵役法或其他法律服現役之軍官、士官、士兵。」第 3 條規定：「依法成立之武裝團隊，戰時納入戰鬥序列者，視同現役軍人。」

　　由於國家安全法第 8 條第 2 款內容仍對軍事審判法有若干限制，修正案也明定該款自民國九十年十月二日停用，回歸軍事審判法規定。

　　修正案同時取消對於軍事長官核判權及覆議權，以宣示審判獨立性，如果軍人若不服軍事法院判決，可以上訴到高等法院，亦即不再以軍事審判機關為終審機關。軍事審判法第 180 條第 1 項規定：「當事人不服初審之判決者，得上訴於上級軍事法院。」第 2 項規定：「告訴人、被害人或被告上級軍事機關長官不服初審之判決者，得具備理由，請求軍事檢察官上訴於上級軍事法院。」第 3 項規定：「軍事檢察官為被告之利益，亦得上訴於上級軍事法院。」第 4 項規定：「被告之直屬長官、法定代理人或配偶，得為被告之利益，獨立上訴於上級軍事法院。」第 5 項規定：「原審之辯護人，得為被告之利益，以被告名義上訴於上級軍事法院。但不得與被告明示之意思相反。」第 6 項規定：「對於上訴軍事法院之判決，除依本法上訴最高法院或高等法院者外，不得再上訴。」

　　第 181 條第 1 項規定：「判決經依前條上訴後，由原審軍事法院轉送管轄之上級軍事法院審判。但將官案件之判決及宣告死刑或無期徒刑之判決，應不待上訴依職權送請管轄之上級軍事法院審判，並通知當事人。」第 2 項規定：「宣告死刑、無期徒刑之上訴判決，原上訴軍事法院應依職權逕送最高法院審判，並通知當事人。」第 3 項規定：「第 1 項但書及前項情形，視為被告已提起上訴。」第 4 項規定：「被告不服最高軍事法院宣告有期徒刑以上，或高等

軍事法院宣告死刑、無期徒刑之上訴判決者，得以判決違背法令爲理由，向最高法院提起上訴。」第5項規定：「被告不服高等軍事法院宣告有期徒刑之上訴判決者，得以判決違背法令爲理由，向高等法院提起上訴。」第6項規定：「對於前項高等法院之判決，不得再上訴。」第7項規定：「第2項、第4項及第5項之規定，於戰時及第204條不適用之。」

第199條規定：「最高法院或高等法院對於上訴之案件，因原判決違背法令致影響事實之認定，或未諭知管轄錯誤係不當而撤銷者，應發回或發交原上訴或初審軍事法院。」

第226條規定：「判決確定後，發現該案件之審判係違背法令者，最高軍事法院檢察署檢察長得向最高法院提起非常上訴。但案件係由最高法院或高等法院判決確定者，仍由最高法院檢察署檢察總長提起之。」

在司法審、檢分立的原則之下，立法院院會也通過附帶決議，要求軍法體系須在一年內比照司法人員的任用條例，將軍法官改爲軍事司法官，而軍事司法官又分爲軍事法官及軍事檢察官，以符合審、檢分立的原則。

對於軍法官的任用方式，依照軍事審判法修正條文第11條，仍採軍文併用原則，除經軍法官或司法官考試及格外，律師及法律科系教授、副教授、助理教授與講師，符合條件者，均得任用爲軍法官，以提昇軍法官之素養，而軍法官考試亦明定由考試院舉辦。軍事審判法第11條規定：「軍法官由國防部就具有下列資格之一者，依法任用之：一、經軍法官或司法官考試及格者。二、經律師考試及格，並執行律師職務三年以上，成績優良者。三、曾在公立或經立案之私立大學、獨立學院法律學系或法律研究所畢業，而在公立或經立案之私立大學、獨立學院任教授、副教授三年、助理教授四年或講師五年，講授國防部所定主要法律科目二年以上，有法律專門著作，經審查合格，並具有薦任職任用資格者。前項第1款軍法官考試，由考試院舉辦。公設辯護人、觀護人、書記官、法醫官、檢驗員及通譯之任用，除另有規定外，準用司法人員及其他法令之規定。」立法院亦已通過修正陸海空軍刑法，新法自民國九十年十月二日起生效，法中唯一死刑罪項將從四十四項大幅降爲兩項，現役軍人強姦、搶劫唯一死刑將廢除，即軍人犯強姦、搶劫等刑法之罪一律按刑法規定處罰，

與民同罰同刑，惟有因軍事審判的治安重大之罪，在戰時才得加重其刑至二分之一，立法院同時並通過附帶決議，行政院應於新修正的陸海空軍刑法施行九個月內，檢討廢止妨害軍機治罪條例，並提出刑法相關條文配套修正草案送立法院審議。以上之修正乃是有鑑於該法之規定過於嚴苛，不合現代刑事思潮為提昇保障軍人之人權而做必要之修正（參見聯合報90年9月28日）。而司法院大法官會議於民國九十年十月五日針對監察院於民國八十五年間聲請的釋憲案，作出釋字第530號解釋，指出現行司法院組織法、法院組織法、行政法院組織法及公務員懲戒委員會組織法等4項相關組織法，不合制憲本旨，應在兩年內檢討修正，以符合憲政體制，落實全國司法改革會中的「司法院審判機關化」之共識。而530號解釋文約有以下幾項重點：一、肯定司法政革的方向，二、確認司法院有規則制定權，三、司法院有權對法官行使必要的監督權，指明審判獨立與司法行政監督的分際，以確保人民的司法受益權，四、司法院應就有關職權上所發布的各項促請注意的命令，是否有違背530號之解釋，隨時檢討修正，以維護審判獨立，五、釐清法務部長與檢察總長的職權分際及法官與檢察官之關係等。按民國九十年十月五日公布的大法官釋字第530號解釋文內容如下：「憲法第80條規定法官須超出黨派以外，依據法律獨立審判，不受任何干涉，明文揭示法官從事審判僅受法律之拘束，不受其他任何形式之干涉；法官之身分或職位不因審判之結果而受影響；法官唯本良知，依據法律獨立行使審判職權。審判獨立乃自由民主憲政秩序權力分立與制權之重要原則，為實現審判獨立，司法機關應有其自主性；本於司法自主性，最高司法機關就審理事項並有發布規則之權；又基於保障人民有依法定程序提起訴訟，受充分而有效公平審判之權利，以維護人民之司法受益權，最高司法機關自有司法行政監督之權限。司法自主性與司法行政監督權之行使，均應以維護審判獨立為目標，因是最高司法機關於達成上述司法行政監督之目的範圍內，雖得發布命令，但不得違反首揭審判獨立之原則。最高司法機關依司法自主性發布之上開規則，得就審理程序有關之細節性、技術性事項為規定；本於司法行政監督權而發布之命令，除司法行政事務外，提供相關法令、有權解釋之資料或司法實務上之見解，作為所屬司法機關人員執行職務之依據，亦屬法之所許。惟各該

命令之內容不得牴觸法律，非有法律具體明確之授權亦不得對人民自由權利增加法律所無之限制；若有涉及審判上之法律見解者，法官於審判案件時，並不受其拘束，業經本院釋字第216號解釋在案。司法院本於司法行政監督權之行使所發布之各注意事項及實施要點等，亦不得有違審判獨立之原則。

檢察官偵查刑事案件之檢察事務，依檢察一體之原則，檢察總長及檢察長有法院組織法第63條及第64條所定檢察事務指令權，是檢察官依刑事訴訟法執行職務，係受檢察總長或其所屬檢察長之指揮監督，與法官之審判獨立尚屬有間。關於各級法院檢察署之行政監督，依法院組織法第111條第1款規定，法務部部長監督各級法院及分院檢察署，從而法務部部長就檢察行政監督發布命令，以貫徹刑事政策及迅速有效執行檢察事務，亦非法所不許。

憲法第77條規定：『司法院為最高司法機關，掌理民事、刑事、行政訴訟之審判及公務員之懲戒。』惟依現行司法院組織法規定，司法院設置大法官十七人，審理解釋憲法及統一解釋法令案件，並組成憲法法庭，審理政黨違憲之解散事項；於司法院之下，設各級法院、行政法院及公務員懲戒委員會。是司法院除審理上開事項之大法官外，其本身僅具最高司法行政機關之地位，致使最高司法審判機關與最高司法行政機關分離。為期符合司法院為最高審判機關之制憲本旨，司法院組織法、法院組織法、行政法院組織法及公務員懲戒委員會組織法，應自本解釋公布之日起二年內檢討修正，以副憲政體制。」

其解釋理由書：「憲法第80條規定法官須超出黨派以外，依據法律獨立審判，不受任何干涉，明文揭示法官獨立審判原則，其內容可分職務獨立性及身分獨立性二者，前者指法官從事審判僅受法律之拘束，不受其他任何形式之干涉；後者謂法官之身分或職位不因審判之結果而受影響。憲法第81條規定法官為終身職，非受刑事或懲戒處分或禁治產之宣告，不得免職，非依法律不得停職、轉任或減俸，即係本此意旨。審判獨立在保障法官唯本良知，依據法律獨立行使審判職權，為自由民主憲政秩序權力分立與制衡之重要機制；為實現審判獨立，司法機關應有其自主性，其內容包括法官之獨立、司法行政權及規則制定權。其中規則制定權係指最高司法機關得由所屬審判成員就訴訟（或非訟）案件之審理程序有關技術性、細節性事項制訂規則，以期使訴訟程序公正、迅

速進行,達成保障人民司法受益權之目的。又人民之訴訟權為憲法所保障,國家應確保人民有依法定程序提起訴訟,受充分而有效公平審判之權利,以維護人民之司法受益權,最高司法機關對於法官自有司法行政之監督權。惟司法自主權與司法行政監督權之行使,均應以維護審判獨立為目標,因是最高司法機關於達成上述司法行政監督之範圍內,雖得發布命令,但不得違反首揭審判獨立之原則。最高司法機關發布司法行政監督之命令,除司法行政事務外,提供相關法令、有權解釋之資料或司法實務上之見解,作為所屬司法機關人員執行職務之依據,亦屬法之所許。惟各該命令之內容不得牴觸法律,非有法律具體明確之授權亦不得對人民自由權利增加法律所無之限制;如有涉及審判上之法律見解者,法官於審判案件時,並不受其拘束,業經本院釋字第 216 號解釋在案。

司法行政機關為使人民之司法受益權獲得充分而有效之保障,對法官之職務於不違反審判獨立原則之範圍內,自得為必要之監督。法官於受理之案件,負有合法、公正、妥速及時處理之義務,其執行職務如有違反,或就職務之執行有所懈怠,應依法促其注意、警告或予以懲處。諸如:裁判適用已廢止之法令、於合議庭行言詞辯論時無正當理由逕行退庭致審理程序不能進行、拖延訴訟積案不結及裁判原本之製作有顯著之遲延等等。至承審法官就辦理案件遲未進行提出說明,亦屬必要之監督方式,與審判獨立原則無違。對法官之辦案績效、工作勤惰等,以一定之客觀標準予以考查,或就法官審判職務以外之司法行政事務,例如參加法院工作會報或其他事務性會議等行使監督權,均未涉審判核心之範圍,亦無妨害審判獨立問題。

依現行法制,司法院本於司法行政監督權之行使,發布『辦理民事訴訟事件應行注意事項』、『辦理強制執行事件應行注意事項』、『民事保全程序事件處理要點』、『法院辦理民事調解暨簡易訴訟事件應行注意事項』(中華民國 79 年 8 月 20 日發布,89 年 4 月 8 日因配合修正「辦理民事訴訟事件應行注意事項」而廢止)、『法院辦理民事事件證人鑑定人日費旅費及鑑定費支給要點』、『法院適用鄉鎮市調解條例應行注意事項』、『法院辦理刑事訴訟案件應行注意事項』、『法院辦理刑事訴訟案件被告具保責付要點』、『法院辦理

刑事訴訟簡易程序案件應行注意事項』、『各級法院辦案期限實施要點』、『法院辦理重大刑事案件速審速結注意事項』、『未繼承登記不動產辦理強制執行聯繫要點』，為各級法院及分院受理民、刑訴訟事件、非訟事件，就有關職務上之事項，發布命令，若僅係促其注意，俾業務之執行臻於適法、妥當及具有效率，避免法官因個人之認知有誤，發生偏頗之結果，於未違背法律之規定，對於人民權利未增加法律所無之限制範圍內，與憲法方無牴觸。各該命令究竟有無違背本解釋意旨，應隨時檢討修正，以維審判獨立之原則。至司法院發布『家事事件處理辦法』、『各級法院律師閱卷規則』、『台灣地區土地房屋強制執行聯繫辦法』，如涉及人民權利之限制者，則須有法律具體明確之授權依據，並應依中央法規標準法第 3 條規定之程序發布，乃屬當然。

　　檢察官偵查刑事案件之檢察事務，依檢察一體之原則，檢察總長及檢察長有法院組織法第 63 條所定指揮監督各該署及所屬檢察署檢察官之權限，同法第 64 條復規定檢察總長、檢察長得親自處理其所指揮監督之檢察官事務，並得將該事務移轉於所指揮監督之其他檢察官處理之。是檢察官依刑事訴訟法行使偵查權所關之職務，例如實施偵查、提起公訴、實行公訴、擔當自訴、執行判決等，本於檢察一體之原則，在上開規定範圍內，係受檢察總長或其所屬檢察長之指揮監督，與法官之審判獨立尚屬有間。關於各級法院檢察署之行政監署，依同法第 111 條第 1 款規定，由法務部部長監督各級法院及分院檢察署。最高法院檢察署檢察總長依同條第 2 款規定，僅監督該檢察署，有關行政監督事項並有同法第 112 條及第 113 條規定之適用。至檢察行政之監督，法務部部長就行政監督事項發布注意命令，以貫徹刑事政策及迅速有效執行檢察事務，亦非法所不許。法務部發布『各級法院檢察署處理刑事案件證人鑑定人日費旅費及鑑定費支給要點』，係本於法務行政監督權之行使，於符合本解釋意旨範圍內，與憲法尚無牴觸。

　　憲法第 77 條規定：『司法院為最高司法機關，掌理民事、刑事、行政訴訟之審判及公務員之懲戒。』惟依現行司法院組織法規定，司法院設大法官十七人，審理解釋憲法及統一解釋法令案件，並組成憲法法庭，審理政黨違憲之解散事項；至三十六年三月三十一日公布司法院組織法第四條雖規定：『司法

院分設民事庭、刑事庭、行政裁判庭及公務員懲戒委員會。」未及施行，旋於三十六年十二月二十五日修正，沿襲訓政時期之司法舊制，於司法院下設置最高法院、行政法院及公務員懲戒委員會。迨六十九年六月二十九日修正司法院組織法仍規定司法院設各級法院、行政法院及公務員懲戒委員會。是司法院除大法官職掌司法解釋及政黨違憲解散之審理外，其本身僅具最高司法行政機關之地位，致使最高司法審判機關與最高司法行政機關分離。為期符合司法院為最高審判機關之制憲本旨，司法院組織法、法院組織法、行政法院組織法及公務員懲戒委員會組織法，應自本解釋公布之日起二年內檢討修正，以副憲政體制。」

因應洪仲丘事件的發生，立法院為回應民意火速修改軍事審判法，其修正要點為：

第 1 條：

現役軍人戰時犯陸海空軍刑法或其特別法之罪，依本法追訴、處罰。

現役軍人非戰時犯下列之罪者，依刑事訴訟法追訴、處罰：

一、陸海空軍刑法第 44 條至第 46 條及第 76 條第 1 項。

二、前款以外陸海空軍刑法或其特別法之罪。

非現役軍人不受軍事審判。

第 34 條：

犯罪事實之一部應依刑事訴訟法追訴、審判時，全部依刑事訴訟法追訴、審判之。

第 237 條：

本法中華民國 102 年 8 月 6 日修正之條文施行前，已依本法開始偵查、審判或執行之第 1 條第 2 項案件，依下列規定處理之：

一、偵查、審判程序尚未終結者，偵查中案件移送該管檢察官偵查，審判中案件移送該管法院審判。但本法修正施行前已依法定程序進行之訴訟程序，其效力不受影響。

二、裁判確定之案件，不得向該管法院上訴或抗告。但有再審或非常上訴

之事由者，得依刑事訴訟法聲請再審或非常上訴。

三、刑事裁判尚未執行或在執行中者，移送該管檢察官指揮執行。

　　換言之，針對陸海空軍刑法第 44 條至第 46 條及第 76 條第 1 項。目前皆已移交普通法院處理，此乃軍審制度的重大變革。

第五節　考試院

第一項　地　位

　　考試院為國家最高考試機關，考試院的由來，是淵源我國過去考試制度的精神，其目的在因才取士，為國取才藉以消除任用私人的惡習，確立文官制度，使人人有平等上進的機會，其下設有考選部與銓敘部及公務員保障暨培訓委員會，其職權也交由這兩個直屬機關行使。

　　此外，國父　孫中山先生主張考試院的必須存在的原因是為了救濟歐美國家考試制度，避免行政機關考試時包庇私人，因此，在權能區分與五權憲法的理論當中，考試院不但是一個治權機關，也是與其他四院平行的治權機關。

　　憲法增修條文第 6 條第 1 項規定：「考試院為國家最高考試機關，掌理左列事項，不適用憲法第八十三條之規定：一、考試。二、公務人員之銓敘、保障、撫卹、退休。三、公務人員任免、考績、級俸、陞遷、褒獎之法制事項。」憲法第 83 條原規定：「考試院為國家最高考試機關，掌理考試、任用、銓敘、考績、級俸、陞遷、保障、褒獎、撫卹、退休、養老等事項。」

第二項　組　織

　　在憲法第六次修改以前，考試院長、副院長與考試委員是由總統提名，經國民大會同意任命，憲法增修條文第 6 條第 2 項規定：「考試院設院長、副

院長各一人,考試委員若干人,由總統提名,經國民大會同意任命之,不適用憲法第 84 條之規定。」憲法第 84 條原規定:「考試院設院長、副院長各一人,考試委員若干人,由總統提名,經監察院同意任命之。」但在國民大會虛級化以後,考試院院長、副院長與考試委員是由總統提名,改經立法院同意任命之。憲法增修條文第 6 條第 2 項修正爲「考試院設院長、副院長各一人,考試委員若干人,由總統提名,經立法院同意任命之,不適用憲法第 84 條之規定。」現就考試院之相關組織敘述如下:

一、院長、副院長

考試院組織法第 8 條規定:「考試院院院長綜理院務,並監督所屬機關。考試院院長因事故不能視事時,由副院長代理其職務。」其次,考試院組織法第 5 條規定:「考試院院長、副院長及考試委員之任期爲六年。前項人員出缺時,繼任人員之任期至原任期屆滿之日爲止。」

二、考試委員

憲法第 88 條規定:「考試委員須超出黨派以外,依據法律獨立行使職權。」考試院組織法第 3 條規定:「考試院考試委員之名額定爲十九人。」第 4 條也規定:「考試委員應具有左列各款資格之一:一、曾任考試委員聲譽卓著者。二、曾任典試委員長而富有貢獻者。三、曾任大學教授十年以上,聲譽卓著,有專門著作者。四、高等考試及格二十年以上,曾任簡任職滿十年,並達最高級,成績卓著,而有專門著作者。五、學識豐富,有特殊著作或發明,或富有政治經驗,聲譽章著者。」

(一) 考試院會議

考試院組織法第 7 條規定:「考試院設考試院會議,以院長、副院長、考試委員及前條各部會首長組織之,決定憲法所定職掌之政策及其有關重大事

項。前項會議以院長爲主席。考試院就其掌理或全國性人事行政事項，得召集有關機關會商解決之。」

(二) 考選部

考試院組織法第 6 條規定：「考試院設考選部、銓敘部、公務人員保障暨培訓委員會；其組織另以法律定之。」

1. 執掌範圍

考選部組織法第 1 條規定：「考選部掌理全國考選行政事宜。」

考選部組織法第 2 條規定：「考選部對於承辦考選行政事務之機關有指示監督之權。」

2. 組織架構

考選部組織法第 3 條規定：「考選部設下列各司、處、室：一、考選規劃司。二、高普考試司。三、特種考試司。四、專技考試司。五、總務司。六、題庫管理處。七、資訊管理室。八、秘書室。」

(三) 銓敘部

考試院組織法第 6 條規定：「考試院設考選部、銓敘部、公務人員保障暨培訓委員會；其組織另以法律定之。」

1. 執掌範圍

銓敘部組織法第 1 條規定：「銓敘部掌理全國公務員之銓敘及各機關人事機構之管理事項。」

2. 組織架構

銓敘部組織法第 2 條規定：「銓敘部設左列各司、室：一、法規司。二、銓審司。三、特審司。四、退撫司。五、人事管理司。六、總務司。七、秘書室。」

(四) 公務員保障暨培訓委員會

考試院組織法第 6 條規定：「考試院設考選部、銓敘部、公務人員保障暨培訓委員會；其組織另以法律定之。」

　　公務人員保障暨培訓委員會組織法第 1 條規定：「本法依考試院組織法第 6 條規定制定之。」

　　公務人員保障暨培訓委員會組織法第 2 條規定：「公務人員保障暨培訓委員會（以下簡稱本會）設下列各處、室：一、保障處。二、培訓處。三、秘書室。」

(五) 幕僚機構

　　考試院組織法第 9 條規定：「考試院置秘書長一人，特任，承院長之命，處理本院事務，並指揮監督所屬職員。副秘書長一人，職務列簡任第十四職等，承院長之命，襄助秘書長處理本院事務。秘書長及副秘書長應列席考試院會議。」

　　第 12 條規定：「考試院置參事六人至八人，職務列簡任第十二職等至第十三職等；掌理關於考選、銓敘等法案、命令之撰擬、審核事項。」

第三項　職　權

　　憲法增修條文第 6 條第 1 項規定：「考試院為國家最高考試機關，掌理左列事項，不適用憲法第八十三條之規定：一、考試。二、公務人員之銓敘、保障、撫卹、退休。三、公務人員任免、考績、級俸、陞遷、褒獎之法制事項。」憲法第 83 條原規定：「考試院為國家最高考試機關，掌理考試、任用、銓敘、考績、級俸、陞遷、保障、褒獎、撫卹、退休、養老等事項。」

　　其次，憲法第 87 條也規定考試院提出法律案之權「考試院關於所掌事項，得向立法院提出法律案。」

　　考試院組織法第 2 條也規定：「考試院行使憲法所賦予之職權，對各機關執行有關考銓業務並有監督之權。」

第六節　監察院

第一項　地位與產生方式

一、地　位

(一) 國家最高監察機關

我國自漢代以來，就有御史大夫，專司監察行政部門的得失，促進政治之清明。到了近代，國父　孫中山先生認為歐美國家的三權分立有其缺陷，特別是立法機關常常濫用監察權，挾制行政機關，造成議會專制。因此，創立五權憲法理論，將監察權從立法權中獨立出來。

我國憲法增修條文第7條第1項規定：「監察院為國家最高監察機關，行使彈劾、糾舉及審計權，不適用憲法第九十條及第九十四條有關同意權之規定。」而憲法第90條原規定：「監察院為國家最高監察機關，行使同意、彈劾、糾舉及審計權。」第94條原規定監察院同意權之行使「監察院依本憲法行使同意權時，由出席委員過半數之議決行之。」

(二) 憲法修改後，已不具備中央民意機構之地位

司法院大法官會議釋字第325號解釋文指出釋字第76號解釋認監察院與其他中央民意機構共同相當於民主國家之國會，於憲法增修條文第15條（憲增§7）規定施行後，監察院已非中央民意機構，其地位及職權亦有所變更，上開解釋自不再適用於監察院：「本院釋字第76號解釋認監察院與其他中央民意機構共同相當於民主國家之國會，於憲法增修條文第15條規定施行後，監察院已非中央民意機構，其地位及職權亦有所變更，上開解釋自不再適用於監察院。惟憲法之五院體制並未改變，原屬於監察院職權中之彈劾、糾舉、糾正權及為行使此等職權，依憲法第95條、第96條具有之調查權，憲法增修條文亦未修改，此項調查權仍應專由監察院行使。立法院為行使憲法所賦予之職權，除依憲法第57條第1款及第67條第2項辦理外，得經院會或委員會之決議，要求

有關機關就議案涉及事項，提供參考資料，必要時並得經院會決議調閱文件原本，受要求之機關非依法律規定或其他正當理由不得拒絕。但國家機關獨立行使職權受憲法之保障者，如司法機關審理案件所表示之法律見解、考試機關對於應考人成績之評定、監察委員為糾彈或糾正與否之判斷，以及訴訟案件在裁判確定前就偵查、審判所為之處置及其卷證等，監察院對之行使調查權，本受有限制，基於同一理由，立法院之調閱文件，亦同受限制。」

二、產生方式

(一) 憲法本文之規定

憲法第 91 條原規定監察委員之產生方式為：「監察院設監察委員，由各省市議會、蒙古西藏地方議會及華僑團體選舉之。其名額分配，依左列之規定：一、每省五人。二、每直轄市二人。三、蒙古各盟旗共八人。四、西藏八人。五、僑居國外之國民八人。」

憲法第 92 條原規定監察院正副院長之產生方式：「監察院設院長、副院長各一人，由監察委員互選之。」

第 93 條規定監察委員之任期原為：「監察委員之任期為六年，連選得連任。」

(二) 憲法第六次修改以前

在憲法第六次修改以前，憲法增修條文第 7 條第 2 項規定：「監察院設監察委員二十九人，並以其中一人為院長、一人為副院長，任期六年，由總統提名，經國民大會同意任命之。憲法第九十一條至第九十三條之規定停止適用。」亦即由總統提名，國民大會同意任命之。

(三) 憲法第六次修改以後

憲法第六次修改以後，國民大會虛級化，監察院院長、副院長與監察委員改由總統提名，經立法院同意任命之。憲法增修條文第 7 條第 2 項修正為：「監察院設監察委員二十九人，並以其中一人為院長、一人為副院長，任期六年，由總統提名，經立法院同意任命之。憲法第九十一條至第九十三條之規定停止

適用。」

第二項　組　織

一、院長與副院長

　　監察院組織法第6條規定：「監察院院長綜理院務，並監督所屬機關；監察院院長因事故不能視事時，由副院長代理其職務。監察院院長出缺時，由副院長代理；其代理期間至總統提名繼任院長經國民大會同意，總統任命之日為止。監察院院長、副院長同時出缺時，由總統就監察委員中指定一人代理院長；其代理期間至總統提名繼任院長、副院長經國民大會同意，總統任命之日為止。監察院院長、副院長及監察委員出缺時，其繼任人之任期，至原任期屆滿之日為止。」

二、監察委員

　　憲法增修條文第7條第5項規定：「監察委員須超出黨派以外，依據法律獨立行使職權。」監察院組織法第3條之1規定：「監察院監察委員，須年滿三十五歲，並具有左列資格之一：一、曾任中央民意代表一任以上或省（市）議員二任以上，聲譽卓著者。二、任簡任司法官十年以上，並曾任高等法院、高等法院檢查署以上司法機關司法官，成績優異者。三、曾任簡任職公務員十年以上，成績優異者。四、曾任大學教授十年以上，聲譽卓著者。五、國內專門職業及技術人員高等考試及格，執行業務十五年以上者，聲譽卓著者。六、清廉正直，富有政治經驗或主持新聞文化事業，聲譽卓著者。前項所稱之服務或執業年限，均計算至次屆監察委員就職前一日止。」

三、監察院會議

　　監察院組織法第7條規定：「監察院會議由院長、副院長及監察委員組織

之，以院長為主席。」

四、各種委員會

監察院組織法第 3 條規定：「監察院得分設委員會，其組織另以法律定之。」

五、監察委員行署

監察院組織法第 8 條規定：「監察院視事實之需要，得將全國分區設監察院監察委員行署，其組織另以法律定之。」

六、審計部

監察院之審計長依據憲法第 104 條規定，由總統提名，經立法院同意任命之，與前述之監察委員依法均為監察院之成員，地位相同，惟其職權各有不同。其次，監察院組織法第 4 條規定：「監察院設審計部，其職掌如左：一、監督政府所屬全國各機關預算之執行。二、核定政府所屬全國各機關收入命令及支付命令。三、審核政府所屬全國各機關財務收支及審定決算。四、稽察政府所屬全國各機關財務及財政上不法或不忠於職務之行為。五、考核政府所屬全國各機關財務效能。六、核定各機關人員對於財務上之責任。七、其他依法律應行辦理之審計事項。審計部之組織，另以法律定之。」第 5 條規定：「審計長綜理審計部事務。」

七、監察調查處

民國八十七年一月七日總統令修正公布監察院組織法，增設監察調查處，置調查官、調查專員及調查員等，以協助監察委員調查案件。監察院組織法第 10 條規定：「監察院設監察業務處、監察調查處、公職人員財產申報處、秘書

處、綜合規劃室、資訊室，分別掌理左列事項，並得分組或分科辦事：一、關於人民書狀之收受、處理及簽辦事項。二、關於糾舉、彈劾事項。三、關於調查案件之協查事項。四、關於公職人員財產申報事項。五、關於會議紀錄、公報編印及發行事項。六、關於文書收發、保管及印信典守事項。七、關於出納及庶務事項。八、關於綜合計畫之研擬及研究發展與考核事項。九、關於資訊系統之整體規劃及管理事項。十、關於協調、聯繫及新聞發布事項。十一、其他有關事項。」

第三項　職　權

一、彈劾權

彈劾權乃對於公務人員違法失職行為，經查證後依法提出彈劾案，舉發其罪狀於法定懲戒機關，科以制裁的權限。

憲法增修條文第 7 條第 3 項規定：「監察院對於中央、地方公務人員及司法院、考試院人員之彈劾案，須經監察委員二人以上之提議，九人以上之審查及決定，始得提出，不受憲法第九十八條之限制。」憲法第 98 條原規定監察院彈劾公務人員之程序為「監察院對於中央及地方公務人員之彈劾案，須經監察委員一人以上之提議，九人以上之審查及決定，始得提出。」

監察法第 6 條也規定：「監察委員對於公務人員認為有違法或失職之行為者，應經二人以上之提議向監察院提彈劾案。」

憲法增修條文第 7 條第 4 項規定：「監察院對於監察院人員失職或違法之彈劾，適用憲法第九十五條、第九十七條第二項及前項之規定。」憲法第 97 條第 2 項規定：「監察院對於中央及地方公務人員，認為有失職或違法情事，得提出糾舉案或彈劾案，如涉及刑事，應移送法院辦理。」

二、糾舉權

糾舉權係對公務人員有違法失職行為，可舉發罪狀於該主管機關或其上級

機關，程序簡單，旨在迅速。監察法第 19 條第 1 項規定：「監察委員對於公務人員認為有違法或失職之行為，應先予停職或其他急速處分時，得以書面糾舉，經其他監察委員三人以上之審查及決定，由監察院送交被糾舉人員之主管長官或其上級長官，其違法行為涉及刑事或軍法者，應逕送各該管司法或軍法機關依法辦理。」

三、糾正權

糾正權係對事不對人，目的在督促有關單位注意改善，不帶強制作用，不作硬性規定。憲法第 97 條第 1 項規定：「監察院經各該委員會之審查及決議，得提出糾正案，移送行政院及其有關部會，促其注意改善。」

監察法第 24 條規定：「監察院於調查行政院及其所屬各機關之工作及設施後，經各有關委員會之審查及決議，得由監察院提出糾正案，移送行政院或有關部會，促請其注意改善。」

第 25 條規定：「行政院或有關部會接到糾正案後，應即為適當之改善與處置，並應以書面答復監察院，如逾二個月仍未將改善與處置之事實答復監察院時，監察院得質問之。」

四、審計權

監察院之審計權，由於審計工作具有專門與技術之特質，不宜由監察委員自行行使，故由審計部掌理之，依憲法第 104 條：「監察院設審計長，由總統提名，經立法院同意任命之。」及第 105 條：「審計長應於行政院提出決算後三個月內，依法完成其審核，並提出審核報告於立法院。」等規定，審計權應係由監察院之審計長行使之；又以決算之審核工作繁雜且重要，難由審計長獨自完成，乃設置審計機關輔助之。因此，監察院組織法第 4 條規定，監察院設審計部；審計部組織法第 14 條規定，審計部於各省（市）設審計處，於各縣（市）酌設審計室；上開依法設置之審計部、處、室均為審計法第 3 條規定行

使審計職權之審計機關。

　　司法院大法官會議釋字第 235 號解釋認為：「中華民國憲法採五權分立制度，審計權乃屬監察權之範圍，應由中央立法並執行之，此觀憲法第 90 條及第 107 條第 13 款規定自明。隸屬於監察院之審計部於省（市）設審計處，並依審計法第 5 條辦理各該省（市）政府及其所屬機關財務之審計，與憲法並無牴觸。」

　　審計權依審計法第 2 條規定，包括監督預算之執行；核定收支命令；審核財務收支，審定決算；稽察財物及財政上之不法或不忠於職務之行為；考核財務效能；核定財務責任；及其他依法律應行辦理之審計事項等七項，均係審計機關為協助審計長完成憲法規定之決算審核，所必須具備之審計職權。審計法第 2 條規定：「審計職權如左：一、監督預算之執行。二、核定收支命令。三、審核財務收支，審定決算。四、稽察財物及財政上之不法或不忠於職務之行為。五、考核財務效能。六、核定財務責任。七、其他依法律應行辦理之審計事項。」

　　關於彈劾、糾舉及糾正案行使比較如表 9-3 [27]：

表 9-3　彈劾、糾舉及糾正案行使比較

項目	彈劾案	糾舉案	糾正案
行使原因	公務人員有違法或失職行為。	公務人員有違法或失職行為，有先行停職或有其他急速處分之必要時。	行政院及行政院所屬各機關的工作及設施有違法或失職情事。
行使對象	中央或地方公務員。	中央及地方公務人員。	行政院及行政院所屬各機關。
審查及決定	對中央或地方公務人員的彈劾案，則要經監察委員二人以上的提議，九人以上的審查及決定。	須經監察委員一人以上的提議及三人以上的審查及決定。	須經監察院有關委員會的審查及決定。
移送機關	對中央及地方公務人員的彈劾，向公務員懲戒委員會提出。	向公務員的主管長官或上級長官提出。	向行政院或有關部會提出。

[27] 引自監察院網站，監察業務常見問答集之圖表，http://www.cy.gov.tw/bull.asp。

項目	彈劾案	糾舉案	糾正案
目的	懲戒或刑事處分。	依照公務員懲戒法規規定處理，並可先行停職或為其他急速處分。	督促行政機關注意改善。
刑事部分	公務人員違法行為涉及刑事或軍法者，應同時送司法或軍法機關處理。	公務人員違法行為涉及到刑事或軍法者，應同時送司法或軍法機關處理。	無

五、調查權

監察院具有彈劾、糾舉、審計等權力，因此，為了解公務人員有無違法失職之行為行使彈劾或糾舉權自應以明瞭事實為前提，而為明瞭事實，則必須具有調查之權力，俾能順利行使其職權。按我國憲法第 95 條：「監察院為行使監察權，得向行政院及其各部會調閱其所發布之命令及各種有關文件。」及第 96 條：「監察院得按行政院及其各部會之工作，分設若干委員會，調查一切設施，注意其是否違法或失職。」等規定，為監察院調查權之憲法依據。

至於調查權行使之範圍及方法，依監察法第 2 條規定：「監察院以監察委員行使彈劾權、糾舉權及以各委員會提出糾正案。」監察委員應以行使彈劾權、糾舉權為範圍，而具有調查權，其調查權之行使方法於監察法暨其施行細則第五章均有明文規定。

其次，監察院依憲法規定行使監察權，而監察權中之彈劾權、糾舉權由監察委員行使，審計權由審計長行使，並以審計機關行使審計職權依大法官會議釋字第 235 號解釋，審計權乃屬監察權之範圍，應由中央立法並執行之，已如前述。監察院關於行使監察職權，而須調查之案件，如屬審計職權者，則由審計機關辦理；如非屬審計職權，但須審計上之專業與技術協助者，應依「監察院與審計部權責劃分原則」之規定，報經院長同意，由監察院監察調查處通知審計部指定人員，以院令派之；如屬涉有審計職權之事項，應參照上述權責劃

---

[28] 引自監察院網站，監察業務常見問答集之圖表，http://www.cy.gov.tw/job.htm。

分原則之有關規定，洽請審計長派員會同聯合辦理，其調查結果，各按職權依法處理[28]。

最後，司法院大法官會議釋字第 235 號解釋也指出調查權仍應專由監察院行使，立法院僅具有調閱文件權，其解釋文內容提到：「本院釋字第 76 號解釋認監察院與其他中央民意機構共同相當於民主國家之國會，於憲法增修條文第 15 條規定施行後，監察院已非中央民意機構，其地位及職權亦有所變更，上開解釋自不再適用於監察院。惟憲法之五院體制並未改變，原屬於監察院職權中之彈劾、糾舉、糾正權及為行使此等職權，依憲法第 95 條、第 96 條具有之調查權，憲法增修條文亦未修改，此項調查權仍應專由監察院行使。立法院為行使憲法所賦予之職權，除依憲法第 57 條第 1 款及第 67 條第 2 項辦理外，得經院會或委員會之決議，要求有關機關就議案涉及事項，提供參考資料，必要時並得經院會決議調閱文件原本，受要求之機關非依法律規定或其他正當理由不得拒絕。但國家機關獨立行使職權受憲法之保障者，如司法機關審理案件所表示之法律見解、考試機關對於應考人成績之評定、監察委員為糾彈或糾正與否之判斷，以及訴訟案件在裁判確定前就偵查、審判所為之處置及其卷證等，監察院對之行使調查權，本受有限制，基於同一理由，立法院之調閱文件，亦同受限制。」

六、監試權

監試法第 1 條規定：「舉行考試時，除檢覈外，依本法之規定，由考試院或考選機關分請監察院或監察委員行署派員監試。凡組織典試委員會辦理之考試，應咨請監察院派監察委員監試。凡考試院派員或委託有關機關辦理之考試，得由監察機關就地派員監試。」

七、提案權

司法院大法官會議釋字第 3 號解釋文指出「監察院關於所掌事項，是否得

向立法院提出法律案，憲法無明文規定，而同法第 87 條則稱考試院關於所掌事項，得向立法院提出法律案。」

八、巡迴監督權

監察法第 3 條規定：「監察委員得分區巡迴監察。」

九、受理請願權

監察法第 4 條規定：「監察院及監察委員得收受人民書狀，其辦法由監察院定之。」

第四項　其他相關重要議題

一、監察委員有否身分保障

憲法第 101 條規定：「監察委員在院內所爲之言論及表決，對院外不負責任。」憲法第 102 條規定：「監察委員，除現行犯外，非經監察院許可，不得逮捕或拘禁。」但憲法增修條文第 7 條第 6 項規定：「憲法第 101 條及第 102 條之規定，停止適用。」因此，監察委員由於非民意代表，目前並不具備言論免責權與不受逮捕權之身分保障。

二、監察委員之兼職限制

監察委員不但不能兼任公職，亦不得執行業務，此外，監察委員在行使職權之時也必須超越黨派。憲法第 103 條規定：「監察委員不得兼任其他公職或執行業務。」

第十章

政府論各論 (二) —— 垂直的權力分立

第一節　地方自治的意義、理論基礎與要件

第一項　意　義

一、國父　孫中山先生

將地方上的事情，讓本地方人民自己去治理[1]。

二、政治學者薩孟武

在自治這個概念含有民主政治的思想，且為其構成要素。因此，地方自治在實際上及法律上的開展與近代民主政治發展有著極密切的關係[2]。

三、政治學者管歐

地方自治者，非國家之直接行政，乃於國家監督之下，乃由地方自治團體，依其自己之獨立意志，而處理其區域之事務之謂[3]。

---

[1]　薄慶玖，地方政府與政治，台北：五南，1990 年，頁 5。
[2]　薩孟武，前引書，頁 375。
[3]　管歐，前引書，頁 425。

四、政治學者薄慶玖

地方自治乃國家特定區域人民，基於國家授權或依據國家法令，在國家監督之下，自組法人團體，以地方之人及地方之財，自行處理各該區域內公共事務的一種制度[4]。

第二項　理論基礎

一、固有權力說

此說源自於自然法思想，係指自治權係為先於國家存在的權力，因此自治權並非來自外在授與，而係地方自治團體的固有權力[5]。

二、承認說

此說係指基於國家主權理論，自治權源自於國家，國家可藉由立法方式界定自治權範圍，指揮並監督地方自治團體[6]。

三、制度性保障說

此說乃強調地方自治係憲法特別保護的制度，國家不得循一般立法程序加以廢止或侵害地方自治權。國家更有義務以立法的方式創造有利於地方自治發展之制度設計[7]。

---

[4]　薄慶玖，前引書，頁 8。
[5]　許志雄、陳銘祥、蔡茂寅、周志宏、蔡宗珍合著，現代憲法論，台北：元照，2000 年 9 月，頁 375。
[6]　許志雄、陳銘祥、蔡茂寅、周志宏、蔡宗珍合著，前引書，頁 376。
[7]　蔡茂寅，地方自治之基礎理論，台灣本土法學雜誌，第 11 期，2000 年 6 月，頁 11～16。

　　此外，制度保障係對該制度本身而言。就人民而言，人民係基本權利之主
體，得享有基本權利之各項保障。但地方自治團體與自然人不同，從而不能享
受基本權利之保障。但是制度保障係屬於客觀價值秩序下的一項內容，在制度
核心之核心領域，國家各權力機關應在執掌範圍內經由決定加以保障，而地方
自治亦屬於上述情形[8]。

　　司法院大法官會議釋字第 498 號解釋指出，地方自治為憲法所保障之制
度，立法院不得因地方自治團體行政機關之公務員未到會備詢，而據以刪減或
擱置中央機關對地方自治團體補助款預算，其解釋文如下：「地方自治為憲法
所保障之制度。基於住民自治之理念與垂直分權之功能，地方自治團體設有地
方行政機關及立法機關，其首長與民意代表均由自治區域內之人民依法選舉產
生，分別綜理地方自治團體之地方事務，或行使地方立法機關之職權，地方行
政機關與地方立法機關間依法並有權責制衡之關係。中央政府或其他上級政府
對地方自治團體辦理自治事項、委辦事項，依法僅得按事項之性質，為適法或
適當與否之監督。地方自治團體在憲法及法律保障之範圍內，享有自主與獨立
之地位，國家機關自應予以尊重。立法院所設各種委員會，依憲法第 67 條第 2
項規定，雖得邀請地方自治團體行政機關有關人員到會備詢，但基於地方自治
團體具有自主、獨立之地位，以及中央與地方各設有立法機關之層級體制，地
方自治團體行政機關公務員，除法律明定應到會備詢者外，得衡酌到會說明之
必要性，決定是否到會。於此情形，地方自治團體行政機關之公務員未到會備
詢時，立法院不得因此據以為刪減或擱置中央機關對地方自治團體補助款預算
之理由，以確保地方自治之有效運作，及符合憲法所定中央與地方權限劃分之
均權原則。」

四、人民主權說

　　係指基於基本人權的保障，落實主權在民。凡屬於人民權利保障之範疇，

---

[8]　黃錦堂，地方制度法基本問題之研究，台北：翰蘆，2000 年 8 月，頁 12。

原則上皆應由地方自治團體自行處理。人民主權說藉由同心圓的概念說明地方自治團體及國家的主客關係，從而就事務的處理導出地方優先原則，凡屬於地方能夠處理的事務，自應歸於地方，上級地方自治團體與國家不宜介入[9]。

第三項　要　件

一、組織自主權

除法律有特別規定之外，地方自治團體對於其內外部組織有自行決定之權。包括職權、行政體系確立及事務處理程序等皆屬組織自主性內涵[10]。

二、人事自主權

地方自治團體為完成自治任務，在法律範圍內有任用、晉升、免職及解職公務員之權利，並且在職務關係內有作成相關人事決定之權[11]。

三、財政自主權

係指中央分配地方之財源，各地方可自行分配其運用之方式與比例[12]。

四、地方發展規劃自主權

係指地方自治團體對自治區域土地有獨自負責加以設計規範之權，特別是關於建築、商業活動或其他用途[13]。

---

[9]　李步雲，前引書，頁 208 ～ 224。
[10]　許志雄、陳銘祥、蔡茂寅、周志宏、蔡宗珍合著、現代憲法論，元照出版公司，前引書，頁 385。
[11]　法治斌、董保城合著，前引書，頁 411 ～ 412。
[12]　翁興利，地方政府與政治，台北：商鼎，1999 年，頁 20 ～ 30。
[13]　法治斌、董保城合著，前引書，頁 411 ～ 412。

第二節　均權主義與地方自治

第一項　均權制度的性質

在「中華民國建設之基礎」一文，孫中山先生對於均權思想中有關如何劃定中央與地方之權限等問題有相當精闢的分析。他說：「權之分配，不當以中央或地方為對象，而當以權之性質為對象。權之宜屬於中央者，屬之中央可也；權之宜屬於地方者，屬之地方可也。」至於此之所謂「權之性質」，並非由中央或地方的成見來界定而是「事之非舉國一致不可者，以其權屬於中央；事之因地制宜者，以其權屬於地方。易地域的分類而為科學的分類。」[14]

第二項　均權主義的內容

以「科學的分類」來劃分中央與地方之權限，其標準可從權的性質與事務程度作區分。

一、依權的性質區分

國父　孫中山先生說：「中央與省之權限採均權制度，凡事務有全國一致性質者，劃歸中央，有因地制宜者，劃歸地方。」「關於中央及地方權限採均權主義，凡事務有全國一致之性質者，劃歸中央；有因地制宜之性質者，劃歸地方；不偏於中央集權或地方分權制。」

何謂有「全國一致之性質」的事務呢？在民國元年，孫中山先生已有定見：「中央有中央當然之權，軍政、外交、交通、幣制、關稅是也。」至於「因地制宜之事務」則是在自治範圍內，由地方辦理之利民事務[15]。

---

[14] 卓播英，均權制度研究，國父遺教研究會編印，1975 年 6 月 30 日，頁 27 ～ 31。
[15] 卓播英，前引書，頁 210 ～ 215。

二、依事務程度劃分

不同的事務「例如軍事、外交，宜統一而不宜分歧，此權宜屬於中央者也」中央政府辦理的是應由全國統一管理的事務。地方政府則辦理因地制宜的事務。但同依事務由於程度上有差異，亦應「以某種程度以上屬中央，某種程度以下屬之地方。」例如「同一軍事也，國防固宜屬之中央，然警備隊之設施，當非中央所能代勞，是又宜屬之地方矣。同一教育也，濱海之區，宜側重水產，山谷之地，宜側重礦業或林業，事務宜予地方以措置之自由，然學制及義務教育年限，中央不能不為劃一範圍，是中央亦不能不過問之教育事業矣。」可見事業因其性質有異，而分由中央或地方政府統籌辦理，故此劃分並非限制雙方的職權，相反地，中央與地方政府在許多事務上更應依其程度不同劃分權責，相輔相成，使其各項事務能因地因事之性質制宜而辦理得盡善盡美 [16]。

第三項　中央集權、地方分權與均權制度的比較

一、中央集權

中央集權及地方分權，為近代地方自治制度之兩大主義。所謂中央集權，係指國家將權力完全交給中央政府，地方政府僅為中央政府之附屬機關，無憲法上自治權，且中央政府得自由創制或廢除地方制度 [17]。

中央集權制的特點有以下幾項：(一) 中央與地方並沒有分權，只是職務上的分配而已，換言之，地方政府沒有自治團體的地位。(二) 中央對地方的權力分配裡，權力仍為中央政府所擁有，地方政府只是以中央政府代理人身分行使權力。(三) 中央政府、地方政府授權的方式有概括式一次授與和列舉式逐次授與。(四) 中央政府與地方政府的關係，以單純上下隸屬關係為主，權力行使都

---

[16] 孫文，中華民國建設之基礎，國父全集，第 7 冊，頁 87～88。

[17] 趙永茂，中央與地方權限劃分的理論與實際——兼論台灣地方政府的變革方向，台北：翰蘆，1998 年 9 月，頁 49。

以行政機關的指揮命令。典型的中央極權國家,例如一九八二年以前的法國以及各共產國家爲代表[18]。

　　中央集權制的弊端主要有以下幾點:(一) 只注重外表整齊劃一,而失去因地制宜的施政。一國之內,各地區需要不同,尤其幅員廣闊的國家,其差異性非常大;中央政府往往對各地方情形有欠明瞭,若以同一法規或命令,施於全國各地,則很難適合各地之實情及利益,妨害地方發展。(二) 漠視地方自治,抑制國民對公共事務參與的興趣,阻止地方自動自發的精神,導致全國國民對政府產生疏離感,不能培養廣泛的公民文化,以利於民主政治的推行。(三) 在中央集權體制下,由於事權集中,各級政府形成層層節制的管轄系統,權力集中到上層結構,日久所行使皆例行方法。不會做伸縮性調整,導致中央政府日趨於專制獨裁,而地方政府處處受束縛。(四) 中央集權下,地方政府官吏皆由中央任命,他們不必理會地方民意的反映,只要仰賴中央意旨,不惜犧牲地方利益,甚至違反人民意志,造成人民反感,扼殺地方在公共事務方面的創造力和人民的公益熱心,進而產生離心力,對國家長期穩定產生不良影響。(五) 中央集權的立法機關,往往必須處理地方性事務而負擔過重,結果既妨礙了全國性的行政工作及立法工作,也妨礙了地方性的行政及立法工作。(六) 中央集權對事務的處理,往往導致不必要的耽誤,地方政府爲了要等候「中央授權」的指示,往往招致不必要的延誤,對自身熟悉的事務,反而無權處理[19]。

二、地方分權

　　大凡中央事權與地方事權,各有一定界限,不受他方的干預,互不侵越;雙方權限的劃分保障,不僅規定於憲法條文,對於任何權限的劃分變動,必須取得雙方同意者。中央政府僅依憲法保持其有限度的監督指揮權,而地方政府有自治權處理本身事務。原則上聯邦國家採取地方分權制,例如以美國、加拿

---

[18] 薄慶玖,中華民國政府發展,邁向已開發國家中華民國政府發展,蔡政文主編,國立台灣大學政治系印,頁 50。

[19] 卓播英,均權制度研究,國父遺教研究會編印,1975 年 6 月 30 日,頁 77 ～ 78。

大、澳洲、印度為代表，但並非所有分權制國家就是聯邦國家，例如過去的蘇聯及墨西哥，憲法明定為聯邦國家，但事實上卻是不折不扣的中央集權國家。單一國原則上亦是中央集權制國家，但英國在地方分權上，具有悠久深厚的傳統，為一特例[20]。

地方分權制有以下幾個特點：(一) 地方政府，可依自治法人團體的地位，行使自治權，若非違反憲法的規定，中央政府不得隨意干涉。(二) 地方政府權力源於憲法、法律或不成文規定，非經修憲或法律之修訂，中央政府不得片面修改。(三) 中央政府對地方政府，只有監督權，沒有指揮權，而所有中央政府所行使的監督權必須有法律上的依據[21]。

一般而言，聯邦國家或單一國家對地方分權有很顯著差別。以美國為例，聯邦憲法係列舉中央事權，而未列舉之事權歸各州政府；這種中央事權列舉制，各州政府概括制，實源於歷史背景使然，因為美國各州政府早已先於聯邦政府存在一段長時間。在單一國方面，各地方政府所擁有事權皆由中央政府以法律委任授與，換言之，中央政府對地方自治權限、法律制定，有單獨片面決定權。

不過，地方分權制有其先天性的缺點，過分的分權制度，會危及國家的整合性，妨害國家的統一性。另一方面將國家的人力財力打散到各地方，國家的整體目標難以達成，再者以現代社會之複雜性，過度分權的結果會使國家面對內政與經濟事務時顯得軟弱無能[22]。

三、均權制度

所謂均權制，意即不偏向集權或分權之制度，換言之，係以是否與全體人民利害有直接關係為區分標準，是者必須以集權方式由中央政府統一處理；否

---

[20] 薄慶玖，前引書，頁53。
[21] 薄慶玖，前引書，頁50。
[22] Lea Cock, Limitation of Federal Government 引自迦納著，林昌恆譯，政治科學與政府 (3)，頁697～698。

者則由各地方政府依分權原則自行處理。

　　由於中央集權制和地方分權制都有明顯的缺失；我國歷代政治上所謂「外重內輕」、「強幹弱枝」，就明顯說明中央與地方權限劃分不均的現象，因此孫中山先生主張以均權主義徹底解決問題。渠在演講「中華民國建設之基礎」對我國中央與地方權限之劃分曾經昭示：「所謂中央集權或地方分權，甚或聯省自治者，不過內重外輕、內輕外重之常談而已。權之分配，不當以中央或地方為對象，而當以權之性質為對象，權之宜屬於中央者，屬之中央可也；權之宜屬於地方者，屬之地方可也。例如軍事外交，宜統一不宜分歧，此權之宜屬於中央者，教育衛生隨地方而異，此權之宜屬於地方者。更分析以言，同一軍事也，國防固宜屬中央，然警備隊之設施，豈中央所能代勞，是又宜屬地方矣。同一教育也，濱海之區宜側重水產，山谷之地宜側重礦業或林業，是故宜予地方措施之自由，然學制及義務教育年限，中央不能不為劃一範圍，是中央亦不能不過問教育事業矣。是則同一事業，猶當於某程度以上屬之中央，某程度以下屬之地方。彼漫然主張中央集權或地方分權或聯省自治者，動輒曰某取概括主義，得勿嫌其籠統乎？

　　權力之分配，不當挾一中央地方之成見，而推以其本身之性質為依歸，事之非舉國一致不可者，以其權屬於中央；事之應因地制宜者，以其權屬於地方。易地域的分類，斯為得之。」[23] 故其原則為凡事務有全國一致者劃歸中央；有因地制宜之性質者劃歸地方。屬於中央性質者，地方不能越權，屬於地方事權者，中央以克服中央集權與地方分權先天對立性之本質。基本上均權的對象以行政權與立法權為主，至於其餘三種司法、考試、監察，在性質上全國一致性，不適用之。孫中山先生所以採取西方各國中央集權與地方分權之優點，針對我國歷史、地理環境，以及辛亥革命後軍閥割據混戰的慘痛教訓創立「均權主義」原則，作為我國憲法裡中央與地方權限劃分之依據，以避免中央專橫之弊，國家力量既可有效集中統一，地方自治又可充分推行，厚植民主政治基礎。

　　另外而言，對於「均權主義」的原則，所謂「均權」並非把「中央集權」

---

[23] 國父地方自治之理論與實踐，中國地方自治學會印行，1965 年 11 月 12 日，頁 13～14。

或「地方分權」兩者用來「平均」，基本上，「均權主義」的真諦應該是「按事務的性質，來作合理的分配。」因爲從學理的觀點或實際上運作的政治制度上，政府的本質是不能用平均來劃分，所謂「均權」係對地方分權與中央集權相對於言，沒有中央集權和地方分權就沒有所謂的「均權」，因此，孫中山先生的「均權主義」是只對行政事務而非政治性而言 [24]。

　　最後，我國憲法將中央與地方之立法權並列，造成我國之地方制度是否揚棄向來之單一國地方制度，而改採聯邦制地方制度之爭議。事實上，聯邦制之地方制度認定標準有二：其一爲地方團體須有自主組織權，可自行制訂根本組織法；其二爲參政權，得選任代表組織議院，參加中央政府之立法者，始可謂爲聯邦國之地方制度。我國只有其一而無其二，故非聯邦制之地方制度。依五權憲法之規定，所謂「地方」，專指縣而言。縣爲地方自治單位；具因地制宜性質者，屬縣自治事項，其詳以法律定之；具全國一致性質者，蓋屬中央權限，無庸在憲法中列舉之 [25]。

第三節　我國憲法關於中央與地方的關係

第一項　中央與地方的權限劃分

一、中央專屬權

(一) 中央專屬權

　　憲法第 107 條所規定，由中央立法並執行之事項，蓋均具有全國一致之性質，故劃歸中央。內容有外交，國防與國防軍事，國籍法及刑事、民事、商事之法律，司法制度，航空、國道、國有鐵路、航政、郵政及電政，中央財政與

---

[24] 卓播英，均權主義的理論與實際，中華民國中山學術會議論文研討集，冊 3，頁 427。
[25] 劉慶瑞，中華民國憲法要義，台北：三民，1985 年 5 月，修訂十三版，頁 237 ~ 242。

國稅，國稅與省稅、縣稅之劃分，國營經濟事業，幣制及國家銀行，度量衡，國際貿易政策，涉外之財政經濟事項，其他依本憲法所定關於中央之事項。

(二) 中央立法地方執行事項

憲法第 108 條所規定，由中央立法並執行之，或交由省縣執行之事項。此係規定中央與地方均權之事項，不僅中央與省均權，及中央與縣亦係均權。內容有省縣自治通則（已暫停適用，見憲法增修條文第 9 條第 1 項），行政區劃，森林、工礦及商業，教育制度，銀行及交易所制度，航業及海洋漁業，公用事業，合作事業，二省以上之水陸交通運輸，二省以上之水利，河道及農牧事業，中央及地方官吏之銓敘、任用、糾察及保障，土地法，勞動法及其他社會立法，公用徵收，全國戶口調查及統計，移民及墾殖，警察制度，公共衛生，賑濟、撫卹及失業救濟，有關文化之古籍，古物及古蹟之保存，前項各款省於不牴觸國家法律內得制定單行法規 [26]。

二、地方專屬權

憲法第 110 條所規定，由縣立法並執行事項，蓋均具有一縣之性質，故劃歸縣，其項目為縣教育、衛生、實業及交通，縣財產之經營及處分，縣公營事業，縣合作事業，縣農林、水利、漁牧及工程，縣財政及縣稅，縣銀行，縣警衛之實施，縣慈善及公益事項，其他依國家法律及省自治法賦予之事項。前項各款，涉及二縣以上者，除法律別有規定外，得由有關縣共同辦理。

三、剩餘權劃分

(一)各國情形簡介

由於社會不斷發展，科技不斷進步，憲法裡對中央與地方權限概括事權劃分，不能涵蓋所有公共事務，因此對於許多新興公共事項預作事先周全規定，

---

[26] 林紀東，中華民國憲法逐條釋義 (四)，台北：三民，1993 年 9 月，6 版，頁 17 ～ 73。

因此就產生所謂「剩餘權」的歸屬問題。以美國為例，聯邦憲法係單獨列舉中央事權，地方事權概括。加拿大的方式，為將中央、地方事權均分別由雙方列舉，對於產生「剩餘權」問題時，對未列舉的事項，如關係全國性質者歸屬聯邦，關係地方者歸屬各邦。至於南非聯邦制對於剩餘權的處理方式，中央與地方各列舉事權，把未列舉的事權悉推定中央。至於解決「剩餘權」爭議的方法，在美國與加拿大由最高法院裁判之，在德奧則由憲法法院裁判之[27]。

(二) 我國的簡介

　　我國憲法關於中央與地方權限的劃分，係加拿大聯邦式，簡言之，即是將中央與地方之權，個別列舉之。例如憲法第 107 條列舉中央立法並執行之專屬權事項；第 108 條（配合增修條文第 9 條第 1 項）列舉中央立法並執行或由行政院命令省來執行，或交由縣執行之事項；第 110 條列舉縣立法並執行事項。對於剩餘權歸屬的方式，究竟是歸於中央，例如南非，或是歸於地方例如美國方式，我國現行憲法既未概括的劃歸中央，亦未概括劃歸地方，而是根據依據國父　孫中山先生均權主義的精神，視事務之性質，分屬中央與地方。遇有爭議時，由立法院解決之[28]。憲法第 111 條規定：「除第 107 條、第 108 條、第 109 條及第 110 條列舉事項外，如有未列舉事項發生時，其事務有全國一致之性質者屬於中央，有全省一致之性質者屬於省，有一縣之性質者屬於縣。遇有爭議時，由立法院解決之。」

　　此外，地方制度法第 77 條也規定：「中央與直轄市、縣（市）間，權限遇有爭議時，由立法院院會議決之；縣與鄉（鎮、市）間，自治事項遇有爭議時，由內政部會同中央各該主管機關解決之。直轄市間、直轄市與縣（市）間，事權發生爭議時，由行政院解決之；縣（市）間，事權發生爭議時，由內政部解決之；鄉（鎮、市）間，事權發生爭議時，由縣政府解決之。」

---

[27]　耿雲卿，中華民國憲法論下冊，台北：華欣，1989 年 9 月，頁 163～164。
[28]　陳新民，中華民國憲法釋論，三民，2001 年 1 月四版修訂版，頁 772～776。

第二項 中央與地方權限劃分原則分析

依國家事務的性質來看，大體上可以分為五大類：國防事務、外交事務、財政事務、司法事務和內政事務。其中外交、國防、司法為具有全國一致外，內政和財政項目甚廣，涉及中央與地方自治團體間錯綜複雜，大體而言，可分兩大類：一為保育事務，主要內容為教育、文化、衛生、農林、交通、水利、實業、社會福利、公共建設。其功能提供人民良好的生活品質，增進社會福利，發揚國家文化為宗旨。二為保安事務，為維持社會秩序、防治犯罪、保障社會安全，以謀求國家長期穩定發展的環境。事實上，與人民生活息息相關，關係最密切者，以這兩類事務為主要內容，中央與地方權限劃分的對象也是以這兩類為主，我國憲法所均權的對象也是上述兩項。

對於內政事務及財政事務之劃分原則，可以從以下幾點說明之：

一、從地區範圍性質來劃分

凡是事務性質關係全國事務，而舉辦範圍以全國為主，例如六年國建當中高速鐵路、高速公路、郵政、通訊、全民保險等事務，當然劃給中央政府管理。若僅以地區性事務，例如省縣產業道路、戶口、公共衛生等事務應劃歸地方。

二、從受益的對象來劃分

凡受益對象遍及全國人民者，其產生之利益涉及全國者，例如國家銀行系統，證券交易制度、對外國際貿易，應劃歸中央所有，凡受益僅及於地區性事務，劃歸地方政府，例如地區性水利工程、電力設施、天然煤氣、各縣市文化中心等公共設施，劃歸地方掌管。

三、從事務性質來劃分

凡事務性質必須整齊劃一、全國統一者，劃歸中央管理，例如度量衡制度、全國幣制、勞工政策、醫療保險，劃歸中央；可以依地方特殊性質個別發展者，如農林、水利、漁牧等事務，可歸地方辦理。

四、依所需要的技術層次來劃分

凡事務需要大規模人力、物力及技術較高層次者，劃歸中央處理，例如大規模的水利工程、國家公園規劃管理、核能發電廠、國際機場等，由中央政府出面辦理較為合適，至於技術層次較低者，規模較小者由地方處理，例如合作社、公共汽車等。

以上所列舉僅是原則性的規定，不是絕對性，因為各國環境不同、地域不同，更以科技發展日新月異，社會分工越細，各種複雜因素，很難找到一個明確的界限，惟有適時地加以調整，權衡輕重，以找到合理的劃分依據[29]。

第三項　中央與地方自治監督關係

一般而言，中央政府對地方的監督方式不外乎立法、行政、司法三個途徑，例如英國雖然地方分權很發達，中央政府對各地方政府組織與自治權，均以法律規定，地方政府議會和行政單位合一；所有經由地方議會制定之單行法或實施細則，不能與中央頒布法律衝突。在美國聯邦與州是平等劃分權限，但州政府以下，聯邦政府很少使用行政或立法監督；但州以下的縣市的議會立法權，必須接受州議會的立法監督，所有自治法規，縣市議會組織與行使自治權範圍，必須由州議會批准授與[30]。我國因受孫中山先生五權憲法的影響，政府體制採五權分立，中央對地方的監督則是以行政、立法、司法、考試、監察五

---

[29] 薄慶玖，前引書，頁62。
[30] 薄慶玖，前引書，頁50。

種監督並行。對於司法、考試、監察三種監督權，省以下地方政府不便行使。所以行政、立法監督權，不但中央行使，省政府對地方縣市政府亦得行使之[31]。茲敘述如下：

一、自治監督的內容

(一) 行政監督

係指上級行政機關對於下級地方自治團體之業務進行，用行政程序予以考核與監督。

(二) 立法監督

係指上級立法機關以立法權規定下級地方自治團體之體制，或賦予相當之職權，使其組織及職權行使獲得合法依據，並使之不得超越上級立法的範圍。

(三) 司法監督

係指司法機關以解釋權、訴訟權及懲戒權對各級地方自治團體所行使之監督。

(四) 考試監督

憲法增修條文第 6 條第 1 項規定：「考試院為國家最高考試機關，掌理左列事項，不適用憲法第 83 條之規定：一、考試。二、公務人員之銓敘、保障、撫卹、退休。三、公務人員任免、考績、級俸、陞遷、褒獎之法制事項。」憲法第 83 條原規定：「考試院為國家最高考試機關，掌理考試、任用、銓敘、考績、級俸、陞遷、保障、褒獎、撫卹、退休、養老等事項。」因此，中央對於地方有人事監督權，並對於自治行政機關事務人員之考試、銓敘。

(五) 監察監督

係指由監察院及其所屬之審計部行使監察權，方式包括糾舉權、糾正權、彈劾權與審計權。

---

[31] 薄慶玖，前引書，頁 59～60。

二、監督的標的

(一) 自治條例的監督

　　地方制度法第 26 條第 4 項規定：「自治條例經各該地方立法機關議決後，如規定有罰則時，應分別報經行政院、中央各該主管機關、縣政府核定後發布；其餘除法律或縣規章另有規定外，直轄市法規發布後，應報中央各該主管機關轉行政院備查；縣（市）規章發布後，應報中央各該主管機關備查；鄉（鎮、市）規約發布後，應報縣政府備查。」

(二) 自治規則的監督

　　地方制度法第 27 條第 3 項規定：「直轄市政府、縣（市）政府及鄉（鎮、市）公所訂定之自治規則，除法律或自治條例另有規定外，應於發布後依下列規定分別函報有關機關備查：一、其屬法律授權訂定者，函報各該法律所定中央主管機關備查。二、其屬依法定職權或自治條例授權訂定者，分別函送上級政府及各該地方立法機關備查或查照。」

三、委辦規則之監督

　　地方制度法第 29 條第 2 項規定：「委辦規則應函報委辦機關核定後發布之；其名稱準用自治規則之規定。」

四、地方預算的監督

　　地方制度法第 40 條第 4 項規定：「直轄市、縣（市）、鄉（鎮、市）總預算案在年度開始後三個月內未完成審議，直轄市政府、縣（市）政府、鄉（鎮、市）公所得就原提總預算案未審議完成部分，報請行政院、內政部、縣政府邀集各有關機關協商，於一個月內決定之；逾期未決定者，由邀集協商之機關逕為決定之。」

第四節　我國地方制度

　　地方制度除地方政府外，並包括省議會縣議會及市議會，以及蒙古西藏等地方之民意機構，乃至地方政府與地方民意機關間之相互關係等各種制度在內，地方制度為國家整個政治制度中的一部分，我國實行憲政，以地方自治為憲政之基礎，亦可為地方自治為地方制度之基礎，可分為省自治縣自治及市自治，而蒙古各盟旗地方自治制度，以法律定之，西藏地方自治制度，應予保障。詳見於憲法第 112 條至 128 條 [32]。

　　目前地方制度法第 3 條規定我國地方組織體系。第 1 項規定：「地方劃分為省、直轄市。」第 2 項規定：「省劃分為縣、市『以下稱縣（市）』；縣劃分為鄉、鎮、縣轄市『以下稱鄉（鎮、市）』。直轄市及市均劃分為區。」現就省、直轄市、縣與鄉鎮的組織分述如下：

第一項　省的組織概述

一、法源依據、職掌與地位

(一) 法源依據

　　憲法增修條文第 9 條第 1 項規定：「省、縣地方制度，應包括左列各款，以法律定之，不受憲法第 108 條第 1 項第 1 款、第 109 條、第 112 條至第 115 條及第 122 條之限制：一、省設省政府，置委員九人，其中一人為主席，均由行政院院長提請總統任命之。二、省設省諮議會，置省諮議會議員若干人，由行政院院長提請總統任命之。三、縣設縣議會，縣議會議員由縣民選舉之。四、屬於縣之立法權，由縣議會行之。五、縣設縣政府，置縣長一人，由縣民選舉之。六、中央與省、縣之關係。七、省承行政院之命，監督縣自治事項。」

　　同條第 2 項規定：「台灣省政府之功能、業務與組織之調整，得以法律為特別之規定。」

---

[32] 管歐，中華民國憲法論，台北：三民，1984 年 3 月修訂再版，頁 257～259。

除了上述憲法層次的法源依據以外，現行地方制度主要法源亦來自於：1. 依據憲法增修條文第 9 條第 2 項授權所制定之「台灣省政府功能業務與組織調整暫行條例」，自民國八十七年十二月二十一日起施行至八十九年十二月三十一日。2. 依據憲法增修條文第 9 條第 1 項與憲法第 118 條所制定的地方制度法。

(二) 省政府的職掌

其次，關於省政府的職掌，地方制度法第 8 條規定：「省政府受行政院指揮監督，辦理下列事項：一、監督縣（市）自治事項。二、執行省政府行政事務。三、其他法令授權或行政院交辦事項。」

(三) 省之地位

為行政區域，非地方自治區域

由上述憲法增修條文的規定，省的角色已由自治法人變更為非自治法人，屬於中央機關之派駐機關，地方制度法第 2 條第 1 款後段即明確規定：「省政府為行政院派出機關，省為非地方自治團體。」，但是省仍具有「監督縣市自治事項」之功能[33]。

司法院大法官會議釋字第 467 號解釋文也指出民國八十六年七月二十一日公布之憲法增修條文第 9 條施行後，省非地方自治團體性質之公法人：

中華民國八十六年七月二十一日公布之憲法增修條文第 9 條施行後，省為地方制度層級之地位仍未喪失，惟不再有憲法規定之自治事項，亦不具備自主組織權，自非地方自治團體性質之公法人。符合上開憲法增修條文意旨制定之各項法律，若未劃歸國家或縣市等地方自治團體之事項，而屬省之權限且得為權利義務之主體者，於此限度內，省自得具有公法人資格。

因此，民國八十七年十二月二十一日以後，省長不再改選、省議會裁撤，省不再具有地方自治團體性質之公法人，省乃行政院的派出機關，但是省仍屬於地方制度層級，學者紀俊臣指出，省應可解釋為行政區域，然而已非地方自

---

[33] 紀俊臣，精省與新地方制度：台北：時英，2000 年 9 月，頁 54 ～ 58。

治區域 [34]。

二、省政府之編制

地方制度法第 9 條規定:「省政府置委員九人,組成省政府委員會議,行使職權,其中一人為主席,特任,綜理省政業務;得置副主席一人,職務比照簡任第十四職等,襄助主席處理業務;其餘委員除兼任者外,職務比照簡任第十三職等,襄理主席督導業務;均由行政院院長提請總統任命之。」

三、省諮議會之職掌

地方制度法第 10 條規定:「省諮議會對省政府業務提供諮詢及興革意見。」

四、諮議長與諮議員

地方制度法第 11 條規定:「省諮議會置諮議員,任期三年,為無給職,其人數由行政院參酌轄區幅員大小、人口多寡及省政業務需要定之,至少五人,至多二十九人,並指定其中一人為諮議長,綜理會務,均由行政院院長提請總統任命之。」

五、省政府及省諮議會之預算

地方制度法第 12 條規定:「省政府及省諮議會之預算,由行政院納入中央政府總預算,其預算編列、執行及財務收支事項,依預算法、決算法、國庫法及其他相關法令規定辦理。」

---

[34] 紀俊臣,同前書,頁 146。

第二項　直轄市的自治事項

地方制度法第 18 條規定：「下列各款為直轄市自治事項：一、關於組織及行政管理事項如下：(一) 直轄市公職人員選舉、罷免之實施。(二) 直轄市組織之設立及管理。(三) 直轄市戶籍行政。(四) 直轄市土地行政。(五) 直轄市新聞行政。二、關於財政事項如下：(一) 直轄市財務收支及管理。(二) 直轄市稅捐。(三) 直轄市公共債務。(四) 直轄市財產之經營及處分。三、關於社會服務事項如下：(一) 直轄市社會福利。(二) 直轄市公益慈善事業及社會救助。(三) 直轄市人民團體之輔導。(四) 直轄市宗教輔導。(五) 直轄市殯葬設施之設置及管理。(六) 直轄市調解業務。四、關於教育文化及體育事項如下：(一) 直轄市學前教育、各級學校教育及社會教育之興辦及管理。(二) 直轄市藝文活動。(三) 直轄市體育活動。(四) 直轄市文化資產保存。(五) 直轄市禮儀民俗及文獻。(六) 直轄市社會教育、體育與文化機構之設置、營運及管理。五、關於勞工行政事項如下：(一) 直轄市勞資關係。(二) 直轄市勞工安全衛生。六、關於都市計畫及營建事項如下：(一) 直轄市都市計畫之擬定、審議及執行。(二) 直轄市建築管理。(三) 直轄市住宅業務。(四) 直轄市下水道建設及管理。(五) 直轄市公園綠地之設立及管理。(六) 直轄市營建廢棄土之處理。七、關於經濟服務事項如下：(一) 直轄市農、林、漁、牧業之輔導及管理。(二) 直轄市自然保育。(三) 直轄市工商輔導及管理。(四) 直轄市消費者保護。八、關於水利事項如下：(一) 直轄市河川整治及管理。(二) 直轄市集水區保育及管理。(三) 直轄市防洪排水設施興建管理。(四) 直轄市水資源基本資料調查。九、關於衛生及環境保護事項如下：(一) 直轄市衛生管理。(二) 直轄市環境保護。十、關於交通及觀光事項如下：(一) 直轄市道路之規劃、建設及管理。(二) 直轄市交通之規劃、營運及管理。(三) 直轄市觀光事業。十一、關於公共安全事項如下：(一) 直轄市警政、警衛之實施。(二) 直轄市災害防救之規劃及執行。(三) 直轄市民防之實施。十二、關於事業之經營及管理事項如下：(一) 直轄市合作事業。(二) 直轄市公用及公營事業。(三) 與其他地方自治團體合辦之事業。十三、其他依法律賦予之事項。」

第三項　縣（市）自治事項

地方制度法第 19 條規定：「下列各款為縣（市）自治事項：一、關於組織及行政管理事項如下：(一) 縣（市）公職人員選舉、罷免之實施。(二) 縣（市）組織之設立及管理。(三) 縣（市）戶籍行政。(四) 縣（市）土地行政。(五) 縣（市）新聞行政。二、關於財政事項如下：(一) 縣（市）財務收支及管理。(二) 縣（市）稅捐。(三) 縣（市）公共債務。(四) 縣（市）財產之經營及處分。三、關於社會服務事項如下：(一) 縣（市）社會福利。(二) 縣（市）公益慈善事業及社會救助。(三) 縣（市）人民團體之輔導。(四) 縣（市）宗教輔導。(五) 縣（市）殯葬設施之設置及管理。(六) 市調解業務。四、關於教育文化及體育事項如下：(一) 縣（市）學前教育、各級學校教育及社會教育之興辦及管理。(二) 縣（市）藝文活動。(三) 縣（市）體育活動。(四) 縣（市）文化資產保存。(五) 縣（市）禮儀民俗及文獻。(六) 縣（市）社會教育、體育與文化機構之設置、營運及管理。五、關於勞工行政事項如下：(一) 縣（市）勞資關係。(二) 縣（市）勞工安全衛生。六、關於都市計畫及營建事項如下：(一) 縣（市）都市計畫之擬定、審議及執行。(二) 縣（市）建築管理。(三) 縣（市）住宅業務。(四) 縣（市）下水道建設及管理。(五) 縣（市）公園綠地之設立及管理。(六) 縣（市）營建廢棄土之處理。七、關於經濟服務事項如下：(一) 縣（市）農、林、漁、牧業之輔導及管理。(二) 縣（市）自然保育。(三) 縣（市）工商輔導及管理。(四) 縣（市）消費者保護。八、關於水利事項如下：(一) 縣（市）河川整治及管理。(二) 縣（市）集水區保育及管理。(三) 縣（市）防洪排水設施興建管理。(四) 縣（市）水資源基本資料調查。九、關於衛生及環境保護事項如下：(一) 縣（市）衛生管理。(二) 縣（市）環境保護。十、關於交通及觀光事項如下：(一) 縣（市）管道路之規劃、建設及管理。(二) 縣（市）交通之規劃、營運及管理。(三) 縣（市）觀光事業。十一、關於公共安全事項如下：(一) 縣（市）警衛之實施。(二) 縣（市）災害防救之規劃及執行。(三) 縣（市）民防之實施。十二、關於事業之經營及管理事項如下：(一) 縣（市）合作事業。(二) 縣（市）公用及公營事業。(三) 縣（市）公共造產事業。(四) 與其他地方自治團體合辦之事業。十三、其他

依法律賦予之事項。

第四項　鄉（鎮、市）自治事項

　　地方制度法第 20 條規定：「下列各款為鄉（鎮、市）自治事項：一、關於組織及行政管理事項如下：(一) 鄉（鎮、市）公職人員選舉、罷免之實施。(二) 鄉（鎮、市）組織之設立及管理。(三) 鄉（鎮、市）新聞行政。二、關於財政事項如下：(一) 鄉（鎮、市）財務收支及管理。(二) 鄉（鎮、市）稅捐。(三) 鄉（鎮、市）公共債務。(四) 鄉（鎮、市）財產之經營及處分。三、關於社會服務事項如下：(一) 鄉（鎮、市）社會福利。(二) 鄉（鎮、市）公益慈善事業及社會救助。(三) 鄉（鎮、市）殯葬設施之設置及管理。(四) 鄉（鎮、市）調解業務。四、關於教育文化及體育事項如下：(一) 鄉（鎮、市）社會教育之興辦及管理。(二) 鄉（鎮、市）藝文活動。(三) 鄉（鎮、市）體育活動。(四) 鄉（鎮、市）禮儀民俗及文獻。(五) 鄉（鎮、市）社會教育、體育與文化機構之設置、營運及管理。五、關於環境衛生事項如下：鄉（鎮、市）廢棄物清除及處理。六、關於營建、交通及觀光事項如下：(一) 鄉（鎮、市）道路之建設及管理。(二) 鄉（鎮、市）公園綠地之設立及管理。(三) 鄉（鎮、市）交通之規劃、營運及管理。(四) 鄉（鎮、市）觀光事業。七、關於公共安全事項如下：(一) 鄉（鎮、市）災害防救之規劃及執行。(二) 鄉（鎮、市）民防之實施。八、關於事業之經營及管理事項如下：(一) 鄉（鎮、市）公用及公營事業。(二) 鄉（鎮、市）公共造產事業。(三) 與其他地方自治團體合辦之事業。九、其他依法律賦予之事項。

　　因此，雖然依據八十五年國家發展會議的共識，鄉鎮市應改為縣市政府的派駐機關，不再具有法人資格的自治團體，但是「地方制度法」仍將鄉鎮市定位為自治團體，亦即維持仍有民選的鄉鎮市長及代表會。此外，綜觀「地方制度法」對於鄉鎮市的職權自治規定，均較以往「省縣自治法」相關規定有明顯的變革[35]。未來執政當局如何與在野黨協商建立共識透過修法落實國發會共

---

[35]　翁興利，地方政府與政治，台北：商鼎，1999 年，頁 281 ～ 283。

識,將鄉鎮市長改為官派,以掃除黑金,提昇行政效率,將是我國所需面臨的民主改革問題[36]。

第五項　我國地方自治法規

一、自治法規的分類

(一) 自治條例

1. 自治法規、自治條例與自治規則概念之比較

自治條例係指經地方立法機關通過,並由各該行政機關公布之自治法規。地方制度法第 25 條規定:「直轄市、縣(市)、鄉(鎮、市)得就其自治事項或依法律及上級法規之授權,制定自治法規。自治法規經地方立法機關通過,並由各該行政機關公布者,稱自治條例;自治法規由地方行政機關訂定,並發布或下達者,稱自治規則。」

2. 自治條例之名稱

地方制度法第 26 條規定:「自治條例應分別冠以各該地方自治團體之名稱,在直轄市稱直轄市法規,在縣(市)稱縣(市)規章,在鄉(鎮、市)稱鄉(鎮、市)規約。直轄市法規、縣(市)規章就違反地方自治事項之行政義務者,得規定處以罰鍰或其他種類之行政罰。但法律另有規定者,不在此限。其為罰鍰之處罰,逾期不繳納者,得依相關法律移送強制執行。前項罰鍰之處罰,最高以新台幣十萬元為限;並得規定連續處罰之。其他行政罰之種類限於勒令停工、停止營業、吊扣執照或其他一定期限內限制或禁止為一定行為之不利處分。自治條例經各該地方立法機關議決後,如規定有罰則時,應分別報經行政院、中央各該主管機關、縣政府核定後發布;其餘除法律或縣規章另有規定外,直轄市法規發布後,應報中央各該主管機關轉行政院備查;縣(市)規章發布後,應報中央各該主管機關備查;鄉(鎮、市)規約發布後,應報縣政府備查。」

---

[36] 黃炎東,鄉鎮市長官派落實民主改革,台灣日報,2001 年 3 月 18 日,9 版。

3. 自治條例之內容

地方制度法第 28 條規定：「下列事項以自治條例定之：一、法律或自治條例規定應經地方立法機關議決者。二、創設、剝奪或限制地方自治團體居民之權利義務者。三、關於地方自治團體及所營事業機構之組織者。四、其他重要事項，經地方立法機關議決應以自治條例定之者。」

(二) 自治規則

地方制度法第 27 條規定：「直轄市政府、縣（市）政府、鄉（鎮、市）公所就其自治事項，得依其法定職權或基於法律、自治條例之授權，訂定自治規則。前項自治規則應分別冠以各該地方自治團體之名稱，並得依其性質，定名為規程、規則、細則、辦法、綱要、標準或準則。直轄市政府、縣（市）政府及鄉（鎮、市）公所訂定之自治規則，除法律或自治條例另有規定外，應於發布後依下列規定分別函報有關機關備查：一、其屬法律授權訂定者，函報各該法律所定中央主管機關備查。二、其屬依法定職權或自治條例授權訂定者，分別函送上級政府及各該地方立法機關備查或查照。」

(三) 委辦規則

地方制度法第 29 條規定：「直轄市政府、縣（市）政府、縣（鎮、市）公所為辦理上級機關委辦事項，得依其法定職權或基於法律、中央法規之授權，訂定委辦規則。委辦規則應函報委辦機關核定後發布之；其名稱準用自治規則之規定。」

(四) 自律規則

地方制度法第 31 條：「地方立法機關得訂定自律規則。自律規則除法律或自治條例另有規定外，由各該立法機關發布，並報各該上級政府備查。自律規則與憲法、法律、中央法規或上級自治法規牴觸者，無效。」

二、自治法規的效力

(一) 自治條例具地方性法律效力

行政程序法第 150 條規定：「本法所稱法規命令，係指行政機關基於法律

授權，對多數不特定人民就一般事項所作抽象之對外發生法律效果之規定。法規命令之內容應明列其法律授權之依據，並不得逾越法律授權之範圍與立法精神。」

(二) 自治規則具行政規則效力

行政程序法第 159 條規定：「本法所稱行政規則，係指上級機關對下級機關，或長官對屬官，依其權限或職權為規範機關內部秩序及運作，所為非直接對外發生法規範效力之一般、抽象之規定。行政規則包括下列各款之規定：一、關於機關內部之組織、事務之分配、業務處理方式、人事管理等一般性規定。二、為協助下級機關或屬官統一解釋法令、認定事實、及行使裁量權，而訂頒之解釋性規定及裁量基準。」

(三) 委辦規則具行政規則效力

委辦規則係地方行政機關基於法定職權或授權所訂定的規範，其類同行政程序法上之「行政規則」，在效力上不得牴觸憲法、法律，甚至中央法令。

第五節　中央與地方財政收支分配問題

第一項　西方民主國家的劃分方式

阿修佛（Douglas E. Ashford）所提，不在探討地方政府有多強的功能，而是去衡量中央政府預期資源如何被使用的能力[37]。

阿瑞得（Arend Lijphart）認為評估中央與地方分權程度的方法，最簡單的途徑就是從中央與地方的施政中，衡量中央與地方政府的支出（Expenditures）和收入（Revenues）占全國總財政比例。例如中央政府對全國稅收持有股份

---

[37] Douglas, E. Ashford, "Territorial Political and equality: Decentralization in the Modern State." Political Study 27. No.1 (Mar 1979), p.82.

（Share），便可辨別權力分配狀況。假如不平衡，至少可以粗略顯示權力
劃分的傾向度。在討論財政資源分配的問題前，必須釐清中央政府補助款項
（Grants）的歸屬性。如果中央政府補助款有附帶條件與限制的話，不能算是地
方政府的資源，它的花費實際上是增加中央政府的影響力（Influential）。

　　在衡量集權化的程度方面，最適當的方法是比較中央與地方的稅收。首先
要對地方稅收加以界定：一、稅收僅為地方政府本身。二、額外被中央政府所
課稅和特別被中央政府所課稅目應有比例外，其餘應歸諸地方政府。當然屬於
中央所徵收稅款，劃歸到地方政府是不被允許。從下列圖表，從一九七〇年代
二十一個民主國家的稅收中，我們可以看到它所排列遞減的次序（主要指中央
政府所占總稅收比率），看到中央集權也是一種遞減的次序。例如荷蘭的中央
政府握有全國稅收的 98% 為高，瑞士政府列在末尾，顯現出其中央與地方最分
權化，中央政府所占全國稅收僅占全國的 41%[38]。

　　在十五個單一國和六個聯邦國中，測量中央政府所占全國總稅收之比率如
下表：

表 10-1　單一國及聯邦國與中央政府所占全國稅數比率

單一國	聯邦國	稅收比率
荷　蘭		98%
以色列		96%
義大利		96%
比利時		93%
紐西蘭		93%
愛爾蘭		92%
法　國		88%
英　國		87%
冰　島		83%
盧森堡		82%

---

[38] Arend, Lijphart, "Comparative Politicsand the Comparative Method." American Political Science Review LXV (Setember), 1971, p.171.

表 10-1　單一國及聯邦國與中央政府所占全國稅數比率（續）

單一國	聯邦國	稅收比率
	澳　洲	80%
丹　麥		71%
芬　蘭		70%
	奧地利	70%
挪　威		70%
日　本		65%
瑞　典		62%
	美　國	57%
	西　德	51%
	加拿大	50%
	瑞　士	41%

　　以上的列表中，我們把單一國和聯邦國作分類，很明顯可以發現聯邦國和分權式較爲接近，在六個聯邦國中，中央政府所占比例平均爲 58%；在十五個單一國中央政府，中央政府所占比例是 83%，與集權式比例相近。

　　不論如何，二次大戰後由於科技進步，各國福利政策擴張，中央政府的控制力，無不呈現強化的趨勢。其強化的原因不外乎兩類方式：一、由於中央政府掌握全國大部分資源，因此，吸收大批人才，尤其高度工業化，一些大型專案或福利政策，需要有全國一致性規定，自然只有中央政府有能力承擔，無形中加強中央政府的權力，擴張中央政府對地方的監督權力。二、地方政府的財政日形見絀，事事須仰賴中央政府的貼補，因此，中央對地方政府的施政，自然產生監督權[39]。

---

[39]　曹興仁，政治學概論，台北：五南，1990 年 8 月，頁 183。

第二項　我國憲法與財政收支劃分法的相關規定

一、憲法的相關規定

財政問題一直是我國中央與地方權限劃分當中的一大課題，憲法對於中央與地方財政分權，主要規定於第十章與第十三章，它的立法精神在於：(一) 以地方自治為主之各級政府租稅立法權。(二) 以中央政府作為全國財政調解功能之中心，例如憲法第 147 條規定省縣經濟平衡發展之政策，「中央為謀省與省間之經濟平衡發展，對於貧瘠之省，應酌予補助。省為謀縣與縣間之經濟平衡發展，對於貧瘠之縣，應酌予補助。」(三) 又給予中央政府最後裁決權[40]，例如憲法第 107 條規定中央立法並執行之事項。「左列事項，由中央立法並執行之：一、外交。二、國防與國防軍事。三、國籍法及刑事、民事、商事之法律。四、司法制度。五、航空、國道、國有鐵路、航政、郵政及電政。六、中央財政與國稅。七、國稅與省稅、縣稅之劃分。八、國營經濟事業。九、幣制及國家銀行。十、度量衡。十一、國際貿易政策。十二、涉外之財政經濟事項。十三、其他依本憲法所定關於中央之事項。」

二、財政收支劃分法的相關規定

除了憲法層次的規定之外，現行財政分配制度主要根據民國八十八年一月十三日立法院通過修訂新的「財政收支劃分法」加以規範，修正範圍包含第 8 條、第 12 條及第 16-1 條，其主要內容如下：

(一) 我國財政收支系統的劃分

財政收支劃分法第 3 條規定：「全國財政收支系統劃分如下：一、中央。二、直轄市。三、縣、市『以下簡稱縣（市）』。四、鄉、鎮及縣轄市『以下簡稱鄉（鎮、市）』。」

---

[40] 台灣日報，1992 年 2 月 17 日，3 版。

(二) **各級政府財政收支之分類**

　　財政收支劃分法第 4 條規定:「各級政府財政收支之分類,依附表一、附表二之所定。」

附表一　收入分類表

甲、中央收入	一、稅課收入:
	(一) 所得稅:占總收入 90%。
	(二) 遺產及贈與稅:在直轄市占徵起收入 50%;在縣(市)占徵起收入 20%。
	(三) 關稅。
	(四) 營業稅:減除依第 8 條第 2 項由中央統籌分配直轄市、縣(市)及鄉(鎮、市)款項後之收入。
	(五) 貨物稅:占總收入 90%。
	(六) 煙酒稅:占總收入 80%。
	(七) 證券交易稅。
	(八) 期貨交易稅。
	(九) 礦區稅。
	(十) 臨時稅課:依第 19 條舉辦之臨時性稅課。
	二、獨占及專賣收入。
	三、工程收益費收入。
	四、罰鍰及賠償收入。
	五、規費收入。
	六、信託管理收入。
	七、財產收入。
	八、營業盈餘收入。
	九、協助收入。
	十、捐獻及贈與收入。
	十一、其他收入。
乙、(刪除)	
丙、直轄市收入	一、稅課收入:
	(一) 土地稅。
	(二) 房屋稅。
	(三) 使用牌照稅。
	(四) 契稅。
	(五) 印花稅。
	(六) 娛樂稅。
	(七) 遺產及贈與稅:由中央在該直轄市徵起收入 50% 給與。
	(八) 煙酒稅:依第 8 條第 4 項規定,應由中央分配該直轄市之稅課收入。

附表一　收入分類表（續）

	（九）統籌分配稅：依第 16-1 條第 2 項第 3 款及第 4 款規定，應由中央統籌分配該直轄市之收入。 （十）特別稅課：依第 12 條第 1 項第 7 款舉辦之稅。 （十一）臨時稅課：依第 19 條舉辦之臨時性稅課。 二、工程收益費收入。 三、罰款及賠償收入。 四、規費收入。 五、信託管理收入。 六、財產收入。 七、營業盈餘及事業收入。 八、補助收入。 九、捐獻及贈與收入。 十、自治稅捐收入。 十一、其他收入。
丁、縣（市）收入	一、稅課收入： （一）土地稅。 　　1. 地價稅：在縣占總收入 50%；在市全部為市收入。 　　2. 田賦：在市全部為市收入。 　　3. 土地增值稅：占總收入 80%。 （二）房屋稅；在縣占總收入 40%；在市全部為市收入。 （三）使用牌照稅。 （四）契稅：在市全部為市收入。 （五）印花稅。 （六）娛樂稅：在市全部為市收入。 （七）遺產及贈與稅：由中央在該市徵起收入 80% 給與。 （八）煙酒稅：依第 8 條第 4 項規定，應由中央分配該縣（市）之稅課收入。 （九）統籌分配稅：依第 16-1 條第 2 項第 3 款及第 5 款規定，應由中央統籌分配該縣（市）之稅課收入。 （十）特別稅課：依第 12 條第 1 項第 7 款舉辦之稅。 （十一）臨時稅課：依第 19 條舉辦之臨時性稅課。 二、工程收益費收入。 三、罰款及賠償收入。 四、規費收入。 五、信託管理收入。 六、財產收入。 七、營業盈餘及事業收入。 八、補助及協助收入。 九、捐獻及贈與收入。 十、自治稅捐收入。 十一、其他收入。

附表一　收入分類表（續）

| 戊、鄉（鎮、市）收入 | 一、稅課收入：
　（一）遺產及贈與稅：由中央在該鄉（鎮、市）徵起收入80%給與。
　（二）地價稅：由縣在該鄉（鎮、市）徵起收入30%給與。
　（三）田賦：由縣在該鄉（鎮、市）徵起收入全部給與。
　（四）房屋稅：由縣在該鄉（鎮、市）徵起收入40%給與。
　（五）契稅：由縣在該鄉（鎮、市）徵起收入80%給與。
　（六）娛樂稅：由縣在該鄉（鎮、市）徵起收入全部給與。
　（七）統籌分配稅：依第16-1條第2項第3款、第6款及第4項規定由中央及縣統籌分配該鄉（鎮、市）之稅課收入。
　（八）臨時稅課：依第19條舉辦之臨時性稅課。
二、工程收益費收入。
三、罰款及賠償收入。
四、規費收入。
五、信託管理收入。
六、財產收入。
七、營業盈餘及事業收入。
八、補助收入。
九、捐獻及贈與收入。
十、自治稅捐收入。
十一、其他收入。 |

附表二　支出分類表

| 甲、中央支出 | 一、政權行使支出：關於國民或國民代表對中央行使政權之支出均屬之。
二、國務支出：關於總統府之各項支出均屬之。
三、行政支出：關於行政院及所屬各部會處之支出均屬之。
四、立法支出：關於立法院各項支出均屬之。
五、司法支出：關於司法院及所屬機關業務之支出與法務部所管檢察、監所及保安處分業務之支出均屬之。
六、考試支出：關於考試院及所屬機關行使考試、銓敘權之支出均屬之。
七、監察支出：關於監察院及所屬機關行使監察、審計權之支出均屬之。
八、民政支出：關於辦理中央民意代表選舉、戶政、役政、警政、消防、地政等事業及補助之支出均屬之。
九、外交支出：關於使領經費及其他外交支出均屬之。
十、國防支出：關於陸海空軍之經費及其他國防支出均屬之。 |

附表二　支出分類表（續）

甲、中央支出	十一、財務支出：關於中央辦理稅務、庫務、金融、公產等經費之支出均屬之。 十二、教育科學文化支出：關於中央辦理教育、科學、文化等事業及補助之支出均屬之。 十三、經濟建設支出：關於中央辦理經濟、工、礦、農林、水利、漁牧等事業及補助之支出均屬之。 十四、交通支出：關於中央辦理陸、海、空運及郵政、電訊等事業及補助之支出均屬之。 十五、社區發展及環境保護支出：關於中央辦理社區發展、環境保護等事業及補助支出均屬之。 十六、社會福利支出：關於中央辦理社會保險、社會救助、福利服務、國民就業、醫療保健等事業及補助支出均屬之。 十七、邊政支出：關於邊疆蒙藏等事業及補助之支出均屬之。 十八、僑政支出：關於僑務事業及補助之支出均屬之。 十九、移殖支出：關於中央辦理屯墾、移民事業及補助之支出均屬之。 二十、債務支出：關於中央國內外公債庫券、借款等債務之付息與其折扣及手續費等之支出均屬之。 二一、公務員退休及撫卹支出：關於中央公務人員之退休及撫卹金之支出均屬之。 二二、損失賠償支出：關於中央各機關貨幣票據證券兌換買賣之損失，國營事業虧損之彌補及其他損失賠償之支出均屬之。 二三、信託管理支出：關於中央委託代管及代辦事項之支出均屬之。 二四、補助支出：關於中央補助下級政府或其他補助之支出均屬之。 二五、特種基金支出：關於中央特種基金之支出均屬之。 二六、其他支出：關於中央其他依法之支出均屬之。
乙、（刪除）	
丙、直轄市支出	一、政權行使支出：關於直轄市市民或市民代表及市議會對市行使政權之支出均屬之。 二、行政支出：關於直轄市市政府及所屬各處局之支出均屬之。 三、民政支出：關於直轄市辦理公職人員選舉、役政、地政、戶政、消防與其他民政之事業及補助之支出均屬之。 四、財務支出：關於直轄市辦理稅務、庫務、金融、公產等經費之支出均屬之。 五、教育科學文化支出：關於直轄市辦理教育、科學、文化等事業及補助之支出均屬之。

附表二　支出分類表（續）

甲、中央支出	六、經濟建設支出：關於直轄市辦理經濟、工、礦、農林、水利、漁牧等事業及補助之支出均屬之。 七、交通支出：關於直轄市辦理鐵道、公路、航運等事業及補助之支出均屬之。 八、警政支出：關於直轄市警察等經費及補助之支出均屬之。 九、社區發展與環境保護支出：關於直轄市辦理社區發展、環境保護事業及補助之支出均屬之。 十、社會福利支出：關於直轄市辦理社會保險、社會救助、福利服務、國民就業、醫療保健等事業及補助之支出均屬之。 十一、移殖支出：關於直轄市辦理開墾、移殖等事業及補助之支出均屬之。 十二、債務支出：關於直轄市債券、借款等債務之付息與其折扣及手續費等之支出均屬之。 十三、公務員退休及撫卹金之支出：關於直轄市公務人員之退休金及撫卹金之支出均屬之。 十四、損失賠償支出：關於直轄市各機關貨幣票據證券兌換買賣之損失，直轄市市營事業虧損之彌補及其他損失賠償之支出均屬之。 十五、信託管理支出：關於直轄市委託代管及代辦事項之支出均屬之。 十六、協助支出：關於直轄市協助中央或其他協助之支出均屬之。 十七、特種基金支出：關於直轄市特種基金之支出均屬之。 十八、其他支出：關於直轄市其他依法之支出均屬之。
丁、縣（市）支出	一、政權行使支出：關於縣（市）民或縣（市）民代表及縣鎮（市）議會對縣（市）行政政權之支出均屬之。 二、行政支出：關於縣（市）政府及所屬各機關之各項支出均屬之。 三、民政支出：關於縣（市）辦理公職人員選舉、役政、地政、戶政、消防與其他民政之事業及補助之支出均屬之。 四、財務支出：關於縣（市）辦理稅務、庫務、金融、公產等經費之支出均屬之。 五、教育科學文化支出：關於縣（市）辦理教育、科學、文化、娛樂等事業及補助之支出均屬之。 六、經濟建設支出：關於縣（市）辦理經濟、工、礦、農林、水利、漁牧等事業及補助之支出均屬之。 七、交通支出：關於縣（市）辦理鐵道、公路、航運等事業及補助之支出均屬之。 八、警政支出：關於縣（市）警察經費及補助之支出均屬之。

附表二　支出分類表（續）

丁、縣（市）支出	九、社區發展及環境保護支出：關於縣（市）辦理社區發展、環境保護等事業及補助之支出均屬之。 十、社會福利支出：關於縣（市）辦理社會保險、社會救助、福利服務、國民就業、醫療保健等事業及補助之支出均屬之。 十一、債務支出：關於縣（市）債務、借款等債務之付息與其折扣及手續費等支出均屬之。 十二、公務員退休及撫卹支出：關於縣（市）公務人員退休金及撫卹金之支出均屬之。 十三、損失賠償支出：關於縣（市）各機關貨幣票據證券兌換買賣之損失，縣（市）營事業虧損之彌補及其他損失賠償之支出均屬之。 十四、信託管理支出：關於縣（市）委託代管及代辦事項之支出均屬之。 十五、協助及補助支出：關於縣（市）協助其他政府及補助鄉（鎮、市）經費或其他協助之支出均屬之。 十六、縣（市）特種基金支出：關於縣（市）特種基金之支出均屬之。 十七、其他支出：關於縣（市）其他依法之支出均屬之。
戊、鄉（鎮、市）支出	一、政權行使支出：關於鄉（鎮、市）民或鄉（鎮、市）民代表及鄉（鎮、市）民代表會對鄉（鎮、市）行政政權之支出均屬之。 二、行政支出：關於鄉（鎮、市）公所及所屬機關之各項支出均屬之。 三、民政支出：關於鄉（鎮、市）辦理公職人員選舉、役政與其他民政之事業支出均屬之。 四、財務支出：關於鄉（鎮、市）辦理庫務、公產等經費之支出均屬之。 五、教育文化支出：關於鄉（鎮、市）辦理教育、文化、娛樂等事業支出均屬之。 六、經濟建設支出：關於鄉（鎮、市）辦理工、礦、農林、水利、漁牧等事業支出均屬之。 七、交通支出：關於鄉（鎮、市）辦理交通事業支出均屬之。 八、社區發展及環境保護支出：關於鄉（鎮、市）辦理社區發展、環境保護等事業支出均屬之。 九、社會福利支出：關於鄉（鎮、市）辦理社會保險、社會救助、福利服務、醫療保健等事業支出均屬之。 十、債務支出：關於鄉（鎮、市）借款之付息支出均屬之。 十一、公務員退休及撫卹支出：關於鄉（鎮、市）公務人員退休金及撫卹金之支出均屬之。

附表二　支出分類表（續）

| 戊、鄉（鎮、市）支出 | 十二、損失賠償支出：關於鄉（鎮、市）各機關貨幣票據證券兌換買賣之損失，鄉（鎮、市）營事業虧損之彌補及其他損失賠償之支出均屬之。
十三、信託管理支出：關於鄉（鎮、市）委託代管及代辦事項之支出均屬之。
十四、協助支出：關於鄉（鎮、市）協助其他政府之支出均屬之。
十五、其他支出：關於鄉（鎮、市）其他依法之支出均屬之。 |

註：本圖表引自財政收支劃分法之規定

(三) 國稅、直轄市及縣（市）稅劃分方式

財政收支劃分法第6條規定：「稅課劃分為國稅、直轄市及縣（市）稅。」

第7條規定：「直轄市、縣（市）及鄉（鎮、市）立法課徵稅捐，以本法有明文規定者為限，並應依地方稅法通則之規定。」

1. 國稅之種類

第8條第1項規定：「下列各稅為國稅：一、所得稅。二、遺產及贈與稅。三、關稅。四、營業稅。五、貨物稅。六、煙酒稅。七、證券交易稅。八、期貨交易稅。九、礦區稅。」

第2項規定：「前項第1款之所得稅總收入10%、第4款之營業稅總收入減除依法提撥之統一發票給獎獎金後之百分之四十及第5款之貨物稅總收入10%，應由中央統籌分配直轄市、縣（市）及鄉（鎮、市）。」

第3項規定：「第1項第2款之遺產及贈與稅，應以在直轄市徵起之收入50%給該直轄市；在市徵起之收入80%給該市；在鄉（鎮、市）徵起之收入80%給該鄉（鎮、市）。」

第4項規定：「第1項第6款之煙酒稅，應以其總收入18%按人口比例分配直轄市及台灣省各縣（市）；2%按人口比例分配福建省金門及連江二縣。」

2. 直轄市及縣（市）稅之種類

財政收支劃分法第12條第1項規定：「下列各稅為直轄市及縣（市）稅：一、土地稅，包括下列各稅：(一) 地價稅。(二) 田賦。(三) 土地增值稅。二、房屋稅。三、使用牌照稅。四、契稅。五、印花稅。六、娛樂稅。七、特別稅

課。」

第 2 項規定：「前項第 1 款第 1 目之地價稅，縣應以在鄉（鎮、市）徵起之收入 30% 給該鄉（鎮、市），20% 由縣統籌分配所屬鄉（鎮、市）；第二目之田賦，縣應以在鄉（鎮、市）徵起之收入全部給該鄉（鎮、市）；第三目之土地增值稅，在縣（市）徵起之收入 20%，應繳由中央統籌分配各縣（市）。」

第 3 項規定：「第 1 項第 2 款之房屋稅，縣應以在鄉（鎮、市）徵起之收入 40% 給該鄉（鎮、市），20% 由縣統籌分配所屬鄉（鎮、市）。」

第 4 項規定：「第 1 項第 4 款之契稅，縣應以在鄉（鎮、市）徵起之收入 80% 給該鄉（鎮、市），20% 由縣統籌分配所屬鄉（鎮、市）。」

第 5 項規定：「第 1 項第 6 款之娛樂稅，縣應以在鄉（鎮、市）徵起之收入全部給該鄉（鎮、市）。」

第 6 項規定：「第 1 項第 7 款之特別稅課，指適應地方自治之需要，經議會立法課徵之稅。但不得以已徵貨物稅或煙酒稅之貨物為課徵對象。」

(四) 稅課之統籌分配方式

財政收支劃分法第 16-1 條第 1 項規定：「第 8 條第 2 項及第 12 條第 2 項至第 4 項規定之稅課統籌分配部分，應本透明化及公式化原則分配之；受分配地方政府就分得部分，應列為當年度稅課收入。」

第 2 項規定：「稅課由中央統籌分配直轄市、縣（市）及鄉（鎮、市）之款項，其分配辦法應依下列各款之規定，由財政部洽商中央主計機關及受分配地方政府後擬訂，報請行政院核定：一、依第 8 條第 2 項規定，由中央統籌分配直轄市、縣（市）及鄉（鎮、市）之款項，應以總額 6% 列為特別統籌分配稅款；其餘 94% 列為普通統籌分配稅款，應各以一定比例分配直轄市、縣（市）及鄉（鎮、市）。二、依第 12 條第 2 項後段規定由中央統籌分配縣（市）之款項，應全部列為普通統籌分配稅款，分配縣（市）。三、第 1 款之特別統籌分配稅款，應供為支應受分配地方政府緊急及其他重大事項所需經費，由行政院依實際情形分配之。四、第 1 款之普通統籌分配稅款算定可供分配直轄市之款項後，應參酌受分配直轄市以前年度營利事業營業額、財政能力與其轄區內人

口及土地面積等因素，研訂公式分配各直轄市。五、第 1 款及第 2 款之普通統籌分配稅款算定可供分配縣（市）之款項後，依下列方式分配各縣（市）：(一)可供分配款項 85%，應依近三年度受分配縣（市）之基準財政需要額減基準財政收入額之差額平均值，算定各縣（市）間應分配之比率分配之；算定之分配比率，每三年應檢討調整一次。(二) 可供分配款項 15%，應依各縣（市）轄區內營利事業營業額，算定各縣（市）間應分配之比率分配之。六、第 1 款之普通統籌分配稅款算定可供分配鄉（鎮、市）之款項後，應參酌鄉（鎮、市）正式編制人員人事費及基本建設需求情形，研訂公式分配各鄉（鎮、市）。」

第 3 項規定：「前項第 4 款所稱財政能力、第 5 款第 1 目所稱基準財政需要額與基準財政收入額之核計標準及計算方式，應於依前項所定之分配辦法中明定，對於福建省金門縣及連江縣，並應另予考量。」

第 4 項規定：「依第 12 條第 2 項至第 4 項規定，由縣統籌分配鄉（鎮、市）之款項，應本調劑財政盈虛原則，由縣政府訂定分配辦法；其中依公式分配之款項，不得低於可供分配總額之 90%。」

三、現行財政收支劃分制度之檢討

我國「財政收支劃分法」在民國八十八年一月十三日立法院修訂通過後，主要的改變有以下幾點：(一) 刪除省稅，增列鄉、鎮及縣轄市獨立財政層級。(二) 營業稅改為國稅。(三) 增加統籌分配範圍。(四) 原屬省稅的印花、使用牌照及分給省 20% 之土地增值稅，全部劃歸地方。(五) 明定中央補助地方之事項及未依規定負擔時之扣減補助事項。因此，新的財政收支劃分法的主要的修正在於中央政府的賦稅收入作若干程度的減少，移轉作為直轄市、縣（市）及鄉（鎮、市）等下級政府的收入；中央政府對地方政府的補助支出提高，而原由台灣省政府負責補助縣市政府的若干支出項目，改由中央全額或並由中央部分負責。

其次，台灣省地方財政問題主要可分以下幾方面：(一) 地方財政稅收太少。(二) 支出過於繁重。(三) 財政補助方式不合理。以民國七十九年度預算為例，中

央政府總預算爲六千八百零四億餘元，省總預算一千七百九十一億餘元，縣市總預算一千十一億餘元，鄉鎮市總預算四百七十五億元。當時省政府秘書長在「如何解決地方財政困難問題」的座談會上，指出省政府截至八十一年度爲止，負債已高達三千八百九十二億元，占其八十一年度總預算二千五百二十二億元之一點五倍，形成以債養債現象，財政狀況十分困絀。而近年來，縣市及政府支出經費 50% 以上依據上級政府補助，鄉鎮市則高達 55% 以上仰賴上級政府補助。現行「財政收支劃分法」規定地方租稅之徵收必須遵循依賴中央對稅目、稅率統一規定，無法自訂稅目、稅率，因此失去了因地制宜的彈性 [41]。

　　再者，現行財政收支劃分法是以中央及縣市（含直轄市）二級政府爲主要收支劃分對象。基本上可提撥一定比例之國稅（所得稅及貨物稅）供縣市政府分配使用，以提高縣市政府自有財源比例。目前省政府主要稅課收入營業稅雖改爲國稅，原來統籌分配給省府部分應直接撥給縣市。支出項目之調整方面，涉及中央與地方職權的分配，應先釐清各級政府應盡之角色與職責，才能確立各級政府支出規模及計畫項目，以發揮分工合作及各司所司的功效。又省虛級化的工作，有關財政部分，除了收支劃分外，另外將面臨的問題是省府債務之承受與償還，省屬金融機構及生產事業接管問題，以及省屬財產歸屬問題。這些問題應基於權利義務對等，落實地方自治及平衡縣市財政收支差距等原則審慎考量，以獲得理想解決。中央政府主管機關首先可結合學者專家從事管理與實務上作紮實研究，研擬具體可行方案，在與各縣市政府代表充分協商談判，訂定出合理且接受度高的職能分工與財源分配辦法 [42]。

　　承上所述，目前政府財政赤字相當龐大，未來解決中央與地方統籌分配款爭議，應宜將中央對地方統籌分配稅款由現行比例制改爲定額補助制，並將中央對地方的計畫型預算補助款改爲統籌分配稅的財政補助，以增加地方自主財源。爲落實地方自治，對統籌分配稅款，應有具體且具約束力的分配公式，以保障地方政府所能分配的統籌稅收入；中央政府各機關計畫性補助經費，應

---

[41]　台灣新生報，1991 年 12 月 14 日，2 版。
[42]　同前註。

有透明化的評審作業制度，作爲分配依據；至於屬於因地制宜的計畫性補助項目，應改爲統籌分配稅，或透過法定公式補助方式，改爲定額補助或整批補助。如此一來，應可滿足地方絕大部分財政需求，再賦予地方更大的地方稅立法權限，才能使中央與地方財政關係邁向新境界。

第六節　我國地方自治之檢討與建議

　　首先，就我國地方自治法制之變革而言，依據憲法第一百十八條以及憲法增修條文第九條第一項之規定，與地方自治有關事項乃屬於法律保留之重要事項。民國八十八年元月二十五日所公布的地方制度法即本於此憲法意旨而制定。在地方自治法制化的過程中，近年來重大的變革則始於民國九十八年四月三日通過修正同法第七條，並增訂第 7 之 1，7 之 2，87 之 1，87 之 2，87 之 3 條等。其中，第 7 之 1 條乃關於改制計畫之同意、核定與公告程序等規定。[43]第 7 之 2 條則爲改制計劃應記載的法定事項。[44]至於其它因改制而涉及的相關議題

---

[43] 「內政部基於全國國土合理規劃及區域均衡發展之需要，擬將縣（市）改制或與其他直轄市、縣（市）合併改制爲直轄市者，應擬訂改制計畫，徵詢相關直轄市政府、縣（市）政府意見後，報請行政院核定之」。（第一項）「縣（市）擬改制爲直轄市者，縣（市）政府得擬訂改制計畫，經縣（市）議會同意後，由內政部報請行政院核定之」。（第二項）「縣（市）擬與其他直轄市、縣（市）合併改制爲直轄市者，相關直轄市政府、縣（市）政府得共同擬訂改制計畫，經各該直轄市議會、縣（市）議會同意後，由內政部報請行政院核定之」。（第三項）「行政院收到內政部陳報改制計畫，應於六個月內決定之」。（第四項）「內政部應於收到行政院核定公文之次日起三十日內，將改制計畫發布，並公告改制日期」。（第五項）

[44] 「前條改制計畫應載明下列事項：一、改制後之名稱。二、歷史沿革。三、改制前、後行政區域範圍、人口及面積。四、縣原轄鄉（鎮、市）及村改爲區、里，其改制前、後之名稱及其人口、面積。五、標註改制前、後行政界線之地形圖及界線會勘情形。六、改制後對於地方政治、財政、經濟、文化、都會發展、交通之影響分析。七、改制後之直轄市議會及直轄市政府所在地。八、原直轄市、縣（市）、鄉（鎮、市、區）相關機關（構）、學校，於改制後組織變更、業務調整、人員移撥、財產移轉及自治法規處理之規劃。九、原直轄市、縣（市）、鄉（鎮、市、區）相關機關（構）、學校，於改制後預算編製及執行等事項之規劃原則。十、其他有關改制之事項」。

則規定於 87 之 1 條以下，包括改制日、選舉期程、財政收支劃分等。[45]

　　其後，為了規範擴大直轄市、縣（市）、鄉（鎮、市）跨區域自治事務，以及配合縣市升格為直轄市後，攸關預算、人員總額，乃至於直轄市長、議員，以及區長、區政諮詢委員等人員之選舉期程及職權。立法院於民國九十八年元月十八日再次大幅修正地方制度法第 21、33、48、55、58 條，並增訂第 7 之 3、24 之 1 至 24 之 3、40 之 1、58 之 1、83 之 1 條等。民國 103 年元月再次修法，賦予合併與改制後，直轄市的原民區（原山地鄉）有自治權，為地方自治團體（地制法第 83-3 條）相關條文為第 83-3 至第 83-7 條。

　　地方制度法修正通過之重大意義在於透過行政區劃、資源合理配置及有效利用，實現區域均衡發展。在這個目標之下，對於國土整體規劃，自應考量行政轄區人口規模、自然及人文資源、生態環境、族群特性、鄉土文化發展、地方財政、民意趨勢及其他政策性等相關因素，審慎評估、合理規劃。此外，在法制層面更需要行政區劃法、財政收支劃分法，以及地方制度法三項法律配套通盤考量，才得以奠定國家長治久安的基礎。[46]

　　本文認為，地方自治之良窳成敗關係國家民主憲政百年大計至深且鉅，而健全地方自治更重要的關鍵乃在於合理地劃分中央與地方權限，以適應國家社會發展需要。本文以下謹就修法後我國未來在地方自治法制層面，提出初步的檢討與建議：[47]

---

[45] 第八十七之一條規定：「縣（市）改制或與其他直轄市、縣（市）合併改制為直轄市，應以當屆直轄市長任期屆滿之日為改制日。縣（市）議員、縣（市）長、鄉（鎮、市）民代表、鄉（鎮、市）長及村（里）長之任期均調整至改制日止，不辦理改選。」（第一項）「改制後第一屆直轄市議員、直轄市長及里長之選舉，應依核定後改制計畫所定之行政區域為選舉區，於改制日十日前完成選舉投票。」（第二項）「前項直轄市議員選舉，得在其行政區域內劃分選舉區；其由原住民選出者，以其行政區域內之原住民為選舉區；直轄市議員選舉區之劃分，應於改制日六個月前公告，不受公職人員選舉罷免法第三十七條第一項但書規定之限制。」（第三項）「改制後第一屆直轄市議員、直轄市長及里長，應於改制日就職。」（第四項）

[46] 民國九十八年四月三日立法院第七屆第三會期第七次會議通過地制法修正案時，學者早已提出未來必須關注的重點包括：地制法第七之一條三項「准駁」的規範依據、新自治區設計為自治體或外派機構、未升格縣市憂心邊陲化之因應、以及過渡期間官派區長與選任區諮員方式等問題。黃錦堂〈三都十五縣與地方制度法之修正〉，台北：月旦法學雜誌，第 170 期，2009 年 7 月，頁 183-192。

[47] 黃炎東，我國憲法中央與地方權限劃分之研究，台北：五南，2000 年 6 月，頁 233。

一、繼續推動地方制度改革

雖然民國八十五年召開「國家發展會議」曾達成共識，廢除鄉鎮市長及鄉鎮市民代表之選舉，將鄉鎮市長改由縣市長派任，以簡化行政層次，增進政府效能，惟未能實現。筆者以為，就憲法層次而言，鄉鎮市尚非自治單位，因此廢除民選乃合憲而不涉及違憲，且有鑑於目前台灣選舉次數太多，且黑金氾濫，為有效改革選舉，以提昇政治品質，乃一改革、創新、前瞻、務實的做法，更能節省國家預算及社會成本。[48]

二、詳細劃分自治事項以及委辦事項以釐清地方自治事權

依「地方制度法」規定，有關於直轄市、縣市與鄉鎮市之自治事項分別規定於第 18 條至第 20 條中，但由於自治事項與委辦事項未詳細劃分，使地方自治權限仍籠統不清。因此應以「讓每個政府執行最適宜自己之職權」之原則，依據以下標準對地方自治事項訂定劃分標準並詳加列舉。

三、加強改善地方政府自有財務狀況

目前我國有關中央與地方財政權限劃分之制度主要依據「財政收支劃分法」，但未臻完善，為加強改善地方政府自有財源之需要，今後有關單位應朝以下幾點方向努力：

(一) 短期內，修改「財政收支劃分法」，適度提高地方政府自有財源比重，且須以「支出移轉之配合」，方能獲得真正的解決。

(二) 在積極方面，授予地方政府更大財政自主權，使地方政府能有效地發展地方性公共財，並有更多租稅課徵權。

(三) 在長期方面，可參考日本等國制度，建立共分稅制度，以代替目前統籌分配制度。

---

[48] 黃炎東，同註 36。

(四) 在中央設立專責機構，專門負責協助輔導地方政府解決財務問題，並代為向中央政府爭取年度預算。

(五) 中央政府對於財源較為艱困地區應依憲法予以特別專款補助，使各縣市得以均衡發展。

(六) 地方政府亦需開源節流，妥善編列預算，因地制宜開拓地方興利事業，鼓勵民間投資公共造產等，使地方財政收支趨於合理健全。

四、徹底釐清中央與地方教育人事權

為落實地方自治，尊重地方縣市長職權，使其有統籌靈活的指揮效果，應修改「地方制度法」之規定，將教育行政首長比照北、高兩市，以政務官任用。同時地方教育分配經費應合理化，以平衡各地區教育資源不合理分配，保障全國教育品質一定水準。

五、對警察權應視為全國一致性之事權，但在任用　指揮監督之事權方面應充分尊重地方政府首長

依據現行我國憲法第108條規定警察制度為中央立法並執行或交由省縣執行。第109條規定省警政之實施由省立法並執行之，或交由縣執行之。第110條規定縣警衛之實施由縣立法並執行之。惟我國對於警察權之歸屬仍有爭議，其實各國對警察權之歸屬因各國制度不一，筆者以為對未來警察權之歸屬問題當以憲法的立法精神及我國當前政經發展現況，理論與實際之整體層面考量。警政具全國不可分割性事務，人事管理、警備訓練、經費支應等應由中央統一規劃。惟為落實地方自治，給予縣市長適應警政權限，以有效解決目前中央與地方警政爭議。

六、重新檢討目前中央與地方土地政策

地方政府所實施的地價稅徵收制度亦應重新加以檢討與改進。各縣市地價

評議委員會地價公告成效不彰，因此筆者建議中央政府應對新市鎮開發及國宅興建加強規劃作業，防治財團對土地炒作哄抬；地方政府亦應加強稽核土地增值稅，建立受益者付費的觀念，使其有更充裕的財源從事地方建設。

七、關於中央與地方權限劃分發生爭議時，改由司法院大法官會議審理解決之

目前我國憲法第 111 條規定關於中央與地方權限「剩餘權」遇有爭議時，由立法院解決之，然而立法院「球員兼裁判」實有商榷之餘地，由司法院大法官會議審理，較能超然獨立、立場公正。

八、其他涉及有關中央與地方權限劃分之調整建議

其他如全民健保、勞工問題、公平交易等，皆應本憲法均權之問題，合理有效地釐清中央與地方之權限，化解中央與地方權限爭議於無形，使我國地方自治能達到真正的合憲化、法制化。

總而言之，唯有真正落實地方自治，才能建設一個真正現代化自由民主的憲政國家。而健全落實地方自治的關鍵，不外乎在合理適當劃分中央與地方權限，合理合法的釐清中央與地方間事權，始能維護住民權益，提昇國民生活品質，增進國家競爭力。

第十一章

基本國策

第一節　基本國策的意義

　　基本國策係指國家一切政策所應遵循之基本政策，而爲全國上下必須共同努力之目標。政府政策雖得適應時代需要而改變，但基本國策係屬永久不變，因此無論任何政黨執政，均應遵守憲法，推行基本國策。

第二節　基本國策的內容

第一項　國　防

　　中華民國之國防，以保衛國家之安全，維護世界和平爲目的；對內在維持社會秩序，安定人民生活，保衛疆界，以求國家之安全，對外在防止戰爭，抵抗侵略，以維護世界和平。其主要兩項原則：

一、軍隊國家化

　　憲法第 138 條規定：「全國陸海空軍，須超出個人，地域及黨派關係以外，效忠國家，愛護人民。」憲法第 139 條規定：「任何黨派及個人不得以武裝力量爲政爭之工具。」

二、文武分治

憲法第 140 條規定：「現役軍人不得兼任文官」。

其次，民國八十九年初立法院完成國防法，除確立文人領軍、軍政軍令一元化、國軍指揮層級、軍隊國家化、全民國防與國防自主等重要原則外，也確立「軍政、軍令、軍備」為我國國防體制的三大支柱。國防法重點包括：

第 6 條規定：「中華民國陸海空軍，應超出個人、地域及黨派關係，依法保持政治中立。現役軍人，不得為下列行為：一、擔任政黨、政治團體或公職候選人提供之職務。二、迫使現役軍人加入政黨、政治團體或參與、協助政黨、政治團體或公職候選人舉辦之活動。三、於軍事機關內部建立組織以推展黨務、宣傳政見或其他政治性活動。現役軍人違反前項規定者，由國防部依法處理之。」

第 8 條規定：「總統統率全國陸海空軍，為三軍統帥，行使統帥權指揮軍隊，直接責成國防部長，由部長命令參謀長指揮執行之。」第 12 條規定：「國防部部長為文官職，掌理全國國防事務。」確立軍政軍令一元化的原則。

第 13 條規定：「國防部設參謀本部，為部長之軍令幕僚及三軍聯合作戰指揮機構，置參謀總長一人，承部長之命令，負責軍令事項指揮軍隊。」確立國防部長與參謀長從屬關係。

為落實國防自主，第 22 條規定：「行政院所屬各機關應依國防政策，結合民間力量，發展國防科技工業，獲得武器裝備，以自製為優先，向外採購時，並落實技術移轉，達成獨立自主之國防建設。」

第 31 條也規定：「國防部應定期向立法院提出軍事政策、建軍備戰及軍備整備等報告書。」以落實全民國防的理念；並應每年編撰中共軍力報告書及我國五年兵力整建及施政計劃報告。

第二項　外　交

外交爲國與國間之交際或交涉，亦即處理國與國相互間關係之手段與方法。

憲法第 141 條規定：「中華民國之外交，應本獨立自主之精神，平等互惠之原則，敦睦邦交，尊重條約及聯合國憲章，以保護僑民權益，促進國際合作，提倡國際正義，確保世界和平。」

第三項　國民經濟

國民經濟是以全國國民爲主體之經濟組織與經濟政策。憲法第 142 條規定：「國民經濟應以民生主義爲基本原則，實施平均地權，節制資本，以謀國計民生之均足。」民生問題與經濟問題原屬不可分，故國民經濟應以解決民生主義爲基本原則，其基本政策有：

一、平均地權

其要點有土地公有原則，礦物及天然力應屬國家所有，漲價歸公，耕者有其田。憲法第 143 條第 1 項規定：「中華民國領土內之土地屬於國民全體。人民依法取得之土地所有權，應受法律之保障與限制。私有土地應照價納稅，政府並得照價收買。」

第 2 項規定：「附著於土地之礦物及經濟上可供公眾利用之天然力，屬於國家所有，不因人民取得土地所有權而受影響。」第 3 項規定：「土地價值非因施以勞力資本而增加者，應由國家徵收土地增值稅，歸人民共享之。」

第 3 項規定：「國家對於土地之分配與整理，應以扶植自耕農及自行使用土地人爲原則，並規定其適當經營之面積。」

二、節制資本

要點為節制私人資本。憲法第 145 條規定：「國家對於私人財富及私營事業，認為有妨害國計民生之平衡發展者，應以法律限制之。合作事業應受國家之獎勵與扶助。國民生產事業及對外貿易，應受國家之獎勵、指導及保護。」

三、發展國家資本

憲法第 144 條規定：「公用事業及其他有獨占性之企業，以公營為原則，其經法律許可者，得由國民經營之。」

其他國民政策有促進農業工業化，促進經濟發展，環境保護，謀求全國經濟之平衡發展，貨暢其流，健全金融機構，扶助山胞及金馬人民經濟事業，扶助僑民經濟事業，詳見於憲法第 146 至 151 條。

此外，憲法增修條文關於國民經濟的相關規定有：憲法增修條文第 10 條第 1 項規定：「國家應獎勵科學技術發展及投資，促進產業升級，推動農漁業現代化，重視水資源之開發利用，加強國際經濟合作。」憲法增修條文第 10 條第 2 項規定：「經濟及科學技術發展，應與環境及生態保護兼籌並顧。」憲法增修條文第 1 條第 3 項規定：「國家對於人民興辦之中小型經濟事業，應扶助並保護其生存與發展。」憲法增修條文第 10 條第 4 項規定：「國家對於公營金融機構之管理，應本企業化經營之原則；其管理、人事、預算、決算及審計，得以法律為特別之規定。」

第四項　社會安全

社會安全即國家保障國民之最低生活的安全所採取的各種措施。規定有：

一、保障工作權

憲法第 15 條規定：「人民之生存權、工作權及財產權，應予保障。」

憲法第 152 條規定：「人民具有工作能力者，國家應予以適當之工作機會。」

憲法第 150 條規定：「國家應普設平民金融機構，以救濟失業。」

二、保護勞工

憲法第 153 條規定：「國家為改良勞工及農民之生活，增進其生產技能，應制定保護勞工及農民之法律，實施保護勞工及農民之政策。婦女兒童從事勞動者，應按其年齡及身體狀態，予以特別之保護。」

三、勞資協調

憲法第 154 條規定：「勞資雙方應本協調合作原則，發展生產事業。勞資糾紛之調解與仲裁，以法律定之。」

四、實施社會保險與社會救濟

憲法第 155 條規定：「國家為謀社會福利，應實施社會保險制度。人民之老弱殘廢，無力生活，及受非常災害者，國家應予以適當之扶助與救濟。」憲法增修條文第 10 條第 7 項規定：「國家對於身心障礙者之保險與就醫、無障礙環境之建構、教育訓練與就業輔導及生活維護與救助，應予保障，並扶助其自立與發展。」憲法增修條文第 10 條第 5 項規定：「國家應推行全民健康保險，並促進現代和傳統醫藥之研究發展。」

五、實施婦孺福利政策

憲法第 156 條規定：「國家為奠定民族生存發展之基礎，應保護母性，並實施婦女兒童福利政策。」

加強我國憲法婦女人權之保障教育：我國憲法規定及大法官會議對婦女人

權之保障皆有明確的規範與說法，如憲法第 7 條、134 條、153 條、156 條之規定，其主要之目的乃是要使長期處於弱勢的婦女能夠享有與男性同等的待遇，且更能免除受到不合理的歧視與迫害。尤其是憲法增修條文第十條更明文規定：「國家應維護婦女之人格尊嚴，保障婦女之人身安全，消除性別歧視，促進兩性地位之實質平等」。而有關保障婦女人權，提昇婦女地位，從大法官釋字第 365 號、釋字第 452 號解釋，有關對於未成年子女親權行使，父權優先之父權條款宣告違憲無效，及舊民法第 1002 條關於夫妻住所之規定，大法官亦以其違反男女平等之原則宣告無效。此皆在我國憲法對於婦女的人權乃是採憲法直接保障主義。若是結婚之男女能徹底明白憲法與增修條文之真正意涵並加以力行之，則家暴事件又何由而生呢？

六、增進民族健康

憲法第 157 條規定：「國家為增進民族健康，應普遍推行衛生保健事業及公醫制度。」

七、推動社會福利工作

憲法增修條文第 10 條第 8 項規定：「國家應重視社會救助、福利服務、國民就業、社會保險及醫療保健等社會福利工作，對於社會救助和國民就業等救濟性支出應優先編列。」

八、保障軍人

憲法增修條文第 10 條第 9 項規定：「國家應尊重軍人對社會之貢獻，並對其退役後之就學、就業、就醫、就養予以保障。」

第五項　教育文化

教育文化在提高人類之精神生活，並完成文化國家之任務。我國憲法關於教育文化方面的規定如下：

一、教育文化之經費下限的訂定與取消

憲法第 164 條規定：「教育、科學、文化經費，在中央不得少於其預算總額 15%，在省不得少於其預算總額 25%，在市、縣不得少於其預算總額 35%，其依法設置之教育文化基金及產業，應予以保障。」但在民國八十九年憲法修改以後，取消了教科文預算的下限。憲法增修條文第 10 條第 10 項規定：「教育、科學、文化之經費，尤其國民教育之經費應優先編列，不受憲法第 164 條規定之限制。」

關於教科文預算的下限的取消，憲法學者陳滄海持肯定見解，他認為取消教科文預算的目的在於建立一個社會正義平衡的價值信念，在此原則下，期待經由教科文預算編列的重新思考，而達到平等自由的原則，以及能夠強調面臨的機會公正平等原則以及差別原則的結合，給予天生處於劣勢者以某種補償，以扭轉憲法保障之下教科文預算編列的偏差。

再者，從憲法規範適應性與簡潔性的原理觀察，憲法規範的內容除非有相當穩定的數據，否則不宜採行固定數字的規範，尤其是預算，當須適應社會的變遷加以調整，在制憲之時，也許以中央 15%，省 25%、縣 35% 的比例適合當時的財政狀況，但不見得適合今日的財政結構，在此狀況之下，因受限於硬性的數字比例，亦無法以憲法解釋的方式做機動調整則造成憲法無法成長或變遷，實與憲政原理不合[1]。

---

[1]　陳滄海，憲政改革與政治權力九七憲改的例證，台北：五南，1999 年 4 月，頁 425 ～ 426。

二、教育文化之監督

憲法第 162 條規定：「全國公私立之教育文化機關，依法律受國家之監督。」

三、教育文化工作者之保障

憲法第 165 條規定：「國家應保障教育、科學、藝術工作者之生活，並依國民經濟之進展，隨時提高其待遇。」

四、教育文化優良事蹟之獎勵

憲法第 166 條規定：「國家應獎勵科學之發明與創造，並保護有關歷史、文化、藝術之古蹟、古物。」而憲法第 167 條也規定：「國家對於左列事業或個人，予以獎勵或補助：一、國內私人經營之教育事業成績優良者。二、僑居國外國民之教育事業成績優良者。三、於學術或技術有發明者。四、從事教育久於其職而成績優良者。」

第六項　邊疆地區與原住民之保障

一、保護邊區民族

憲法第 168 條規定：「國家對於邊疆地區各民族之地位，應予以合法之保障，並於其地方自治事業，特別予以扶植。」

二、扶植自治事業發展邊疆地區事業

憲法第 169 條規定：「國家對於邊疆地區各民族之教育、文化、交通、

水利、衛生、其他經濟、社會事業，應積極舉辦，並扶助其發展，對於土地使用，應依其氣候、土壤性質，及人民生活習慣之所宜，予以保障及發展。」

三、關於原住民與偏遠地區之保障

憲法增修條文第 10 條第 11 項規定：「國家肯定多元文化，並積極維護發展原住民族語言及文化。」第 12 項也規定：「國家應依民族意願，保障原住民族之地位及政治參與，並對其教育文化、交通水利、衛生醫療、經濟土地及社會福利事業予以保障扶助並促其發展，其辦法另以法律定之。對於澎湖、金門、馬祖地區人民亦同。」

第十二章

憲法的修改

　　近代各國成文憲法之體例，除規定國定之基本組織，人民之基本權利義務及其他重要制度外，憲法之施行及修改等程序亦多規定於憲法中，以構成其內容者，因憲法爲國家根本大法，具有特殊重要性及尊嚴性，制憲機關於憲法中明定其施行及修改程序，以示與一般法律之施行與修改程序不同，而顯現其重要性與尊嚴性；並所以鄭重其施行與修改，俾國人有所遵循。我國憲法特列專章，以規定憲法之施行與修改，其作用亦大抵如此。

　　中華民國憲法制定後，「頒行全國，永矢咸遵。」已於憲法序言中明示，亦即憲法之施行，希望全國人民之永遠遵行，是爲憲法施行之主旨所在。惟憲法施行後，係由原有之政治制度，過渡至憲政時期之政治制度，必須有若干之準備工作，以確保憲法之實施。此種種準備工作，通常稱爲「過渡條款」，我國因憲法之公布施行，由訓政時期進入憲政時期，其準備程序，有予以規定之必要。

　　憲法經制定施行後，並非永遠不變，如其規定與國家之實際需要不相適應時，自得予以修改，惟憲法爲國家根本大法，修改憲法是國家最重要之事件。關於憲法之修改，可分爲憲法之修改機關及憲法之修改程序說明之。此在各國之制度，本不相同，尤以柔性憲法之國家與剛性憲法之國家，大有區別。採柔性憲法之國家，對於憲法之修改，與普通法律之修改相同，即由通常立法機關，依通常立法程序，以修改其憲法；採剛性憲法之國家，則修改憲法之機關與修改憲法之程序，與普通法律迥異其規定[1]。

　　中華民國憲法修改之機關及方式，依據憲法第 174 條原來的規定：「憲法之修改，應依左列程序之一爲之：一、國民大會代表總額五分之一之提議，三

---

[1]　管歐著，前引書，頁 90 ～ 100。

分之二之出席，及出席代表四分之三之決議，得修改之。二、由立法院立法委員四分之一之提議，四分之三之出席，及出席委員四分之三之決議，擬定憲法修正案，提請國民大會複決。此項憲法修正案，應於國民大會開會前半年公告之。」

　　憲法第六次修改以後，國民大會的修憲權做了一定程度的調整。增修條文第 1 條第 2 項修正爲「國民大會之職權如左，不適用憲法第 4 條、第 27 條第 1 項第 1 款至第 3 款及第 2 項、第 174 條第 1 款之規定：一、依憲法第 27 條第 1 項第 4 款及第 174 條第 2 款之規定，複決立法院所提之憲法修正案。二、依增修條文第 4 條第 5 項之規定，複決立法院所提之領土變更案。三、依增修條文第 2 條第 10 項之規定，議決立法院提出之總統、副總統彈劾案。」

　　由此可知，憲法經過第六次修改以後，中華民國修憲法定提案機關爲立法院，而複決機關爲國民大會。國民大會在增修條文第 1 條第 2 項的規範下僅能複決立法院的憲法修正案，而不能主動提出憲法修正案。目前國民大會已遭修憲廢除，而依據民國九十四年憲法增修條文第四條第五項規定：「中華民國領土，依其固有之疆域，非經全體立法委員四分之一之提議，全體立法委員四分之三之出席及出席委員四分之三之決議，提出領土變更案，並於公告半年後，經中華民國自由地區選舉人投票複決，有效同意票過選舉人總額半數，不得變更。而憲法之修改依據增修條文第十二條規定，須經立法院立法委員四分之一之提議，四分之三之出席及出席委員四分之三之決議，提出憲法修正案，並於公告半年後，經中華民國自由地區選舉人投票複決，有效同意票過選舉人總額之半數即通過」。

第十三章

兩岸人民關係

第一節　現行法條規定

第一項　憲法之規定

憲法增修條文前言規定「爲因應國家統一前之需要……」，其中第 11 條規定：「自由地區與大陸地區間人民權利義務關係及其他事務之處理，得以法律爲特別之規定。」由上述規定可知：

一、範　　圍

國家統一前之自由地區與大陸地區。

二、對　　象

兩岸間人民權利義務關係及其他事務之處理。

三、規　　範

得以法律爲特別之規定。（立法院於民國 81 年 7 月 16 日通過「兩岸人民關係條例」，故爲規範兩岸人民關係之法律依據）

第二項　司法院大法官會議相關解釋

司法院大法官會議釋字第 475 號解釋認爲兩岸人民關係條例第 63 條第 3

項延緩民國三十八年前之各項政府公債之清償，與憲法並無牴觸，其解釋文指出：「國民大會為因應國家統一前之需要，制定憲法增修條文，其第 11 條規定：『自由地區與大陸地區間人民權利義務關係及其他事務之處理，得以法律為特別之規定』。

　　政府於中華民國三十八年以前在大陸地區發行之國庫債券，係基於當時國家籌措財源之需要，且以包括當時大陸地區之稅收及國家資產為清償之擔保，其金額至鉅。嗣因國家發生重大變故，政府遷台，此一債券擔保之基礎今已變更，目前由政府立即清償，勢必造成台灣地區人民稅負之沈重負擔，顯違公平原則。立法機關乃依憲法增修條文第 11 條之授權制定『台灣地區與大陸地區人民關係條例』，於第 63 條第 3 項規定：『一、民國三十八年以前在大陸發行尚未清償之外幣債券及民國三十八年黃金短期公債；二、國家行局及收受存款之金融機構在大陸撤退前所有各項債務，於國家統一前不予處理，其延緩債權人對國家債權之行使，符合上開憲法增修條文之意旨，與憲法第 23 條限制人民自由權利應遵守之要件亦無牴觸。』

　　司法院大法官會議釋字第 497 號解釋指出：『大陸地區人民進入台灣地區許可辦法』、『大陸地區人民在台灣地區定居或居留許可辦法』符合法律保留及比例原則。其解釋文內容如下：「中華民國八十一年七月三十一日公布之台灣地區與大陸地區人民關係條例係依據八十年五月一日公布之憲法增修條文第 10 條（現今憲增 §11）『自由地區與大陸地區間人民權利義務關係及其他事務之處理，得以法律為特別之規定』所制定，為國家統一前規範台灣地區與大陸地區間人民權利義務之特別立法。內政部依該條例第 10 條及第 17 條之授權分別訂定『大陸地區人民進入台灣地區許可辦法』及『大陸地區人民在台灣地區定居或居留許可辦法』，明文規定大陸地區人民進入台灣地區之資格要件、許可程序及停留期限，係在確保台灣地區安全與民眾福祉，符合該條例之立法意旨，尚未逾越母法之授權範圍，為維持社會秩序或增進公共利益所必要，與上揭憲法增修條文無違，於憲法第 23 條之規定亦無牴觸。」

第二節　兩岸關係的定位

　　關於兩岸關係的定位，有主張「九二共識、一中各表」[1]、「一國兩區」、「一國兩府」、「兩個中國」、「一台一中」、「特殊國與國關係論」、「一邊一國論」、「兩岸統合論」、「邦聯論」、「大一中架構」[2]等不同看法，至於中共方面，則自一九七九年開始實行鄧小平所倡導的和平統一的方針，並逐步確立「一國兩制」的基本方針[3]，針對兩岸關係問題，筆者僅提以下幾點論述以供參考：

一、國於天地必有其賴以生存的立場與國格

　　中華民國自一九一二年建國以來便是一個追求民主、自由、人權、法治的主權獨立國家，雖然在二次大戰後，因國共內戰失利，退守至台灣復興基地，而中共當局於一九四九年十月一日在北京亦正式成立中華人民共和國，從此台灣海峽兩岸就形成兩個互不相隸屬的政治實體，但依憲法第 4 條、增修條文第 4 條第 5 項及第 11 條，我國領土主權，除自由地區（台、澎、金、馬及附屬島嶼），尚包括大陸地區。而且中華民國憲法增修條文前言開宗明義指出「為因應國家統一前之需要……增修本憲法條文……」，因此，有關兩岸關係定位仍有待朝野全民以前瞻務實理性的觀點加以妥善解決，以確保國家安全與民眾福祉。

---

[1] 參閱馬總統出席海基會九二共識 20 週年研討會談話中文版，行政院大陸委員會，2013 年 3 月出版。另聯合晚報，2014 年 5 月 27 日，A3 版。

[2] 參閱聯合報 2014 年 5 月 28 日 A1、A2、A3 版。中國時報 2014 年 5 月 28 日時論廣場 A15 版，自由時報 2014 年 5 月 28 日 A2 版。所謂大一中架構，係由民進黨前主席施明德、國安會前秘書長蘇起、陸委會前主委陳明通、外交前部長程建人、海基會前副董事長焦仁和、海基會前董事長洪奇昌、淡大陸研所所長張五岳等人提出「我們的呼籲－處理兩岸問題 5 原則」，即（一）、尊重現狀，（二）、兩岸轉為分治政府，（三）、大一中架構，取代一中原則，（四）、兩岸共組不完整國際法人，（五）、兩岸均有參加國際組織、與其國家建立正常關係的權利。主張「大一中架構」作為兩岸關係新解。兩岸共組一個不完整的國際法人，以共識決處理雙方關切之事務，作為兩岸現階段的過渡方案。

[3] 中共「一個中國的原則與台灣問題」白皮書，載於聯合報，39 版，2000 年 2 月 22 日。

二、台灣前途應由台灣 2300 萬人民決定

　　自由、民主、人權、法治乃是人類追求的普世主流價值，而此一價值理念早已深入每一台灣人民心中，因此，中共想利用所謂「一國兩制」強加於台灣人民的身上是不可行的。因此，台灣前途應在中華民國憲法架構下，充分尊重中華民國自由地區 2300 萬人民的自由意願。

三、以穩健務實前瞻之理念及民主和平對等之原則推動兩岸交流工作

　　值此全球化知識來臨的時代，任何國家或團體皆須面對此一全球化政治、經濟、社會、教育、文化大環境變遷嚴厲考驗，因此，未來兩岸關係當以民主、平等、互信、互惠的原則，進行對話與交流，爲亞太地區與世界的和平，做出最佳貢獻，共創雙贏局面。

第十四章

我國歷次的憲政改革（1991-2005）

第一節　修憲共識之凝聚與建立

憲法為立國的根本大法，因此，實施民主憲政的國家隨著主客觀的變遷，當憲法適用上產生疑義或困難時，多以解釋，塑造憲政慣例或修改憲法之途徑，以解決及充實憲政體制，此即民主憲法變遷的型態[1]。

憲法的修正、憲法的解釋與憲政慣例的樹立三者相較，憲法修正有明確便利的好處，但易形成刻板僵硬的憲法變動，而且修正的幅度愈大，愈易破壞憲政的安定性，也使憲法在無形中成長，但有賴民主習性與憲政精神的培養與鍛鍊，故要長時間政治實踐的配合，不能強求得之。憲法的解釋，則例由司法為之，可以使憲法在現實政治中發生適用之實效，亦可不斷為憲政注入新義，使憲法與時變遷，但是司法也必須要能得到其他政府部門、各種政治力量，乃至於社會大眾的自動服從，始能發揮作用[2]。因此，非屬必要，民主憲政國家，絕不輕言修憲，而以憲法的解釋與憲政慣例的建立，為憲法變遷的主要途徑。以美、英兩國而言，美國立憲兩百餘年，修憲只二十六起，司法在個案中釋憲如違憲審查（Judicial Review）則不計其數，隨時可為憲法注入生機。英國則連憲法法典也無，卻賴數百年來養成憲政慣例，憲政歷久彌新。兩國憲政均不必常因修憲而生劇烈變動，乃得在社會生活以至文化土壤裡自然生根、和緩茁壯下成就斐然[3]。

---

[1] 謝瑞智，《中華民國憲法精義與立國精神》，臺北，文笙書局，1993 年 11 月，頁 69。

[2] 李念祖，〈九○年代我國憲法成長的回顧與展望〉，《憲政與國是》，台北，承然出版公司，1991 年 2 月，頁 15-23。

[3] 李念祖，〈修憲與憲法變遷〉，前引書，頁 69-70。

　　惟中華民國國情及環境條件與英、美等國截然不同。自 1946 年制定憲法、1947 年行憲後，不久大陸即告淪陷，中樞播遷以迄 1961 年代初期，無論在教育上、經濟上或是安全上，推行憲政先天不足、後天失調。而 50 年代中期以後，仍能大幅邁開建設革新的步伐，以農業為基礎，發展工商業，在經濟大幅成長中，兼顧民生之均富，教育普及，民智提升，隨之要求革新之輿論高漲。從憲政發展的歷史觀點來看，誠然為時尚短，「但是構建一個健全的民主憲政體制，來推動全盤國家建設的決心與信念，未有一日動搖[4]。」然而，國家處於分裂之非常狀態事實仍舊存在，中共軍事犯臺，並於國際社會阻擾我外交發展之意圖不變。為因應中華民國現階段國家處境之主客觀條件，絕非靠司法解釋或憲政慣例之建立可充實憲政體制，而是如何回歸憲政，因為「我國憲法還是符合憲政主義原則、民主政治原則，雖然在實際上還需要一些調整[5]」，但仍必須依據憲法之修訂途徑來適應。

　　誠然，在取決制定新憲法、制定基本法或修憲之途徑來進行憲政改革時，民意的抉擇是最重要的關鍵，第二屆國大代表的選舉結果：國民黨籍代表名額最多，計有 320 位，其次民進黨有 75 位，無黨籍代表 5 位，非政黨聯盟 2 位，民社黨 1 位。國民黨籍代表占全體代表總數之 79.4%，超過中華民國憲法第 174 條之法定決議人數，加以國是會議中亦決議我國憲政改革應以憲法增修條文方式進行。因此，中華民國憲政改革就以憲法之增修方式正式展開。

第二節　國是會議的召開與結論

　　1990 年李登輝總統總統當選中華民國第八任總統後，表明將終止動員戡亂時期，廢除動員戡亂時期臨時條款，回歸憲政體制。因此，在 1990 年 7 月召開

---

[4]　蔣經國，主持中華民國 73 年行憲紀念大會等聯合開會典禮致詞，見蔣總統經國先生 73 年言論集，臺北：行政院新聞局輯印，1985 年 5 月，一版，頁 32。

[5]　蕭全政主編，民間國建會總結報告，臺北，國家政策研究中心，1990 年 4 月，初版，頁 13-14。

國是會議。此次國是會議以「健全憲政體制、謀求國家統一」為研討範圍，議題共有五項：

一、國會改革問題。

二、地方制度問題。

三、中央政府體制問題。

四、憲法（含臨時條款）之修定方式有關問題。

五、大陸政策與兩岸關係問題[6]。

經過熱烈的討論以後，取得共識的部分如下：

國會改革問題包括三項：

(一) 第一屆中央民意代表全部退職。

(二) 反對國民大會維持現狀。

(三) 淨化選舉風氣。

地方制度問題包括四項：

(一) 回歸憲法或授權立法院立法，甚至循修憲方式達成改革。

(二) 地方自治應以民選、自主為基本要求，依據臺灣目前之發展，兼顧憲法體制及實際狀況，將國家主權與國內行政的需求作合理的統合。

(三) 地方自治與制度的改革，應正視當前地方派系，選舉風氣敗壞的現象。

(四) 肯定臺灣的經濟成就，主張在改革制度時應保留臺灣省名稱，維護臺灣經驗的良好現象。中央政府體制問題包括一項，即現行總統選舉之方式應予以改進。

憲法（含臨時條款）之修定方式有關問題包括三項：

(一) 終止動員戡亂時期，廢止臨時條款。

(二) 憲法應予修定。

(三) 修憲應以具有民意基礎之機關為之。

大陸政策與兩岸關係問題包括四項：

---

[6]　黃炎東，《中華民國憲政改革之研究》，臺北，五南，1995 年 3 月，頁 23-25。

(一) 制定開放與安全兼顧的階段性大陸政策：除應以臺灣人民的福祉爲前提之外，並考慮國際形勢限制、中共政權性質及大陸人民心理等客觀因素，在能力範圍內促使大陸走向民主自由。

(二) 在兩岸關係之界定方面，體認兩岸分別爲政治實體之現實。

(三) 現階段實際運作上，放寬功能性交流，政治性談判則從嚴。

(四) 從速設立專責的政策機構和授權的中介機構。

1. 在功能性交流方面，開放應有條件予以限制

訂定安全、互惠、對等、務實四點作爲交流原則。至於學術、文化、科技交流放寬爲雙向，並考慮合作的可能；規劃開放記者及體育的雙向訪問和比賽；經貿在不危及安全及妨礙整體經濟發展的原則下，穩定前進；功能性交流談判，在方式上以政府授權之「中介團體」對等談判爲宜。

2. 在政治性談判方面

大多數皆認爲時機尙未成熟，須滿足下述先決條件後，始可考慮：中共放棄武力犯臺，不反對中華民國國際參與，臺海達成內部共識，建立朝野共信權責分明的談判機構[7]。

第三節　修憲理論

第一項　一機關二階段理論

在國是會議的共識達成以後，當時執政黨 —— 國民黨以國家安定爲由，決定以修憲方式來改革政治上的不合理現象。1990 年中國國民黨憲法改革策劃小組提出「一機關兩階段修憲」之建議，於是，1991 年 4 月，由李總統依職權召集國民大會第二次臨時會正式開會，進行第一階段的修憲工作，由第一屆國民大會增修憲法條文，廢除動員戡亂時期臨時條款，回歸憲政體制，並賦予第

---

[7]　謝瑞智，《修憲春秋》，臺北：文笙書局，1994 年 6 月，頁 75-76。

二屆中央民意代表改選之法源，依大法官第 261 號解釋規定：第一屆國民大會於 1991 年 12 月 31 日前全體退休，之後採第二階段之修憲程序。所謂二階段修憲，乃第一階段以終止動員戡亂時期之宣告為主，臨時條款停止適用。第二階段則自第二屆國大代表選出後，就其他相關性憲政問題深入檢討及修改相關憲法條文，以適應國家當前的主客觀環境條件，並得因應未來發展。

　　因此，決議以修憲進行憲政改革之初，即有一機關二階段及二機關二階段論者之爭議，其主張相異之處就在於由何單位提出憲法修正案。所謂一機關修憲者，即是以國大代表自行連署提案、三讀方式進行修憲；二機關修憲者，乃是由立法委員連署提案，經立法院會決議通過後，將憲法修正案提國民大會複決。審度當時我國主客觀情勢，修憲工作已刻不容緩，如採二機關修憲方式進行憲改，一則立法院本身須審議之法案已積壓過多，議事效率不彰已為國人所詬病，如再加上憲法修正案之審議，恐延誤其他法案，修憲時效上亦無法如預期完成；再則，立法院決議之憲法修正案送至國民大會複決時，二機關如就修改部分意見相左時，難免會產生爭議，甚而造成二機關職權之衝突。如採一機關修憲方式，則較為單純，可避免上述二機關修憲方式之問題產生[8]。

第二項　三階段理論

　　另外學者葉俊榮亦將前面六次的修憲過程綜合歸納為三個階段，分別為第一階段：為國民黨政權強化其代表性並解決其自身內部危機的過程，而第一、二、三次的修憲過程，均屬於這個階段；第二階段為第四次的修憲：在這次的修憲過程中，乃在強化中華民國對外的代表性，例如省的虛級化、取消立法院閣揆同意權、讓總統有更大的權力等等；而第三個階段，則是民主成形後政府權力的變動，也是憲法變遷機制的變動，而與機關權限消長無關，而第六次的修憲，即為其所指為的第三階段[9]。

---

[8]　黃炎東，前引書，頁 21 至 22。

[9]　葉俊榮，〈建立任務型國大後所帶動變革憲政體制與政黨輪替〉，《月旦法學》，61 期，2000 年 6 月，頁 36。

第四節　我國憲法歷次修改

第一項　第一次憲法修改的重點與過程

國是會議開幕後，當時執政的國民黨中央正式成立黨政改革策劃小組，廣徵朝野修憲意見，融匯輿情共識，李總統登輝先生依據憲法規定之職權明令召集國民大會第二次臨時會，並於 1991 年 4 月 8 日正式召開，同年 4 月 24 日圓滿閉幕。本次臨時會共通過了第一階段的憲法增修條文十條，大致可歸納成下列四點：

一、終止動員戡亂時期，廢除臨時條款，回歸憲法，使國家憲政體制恢復正常運作。

二、賦予第二屆中央民意代表產生的法源，為中央民意代表的全面改選提供了憲法依據，使第二屆國民大會代表及立法委員得以順利地於 1991 年及 1992 年底，分別選出，國會的成員能在兼顧法理與現實政治環境下完成歷史的傳承，締造了一個真正能落實民意的國會，為國家政治現代化提供一個堅實根基。

三、由於動員戡亂時期終止，臨時條款廢除，連帶的臨時條款中有關總統緊急處分權，國家安全會議、國家安全局與人事行政局三個機關之組織，將失去法源依據，為因應國家當前特殊環境需要，訂定總統緊急命令權和三個機關「落日條款」的規定，使有關實質權限減少下，得以賡續現實之需要。

四、提供處理自由地區與大陸地區間人民權利義務關係及其他事務的法源，為規範兩岸關係發展所必須的法律提供了憲法的依據。

第一階段的修憲工作，在第一屆國大代表「秉持憲政改革的信念與決心，體察當前時勢的推移與歸趨，慎思熟慮，終能不負國人的付託與期許，依據憲法所規定的程序，達成了憲政改革的階段性目標。」[10] 使第二屆中央民意代表順

---

[10] 李登輝，〈親臨國民大會第二次臨時會閉會典禮致詞〉，《李總統登輝先生八十年言論選集》，臺北，行政院新聞局編印，1992 年 8 月，一版，頁 45。

利產生，法統得以延續，第二階段的憲政改革得以接續展開，中華民國邁入憲政史上的新頁。

第二項　第二次憲法修改的重點與過程

第二屆國民大會代表於 1991 年 12 月選出，1992 年 3 月 20 日正式召開第二屆國民大會第一次臨時會，展開第二階段的修憲工作，並於 5 月 30 日開幕，70 天的會期中，通過增修條文八條，本次完成的憲法增修條文重點，大致可綜合為以下五點：

一、透過修憲程序將違憲政黨的審查權，由原隸屬行政部門的黨審會，移往由司法院大法官組成之憲法法庭審理政黨違憲之解散事項，使中華民國的政黨政治更能在公平正義、合法合理之方向下邁向良性體制發展。

二、修訂監察院之組織與職權，強化監察權的功能；按監察權的制度淵源於瑞典 1809 年代的憲法，創建了監察使制度（Ombudsman），其後不獨繼續存在而且發揚光大，芬蘭、丹麥、挪威和紐西蘭，都繼起採行這個制度，國際字彙中也加上了監察使這個名詞[11]。在美國監察權屬參議院行使，英國則於 1967 年頒布了「國會監察使條例」，由英皇任命監察使，接受人民訴狀並調查，英國下議院方配合設立一常設委員會，以處理監察使之調查報告。歸納而言，監察權已是在任何民主國家都有[12]，其職權為：監督政府、監察官吏。在我國，監察權是固有舊制，而為孫中山先生創立五權憲法理論時所因襲，孫中山先生主張監察權獨立之理由，莫非想藉我國傳統的優良制度，以補救三權鼎立下立法權兼監督權之弊病，他在民國 6 年民報週年紀念會講演「三民主義與中國民族之前途」時，即說到此一弊病：「現在立憲各國，沒有不是立法機關兼有監督的權限，那權限雖然有強有弱，總是不能獨立，因此生出無數弊病。比方美國糾察權歸議院掌握，往往擅用此權，挾制行政機關，使他不得不俯首聽命，

---

[11] 陶百川，《監察制度新發展》，臺北，三民書局，1970 年 10 月，再版，頁 197。
[12] 同前註，頁 217。

因此常常成爲議院專制，除非有雄才大略的大總統，如林肯、麥堅尼、羅斯福等才能達行政獨立之目的」[13]。因此，孫中山先生之五權憲法理論中，將監察權獨立與其他四權並列爲治權機關。1946年1月，中華民國於抗戰勝利後，舉行政治協商會議，決定組織憲草審議委員會及就五五憲草內容提出12項修正原則，其中就監察院部分，決定以間接選舉方式，由各省級議會及各民族自治區議會選舉之，其職權爲行使同意權、彈劾權及監察權。然而，40餘年來的實施經驗，監察院之具有政權與治權雙重性質，及監察委員產生之方式，一向爲大多數民眾所詬病。因此，本次修憲將監察院改爲準司法機關，監察院院長、副院長、監察委員，由總統提請國民大會同意後任命之，一方面使更能符合孫中山先生主張的五權憲法下監察院的治權機構之角色與功能，一方面也澈底有效地改進監察委員產生方式，充分發揮彈劾糾舉不法之功能，以肅官箴。連帶地，司法院院長、副院長、大法官、考試院院長、副院長、考試委員之人事同意權，亦隨之改由國民大會行使，進一步落實了五權憲法體制的規劃。直至第六次修憲以後，司法院、監察院、考試院之有關人事同意權改爲總統提名，立法院同意後任免之。

　　三、省（市）、縣地方制度法制化，爲落實我國地方自治提供直接有效的憲法依據。如省議會、縣議會的組織與選舉，省市政府的組織與省、市長的民選問題，皆能予以憲法化，爲國家的地方自治立下了深厚的根基。

　　四、決定中華民國自第九任總統、副總統的選舉開始，由中華民國自由地區全體人民選舉之，直接有效地提升了人民政治參與的精神，增強對國家的認同與國是的關心，並順應民意與世界潮流，爲中華民國民主政治開創了一個新的里程。

　　五、充實基本國策有關民生條款：如獎勵科學技術發展及投資，注重環保與經濟發展的配合，推行全民保險，促進兩性平等，維護女性人格尊嚴，扶助自由地區原住民、殘障弱勢團體的維護，保障金門、馬祖、海外僑胞的參政權與各項權益等工作，皆透過修憲方式來加以推動與落實，使凡是認同中華民國

---

[13] 孫文，《三民主義與中國民族之前途》，國父全集，第二冊，頁206。

的海內外同胞皆能同蒙其利，以達福國利民之指標。由於總統選舉之方式、立法委員任期是否改為四年、國民大會是否設議長、副議長等問題、在本次修憲過程中，尚有爭議，未達共識，因而決定暫予保留，繼續研究，於適當時期召集國民大會臨時會，再作周詳地討論決定。

第三項　第三次憲法修改的重點與過程

第二屆國民大會第一次臨時會閉會後，若干重大修憲議題逐漸凝聚共識，並且普遍期望儘速合理解決。國民黨乃於 1993 年 12 月，再度成立修憲策劃小組，對憲法作必要的增修。

該小組歷經 4 個多月，先後舉行各項會議及座談 51 次，出席 1,100 餘人次，就各項修憲議題深入研討後，作成研究結論，據以擬定中國國民黨「對第二屆國民大會第四次臨時會代表同志政治任務之提示」草案，經提報 1994 年 4 月 18 日第 14 屆中央常務委員會臨時會議核議通過，隨即提報 4 月 23、24 日兩天會期的第 14 屆中央委員會臨時全體會議深入研討，通過修憲方案重點，內容如下：

一、總統、副總統自中華民國 85 年第九任總統、副總統起，改由自由地區全體人民直接選舉；僑居國外國民亦有投票權。總統、副總統候選人應聯名登記，在選票上同列一組圈選，以得票最高之一組為當選。

二、總統、副總統罷免由國民大會提出，交由選舉人投票決定；國民大會提出之罷免案，須經代表總額四分之一之提議，代表總額三分之二之同意。罷免案之投票，須經選舉人過半數之投票，其中過半數同意罷免，即為通過。

三、維持行政院院長副署制度，但對副署範圍則予合理調整，明定總統發布須經國民大會或立法院同意任命人員之任免命令時，無須副署。

四、明定國民大會設議長、副議長、於集會時主持會議；對外代表國民大會，並自第三屆國民大會實施。

五、明定立法委員任期自第三屆起改為 4 年，並調整第二屆國大代表與立法委員之任期，使與總統就職日期相配合。

六、明定國大代表立法委員之待遇及報酬，應以法律規定。除公職人員通案調整外，單獨增加待遇或報酬之法律，應自下屆起實施。

七、明定山胞名稱修改爲原住民。

本次修憲工作，因距第二屆國民大會代表任滿，僅一年餘，相形重要性增加許多，也因此，除以國民黨擬定之修憲方案爲主軸外，各項增修條款之提案可說百家爭鳴，百花齊放，朝野國代無不希望藉此次增修機會能畢其功於一役，並能落實所屬政黨或個人憲政之理想。

第二屆國民大會第四次臨時會於1994年5月2日舉行開幕典禮，至7月29日三讀通過憲法增修條文，經歷三個月，第二階段第二次修憲工作總算完成，本次所通過的條文，與國民黨第十四屆中央委員會臨時全體會議通過的修憲方案，略有數點不同，茲分述如下：

一、關於僑民之總統、副總統選舉投票權之行使，明定爲「返國行使」（第2條第1項），使原本擬以法律位階規範其選舉權之行使之要件及方式的規定，加上欲行使投票權須返國之入憲規範，可能會使僑民行使投票權之人數及機會相對降低。

二、增列「對於行政院長之免職命令，須新提名之行政院長經立法院同意後生效」（第2條第2項後段），本條之規定將彌補行政院院長免職後，職位空缺無人行使職權之弊，在立法院多數委員與總統黨籍隸屬不同時，可產生安定政局的效果，且可防範總統擴權。

三、立法委員任期原擬改爲四年一任，以配合總統四年一任之規定，以行使行政院院長提名同意權，落實權力制衡的理想，但本次立法委員任期未能調整，將可能產生一任行政院院長須經兩屆不同之立法委員行使同意權之情事。甚且前後兩屆立法院立法委員之多數席次分別爲不同政黨時，亦將造成憲政困擾，本項問題也在後續的修憲工作持續被提出。

此外，本次修訂憲法增修條文之主要內容，在於總統選舉產生方式，改由中華民國自由地區全體人民直接選舉之，自中華民國85年第九任總統、副總統選舉實施。總統、副總統候選人應聯名登記，在選票上同列一組圈選，以得票最多之一組爲當選。在國外之中華民國自由地區人民亦得返國行使選舉權。

　　再者，對於行政院院長的副署權，則予以縮減，規定總統發布依憲法經國民大會或立法院同意任命人員之任免命令，無須行政院院長之副署，以明政治責任之歸屬，乃就原憲法增修條文中已失去規範意義之過渡規定及未實施之條文刪除。

　　最後，本階段修憲的重大意義，在於確定總統之直接選舉，政府乃於 1996 年 3 月 23 日辦理中華民國有史以來首次的總統直接選舉，結果李登輝先生、連戰先生順利當選為中華民國第九任總統、副總統，充分顯示憲政改革後實施民主憲政、落實主權在民的具體成果，而在該次選舉中我國人民所表現的理性抉擇與民主素養，也贏得國際人士一致之讚揚。

第四項　第四次憲法修改的重點與過程

　　在第三次修憲以後，憲法明定總統、副總統由人民直接選舉，以貫徹主權在民的精神。憲法並合理調整行政院長副署範圍，落實責任政治，明定國民大會設立議長、副議長，提升國民大會議事效率。1996 年 3 月首次完成總統、副總統直接選舉，使得我國的民主政治向前邁進一大步。但是我國憲政體制與現實運作仍有相當距離，為建立長治久安，並兼具民主與效能的憲政體制，李總統登輝先生乃於 1996 年 5 月 20 日就任第九任總統演說中，指出我們必須推動第二階段憲政改革，而對於未來憲政改革的方向則取決於全國同胞的需求。因此，李總統當時表示將責成政府，針對國家未來發展的重要議題，廣邀各界意見領袖代表，共商大計，建立共識，共創國家新局，政府乃於 1996 年 12 月召開「國家發展會議」，針對我國跨世紀發展規劃藍圖，分別從「經濟發展」、「兩岸關係」、「政治體制與政黨政治」等三項議題，廣邀朝野各界熱烈討論，達成甚多共同意見，其中有關「憲政體制與政黨政治」議題共達成 22 項共識，茲分述如下 [14]：

---

[14] 陳滄海，《憲政改革與政治權力—九七憲改的例證》，臺北，五南，1999 年 4 月，頁 254-256。

一、釐清中央政府體制

(一) 總統、行政院、立法院之關係。

　　1. 總統任命行政院長，不須經立法院同意。

　　2. 總統於必要時得解散立法院，而行政院長亦得咨請總統解散立法院，但須有必要之規範或限制。

　　3. 立法院得對行政院長提出不信任案。

(二) 審計權改隸立法院。

(三) 對總統、副總統之彈劾權須符合憲法嚴格程序，並改由立法院行使。

(四) 立法院各委員會建立聽證制度及調閱權之法制化。

(五) 國民大會與創制複決權的行使。

(六) 凍結國民大會創制、複決權，人民得就全國性事務行使創制、複決權。

二、合理劃分中央與地方權限、健全地方自治

(一) 調整精簡省府之功能業務與組織，並成立委員會完成規劃與執行，同時自下屆起凍結省自治選舉。

(二) 取消鄉鎮市級之自治選舉，鄉鎮市長改為依法派任。

(三) 縣市增設副縣市長，縣市政府職權應予增強。

(四) 地方稅法通則、財政收支劃分法應速完成立法或修正，以健全地方財政。

(五) 改進選舉制度、淨化選舉風氣。

(六) 中央民意代表總額與任期：

　　1. 主張國民大會代表總額適度減少，改由政黨比例代表制產生，並自下屆起停止選舉。任期維持現狀四年。

　　2. 立法委員之總額要視國民大會與省議會名額的調整情形，於必要時得增加至 200 或 250 名為原則，任期應改為四年。

(七) 中央及地方民意代表選舉制度暨選區劃分：

　　1. 中央民意代表選舉制度採單一選區與比例代表制兩者混合的兩票制，並成立跨黨派的小組研議。

2. 選區的劃分則希望成立超黨派選區劃分審議委員會。

(八) 淨化選風、修改選罷法、改善選舉制度。

(九) 落實政黨政治、促進政黨良性互動發展。

(十) 有關政黨財務、補助及政治獻金的擬定：

　　1. 黨營事業不得從事壟斷性事業之經營，不得承接公共工程，不得參與政府採購之招標，不得赴大陸投資。

　　2. 國家對於政黨之補助應以協助政黨從事政策研究及人才培養為主。現階段可以在選罷法中，酌予提高補助額度。

(十一) 政黨不得干預司法，司法人員應退出政黨活動。，司法人員應退出政黨活動。

(十二) 公務人員應保持政治（行政）中立。

(十三) 立法院協商機制應以法制化、制度化。

(十四) 政黨組織及運作應受法律規範。

　　後來，朝野黨派乃決定以「國家發展會議」的共識為基礎，以小幅修憲原則，進行憲政改革。李登輝總統乃依據國民大會代表五分之二以上的請求，於1997年4月2日發布第三屆國民大會第二次會議議定於1997年5月5日集會之召集令。第三屆國民大會第二次會議開議後陸續收到代表修憲提案共128件，依規定經程序委員會送大會進行讀會和審查程序。經過70天的折衝協商，幾經波折，於7月18日三讀通過中華民國增修條文之修訂。其主要的特色可歸納成以下幾點：

　　一、總統任命行政院長，無須經立法院同意。本項調整旨在賦予民選總統根據民意逕行任命行政院長的權力，以維持政治安定。

　　二、總統經諮詢立法院院長後，得宣告解散立法院。此乃為解決行政和立法間可能產生的僵局，惟其要件屬於被動式的解散，即只能在立法院通過行政院長之不信任案後始得解散。

　　三、立法院得對行政院提出不信任案。由於行政院乃須對立法院負責，因此，實踐行政與立法制衡原理，授權立法院對行政院長有倒閣權，應可落實責任政治之施政理念，促進行政效率之提升。

四、司法院長、副院長改由大法官兼任，使司法組織更為合理；同時，為落實司法獨立精神，規定行政院不得刪減司法院所提之年度概算，但得加註意見，編入中央政府總預算案，送立法院審議，以避免行政院之干預。

五、精簡省級組織：將省政府改為委員制，省議會改為省諮議會，省府委員及諮議員均由行政院長提請總統任命，以提高行政效率，加強為民服務之功能。因此，本次憲法增修條文旨在調整中央政府體制，實現分權原則，並落實責任政治；

精簡省級行政組織，以提升行政效能；落實司法改革，以加強釋憲功能，維護司法獨立。整體而言，經過此次修憲，將有助於提升我國行政效率並加強國家競爭力。

另外學者李炳南教授也提到，在第四次修憲中的重點乃是政府權力佈局方式的重大改革。他認為第四次的修憲中的三大議題為：1. 中央政府體制，2. 臺灣省地方制度的改革，3. 公投入憲。而這個權力的佈局所論及的重點則為總統、行政及立法的關係之變動 [15]。

李炳南教授認為，依據第四次修憲的結果，對我國中央政府體制合理的運作，至少透露了以下幾項訊息：

一、行政院為國家最高行政機關。

二、總統任命行政院院長應斟酌立法院的政黨生態，為求政局穩定，應就立法院多數黨或多數聯盟所默示同意的人選為選擇。

三、總統無主動免職行政院院長的權力；行政院於立法院通過不信任案及立法院改選後應向總統提出總辭。

四、總統在立法院通過對行政院之不信任案後，得經行政院長之呈請，於諮詢立法院長後裁量是否解散立法院。

五、立法院倒閣失敗，則一年內不得提出不信任案。

六、總統有關國家安全大政方針，國家安全範圍應限定在國防、外交及兩岸關係有關事務上，並透過國家安全會議諮詢管道與行政院溝通，行政院就此

---

[15]　李炳南，《九七修憲重實記》，世新大學，2001 年 7 月，頁 129。

決議向立法院負責，總統則對人民負責。

七、覆議案不再具有信任的性質，行政院基於依法行政原則，應接受並執行法案覆議的結果。總統覆議核可權之行使無關乎內閣之連帶政治責任，僅為調和立法院與行政院就特定法案不同立場之工具。

其中李炳南教授主要強調認為，在九七修憲的體制下，總統乃無主動免職閣揆的權力，加上總統解散立法院為被動，而就其性質上來說，不過是元首調和權之行使，且總統又無常態的法規命令權（decree），因此在這種體制之下，我國並非是一個總統議會制的國家[16]。

然而亦有學者黃昭元教授指出，在九七修憲後，我國中央政府體制最大的問題是在雙首長制的架構，並未解決我國在中央政府體制向來的問題。黃昭元教授認為，我國中央政府體制主要的問題是政府架構複雜、行政雙元、如何有效制衡實權總統及健全立法權等問題。而此次的修憲又引進更複雜的制度，並將憲政體制運作的成功與否，更往「人治」的方向推展，完全依賴政治人物的意志而定。

黃昭元教授更進一步的指出這種「雙頭雙身的臺灣龍」憲法，一方面有總統及行政院長兩個首長爭權，另方面又有立法院與國民大會兩個立法機關糾纏不清，及欠缺對於總統權力的約制，實不利於我國中央政府體制的運作[17]。

第五項　第五次憲法修改的重點與過程

第三屆國民大會第四次會議經總統頒布召集令於 1999 年 6 月 8 日集會，其間三黨之意見雖一直無法取得共識，但因歷經四次修憲之後，國民大會職權已有很大的轉變，國民大會喪失了選舉總統與副總統的權限，除修憲權外，只有司法、考試、監察之重要人事同意權，此人事同意權在司法院的部分於 2003 年以後改為每四年行使一次，其他則六年才行使，而實際上又不能常常修憲。此

---

[16] 同前註，頁 148。
[17] 顧忠華、金恆煒，《憲改大對決—九七修憲的教訓》，桂冠，2004 年 5 月，頁 254-256。

外，由於在幾次的修憲過程當中，國民大會的擴權行為持續被輿論所批評，甚至稱之為「國大怪獸」。因此，是否要廢除國民大會，建立單一國會成為當時熱門的議題。但國民大會開會一個多月下來，朝野並無共識，為求突破，國民大會於是另外召集「憲政改革擴大諮詢會議」，自 7 月 14 日起至 23 日結束，其討論的主題如下：

一、中央政府體制

(一) 國會改革議題

1. 國民大會與立法院之定位（含一院制或兩院制）。

2. 國民大會之職權。

3. 國民大會之名額及產生方式（含一票制或兩票制）。

4. 國民大會之組織及預算自審問題。

(二) 總統選舉及監督方式

1. 總統選舉之當選方式（相對多數或絕對多數）。

2. 總統之監督問題。

二、人民權利義務及其他

(一) 公民投票或創制複決議題

1. 公民投票或創制複決之應否入憲問題。

2. 公民投票或創制複決之議題應否限制問題。

(二) 政黨規範議題

1. 黨營事業應否入憲規範問題。

2. 政黨經費及財產應否規範問題。

(三) 檢警留置犯罪嫌疑人之時限應否延長問題

(四) 兵役及其替代役入憲問題 [18]

　　經過 10 天的擴大諮詢會議，對憲政改革之意見仍相當分歧，於是繼續由政黨之黨團間進行協商，其間最關鍵之協商為 8 月 13 日中午在陽明山中國大飯店由國民黨與民進黨黨團之協商，其協商之重點在國大代表全數採政黨比例代表方式選舉之可行性。國大代表以政黨比例代表方式選出共有三種方式：

　　一、依附在總統選舉之政黨比例代表制。

　　二、依附在立法委員選舉之政黨比例代表制。

　　三、單獨一票之政黨比例代表制。

　　討論之結果，認定國會制度之改革，應以國民大會與立法院同時進行為原則，如此只有依附在立法委員選舉之比例代表制較為可行。

　　在國民黨與民進黨的反覆協商以後，國民黨同意國會改革，但反對國大延任，最後在 9 月 3 日的大會中，以無記名投票方式投票，9 月 4 日凌晨 4 時 20 分通過全案 [19]。

三、第五次修憲之特色

(一) 國民大會代表人數減少

　　國民大會代表第四屆的名額為 300 人，並依立法委員選舉，各政黨所推薦及獨立參選之候選人得票之比例分配當選名額。但從第五屆開始減少為 150 人。

(二) 國大代表自行延任

　　第三屆國代延任，立法委員及國代之任期未來將一致：因預算之編列已改為曆年制，為方便立法委員之預算審查，第三屆國代任期延至第四屆立委任期滿之日，即 2002 年 6 月 30 日止。但此一國大延任之修憲主張被輿論攻訐為「國大自肥」的舉動，而引起了許多許多爭議，甚至造成大法官以解釋之方式宣告此次修憲的結論無效 [20]。

---

[18] 謝瑞智，前引書，頁 60。

[19] 同前註，頁 60-66。

[20] 司法院釋字第 499 號的解釋明確指出國民大會代表之自行延長任期部分，於利益迴避原則亦屬有違，並與自由民主憲政秩序不合。

(三) 國大代表未來將以政黨比例的方式產生

國大代表之任期與立委之任期一致後，國大代表之政黨比例人數，依附在立法委員之選舉上，因此，國大代表不再舉辦區域選舉，而以立法委員之選舉結果為核算之依據。其當選名額之分配依據立法委員選舉，各政黨所推薦及獨立參選人得票數之比例分配當選名額。此外，配合政黨比例代表制下之婦女當選保障名額規定設計，增修條文第 1 條第 4 項修改為「第 1 項及第 2 項之第 1 款各政黨當選之名額，在 5 人以上 10 人以下者，應有婦女當選名額 1 人。第 3 款及第 4 款各政黨當選之名額，每滿 4 人，應有婦女當選名額 1 人。」

(四) 基本國策增列兩項

憲法增修條文第 10 條第 8 項增列「國家應重視社會救助、福利服務、國民就業、社會保險及醫療保健等社會福利工作；對於社會救助和國民就業等救濟性支出應優先編列」。第 9 項列「國家應尊重軍人對社會之貢獻，並對其退役後之就學、就業、就醫、就養予以保障。」因此，未來國家應更重視社會福利、社會救助人和國民就業等支出編列，並保障退役軍人之就學、就業、就醫、就養，以及對澎湖、金門與馬祖地區人民的政治參與、教育文化與其他福利事業 [21]。

四、第五次修憲所造成的憲政問題

(一) 延任案違反民主原則

民主原則，係基於國民委託權力之法理而來，憲法規定民意代表之任期，即為國民委託權力之法的依據，而「定期選舉」乃民主原則中最重要的基本精神 [22]。為有效實現選舉的意思形成功能及監督作用，必須讓人民可以在一定期間之內透過選舉檢驗國會議員的表現。換言之，民主政治乃是一種「有時間性的統治體制」（Herrschaft auf Zeit）[23]。如受權力委託之代表，未經選民之明示委託，又無憲政上亟須避免之急迫事故，亦無任何非延長任期即不足以維繫憲

---

[21] 同註 18，頁 66-67。

[22] 參閱李建良，〈民主原則與國會議員任期的延長〉，《臺灣本土法學雜誌》，第三期，1999 年 8 月，頁 169。

[23] 同前註。

政之情事，自無自行更改委託依據之權力。是故，國大延任的行為，係違反與選民之選舉授與契約，牴觸民主原則、破壞代表委託契約、減少國會議員受選民檢驗的次數，降低人民透過選舉控制政治權力及參與政治的有效性，既無正當性且侵害憲法基本原則[24]。

（二）延任案違反比例原則

其次，國民大會代表的延任案，並未對國民大會改革帶來更大效益，從憲法學的「比例原則」[25]來檢驗延任修正的「合憲性」，則延任之手段能否達成改革之目的尚在未定之天，從而延任修正不能通過「適宜性原則」之檢視乃誠屬必然。

（三）延任案造成憲法破毀

前副總統連戰先生在國代通過延任案時形容此種做法是一種「憲法破毀」（Verfassungsdurchbrechung）[26]。所謂憲法破毀，根據德國學說，憲法破毀於個別、例外之場合，對部分憲法規定（即憲律）加以侵害。受侵害之規定在其他場合仍然保持效力，既未廢止，亦非一時之停止。憲法破毀，有依憲法規定或以修憲方式為之者，亦有漠視憲法而為之者。而根據德國學者史密特（Carl Schmitt）指出，循修憲程序延長議會之會期一次，屬於憲法破毀[27]。憲法學者主張「憲法破毀論」，認為修憲不能將憲法的基本精神修改掉。此次國民大會的修憲結果，一再背離我國憲法的基本精神與憲法的原理原則[28]。

（四）司法院大法官會議釋字第 499 號解釋否定國大延任案之正當性基於上述，司法院大法官會議後來做出了釋字第 499 號的解釋。在解釋要旨是明確指出國民大會代表之自行延長任期部分，於利益迴避原則亦屬有違，並與自

---

[24] 參閱黃建輝，〈憲法第五次增修條文評釋〉，《臺灣本土法學雜誌》，第四期，1999 年 10 月，頁 190。

[25] 參閱法治斌、董保城著，《中華民國憲法》，台北，國立空中大學，1999 年 1 月，頁 40。

[26] 中國時報，焦點新聞，1999 年 9 月 9 日。

[27] 參閱許志雄，〈修憲之界限〉，《月旦法學雜誌》，第五四期，1999 年 11 月，頁 2。

[28] 參閱傅崑成，〈國大自肥、總統包庇司法權該出來制服國大了〉，新黨電子報，1999 年 9 月 10 日。

由民主憲政秩序不合。因此，第三屆國民大會於 1999 年 9 月 4 日第四次會議第 18 次大會以無記名投票方式表決通過憲法增修條文第 1 條、第 4 條、第 9 條暨第 10 條應自本解釋公布之日起失其效力，憲法 1997 年 7 月 21 日公布施行的第四次增修條文適用。

國民大會 1999 年 9 月 4 日通過的我國憲法第五次增修條文，經釋憲大法官會議解釋爲「失效」的條文，這是我國憲法增修五次以來，第一次被釋憲大法官解釋爲失效。因此，憲法將回歸到 1997 年第四次的增修條文效力，結果就是，現任國大必須在 2000 年 5 月 20 日前完成改選，中央選舉委員會如果沒有按時完成此一任務，應受彈劾。解釋要旨的內容如下：(一) 修改憲法亦係憲法上行爲之一種，此種行爲亦須符合程序正當性之要求。(二) 憲法中具有本質之重要性而構成憲政體系基本原理原則者，構成修憲之界限，不得任意加以變更。(三) 國大代表及立法委員任期之延長未自決議之次屆始行實施，有違憲法上國民主權原則，亦與利益迴避原則有違。

其次，大法官釋字第 499 號解釋文並指出：

一、憲法爲國家根本大法，其修改關係憲政秩序之安定及全國國民之福祉至鉅，應由修憲機關循正當修憲程序爲之。又修改憲法乃最直接體現國民主權之行爲，應公開透明爲之，以滿足理性溝通之條件，方能賦予憲政國家之正當性基礎。國民大會依憲法第 25 條、第 27 條第 1 項第 3 款及中華民國 86 年 7 月 21 日修正公布之憲法增修條文第 1 條第 3 項第 4 款規定，係代表全國國民行使修改憲法權限之唯一機關。其依修改憲法程序制定或修正憲法增修條文須符合公開透明原則，並應遵守憲法第 174 條及國民大會議事規則有關之規定，俾副全國國民之合理期待與信賴。是國民大會依 1994 年 8 月 1 日修正公布憲法增修條文第 1 條第 9 項規定訂定之國民大會議事規則，其第 38 條第 2 項關於無記名投票之規定，於通過憲法修改案之讀會時，適用應受限制。而修改憲法亦係憲法上行爲之一種，如有重大明顯瑕疵，即不生其應有之效力。所謂明顯，係指事實不待調查即可認定；所謂重大，就議事程序而言則指瑕疵之存在已喪失其程序之正當性，而違反修憲條文成立或效力之基本規範。國民大會於 1999 年 9 月 4 日三讀通過修正憲法增修條文，其修正程序牴觸上開公開透明原則，且衡

諸當時有效之國民大會議事規則第 38 條第 2 項規定，亦屬有違。依其議事錄及速記錄之記載，有不待調查即可發現之明顯瑕疵，國民因而不能知悉國民大會代表如何行使修憲職權，國民大會代表依憲法第 133 條規定或本院釋字第 331 號解釋對選區選民或所屬政黨所負政治責任之憲法意旨，亦無從貫徹。此項修憲行為有明顯重大瑕疵，已違反修憲條文發生效力之基本規範。

二、國民大會為憲法所設置之機關，其具有之職權亦為憲法所賦予，基於修憲職權所制定之憲法增修條文與未經修改之憲法條文雖處於同等位階，惟憲法中具有本質之重要性而為規範秩序存立之基礎者，如聽任修改條文予以變更，則憲法整體規範秩序將形同破毀，該修改之條文即失其應有之正當性。憲法條文中，諸如：第 1 條所樹立之民主共和國原則、第 2 條國民主權原則、第二章保障人民權利、以及有關權力分立與制衡之原則，具有本質之重要性，亦為憲法整體基本原則之所在。基於前述規定所形成之自由民主憲政秩序，乃現行憲法賴以存立之基礎，凡憲法設置之機關均有遵守之義務。

三、第三屆國民大會 1999 年 9 月 4 日通過之憲法增修條文第 1 條，國民大會代表第四屆起依比例代表方式選出，並以立法委員選舉各政黨所推薦及獨立參選之候選人得票之比例分配當選名額，係以性質不同、職掌互異之立法委員選舉計票結果，分配國民大會代表之議席，依此種方式產生之國民大會代表，本身既未經選舉程序，僅屬各黨派按其在立法院席次比例指派之代表，與憲法第 25 條國民大會代表全國國民行使政權之意旨，兩不相容，明顯構成規範衝突。若此等代表仍得行使憲法增修條文第 1 條以具有民選代表身分為前提之各項職權，將牴觸民主憲政之基本原則，是增修條文有關修改國民大會代表產生方式之規定，與自由民主之憲政秩序自屬有違。

四、上開增修條文第 1 條第 3 項後段規定：「第三屆國民大會代表任期至第四屆立法委員任期屆滿之日止」，復於第 4 條第 3 項前段規定：「第四屆立法委員任期至 2002 年 6 月 30 日止」，計分別延長第三屆國民大會代表任期 2 年又 42 天及第四屆立法委員任期五個月。按國民主權原則，民意代表之權限，應直接源自國民之授權，是以代議民主之正當性，在於民意代表行使選民賦予之職權須遵守與選民約定，任期屆滿，除有不能改選之正當理由外應即改選，

乃約定之首要者，否則將失其代表性。本院釋字第 261 號解釋：「民意代表之定期改選，為反映民意，貫徹民主憲政之途徑」亦係基於此一意旨。所謂不能改選之正當理由，須與本院釋字第 31 號解釋所指：「國家發生重大變故，事實上不能依法辦理次屆選舉」之情形相當。本件關於國民大會代表及立法委員任期之調整，並無憲政上不能依法改選之正當理由，逕以修改上開增修條文方式延長其任期，與首開原則不符。而國民大會代表之自行延長任期部分，於利益迴避原則亦屬有違，俱與自由民主憲政秩序不合。

五、第三屆國民大會於 1999 年 9 月 4 日第 4 次會議第 18 次大會以無記名投票方式表決通過憲法增修條文第 1 條、第 4 條、第 9 條暨第 10 條之修正，其程序違背公開透明原則及當時適用之國民大會議事規則第 38 條第 2 項規定，其瑕疵已達明顯重大之程度，違反修憲條文發生效力之基本規範；其中第 1 條第 1 項至第 3 項、第 4 條第 3 項內容並與憲法中具有本質重要性而為規範秩序賴以存立之基礎，產生規範衝突，為自由民主憲政秩序所不許。上開修正之第 1 條、第 4 條、第 9 條暨第 10 條應自本解釋公布之日起失其效力，1997 年 7 月 21 日修正公布之原增修條文繼續適用。

第六項　第六次憲法修改的重點與過程

一、修憲過程

如同前述，國民大會 1999 年 9 月 4 日通過的我國憲法第五次增修條文第 1 條、第 4 條、第 9 條暨第 10 條之修正，後經釋憲大法官會議解釋釋字 499 號宣告為「失效」的條文，這是我國憲法增修五次以來，第一次被釋憲大法官解釋為失效。因此，憲法回歸到 1997 年第四次的增修條文效力，使得第三屆國民大會必須在 2000 年 5 月 20 日前完成改選。

為因應上述情形，民進黨、國民黨兩黨中央乃於 1997 年 3 月 30 日進行修憲協商，雙方同意國民大會自 5 月 20 日起走向虛級化、非常設化，僅保留複決立法院修憲案及議決正、副總統彈劾案，交由政黨比例代表產生的「任務型國

代」於一個月內處理，其餘職權均移轉立法院行使；而第三屆國代任期至 2000 年 5 月 19 日屆滿，不再延任，第四屆國代選舉暫停舉辦。新黨原則贊成上述「任務型國代」憲改方案，但希望加強制衡總統的機制。民進黨與國民黨兩黨 184 位國代要求召開第五次會議的連署書經由兩黨黨鞭送到國大祕書處。根據國大祕書處規劃，希望 4 月底之前完成修憲三讀。

民、國兩黨由吳乃仁、洪玉欽各自帶領黨籍國代進行修憲協商，議題鎖定凍結國大職權調整，達成七項共識，雙方各自約束黨籍國代全力貫徹執行。

兩黨達成七項修憲共識爲：

一、第三屆國民大會代表任期至 2000 年 5 月 19 日屆滿，不再延任。

二、2000 年 5 月 20 日起，國民大會機關名稱維持不變，走向虛級化、非常設化，國大代表依議題需要，於立法院提出總統、副總統彈劾案或憲法修正案時，三個月內採政黨比例代表制產生，任務型國代每次集會爲期一個月，集會結束即解除職務。

三、基於穩定政局、符合民意考量，自 2000 年 5 月 20 日起，國民大會職權合理調整如下：

　(一) 移轉至立法院的職權：補選副總統、罷免總統副總統提案權、對總統提名任命之司法院、考試院、監察院人員行使同意權、變更領土決議權、聽取總統國情報告。

　(二) 停止行使的職權：憲法修改權、聽取總統國情報告，檢討國是、提供建言。

　(三) 國大代表行使的職權：議決立法院提出之總統、副總統彈劾案、複決立法院所提出之憲法修正案。

四、國大代表行使職權應依所屬政黨主張執行，其程序由立法院定之。

五、兩黨共同連署，咨請總統於 4 月 11 日前召集國民大會代表集會。

六、本次國民大會集會，僅就兩黨協商共識進行議決。

七、兩黨一致呼籲全國人民及其他黨派全力支持，共同推動國會改革。

概括而言，兩黨修憲共識的重點爲：同意國大全面虛級化，僅保留議決正

副總統彈劾案及複決立院修憲案等 2 項職權。為行使這兩項職權，可依議題需要，於三個月內採政黨比例代表制產生「任務型國代」，集會期間為一個月，集會結束後即解職。國代行使職權，僅能依所屬政黨主張執行，不得有個人意見。

　　在上述的基礎上，國民大會於 2000 年 4 月 24 日第六次憲法修改過程當中以記名表決方式，完成了包括將國大虛級化在內的三項修憲提案的二、三讀程序，也讓國民大會此一憲法上的政權機關，實質的走入了歷史，立法院的權限大幅提升。中央選舉委員會於 2000 年 4 月 25 日公告中止國民大會第四屆國民大會代表選舉。自此以後，我國雖然名義上仍為五權憲政體制，但實際上已經更接近三權分立的政治體制。

二、修憲內容

　　國民大會於 2000 年 4 月 24 日完成國大虛級化修正憲法增修條文三讀程序，未來視任務需要產生三百位任務型國代，任務型國大集會以一個月為限，複決立法院提出的憲法修正案、領土變更案及議決立法院提出的總統、副總統彈劾案。

　　其次，未來立法院提出總統、副總統的罷免案，須經全體立法委員四分之一提議，三分之二同意後提出，並經中華民國自由地區選舉人總額過半數之投票，有效票過半數同意罷免時，即為通過。另外，立法院於每年集會時，得聽取總統國情報告。

　　再者，司法院大法官 15 人，並以其中 1 人為院長、1 人為副院長、由總統提名、經立法院同意任命之。自 2003 年起實施，不適用憲法第 79 條之規定。司法院大法官除原任法官轉任者外，不適用憲法第 81 條法官終身職待遇之規定。最後，考試委員、監察委員未來由總統提名，經立法院同意任命之。

　　在第六次修憲後，立法院終於樹立其單一國會的憲政地位，但由於成於倉促之際，修憲內容實隱藏極多的問題，且未及研擬細密相關的配套措施下，逕

將國代原有的絕大部分權限一體移交立法院行使，導致進一步的憲政危機，乃是吾人對此次憲改應注意的焦點[29]。

第七項 第七次憲政改革的重點與過程

我國憲法第七次修憲，乃陳水扁總統主導之公民投票修憲，於 2004 年 8 月 23 日立法院第五屆第五會期第一次臨時會第三次會議通過修正憲法增修條文第 1 條、第 2 條、第 4 條、第 5 條及第 8 條條文；並增訂第 12 條條文於 2005 年 6 月 7 日在國民大會複決通過，2005 年 6 月 10 日公布施行，本次任務主軸不外乎圍繞在廢除國民大會，立法委員席次減半、單一選區兩票制，修憲案及國土變更案之通過必須交由公民複決及總統、副總統之彈劾案改由大法官審理。

三、修憲過程

2005 年 6 月 7 日，任務型國民大會以 249 票贊成、48 票反對的票數，複決通過了立法院在 2004 年 8 月 23 日所提出的憲法修正提案。通過的修憲提案包括以下項目：

(一) 由人民複決立法院所提出之修憲案或領土變更案（第 1 條）；

(二) 複決立法院修憲提案的通過門檻爲總選舉人半數以上同意（第 12 條）；

(三) 立法院提出之正副總統彈劾案，由憲法法庭審理；

(四) 自第七屆起，立法委員席次減半爲 113 席，任期四年，保障婦女名額佔不分區至少一半，區域立委 73 人，每縣市至少 1 人，全國不分區及僑居國外國民依政黨名單投票選舉（第 4 條）。其中至關緊要的是第 4 條：2007 年年底的立委選舉，我國將以所謂的「並立式單一選區兩票制」，以單一選區制選出 73 名區域代表與六名原住民代表，並以封閉式名單比例代表制選

---

[29] 蔡宗珍，〈論國民大會虛級化後立法院之憲政地位〉，《月旦法學》，61 期，元照，2000 年 6 月 1 日，頁 60。

　　出其餘 34 名代表，總計 113 席[30]。

　　但在此次的修憲過程中，也出現了許多的爭議，如候選人繳交保證金問題、政黨於立法院登記支持修憲，事後在國大選舉中卻登記反對、參選人登記名稱問題、國大職權行使法尚未通過問題、投票率過低問題、投票門檻和廢票計算問題、是否可將修憲案改為逐條表決問題、亮票問題以及大法官不受理親民黨主張選舉投票門檻過低不具正當性，臺聯黨主張包裹複決構成違憲之問題等九個爭議[31]。

　　總而言之，第七次修憲為未來臺灣的憲政改革設下了一道很高的公民複決門檻。因為這個門檻是規定在憲法裡，所以要降低這個門檻就得修憲（也就是先要達到這個門檻）。如果未來修憲議題具有高度共識，許多選民可能會因為缺乏投票動機而使修憲案難以跨過門檻；如果選民對修憲議題的態度差異大，縱使投票率高，但要達到一半以上的投票者投下贊成票，也非易事。所以，在可見的未來，半總統制和單一選區兩票制即將成為臺灣的憲政主軸，而分立政府的可能性也因選舉時程的緣故而增加，雖然這個結果不一定會發生。

　　新選舉制度勢將影響未來政治競爭者的策略和行為。且要在單一選區制下勝選，政黨必須贏得每個選區中間選民的支持，不能太偏激。這也連帶會影響國會議員的行為以及國會的風貌。在舊的選舉制度之下，立法委員只要能得到少部分選民的強烈支持即可當選，導致其採取偏離常軌的問政方式，例如出席率低、重關說而輕立法、上媒體而少開會、走偏峰而不問政、重質詢而少監督等。理論上，這些行為會隨著當選絕對票數和相對門檻的提高而減少。

　　然而新制度當然不能保證去除賄選，當選票基的擴大更讓大財團有動機介入選舉。但同樣的結構，也讓高知名度、形象良好的候選人當選機率增加。另一方面，新選舉制度很可能會帶動臺灣的政黨重組。數年後臺灣政黨政治的風貌，或許和目前會有很大的不同。如果新選舉制度確實能篩選出問政品質良好

[30] 總統府網頁，林繼文，〈國會改革後的憲政運作〉，《憲政改造》，2005 年 6 月 20 日。http://constitution.president.gov.tw/article/article.php?Type=6&rowid=162。

[31] 李炳南、楊智傑，〈第七次修憲過程瑕疵與正當性〉，《憲政改革背景、運作與影響》，五南，2006，頁 121-150。

的新一代政治菁英，即使出現分立政府，也不至於導致社會的分裂，而可透過良性競爭提升臺灣民主政治的水準 [32]。

第五節　歷次的修憲後中央政府體制的改變

在歷經了七次後的修憲，我國憲法已從原來具有濃厚內閣制精神的中央政府體制，逐漸的傾向成為雙首長制的架構。從 1990 年大法官釋字第 261 號解釋的規範下，資深國民大會代表於 1991 年底全數退職，同年 5 月動員戡亂時期正式終止，開始了「一機關、兩階段」之修憲。

1991 年的第一次修憲，將《動員戡亂時期臨時條款》中的總統緊急命令權及直屬總統權限的國家安全會議及國家安全局等，納入修憲條文之中，強化了總統因應在國家遇有緊急狀況時之權限，使得總統的權限開始擴大。1992 年的第二次修憲，總統、副總統的選舉方式改為直選，使得總統的選民基礎更為落實。1993 年的第三次修憲，除落實總統、副總統由選民直接選的規定外，對於行政院院長的副署權，則予以縮減，規定總統發布依憲法經國民大會或立法院同意任命人員之任免命令，無須行政院院長之副署，如此一來，無疑弱化了行政院院長的權力，並且強化了總統權限的正當性，使得總統的權限再度的擴充。至此，我國憲法架構中內閣制的精神業已失去，並且朝著總統制的框架前進。

1997 年的第四次修憲中，將中央政府體制的架構推向類似法國的雙首長制。首先將總統提名行政院院長之權限修改為無須經過立法院的同意，後又確定了行政院為國家最高行政機關，如此一來，總統如為求政局穩定及國家的發展，應提名立法院中多數黨所同意之人選，但實際上憲政體制運作的成功與否，又端賴於總統一人的意志而定。另外，雖有制衡機制的規劃，加入行政與立法的倒閣及解散國會的制衡機制，並且在立法對總統的制衡，也加入了立法

---

[32] 同前註。

彈劾權的功能，但是立法院與國民大會兩個立法機關糾纏不清，及欠缺對於總統權力的約制，如此行政雙元的設計，實不利於我國中央政府體制的運作。1999 年第五次的修憲因為國民大會代表自行延長任期，導致大法官會議釋字第499 號解釋[33] 該次修憲無效，因而開啓了 2000 年 4 月的第六次修憲，此次的修憲，除了將國民大會大部分的權限移轉至立法院外，更將國民大會虛級化，確立了我國國會一院制的體制[34]。

我國中央政府體制經由這幾次的修憲，已從內閣制的精神轉向偏總統制之雙首長制。總統的權限擴充，而行政、立法及司法的相互制衡機制不甚完善，如無法有效地啓動制衡機制，則政府很可能會變成一部無法約制的怪獸，亦非萬民之福。

例如 2008 年的立委選舉，在野的國民黨大獲全勝，行政院院長率閣員循例向總統總辭，陳水扁總統選擇依 1997 年修憲條款中的規定，並認為司法院大法官釋字第 387 號與第 419 號解釋意旨應不再適用，退回總辭案以建立憲政慣例。此舉雖有其正當性，然而如此一來又引起學界及輿論的撻伐。

總而言之，我國這部憲法，歷經時空的轉變，從內閣制的精神，又表現的如總統制般的特色，最後又向雙首長制傾斜，但無論是何種體制，在整體制度的運轉上，總是產生許多的適應不良，而歸納其原因，還是在制衡機制無法發揮功能。故思量如何量身為我國現狀及將來，設計一套完善的中央政府體制，乃是目前當務之急。

---

[33] 釋字第 499 號解釋文第 5 條：「第三屆國民大會於八十八年九月四日第四次會議第十八次大會以無記名投票方式表決通過憲法增修條文第一條、第四條、第九條暨第十條之修正，其程序違背公開透明原則及當時適用之國民大會議事規則第三十八條第二項規定，其瑕疵已達明顯重大之程度，違反修憲條文發生效力之基本規範；其中第一條第一項至第三項、第四條第三項內容並與憲法中具有本質重要性而為規範秩序賴以存立之基礎，產生規範衝突，為自由民主憲政秩序所不許。上開修正之第一條、第四條、第九條暨第十條應自本解釋公布之日起失其效力，八十六年七月二十一日修正公布之原增修條文繼續適用。」

[34] 參閱黃秀端，〈中央政府體制改革的選擇（政治篇）〉，葉俊榮等，行政院研究發展考核委員會主編，《憲改方向盤》，臺北，五南，2006，頁 128-132。

第十五章

我國中央政府體制剖析

第一節　我國中央政府體制的屬性

關於我國憲法中中央政府體制的屬性，各家學者說法不一，大抵上來說，可分為「修正的內閣制」、「總統制」及「雙首長制」等三大類，以上各種說法皆有其立論根據，然作者認為此乃是隨著時代的變遷與政治環境的不同所致，茲分述如下：

第一項　屬於修正式的內閣制（1947 年以前）

依制憲學者張君勱所述，我國憲法中有關中央政府體制的設計，是屬於「修正的內閣制」。他認為當時在中國的狀況，無論是採美國的總統制，或是採英國的責任內閣制，都不甚適合。因此，他以為我國必須折衷二者，而走出第三條路。其中，他對於中央政府體制設計中，最核心的主張，便是為了避免一個不合學理之「間接的直接民權」之國民大會的存在，以免其成為一個「太上國會」，造成憲政危機。

而後在制憲的過程中，雖與國民黨折衝下同意國民大會有形化，但卻力主國民大會除了選舉與罷免總統、副總統及修憲外，不得有任何的權力，否則不惜與國民黨決裂，讓中華民國憲政體制難產。在另一方面他的主張，則是行政院對立法院負責，避免當時的國民政府與立法院的兩層樓政府，縱使最後的結果，立法院的倒閣權完全被取消，代之以美國總統制的「否決權」之設計，他還是強調採取美國總統制行政部門穩定的長處，但行政院仍必須對立法院負責。結果中央政府體制與他在〈國憲草案〉的設計相仿，謂之雙首長制[1]。但從

---

[1]　薛化元，《民主憲政與民族主義的辯證發展張君勱思想研究》，臺北，稻禾，1993 年 2 月，頁 60-62。

「行政院仍必須對立法院負責」的精神來研判，嚴格的區分，還是屬於修正的內閣制。

第二項　屬於總統制（1947-1997 年）

國民政府雖於 1947 年頒布了中華民國憲法，但在抗日戰爭剛結束的時後，中國共產黨軍隊的勢力逐漸擴大。於是蔣中正先生在同年 7 月 4 日向南京政府第六次「國務會議」提交了「厲行全國總動員，以戡共匪叛亂」的動員令，並於次日公布，從此全國進入了「動員戡亂時期」。

1948 年 4 月為擴大總統權力，召開第一屆國民大會第一次會議時，許多國大代表提議要修改剛剛生效不到四個月的憲法，但修改憲又怕失掉民心，磋商的結果認為最好的辦法莫過於「為於暫不變憲法的範圍內，予政府以臨時應變之權力」。於是張群、王世傑等 721 名國大代表聯名提出了「制定《動員戡亂時期臨時條款》」一案。於宣告動員戡亂期間，就國家實施緊急權之程序給予特別之規定，使之不受《憲法》本文規定之限制。同年的 4 月 18 日，大會正式通過該案，並於 5 月 10 日實行，並規定有效期為兩年半。《動員戡亂時期臨時條款》的具體內容規定，總統在動員戡亂時期，為避免國家或人民遭遇緊急危難，或應付財政經濟上重大變故，得經行政院會議之決議，為緊急處分，不受憲法第 39 條或第 43 條所規定程序之限制。其條文中關於「總統緊急處分權」、「總統、副總統得連選連任」、「動員戡亂機構之設置」及「中央行政人事機構組織之調整」等規定，如此一來，乃將我國中央政府體制推向總統制的方向發展靠攏。

第三項　屬於雙首長制（1997 年以後至今）

1989 年 7 月，國民大會決定第五次修訂臨時條款，但由於第一屆國代抗退者眾，並且又提案擴大國民大會的職權。1990 年 3 月，臺北爆發學生運動，提

出廢除《臨時條款》和召開國是會議等訴求[2]。1990 年 5 月 22 日，總統李登輝先生在總統就職記者會上，表示計畫在一年內完成動員戡亂時期的終止；12 月 25 日行憲紀念日上，李總統再度明確宣告將在 1991 年 5 月前宣告終止動員戡亂時期，並在民國 81 年完成憲政改革。

為配合終止動員戡亂時期的政策，1991 年 4 月第一屆國民大會第二次臨時會時，茲有代表李啓元、鍾鼎文、楊公邁等 245 人提出廢止動員戡亂時期臨時條款之提案，該項提案經主席團決定依照修憲之三讀及審查會程序進行處理，於 1991 年 4 月 22 日，進行三讀作成決議：廢止動員戡亂時期臨時條款三讀通過，咨請總統明令廢止，李登輝總統乃依照國民大會之咨請，於 1991 年 4 月 30 日明令宣告動員戡亂時期於 1991 年 5 月 1 日零時終止。

1991 年動員戡亂時期雖已宣告終止，鑑於國家尙未完成統一，原有憲法條文仍有窒礙難行之處，爲因應國家統一前的憲政運作，第一屆國民大會第二次臨時會在不修改憲法本文、不變更五權憲法架構的原則下，於 1991 年 4 月議決通過「中華民國憲法增修條文」，直至 2000 年止歷經了六次增修，而其中有關中央政府體制修改爲向法國的雙首長制靠攏部分，是在憲法第四次增修。

1997 年 6、7 月間，第三屆國民大會第二次會議將第三次憲法增修條文全盤調整，修正爲第 1 條至第 11 條，於 7 月 18 日議決通過，同（1997）年 7 月 21 日由總統公布，是爲第四次憲法增修條文，其有關內閣制主要內容爲：

一、行政院院長由總統任命之，毋庸經立法院同意。

二、總統於立法院通過對行政院院長之不信任案後 10 日內，經諮詢立法院院長後，得宣告解散立法院[3]。

2　三月學運，發生自 1990 年 3 月 16 日起至 1990 年 3 月 22 日結束，又稱臺北學運或野百合學運。在該次運動中，人數最多時曾經有將近 6,000 名來自臺灣南北各地的大學生，集結在中正紀念堂廣場上靜坐抗議，他們提出「解散國民大會」、「廢除臨時條款」、「召開國是會議」以及「政經改革時間表」等四大訴求。這不但是國民政府遷臺以來規模最大的一次學生抗議行動，同時也對臺灣的民主政治有著相當程度的影響。在該次學生運動後，總統李登輝一方面依照其對學生的承諾，在不久後召開國是會議，另一方面也在 1991 年廢除動員戡亂時期臨時條款，並結束所謂「萬年國會」的運作，臺灣的民主化工程從此進入另一個嶄新的紀元。

3　總統府網頁，〈憲政改造〉，http：//constitution.president.gov.tw/law/law.htm。

　　至此，我國中央政府體制的精神，已明顯地向雙首長制緊密地靠攏[4]。

　　我國憲法的中央政府體制經過半個世紀歷史的洗滌與淬煉，從修正式的內閣制走向當前的雙首長制。這部憲法有總統制和內閣制的混合精神，而它的制定是有其時空的背景，當初制定這部憲法，是經歷多黨的政治協商而制定，就憲政體制的基礎，除國民大會以外，大致維持了二元型的內閣制之設計。而現行我國實施之雙首長制，的確是當年 (1991-2005) 朝野政黨以協商方式而修成的，目前我國雖成功地轉型為民主開放的政治體系，但為何還會出現運作上處處不順暢之境？立法與行政互動關係欠佳，藍綠內鬥不已，國力嚴重內耗，甚至造成嚴重僵局。其中原因當然不只一端，但其中最大的關鍵因素乃在於憲政運作未能達到真正權力分立與制衡，權責相符之功能。因此，我國未來憲政體制之走向何去何從？究竟應朝總統制、內閣制或是維持當前雙首長制並加以改良，乃是我們當前急需正視且必須從根本上去加以解決的重大憲政課題。

---

[4]　憲法學者湯德宗認為，憲法本文所採取的「修正式內閣制」，實際上是「弱勢內閣制」，目前貌似半總統制的「弱勢總統制」，實際上是「修正式總統制」。─參閱〈新世紀憲改工程─弱勢總統改進方案〉，《臺灣法學新課題 (三)》，社團法人臺灣法學會主編，臺北，元照，2003，頁 21。

第二節　各界對中央政府體制的看法與建議

第一項　對雙首長制的看法與建議

王業立教授認為，國內部分支持「總統制」的人士在思考如何擴充總統行政權的同時有無樂見一個健全的國會也能在臺灣出現？他進一步闡釋說到，國內支持「總統制」的人士，如果只是意在總統如何擺脫國會的掣肘，而不願意賦予立法院完整的國會權力，諸如「人事同意權」、「調查權」、「彈劾權」、「聽證權」……，則我國的中央政府體制，將不可能走向真正的總統制。另外對於走向「內閣制」的困難部分，他也認為，如果臺灣要走向「內閣制」，則我們社會首先會遇到一個難題，我們還要不要直選總統呢？當前的政治文化是否容許我們選出來的國家元首是一個虛位的總統呢？如果這個問題沒有取得共職，則議會內閣制將只是不切實際的空談。

他更進一步提出對於現行雙首長制可行性的看法，他認為，2005 年 6 月 7 日任務型國大所完成的第七次修憲，替未來修憲樹立了非常高的門檻，因此未來進行任何的憲改，雖非完全不可能，但也是十分的困難。如此一來，欲進行憲政改革使我國成為「總統制」或走向「內閣制」，都將變成空談。較務實的作法，應在現行的「半總統制」憲政運作下，在不修憲的前提，透過憲政的慣例之建立而進一步落實憲改的理想。他同時相信，除非未來出現重大的關鍵轉折，我國的憲政改革，仍將可能只是「半總統制」的各種次類型之間進行微調而已[5]。

王教授的理論，國內亦有多位學者贊同，如周育仁教授即認為國內的政治環境及現有憲政體制，實施「內閣制」並不可行，而若實施「總統制」則又比現行體制缺乏化解僵局的機制。透過強制換軌的機制，讓行政、立法由同一政

---

[5] 王業立，2002 年 8 月，〈再造憲政運作的理想環境：選舉制度、國會運作與政黨協商機制的改革芻議〉，收錄於陳隆志主編，《新世紀新憲政研討會論文集》，新世紀智庫叢書（3），臺北，元照出版公司，頁 331-349。

黨或聯盟掌握，一方面能澈底解決現有的政治僵局，另一方面應也能有效提升政府與國會之效能。

　　周育仁教授強調，透過強制換軌的機制，確保多數政府乃是當前憲政改革的最佳選擇。他提到，要化解現行行政立法衝突與對立的困境，根本之計是讓相同的政黨或聯盟同時掌握行政與立法。爲落實貫徹此一目標，解決之道是透過建立換軌的機制，讓我國的政府體制在「總統制」與「雙首長制」之間換軌，確保行政立法由同一政黨或聯盟掌握，而其對策是建議未來憲法修改時，應在憲法中明定行政院長由總統任命國會之多數黨推薦者出任，其次憲法要賦予總統有一次主動解散立法院的權力，使其有機會化解府會不一致的情況。再者，爲避免換軌成內閣制時，民選總統淪爲虛位總統，應於憲法中明確賦予總統國防、外交及兩岸事務的專屬權，最後總統的選舉制度可改爲絕對多數當選制，俾使總統能有充分的民意基礎，強化其解散國會的正當性。如此一來，在政府換軌的過程中，無論是內閣制也好，總統制也好，皆能呈現多數政府的結構，而現在的行政立法分立、對立的困境，也絕對不會出現[6]。

　　黃秀端教授亦認爲，從過去的幾次修憲歷程來看，我國的政治體制逐漸在遠離內閣制，1992 年第一次修憲將原先於動員戡亂時期臨時條款賦予總統的緊急命令權以及總統府所屬的國家安全會議、國家安全局正式合憲化。使得原本在憲法上並無真正權力的總統，至少可以於國家安全及兩岸關係中使力。接下來的第四次修憲的結果，法國的雙首長制是我國模仿學習的對象，然 1999 年的修憲，卻與法國第五共和所設計之削減國會權力有所不同，似乎有意往總統制的國會方向前進。2000 年政黨輪替後，面對國會在野黨的勢力還是遠勝於執政黨的局面，鑑於總統無主動權解散國會，而國會又因選舉的代價太高，不願意倒閣，以致於衝突不斷。在檢視了我國中央政府改革的不同走向，以及不同走向所遇到的問題，黃教授認爲未來中央政府體制要往純內閣制走，恐怕不太容易，而最簡單的就是將目前的雙首長制加以修正，然而雙首長制是否能夠建構

6　周育仁，〈建構多數政府的憲政基礎〉，《國政研究報告》，憲政（研）094-15 號，2005 年 7 月 11 日。

有效的政府，黃教授認為應該在現行的憲政體制下修正下列事項：1. 總統主持部長會議，2. 總統擁有主動解散立法院的權限，3. 將公民投票法制化[7]。

　　在另一方面，李鴻禧教授及黃昭元教授等二人對目前我國的「雙首長制」有不同的見解，他們說：現在我國所謂的「雙首長制」，並不是總統「擴權」，而是總統「有權無責」，他們指出，總統已經直選的今日，我們不怕也不反對給總統權力，我們反對的是總統「有權力而沒有責任」、「有權力不受制衡」，基於這樣的堅持，他們認為現行我國的所謂「雙首長制」，絕對不可行。

　　此外，他們更進一步的提出，對於目前我國中央政府體制採行的「雙首長制」，乃不是一個良善制度的看法，他們認為「雙首長制」不但會造成行政權內在的分裂，形成政爭的溫床；又會造成「有權無責」的現象[8]。

第二項　對內閣制的看法與建議

　　學者陳慈陽認為，美國式的總統制有優良的憲政運作基礎，它內涵了英式優良的民主傳統，但這美國的總統制是幾乎近於「獨裁」，雖有憲法或是憲政慣例上之制衡，但如無優良民主傳統的背景，總統之統治權將無所節制，例如菲律賓在第二次世界大戰後逐漸走向獨裁及中南美洲各國等等，就是最好的例子。

　　他認為西歐普遍適用的國會內閣制的優點，可避免上述總統制的缺失，雖然行政與立法之制衡作用喪失，但國內許多學者針對此缺點亦提出許多種類型權力制衡的模式，使得內閣制出現的缺點逐漸填平。故他認為未來政府體制，應朝將現有之憲政體制改成內閣制之方向[9]。

---

[7]　黃秀端，〈我國未來中央政府體制何去何從〉，《新世紀臺灣憲政研討會論文集》，頁 11 以下。

[8]　參閱民間監督憲政聯盟：台灣人民的歷史選擇，我們不要〔民選皇帝〕第三部份，李鴻禧、黃昭元聯合執筆《所謂雙首長制為何不可行》，自由時報，1997 年 5 月 23 日，第 6 頁。

[9]　陳慈陽，〈憲改工程的另類思考：由準總統制邁向內閣制的制度安排〉，《國家政策季刊》，第四卷，第二期，2005 年 6 月，頁 104 以下。

　　另外亦有《世代論壇》執行長周奕成等 55 名法政學者所發起的「五五內閣制民間推動聯盟」（Alliance for Parliamentalism: 5 YES and 5 NO）亦認為，我國中央政府體制未來應修正為內閣制，他們更提出口號說明內閣制的優點，例如「要權責分明！不要有權無責！我們主張議會內閣制」等等。這些學者主張：中央政府應採取議會內閣制，因為議會內閣制擁有許多解決政治僵局的機制，現制則不斷出現行政立法對立的困境；議會內閣制強調和解共治，現制則是勝者全拿，鼓勵相互對立；議會內閣制虛位元首為社會超然領袖，現制實權總統則帶頭進行政黨鬥爭；議會內閣制公職與人民權力距離較小，現制沿襲帝王獨裁概念，形成宮廷政治；議會內閣制講求團隊，形成集體共議領導，現制講究個人，形成強人政治；議會內閣制政黨必須重視其團體形象，政黨紀律性高，現制只需突顯個人，導致譁眾取寵、爭相作秀；議會內閣制採內閣團體領導，個別領導人配偶較難干政影響，現制獨尊總統，親信家人容易介入；議會內閣制行政首長失去執政正當性則立即下臺，現制總統獲得任期保障，即使貪污濫權也能作滿任期。以上種種的優缺之比較，內閣制顯然勝出，較有利於國家未來的生存與發展。

　　另外，此派連署的學者，同時進一步建議主張以聯立式兩票制及降低修憲門檻等等措施，革除我們憲法中不合法理的問題與現象，並有效的促進內閣制的運作，以革除我國政黨政治的亂象[10]。

　　此派學者認為，在國會改造部分，採用單一選區兩票聯立制，也就是當政黨獲得某比例的選票，也將獲得同樣比例的國會席次。現時的制度抹殺所有弱小政黨或新興勢力生存的可能性，也就是保障現有兩大黨瓜分政治資源的畸形體制。新的世代、新的社會力量沒有辦法進入國會，鼓勵兩大黨繼續升高對抗，讓人民對政治疏離，也將嚴重危害臺灣的民主政治。聯立式兩票制將讓社會各種多元聲音在國會中獲得代表，創造多元合作政治，讓人民重拾對民主政治的信心與熱情。

---

[10] 〈五五內閣制民間推動聯盟〉，http：//caps55.pbwiki.com/。

　　對於憲法修改門檻過高問題，他們也提出看法，他們認為，第七次修憲訂下了舉世無雙的不合理超高修憲門檻，幾乎剝奪了人民行使修憲權的基本權力，憲法若無法與時俱進，變成為一灘死水，也將成為後代子孫的負擔。因此主張將憲法修訂的立法院門檻改為三分之二立法委員出席、三分之二同意，將公民投票門檻改為超過選舉人總數的二分之一有效票，其中過半數以上同意，使得未來的世代也有機會依照他們的意志來修改憲法，以確保憲法能夠適時的順應世界的潮流及人民的需求。

　　此外，學者孫善豪亦於報章媒體中撰文認為，臺灣確實較適合內閣制[11]，他駁斥陳一新教授對於：「相信總統制一定能為臺灣帶來政治安定，固然不正確，但相信內閣制就必能為臺灣帶來長治久安，也不切實際」的說法。他指出，內閣制雖然不能說是百利而無一害，但是相較於總統制來說，內閣制的弊害較總統制為小，而利處較總統制為多，在弊害參酌之間，仍然有可以商量討論之空間的，至於選民似乎無法接受一個「虛位的總統」之揣測之詞，他亦同時認為太低估了臺灣真正的輿情，加上臺灣本身的政治環境及將來所推行的「單一選區兩票制」的選舉制度，係只能在「內閣制」的環境下來生存發展，因此，他認為臺灣確實較適合內閣制的中央政府體制。

　　而有趣的是，有執政民進黨背景的學者陳明通教授等人，對於提倡改為內閣制更是不餘遺力，他們更提出《中華民國第二共和憲法》為藍圖，試圖改革現在憲法的不足之處，他強調，制定第二共和的考量，在於現行憲法面臨種種的困境，無法有效的處理臺灣民主化過程中所涉及的國家與國家機關兩個層次的解構與重建問題，制定第二共和是比較務實的考量。

　　在《中華民國第二共和憲法》中，陳教授亦強調內閣制的精神，同時規劃將行政院改為國務院，而國務院是最高行政機關，國務院總理由總統提名，經國會全體議員二分之一以上同意任命之。被提名人未獲同意時，總統不再提名，國會應於十四日內自行選舉，以獲得全體議員二分之一以上得票者為當選，提請總統任命為國務院總理。若未有當選者，總統應於七日內解散國

---

[11]　孫善豪，〈中國時報〉，時論廣場，2004 年 8 月 14 日，A15 版。

會⋯⋯。而此部內閣制憲法草案的設計，國會席次增加爲兩百席，同時國會享有調查權，可經由全體議員三分之一以上提議，設置由議員組成的特別調查委員會。這種以議會─總統爲權力與制衡爲架構，企圖改良現行府、會的不良關係，亦是用內閣制爲基礎架構來企圖改革目前我國中央政府制度的窘態[12]。

第三項　對總統制的看法與建議

針對以上問題，有若干學者專家認爲，朝總統制規劃，是一個值得我們思考的方向。因爲自第九任總統由公民直選後，總統應負責任更形重大，例如財經、治安等等問題，皆有賴總統領導政府以結合全民共同解決。尤其是兩岸關係，一直以來存著高度不安的狀況，若能實施總統制以強化政治運作之能力，以適應當前國家面臨的各項改革與挑戰，此乃任何政黨人士當選總統後全國人民的最大期望，否則憲法若無法賦予總統適當的權力，就是請天上神仙來作總統，亦很難推展各項施政。

美國是實施總統制的代表，按美國憲法規定，總統就是國家元首亦是最高行政首長。若我國未能憲改將中央政府體制改爲總統制，則有關行政院院長、各部會首長及不管部之政務委員等，均由總統任免之，總統依法公布法律，發布命令，不需行政院長及相關部會人員之副署，總統應隨時向立法院報告國家情勢，並將個人所認爲適合國家施政的政策咨送於國會以備審議，以求得國會的配合與支持。如此一來，總統在任命重要官員時，亦需像美國總統一樣，遵照所謂參議員禮貌，充分尊重立法院之意見。立法院對於總統意見不贊同時，得以決議移請總統變更之，但總統對於立法院亦應有覆議權以爲制衡。行政院之政務會議改爲國務會議，由總統親自主持，其成員包括副總統、行政院長等各部會首長，會議閣員仿造美國總統制，其只對總統負責，不必對國會負責，但總統施政必須依照立法院所定的法律施政。如此一來，行政部門與立法部門

---

[12] 參閱：陳明通等撰著，中華民國第二共和國憲法草案全文，發表於 1997 年 3 月 18 日，中華亞太菁英交流協會與臺灣智庫共同主辦之審議式民主：〔中華民國第二共和憲法草案〕研討會。

則既分權又制衡，方符合總統制的精神。國內亦有許多的學者認爲，實施總統制，才能符合臺灣目前的現況及未來的發展。例如臺灣心會副理事長曾肇昌曾於 2004 年 9 月 18 日舉辦的「政府體制：總統制或內閣制？」座談會中指出，總統直接民選後，實權有增無減，如採內閣制，總統變爲虛位元首，非國人所能接受，他強調，依國情及人民期望，未來應朝總統制發展，制定完善新憲法，才能立下長治久安的國家政體。同時召集人陳春生教授更強調，面對中共威脅，強有力的國家領導人才能保障國家安全，如實施內閣制，國家一旦遭受危機，讓人擔心國會與內閣仍將爲政策爭辯不休，臺灣民主尚未成熟，如實施內閣制，部會首長由立委兼任，國會選舉競爭激烈，黑金政治將更嚴重，恐步入法國第三、第四共和之覆轍。同時立委黃適卓更進一步的表示，兩岸關係緊張逐年增加，爲因應中共可能的威脅，政府政策制定須有效率，在內閣制與總統制相較之下，總統有做出緊急判斷的能力，因此應採總統制，尤其是在野對國家定位仍不清楚，內閣制恐怕會有危險[13]。

　　另外，早於 1997 年 5 月 23 日，自由時報之社論中亦提到，以總統制建構臺灣的中央政府體制，該社論認爲總統制比雙首長制更符合權力分立與制衡的原則。在總統制下，總統會更有能力團結國家去處理內外危機，加上我國向來地方政治實務已很接近總統制的運作等等因素，所以建議我國中央政府體制應採總統制。同時更進一步的說明，在實務上，總統制下的行政權較爲優越，行政權優越，更可發揮行政效率，一個設計完善運作良好的總統制，不僅行政權強大，立法權也是十分的強大，也就是說，總統制是靠一個強大的行政權與一個強大的立法權，甚至再加上一個強大的司法權，相互對抗、監督與制衡來維持權力平衡。自由時報 2003 年 10 月 7 日的社論中亦指出，目前憲政體制造成政府無效率的原因主要來自代議政治未能真正代表民意、立法與行政權的衝突及總統和行政院長對政府指揮權的混亂。而要解決這個問題，最好的辦法就是三權分立的總統制，目前經常有人指出批判，總統不得干預行政的論點，造成行政院和總統府間運作的困難，從這個角度來看，我們應該建立明確總統制的

---

[13]　臺灣心會座談會，〈政府體制：總統制或內閣制？〉，2004 年 9 月 18 日。

新憲法，不能再以拼裝車式的雜牌憲法繼續亂下去了。

　　而汪平雲、施正峰等法政專家學者在民主進步黨於 2006 年 9 月 24 日所舉辦的一場座談會中 [14]，也是支持總統制的，同時亦對總統制也提出了他們的看法。他們認為由於現行憲政體制國會與總統皆由人民選舉產生，且選舉的時間不同，容易造成民選總統與民選國會的衝突。簡言之，如何由憲政制度上，妥當處理民選總統和民選國會合理關係，就是解決當前憲政困境的關鍵。他們更進一步的闡述，當國內仍有國家認同的分歧時，總統仍然有必要繼續由人民直選，才能確保具有臺灣主體意識的政府產生。在兩岸關係詭譎和全球化競爭激烈的此刻，我們需要的是一個直接面對臺灣人民、向臺灣人民直接負責，並且擁有施政效能、權責相符的憲政體制，那就是總統制。他更進一步說明，從「臺灣主體意識」、「行政民主化」、「權力分立制衡」、「面對中國壓力」等等幾個面向來建立權責相符的總統制，都應該是比較能夠確保臺灣人民權益與主體性的正確方向。他們亦提出廢除五院制、總統與國會任期相同、增加國家行政效能、規定總統為最高行政首長、擴大國會職能、強化對總統的制衡權力、選舉制度的改革等等憲改措施來增加總統制的可行性。陳春生教授亦指出：「主張我國應採行內閣制者，認為世界各國實施內閣制國家，其政治民主且政局穩定；實施總統制國家，除美國外，多走向獨裁，且政局不穩定，吾人認為這是偏見，因為事實上政治民主與否，政局穩定與否，和經濟文化有關，如中南美洲的軍事政變頻仍，並非實施總統制之故，而是沒有民主文化和健全的政黨政治使然，如果有健全的政黨政治與民族文化傳統，不論總統制或內閣制，都能展現民主精神 [15]。」李西潭教授亦認為總統制乃是較適合臺灣的政府體制，因為我國政府自退守臺灣後，因實施動員戡亂時期臨時條款與戒嚴統治，以致原具議會色彩的憲政體制並未實行，形成超級總統制；目前我國民眾普遍認知總統既是國家元首，也是最高行政首長，如果總統無法擁有實際的權限，那在政治

---

[14] 民進黨憲政改造系列研討會，〈臺灣憲政的困境與重生總統制與內閣制的抉擇〉，臺北國際會議中心，2006 年 9 月 24 日。

[15] 陳春生，《憲法》，臺北，翰蘆圖書出版有限公司，2003 年 10 月初版，頁 598-599。

運作與政務推動上，將會面臨相當程度的困難。目前總統的權力看似很大，但卻只集中在人事任命權上，缺乏行政指揮權，造成行政部門與立法機關之間的制衡失序，且當前我國仍面臨中共嚴重的武力威脅，亟需有一個強而有力的領導中心，以因應國家遭逢各種緊急危機，我國雖已歷經多次的憲改，但政府體制尚未發展成熟，由其行政與立法部門互動欠佳，造成政局不穩與嚴重內耗，因此必須加以解決[16]。

　　但在另一方面，學者盧瑞鍾教授也指出，美國總統制的成功條件有二：其一是關於重要的制度性因素，它包括了開放且向心的政黨制度、選舉制度、聯邦制度、資本主義等等，以上這四種制度對於總統制的維持顯然十分重要，其中頗隱含「權力平衡」、「比例性權力分配」以及「反對中央集權」的實質意義。避免受挫的全國性政黨在政治權力的分配上一無所有，而有「比例性平等」的分配正義。另外自由投票制、國會資深制及遊說制度等，皆是美國總統制在重要制度上的成功因素。而其二之因素，更有地理、歷史、文化、經濟、社會結構、幅員遼闊人口比例較少、深遠及普及的民主精神等等之因素[17]。在如此眾多因素之條件下，方成就了美國實施總統制的成功。反觀我國的人文、政治環境及地理的各項條件，是否足以成就總統制實施，實有賴時間的考驗。

---

[16] 李酉潭，《臺灣憲政工程較適當的選擇：總統制》，發表於臺灣新憲法國際研討會，2004 年 11 月 27-28 日，頁 165。

[17] 盧瑞鍾，《內閣制優越論》，臺北，三民，1995 年 6 月，頁 103-109。

第十六章

在民主的十字路口

第一節　總統制、內閣制或雙首長制之抉擇

　　所謂總統制、內閣制或法國式的雙首長制，當各有其制度性的特色，而各國之所以會採用以上任何一種制度，亦皆有其歷史文化背景與民意的需求取向，實在很難武斷地說哪一個制度是最好的，而哪一個制度是最劣的，只能說哪一種制度較適合哪一個國家的國情與民情罷了。

　　的確，內閣制合乎憲政原理並有不少的實施成功例證。而我國的憲法不但有總統制的精神，也有內閣制之色彩，但在實際運作上，尤其是政府播遷來臺後 60 年來，總統一直擁有實質上的權力，而修憲後自第九任開始總統改為公民直選後，民意的趨向亦是希望有一個實質的總統，來解決國家所面臨的多項改革或兩岸關係等諸問題，因此若要將現行憲法調整為純內閣制，是否符合我國之政治文化與實際政治之運作方式及臺灣的民意主流趨勢，亦有待商榷。

　　而從憲政原理比較世界各國總統制、內閣制及雙首長制之利弊得失，就我國實施憲政的歷程之經驗及教訓，與未來國家政治發展趨勢，究竟我國未來的中央政府體制要朝向總統制、內閣制或是就目前所實施的雙首長制加以改良，殊值得朝野全民加以慎思明辨之。

　　根據憲法本文原來的規定，我國中央政府體制具有較濃厚的內閣制色彩，這主要表現在以下幾點：

　　一、總統雖貴為國家元首，對外代表國家。統率全國陸海空軍。但其所公布的法律、發布之命令，均需經行政院長之副署，或行政院長及有關部會首長之副署。

　　二、憲法第 55 條對於行政院院長之任命，指出「行政院院長，由總統提名，經立法院同意任命之。」

　　三、行政院為國家最高行政機關。各項法案欲送立法院前，必須經行政院會議議決之。（憲法第 58 條）

　　四、行政院有向立法院提出施政方針及施政報告之責。立法委員對行政院長及各部會首長有質詢權。（憲法第 57 條）

　　由上述可知，無論從總統和行政院的行政權劃分，或者行政院與立法院的關係觀察，憲法本文是具有較濃厚的內閣制色彩。另一方面，憲法本文所建立的「責任政府」制度有以下幾個特點：

　　一、不採英國議會內閣制（各部長同時須為國會議員）。

　　二、不要求行政院負連帶責任。

　　三、放棄國會立即倒閣之不信任投票制度。

　　四、總統的覆議權不致引起倒閣風潮。

　　「不要求行政院負連帶責任」使得行政院不必如英國內閣因為一個部長之錯而牽動全部內閣。「放棄國會立即倒閣之不信任投票制度」則可保內閣之穩定，不致影響政局而導致不安。「總統的覆議權不至於引起倒閣風潮」，如覆議的結果得不到立法委員三分之二維持原案，則行政院辭職問題就不致發生。這些特點都與議會內閣制不同。

　　但是，憲法本文中也兼含總統制精神，這主要表現在以下幾點：

　　一、總統有覆議核可權，行政院對於立法院決議之法律案、預算案、條約案，如認為有窒礙難行時，得經總統之核可，於該決議案送達行政院十日內，移請立法院覆議。……（第 57 條）

　　二、總統有三軍統帥權，第 35 條規定「總統為國家元首，對外代表中華民國。」第 36 條規定「總統統率全國陸海空軍。」

　　三、此外，憲法第 75 條規定「立法委員不得兼任官吏。」

　　是以，我國憲法上總統並非虛位元首，而享有某些政治實權。歷經七次修憲，我國早非當初內閣制傾向的憲政體制，而已朝向類似法國第五共和的雙重行政首長制邁進。雙行政首長制政黨間合縱連橫的關係遠較總統制與內閣制來得複雜，但依法國的行憲經驗，仍有軌跡可循；那就是當總統所屬政黨握有國會多數席次時，朝總統制偏移；但當總統與國會多數分屬不同政黨時，則需「換

軌」，朝內閣制偏移。

　　其次，我國中央政府組織部分的最大改變在於延續政府播遷來臺以來「總統—行政院」的雙元行政體制，進一步引入倒閣與解散立法院之被動機制，作為取消立法院閣揆同意權的替代制度。因此，雙首長制其實是以類似內閣制的基礎架構，加上總統享有部分行政權的混合設計，它是一種獨尊總統權，分裂行政權，並且弱化立法權的設計[1]。

　　不過，當今我國憲政體制下雙首長制的運作仍有許多問題尚未釐清，反映在以下幾個方面：行政權無法完全一元化、國會改革、立法權限仍不夠健全、行政與立法部門的協調機制並未完全建立等[2]，茲敘述如下：

　　我國當前的確處於憲政改革的十字路口，有關未來憲政體制的選擇或是憲改的時機及民主的深化等諸問題，無論是朝野政黨或是學者專家之意見均頗為分歧。自從 1947 年我國憲法公布實施以來已逾一甲子，而對這個關係著國家民主憲政的發展與民眾自由民主人權的重大課題，仍是困擾且爭論不已。但從世界各民主先進國家實施憲政的歷史沿革或是就比較憲法的觀點而言，他們的憲法都是由其制憲者先行制定，歷經代代相傳的實施後，再就所發生的問題加以改革修正，以符合民意的期待與國家發展的需求。而有關中央政府體制所謂總統制、內閣制、雙首長制（或稱半總統制）、委員制等政府體制之實施亦皆各有其國家政治、歷史、文化背景，以尋求比較能符合該國國情的制度。因此，筆者認為，我們在思考國家未來的憲政體制改革時，亦應以世界民主先進國家實施民主的經驗與教訓，並針對我國當前的政治發展趨勢與民意的需求，能以更理性、客觀、負責的態度來思考這一個關係國家未來民主發展之重大問題。

---

[1]　參見許志雄，〈從比較憲法觀點論「雙首長制」〉，《月旦法學雜誌》，第 26 期，1997 年，頁 30-34。

[2]　同前註，頁 35。

第二節　透過憲政改革建立中央政府體制

第一項　就事論事地謀求妥適解決

　　值此國是正處於嚴厲考驗之秋，朝野政黨尤其是居高位者，當更能以天下蒼生爲念，千萬不可爲了自己黨派之利益而置人民之福祉於不顧，以犧牲國家與民眾的廣大利益，而去成就自己與所屬政黨之利益，這當不是一個負責任的政治家應有的風範。一切的國是要依憲法的法理與規定，就事論事的來解決問題，而不是進行政黨間的惡鬥，所謂黨爭可也，但千萬不可有意氣之爭。而論及現行我國之憲政體制，的確是國、民兩黨透過修憲方式達成的。我國未來的中央政府體制之走向，究竟應朝向總統制或內閣制或維持現行體制或就現行體制加以改良，亦是我們必須正視且必須加以從根本上去加以解決的問題。

第二項　博採眾議取精用宏以防止一切流弊

　　記得在進行七次憲改當中，無論是國民黨或民進黨、新黨或各界的法政學者，對我國的中央政府體制之修改意見可說獻言無數，字字珠璣，皆能分別就各種制度的利弊得失加以深入地剖析。在國發會後，國民黨乃依據國發會之共識研擬修憲黨版，提出所謂的雙首長制，認爲此乃是根據 50 年憲政的經驗最合理的修憲。而民進黨亦提出雙首長制，認爲要吸取內閣制與總統制的優點，以總統作爲國家領導中心，而行政院長向國會負責。而在 1997 年 5 月 30 日姚嘉文、張俊宏、林濁水、郭正亮聯合執筆民進黨主席許信良定稿所發表的「不要成爲反改革的歷史罪人」憲改萬言書中，民進黨堅決反對內閣制批評總統制，並主張雙首長制才能兼顧國家整合與民主鞏固[3]，而新黨的代表學者周陽山博士則力主採用內閣制。他指出從二次大戰後，在全世界有 23 各國家維持了 50 年

3　參見 1997 年 5 月 30 日自由時報。

的憲政民主，23 個國家中有 20 個國家採取內閣制，而內閣制能夠構成國家的穩定，憲政的成長。而過去 50 年間，整個拉丁美洲國家都實施總統制，沒有一個國家建立了穩定的民主，但哥斯大黎加是例外。同時從 1988 年解體以後，東歐及以前的蘇聯，絕大多數國家實施雙首長制，半總統制，[4] 但沒有一個國家可以建立最基本的民主體制[5]。

而林子儀教授則認為「在雙首長制之下，如果總統與國會是屬於多數同一政黨，總統基本上不直接向其政策負責，躲在後面，若總統與國會不屬於同一政黨，會造成行政內政分裂」，因此，總統制是比較適當的選擇而政府要修憲的理由，其重點亦是擔心權責不清，政府無效率[6]。而當時由憲法權威學者臺灣大學法律系教授李鴻禧先生所領導的民間監督憲改聯盟成員顏厥安、金恒煒、黃昭元等先生共同聯合執筆：〈臺灣人民的歷史選擇—我們不要民選皇帝〉乙文中即已明確的指出：當時國、民兩黨的主流憲改方案即所謂的雙首長制不可行，因為這一制度根本無法改變臺灣的惡質政治體質，而且雙首長會是造成行政權分裂的「雙頭馬車制」，有權無責的「藏鏡人」制度，雙首長制可說充滿人治色彩。它會因為選舉結果而改變總統與國會的權力結構，亦就是說在總統與國會之選舉結果若同屬一個政黨勝利，則總統之權利便會超凌一切，成為所謂超級的巨無霸總統。而若總統與國會之選舉分由不同政黨獲勝，則總統的權力必然受到相當節制，雙方若無法妥協難免會成政治僵局，如目前臺灣的政局發展就頗為類似，況且臺灣也沒有實施雙首長制的充分政治社會條件。從 1997 年第四次修憲後，行政院長產生由總統直接任命，毋須立法院同意，造成中央政府體制嚴重失衡的狀況，府院權責不但無法釐清，行政院依憲法第 53 條規定

4　參見 1997 年 6 月 2 日自由時報二版自由時報主辦 TVBS 協辦的修憲辯論會—何種憲政體制適合臺灣國情及實際需要。

5　的確，內閣制合乎憲政原理並有不少實施成功的例證。而我國的憲法不但有總統制的精神，也有內閣制之色彩，但在實際運作上，尤其是在政府播遷來臺後 50 年來，總統一直擁有實質上的權力，而修憲後自第九任開始總統改為公民直選後，民意的趨向亦是希望有一個實權的總統，來解決國家所面臨的多項改革或兩岸等諸問題，因此若要將現行憲法調整為純內閣制是否符合我國之政治文化與實際政治之運作及臺灣的民意主流趨勢亦有待商榷。

6　參見自由時報 1997 年 6 月 2 日，二版。

仍為最高行政機關，且依增修條文第 3 條規定仍須向立法院負責，如此一來，擔任行政院長者一方面必須貫徹總統的施政理念，一方面又要向立法院負責，立委又由泛藍占多數，形成朝小野大的政局，加上政黨之間的惡鬥，以致許多法案無法如期完成，甚至連國家總預算案都無法如期審查通過！總統雖掌有政治實權，卻不能像法國總統一樣享有主持部長會議及主動解散國會權；而立法院雖可提出罷免、彈劾案，但門檻偏高，以致造成行政與立法部門嚴重失衡，亦很難有效的打開政治僵局；惟目前我國所實施的乃是偏向總統制的雙首長制，也的確是當年由國民黨與民進黨達成共識，才得以修成，況且目前朝野亦尚未達成再次修憲之共識且修憲的門檻亦甚高，因此目前全民亦惟有秉持遵守憲法精神予以運作，惟筆者認為「法與時轉則治」，為使我國未來的政局能達到權責相符的憲政理想境界，我國的中央政府體制當朝向總統制或內閣制之方向規劃。因為總統制或內閣制比雙首長制更符合權力分立與制衡的憲政原理。

第三項　憲政改革須符合我國當前的時空及背景

按照我國現行憲法（含增修條文）規定之內容看來，我國中央政府體制的確兼具總統制與內閣制之精神與特質，究竟我國未來中央政府體制之走向是應採取總統制、內閣制或就現制加以改良，一直是朝野政黨及憲法學者專家們所爭議之議題。同時，隨著民主化過程的演進，社會趨勢向開放式的多元化發展，在實際的運作中，有時會呈現總統制的特徵，有時會有內閣制的表象，常是困擾不已。甚至我國自 1991 年至 2005 年間進行了七次修憲工程，其結果固然使我們國家的民主開放向前邁進了一個新里程，但至今有關中央政府體制之權責劃分與運作卻仍有改善使其更臻於理想的努力空間。

當然，就民主憲政的原理及西方民主先進國家實施民主化的過程經驗來看，無論是總統制或內閣制及法國的雙首長制，皆有其自己國家的立憲歷史背景與特色。政治制度並沒有絕對的優劣標準，只能說那一種憲政制度比較適合那個國家當時的民意主流趨向與政治發展需要罷了。

　　惟筆者認為，世界上實在很難找出一種十全十美的政治制度。蓋民主政治即是民意政治、政黨政治、法治政治；因此，未來我國憲政改革無論採用任何一種體制，皆須以民主和平協商之方式廣徵民意，進行朝野協商，凝聚共識，以較能符合世界自由民主人權法治的普世價值，與顧及台灣主體性之主流民意。同時，筆者亦深感徒法不足以自行之政治哲理；未來在進行憲政改革的同時，更必須強化遵守憲法與法律之精神，如此才能為國家之永續發展與二千三百萬人民之幸福生活建立一個長治久安的中央政府體制，形塑更為優質的憲政文化。

第十七章

人權保障的落實與展望

第一節 《公民權利與政治權利國際公約》與《經濟、社會及文化權利國際公約》

　　一九四八年聯合國大會通過世界人權宣言後，人權委員會即開始依據世界人權宣示的內容起草相關的國際人權公約。一九五〇年第五屆聯合國大會審議人權委員會提交的公約草案內容，其中僅保護個人的公民權利與政治權利。大會認為這一公約草案並未包括世界人權宣言的全部內容。由於世界人權宣言內容包含有第一階段的公民和政治權利，以及第二階段經濟、社會和文化權利；此外，復由於資本主義國家關注公民與政治性權利的議題，而開發中國家則偏向於尋求經濟、社會和文化權利的保障。因此，第六屆聯合國大會於一九五二年決定由人權委員會分別起草這兩項各別的人權公約。一九五四年人權委員會將《公民權利與政治權利國際公約》（International Covenant on Civil and Political Rights）、《經濟、社會及文化權利國際公約》（International Covenant on Economic, Social and Cultural Rights）等兩部草案提交由第九屆聯合國大會審議。一九六六年十二月十六日第二十一屆聯合國大會於第 2200A 號決議中通過，並開放給各國簽字批准和加入。此兩個公約與世界人權宣言共同成為當前最重要的國際人權憲章（International Bill of Human Rights）。

　　我國於一九六七年十月五日由常駐聯合國代表劉鍇在兩公約上簽字，但因聯合國大會在一九七一年十月二十五日通過的二七五八號決議中排除了中華民國在聯合國的代表權，使得我國無法再參與聯合國的任何活動，同時四十多年來批准兩公約的進程因而延宕。近年政府為了提升我國的人權標準，順應世界人權發展潮流，提升我國際人權地位，從而重新融入國際人權體系與拓展國際人權互助合作，行政院乃將著手將兩項公約送請立法審議，並且依據司法院釋

字第三二九號解釋意旨，「依據憲法第六十三條規定締結之條約，其位階等同於法律」。立法院於民國九十八年三月三十一日完成兩項公約的審議，並且通過《公民與政治權利國際公約及經濟社會文化權利國際公約施行法》的立法程序；總統馬英九於同年五月十四日正式簽署該項公約，頒布全國正式施行。此舉對內的意義在於：使得公約轉爲國內法的一部分，具有法律效力；而對外的意義在於：成爲我國與國際社會人權保障接軌的重要里程碑。[1]

第二節　我國司法審查中關於人權保障的歷史軌跡

第一項　司法審查作為憲法守護者的角色與意義

近代成文憲法的發展可說是基本人權保障與憲政主義思潮的結晶成就。在民主憲政國家體制下，憲法乃規範人民基本權利、政府組織與權力分立乃至於國家基本任務基本國策的根本大法（leges fundamentales / fundamental law）。做爲國家公共秩序的根本規範，憲法具有一定的規範性，同時亦具有國家規範秩序中優越性的地位，此一概念已成爲現代民主法治國家之政治理論與司法實務界所不爭之共識。[2] 爲了確保憲法的規範性與優越性，近兩百年間多數民主憲政國家，無不基於對代議民主政治反省，而逐漸發展出司法審查（Judicial Review）制度。隨著各國憲政民主化的發展，司法審查可說是最重要的憲法保

---

[1]　民國九十八年五月十四日總統馬英九在臺北賓館正式簽署了《公民與政治權利國際公約》及《經濟社會文化權利國際公約》國際人權公約，並期許進一步充實台灣民主內涵。並且於十二月十日世界人權日，也就是施行法生效日當天發表談話認爲：「我們希望台灣不但是在科學技術、經濟文化其他方面能夠跟上世界的腳步，也要在人權環境上能夠跟世界接軌。成為跟世界各國平起平坐的一個國家。」資料來源 大紀元新聞網 http://www.epochtimes.com.tw/index/tv/aid/294452

[2]　Gough, John W., (1955), Fundamental Law in English Constitutional History, Oxford: Clarendon Press, p.32.

障制度。[3]

　　就我國的憲政發展與人權保障的歷程觀察，我國憲法中對於人民權利的保障有相當完備的規範，同時，為確保國家公權力行為不致逾越憲法所劃定的界限，也設有司法違憲審查的機制。然而在行憲之後，卻由於政府宣布長時間的動員戡亂與實施戒嚴，使得憲法中的權利保障條款幾乎全數遭到凍結。在此期間，司法審查做為憲法守護者的功能亦無法彰顯。直到民國八十年四月，廢止動員戡亂臨時條款後，我國的民主政治與人權保障才得以在正常的憲政秩序下運行。

　　如果以我國憲法中人民權利解釋案件的內容和數量，做為憲法規範是否落實的具體標準。我們會發現，在解除戒嚴之後司法院大法官作為憲法守護者的角色，顯現出具有相當突破性的發展。其中，又以維護人民基本權利的功能表現得最為亮眼；特別是關於人民基本權利平等保障的案件，在逐年增加的人權解釋案件中，更是占有舉足輕重的地位。其中，在案件的數量上包含警告性、定期失效、或宣告違憲等解釋，與其他民主憲政國家相比，可說是相當突出。對於一個現代民主法治國家而言，人民基本權利保障可以說根本就是憲法制定的最終目的，不僅為憲法秩序中不可或缺的重要構成部分，甚至可視為實現人權正義的主要指標。

　　值得思考問題的是，我國憲法對人民基本權利之保障置於政府組織之前，然而權利之擁有者－人民，直接根據憲法中簡單的文字規定能向國家主張何種請求？受規範的對象－國家，又因為憲法中人權清單的規定而被課以何種作為或不作為的義務？憲法中相關規定在規範結構上具有簡潔與開放的特性，使得司法審查所扮演憲法解釋者的角色益形重要。徒法不足以自行，立法者固然有

---

[3]　早年美國憲法理論家 Alexander Hamilton 於一七八八年即提出「法官本身的任務是在解釋法律，而憲法的本質乃是一項根本大法，自當視為法官價值評斷與解釋的最高規範。法官有義務對憲法的真義加以詮釋，若法律與憲法規範有所牴觸者，應為無效」Ch.G. Haines, (1959), The American Doctrine of Judicial Supremacy, N.Y.: Macmillan, p.88. 在美國此一理念歷經一八〇三年最高法院首席大法官 John Marshall 於 Marbury v. Madison 一案中正式確立成為司法審查制度；二次大戰之後，歐陸國家如德、法等國則相繼設置了解釋憲法乃至於審理規範違憲案件的憲法法院或專責機關。

義務制定符合憲法誡命應為的法令，司法者對於形塑人權的具體內涵，更是享有最終決定權的地位。一旦人民基本權利因為國家行為不當或違法的侵害時，在沒有一個以保障人民權利為職志的司法審查下，所有憲法中規定的人權條款無異充飢之畫餅。因此，司法審查在我國民主法治的進程中可說是扮演著人民權利守護者的最重要角色。[4]

第二項　我國司法審查中人權保障的歷史軌跡

就憲法解釋的歷史軌跡加以考察，如前所述，作為憲法的守護者，司法審查具有維護憲政秩序以及保障人權的釋憲功能雙重功能。在維護憲政秩序方面，具體來說大法官除了透過解釋促成國會全面改選，確立中央民意代表必須定期改選的憲法要求外（釋字第261號、第499號解釋），在許多中央機關之間發生爭議（例如釋字第419號、第520號解釋、第632號解釋等），或者中央與地方之間有所紛爭時（例如釋字第647號解釋、第498號解釋等），也都適時發揮定紛止爭的功能。

其次，維護憲法更重要的意義在於落實憲法中對於人民基本權利的落實。如果從歷年來對於人權的相關解釋加以考察：在人身自由方面，例如警察機關的拘留、移送管訓及臨檢、羈押權的行使、少年的收容與感化教育等；在平等權方面，例如父母親權行使、夫妻住所決定及財產制、性交易的處罰等；在訴訟權方面，例如特別權力關係的限縮、被告防禦權的保障等。[5]對此，如果再進一步以憲法解釋權利類型的發展過程來看，我們也可以發現我國實踐人權理念的脈絡：從早期人民尋求司法救濟的訴訟權、訴願權與正當法律程序條款，逐漸及於財產權（如租稅法定、工作權等），以及自由權（如人身自由、學術自

---

[4]　嚴格來說，司法院大法官在有關人權議題上顯著的表現，並不表示已完全發揮了其應有的功能。主要原因是因為一方面解除戒嚴與終止動員戡亂時期之後，台灣正處於民主轉型的階段，對於以往威權統治時期，許多不當侵害人民權利的政府作為，已到了不得不加以正視而必須徹底檢討的時刻。另一方面，我國司法救濟的管道仍囿於現行違憲審查制度上的侷限，無法提供一個快速而有效的救濟途徑。

[5]　賴英照，〈守護憲法 保護人權〉載於《司法週刊》，第1472期，二版，民98.12.25.

由、言論自由、集會自由等），再其次則是參政權，而貫穿其間爲大法官所併舉的權利則爲平等權。換句話說，也就是從不涉及實質權利內容的程序性權利開始，再擴及於實質性的權利；而實質性權利則是從經濟性的權利開始，再擴及於政治性的權利；從消極性的權利開始，再擴及於積極性的權利。從這一頁關於人權解釋在我國發展的歷史軌跡中，我們可以發現人權意識成長的趨勢；同時，也標誌出台灣民主階段性發展的歷程。

第三節　人權的落實與未來展望

第一項　我國未來的修法方向

我國於簽署兩項國際人權公約之後，馬英九總統已於九十八年四月二日公布兩公約施行法。基於人權保障的理念與時代潮流，司法院亦將著手進行與審判有關的程序法修法工作，預計於兩年內完成。[6] 其內容包括：

一、修正刑事訴訟法第八十九條，明定拘提、逮捕之執行要件，並須當場告知原因、罪名，以及可主張的權利。

二、刑事訴訟法第一○八條第五項，有關犯最重本刑爲十年以上有期徒之罪，於審判中無限期羈押，以及刑事訴訟法中預防性羈押，都將檢討修正。

三、偵查中檢察官限制住居、出境、出海的強制處分，將研究修正由法官審查。並且檢討明定期限的可行性，以避免造成侵害人民遷徙自由的疑慮。

四、制定刑事妥速審判法，並送請立法院審議，使正義不再遲來。

五、研究修訂刑事訴訟法，保障偵查中被拘提或逮捕的被告或犯罪嫌疑人，與律師間的合理無礙的接見通信權以及正當防禦權，另增定沒有辯護人及被告表示要選任辯人時應立即停止訊問，以落實實質辯護依賴權的行使。

---

[6] 《司法周刊》，第 1475 期，二版，2010.01.14。

六、為避免不必要的羈押，將研究增定具保責付或限制住居的被告，可接受適當的科技設備監控。

七、對於被諭知驅逐出境的外國少年，在少年事件處理法中增訂少年及其法定代理人的抗告救濟程序。

八、法務部亦將於偵查庭設置電腦螢幕，使偵查階段的問答實錄能比照法院開庭方式清楚表現，提高偵查筆錄之正確性，保障犯罪嫌疑人在偵查階段之人權。[7]

第二項　第三代新興人權理念的推展

除了基於個人主義思潮而孕育茁壯的古典人權清單之外，隨著人權理念的發展，憲法所保障的權利內涵已逐漸由個人為主的憲法人權體系擴張至集體人權（collective human rights 或稱為團體權），因而產生了所謂第三代人權的理論。[8] 在第三代人權的理論中，屬於複合性或集合性之權利者，包括如和平權、環境權、文化權、民族自決權、民族平等權等；其意義在於彰顯此一團體的連帶關係與團結關係，從而藉由連帶與團結的力量，得以爭取不易由個人向國家所主

---

[7] 馬英九總統於九十八年元月十一日第六十五屆司法節，參加由司法院與法務部所舉辦的研討會中，除肯定所舉相關機關未來的修法方向外，亦指出「公民與政治權利國際公約」及「經濟社會文化權利國際公約」的批准與施行法的公布生效，是向全世界宣示，我國在人權國際化的潮流中，並沒有缺席。至於在落實司法為民方面，馬總統認為，司法是人權的守護者，法律制定的目的在於避免損害的發生，因此，司法人員不只要有正確的觀念，更要能從人權的角度去思考司法的運作。《司法周刊》，第 1475 期，二版，2010.01.14。

[8] 法國人權學者瓦薩克（Karel Vasak）於一九七七年以相應於法國大革命的口號「自由、平等、博愛」為基礎，建構其人權發展中所謂「第三代人權」（three generations of human rights）的理論。首先，以西方價值取向為首的「消極人權」，其本質是爭取個人享有免於政府干預的自由，屬於第一代人權。其次，需要政府積極作為以實現社會平等目標的「積極人權」屬於第二代人權。至於必須建立在社群與集體連帶關係（solidarity）和同胞愛（fraternity）的基礎上，並透過國際社會共同努始能落實的權利屬於第三代人權。 陳秀容，〈近代人權觀念的轉變：一個社會生態觀點的分析〉《人文及社會科學集刊》9 卷 2 期，中研院中山人文社會科學所，1997，頁 122。李鴻禧，〈現代國際人權的形成與發展概說兼論「第三代國際人權」〉氏著《憲法與憲政》，台北：植根雜誌社，1997。吳庚，《憲法的解釋與適用》，作者自刊，2004，頁 71-82。

張的權利。以民族自決權爲例，在「公民與政治權利國際公約」第一章第一節中即已肯認此一集體權利，「所有民族享有自決權，並得據此權利以自由決定其政治地位，自由從事其經濟、社會與文化之發展」。可見集體權往往需要國家與國際社會的支持與合作始能實現。[9] 關於民族自決權實證的考察，例如戰後舊蘇聯解體、歐洲統合、兩德統一、加拿大魁北克獨立運動等，皆涉及人民自由決定之團體權行使的問題。個人自我決定權固然屬於人格尊嚴的範疇，但若擴及團體、民族與國家，依據各國簽署並生效的公約，亦當有其合法與正當性。以我國憲法第五條規定之民族平等原則爲例，就法釋義學的角度來說，其意義即在於強調保障「族群群體」之平等，具有集體人權的性質，亦有別於以個人爲基礎的平等保障。[10]

第四節　新移民人權民權與多元文化公民權

第一項　新移民多元文化的形塑

　　我國已從農工社會，開始轉型成商業與科技技術爲主導的社會型態，人民的生活水平提高後，已逐步地從接受移民的社會，一直發展到現今成爲仰賴移民人力的國家。

　　對一個移民的社會來說，文化的衝擊是必然的，然而如何將文化的衝擊（或者是融合過程）規範在一定的模式，使其循序漸進的發展到對社會有益的情況，則有賴法律來的規範。而其規範的藍本，乃是必須以國際人權爲核心價值來做爲依循的指標，如此一來，方得可稱爲國家長治久安之道。因此，以國

9　學者或認爲，集體權需要國家與國際社會的支持與合作始能實現，屬於仍在發展中的第三代人權。尚處於立法前階段，僅體現在區域性或國際性的決議或宣言中。柴松林，〈人權伸張與人權譜系的擴增〉，中國人權會編，《人權法典》，〈序言〉，台北：遠流出版社，2001。

10　蓋個人得據以向國家主張平等權受侵犯的憲法規定，乃是憲法第七條的基本權而非憲法第五條。

際人權的道德規範標準來檢視國內法律對人權的實踐，才是一個以發展民主法治的國家應有之正確作為。而我們面對這些文化的衝擊，就要「平等且慎重」看待這些新移民，尊重多元文化，把「多元文化」當成是台灣的資產，促成台灣文化產生新風貌，創造台灣的新視野[11]。

第二項　自由人權乃是普世主流價值

人權（human right），乃是人類與生俱有之權利並為國家權力所保障。按權力可分為法治主義、國民主權、人權保障等，皆是現代立憲主義之基本原理。而各國憲法內涵乃是以人權條款為其保障之主核心內容。人權之涵義與內容亦隨著時代的潮流趨勢而逐漸發展，諸如所謂古典人權、現代人權、第一代人權、第二代人權、第三代人權等之稱謂。但其核心價值乃是在於確保人類與生俱有的平等權、自由權、生存權、工作權、財產權及人性尊嚴等之實現。按基本人權之思想已蔚為今日主要潮流與普世價值，其產生之哲學基礎有二，即西方基督之「自然法」思想與「主權在民」之思想[12]。

人權法典，乃先由美國濫觴，法國繼而發揚光大。在 1776 年時維吉尼亞州公佈的「維吉尼亞權利法案」（Bill of Rights Virginia）乃是世界上第一部成文憲法，這部法案給當時北美洲其他邦國（州）的宣言或章典提供了型範，之後也影響了不久之後法國。法案其中第 1 條宣示了天賦人權與社會契約論等自然法思想，第 2 條規定主權在民，第 3 條則賦予國民有變更政府的權利，第 4 條規定了國家三權分立。1776 年 4 月 10 日通過的「人權宣言」亦主張天賦人權，主權在民及社會契約論之原則。而美國在 1791 年之憲法修正案等，成為美國憲法之重要原則。後來法國於 1789 年 7 月 14 日發生大革命，並於宣年 8 月 16 日通過了「人權宣言」全文共 17 條，而這個人權宣言可謂是影響後世最重要之人權典章，其對促進世界人類人權之維護與發展之貢獻，是至為重大。

---

[11] 陳榮傳，《新移民。新未來》，台北市，新台灣人文教基金會，翰蘆，2008 年 1 月，頁 4。
[12] 參閱陳新民，《憲法學釋論》，五版，三民書局，2005，頁 115-121。

　　之後 1945 年的「聯合國憲章」、1948 年的「世界人權宣言」、1976 年的「經濟社會文化權利國際公約」及「公民與政治權利國際公約」及其他諸如 1950 年的「歐洲人權公約」、1961 年的「歐洲社會公約」等等，甚至為了督促各國保護人權，國際上有組成了若干組織如歐洲法院、荷蘭海牙國際法院等，共同來制止違反人權之行為[13]。由此可知，基本人權的觀念業已蔚為世界之普世價值，而保障基本人權之理念，已超越國界、種族之界限，成為每一位地球村之人民孕育道德情操與世界公民之責任。但各國由於國情與文化背景之差異，以及對基本人權之來源、保障及限制，皆有其不同之思想。因而在法理解釋與制度之建立及實施，亦有所不同。如美國的「獨立宣言」法國的「人權宣言」皆是提倡人之自由平等之基本人權，但兩者亦有不同之處，因為是美國的「獨立宣言」是起蒙於宗教思想之基礎，它主張人生而平等為自然之真理，因此不受國家之限制。而法國的「人權宣言」乃是以既成之國家為基礎，因此認為人權係國家法律所賦予人民之自由，得以法律限制之，而此法律，更必須由人民來制定，以保障人民權利，以防止統治者的極權及濫權，造成人權之害與剝奪。此乃歐洲大陸各國法系憲法與美國法系憲法有所不同之重大差異所在之處[14]，但這兩個法系之憲法無論是憲法制定之規定與其主要核心價值，皆是以維護人類之基本人權為鵠的，乃是無可置疑的。而自由與人權涵意相近，近代以「權利」譯（Rights）一字，早已成為法律名詞，綜合「人權」的觀念和制度，更衍繹出生命權、自由權、財產權、尊嚴權、獲助權、公正權等基本內容[15]。

第三項　台灣新移民現象產生之因素

　　新移民，係指剛移民到另一個國家或地區的人士[16]。依我國政府現行對新移民的解釋，係泛指外來人口總稱而言，而這些外來人口包括外籍配偶、外勞及來台工作的外國人、港澳與大陸來台人士。以在本國的外國人而言，外籍配

---

[13] 同前註，頁 121-126。
[14] 林紀東，《中華民國憲法逐條釋義 (一)》，三民書局，1994 年 1 月修定 7 版，頁 49-51。
[15] 維基百科，〈http://zh.wikipedia.org/wiki/%E4%BA%BA%E6%9D%83〉。

偶及外勞的人數，佔全部來台外國人的百分之 75 以上。而這百分之 75 的外籍
配偶及外勞，適時的補充了我國中低階層的勞動生產力，對我國社會的生產結
構有重大的貢獻。

　　台灣自十六世紀以後，先後遭遇荷蘭、西班牙及日本的佔領與殖民，惟其
政權隨著戰爭的失敗即全部退出，在那段時期，反倒是來自廣東、福建的漢人
前來台灣開墾者居多 [17]。在 1992 年之後，政府為因應國內勞動人力的短缺及國
人自由婚姻之需要，新移民人口數就開始有急遽的上昇增加的現象，就我國整
體而言，新移民的人口數除了在 SARS 發生的那年有下降一點外，每年都是呈
現增加的趨勢。

　　由內政部統計處的一項報告顯示，至 96 年底，在我國外籍人士有 57 萬
人，其中持居留簽證者 48 萬人，持停留及其他簽證者 9 萬人。而在我國境內的
48 萬人外國人之中，外籍勞工 35.8 萬人占 62.8% 最多，外籍配偶（尚未取得
我國國籍）6.5 萬人占 11.4% 次之，二者合占在我國外籍人士約四分之三，其中
來自東南亞者占 98.02%；外籍勞工之來源國以印尼占 32.27% 最多，其餘依序
為泰國占 24.29%、菲律賓占 24.14%、越南占 19.29%；而外籍配偶則以越南占
59.24% 最多，其餘依序為印尼占 10.80%、泰國占 10.73%、菲律賓占 4.44% [18]。

　　由此可見，在我國社會快速的國際化同時，外來人口移民來到我國的比
例，已經逐年穩定的升高，而這些逐漸成長的外來人口，已佔我國總人口數一
定的比例。他們前仆後繼的來到臺灣寶島，其背後最主要的成因，有許多的專
家學者認為，有經濟性的移動（推拉理論）、國際婚姻及填補我國生產勞工不
足種種因素，但無論如何，對於我國逐年增加的外來人口，更必須依照國際公
約的精神，給予這些新移民妥適的保護與照顧，才能使其早日融入我國社會，

---

[16] 新移民，指剛移民到另一個國家或地區的人士。部分新移民本身的謀生技能及適
　　應能力不及本地人士，令新移民不少停留在社會較低階層，需要社會保障的支
　　援。 資料來源：《維基百科》〈http://zh.wikipedia.org/w/index.php?title=%E6%
　　96%B0%E7%A7%BB%E6%B0%91&variant=zh-tw〉

[17] 廖元豪，〈建構以平等公民權（Equal Citizenship）為基礎的人權保障途徑──對傳統基本權理論
　　之反省〉，2008 年，頁 31。

[18] 資料來源：內政部統計處、九十七年第十三週〈內政統計通報〉

爲我們社會做出最佳的貢獻。

第四項　我國對國際法的實踐情況

國際法上對新移民的人權之各項保護公約，有所謂的自由、受益及參政等權力之分別，但在各國的國內法上卻有著不同的處遇。就我國而言，因承襲德國威瑪憲法的各項基本理論，同時也移植了德國憲法中基本權力的三分法，其內容大致上爲—人權、國民權及公民權等三個層次。而此三種權力之區分如下：

一、人權

基於人之所以爲人「人性尊嚴」，任何人無分國籍均有資格享受的權利。如人身自由，思想良心信仰等內在精神自由。

二、公民權

有強烈國家主權意識，涉及國家政策決定或基本認同，應由國民行使的政治權利。如選舉、罷免、創制、複決及服公職權等等。外國人無法擁有此項權利。

三、國民權

雖與政治權力分配並無直接關連，但涉及國家經濟或其他資源之分配，應以本國人優先的權力。各類型的經濟權利或福利措施的受益權，如工作權，財產權，入境權等。原則上屬於這個領域[19]。

以上三種權限，在我國的憲法中，並無明確的文字敘述，而使得眾家學者爭論不休，究竟什麼是「公民」，什麼是「國民」？而憲法之中，究竟賦予其

---

[19] 廖元豪，〈外國人做頭家？論外國人的公民權〉，司法院大法官九十五年度學術研討會—憲法解釋與平等權之發展，頁 9-10。

什麼樣的權利與義務[20]。在這種思維邏輯之下制定的法律制度與體系，確實對於在我國的這些新移民族群們的各項應有的基本權利，有非常大的傷害。

　　由於我國的國情特殊，對於新移民所制定的法律，乃設計出與世界上其他正常民主國家不同的法律體系，它們分別又適用在外國人與港澳大陸人士二個不同的領域，可說是一國好幾制。茲以下簡要的臚列出關於新移民的相關法律，並以這些法律來檢視我國對於國際人權的實踐，以提供將來我國對新移民有關法律修定時之參考。

(一) 國籍法

　　《國籍法》之中，對於外國人之歸化、歸化後應服公職的權力，均有很大的限制，例如該第三條規定：外國人或無國籍人，現於中華民國領域內有住所，並具備下列各款要件者，得申請歸化：

1. 於中華民國領域內，每年合計有一百八十三日以上合法居留之事實繼續五年以上。
2. 年滿二十歲並依中華民國法律及其本國法均有行為能力。
3. 品行端正，無犯罪紀錄。
4. 有相當之財產或專業技能，足以自立，或生活保障無虞。
5. 具備我國基本語言能力及國民權利義務基本常識。

　　以上各款中，後三款屬於不確定的法律概念，立法者對於其可否取得我國的國籍之條件，因為國家的社會資源有限，乃交由執行者來自行訂定取得國籍之標準，而如此一來，如又執行者所自行訂定的標準過於嚴苛，就不免有侵害外國人的權力之虞。在另一方面，同法第 10 條之中，對於外國人或無國籍人歸化者，亦規定其不得擔任公職，而歸化者，需自歸化日起滿十年後方得可有此項政治權利。

---

[20] 例如我國憲法第 7 條：「中華民國人民，無分男女、宗教、種族、階級、黨派，在法律上一律平等。」這個「人民」是指國民還是公民，眾說紛紜，莫衷一是；另外有關政治權利部分（憲法第 12 章（選舉、罷免、創制、複決及服公職等權力）亦沒有明確的陳述，或是限制「非國民」不得擁有此種權力，或不得享有）。

(二)入出國及移民法

　　我國《入出國及移民法》對於外國人的入境、居留、停留與收容、驅逐及遣返等，均訂有很詳細的規定，但這些規定之中，對於來台灣的新移民外國人來說，不泛有許多侵害其公民權及人權的地方。舉例來說，該法第 18 條規定中，外國人有下列情形之一者，入出國及移民署得禁止其入國：

1. 申請來我國之目的作虛偽之陳述或隱瞞重要事實。
2. 在我國或外國有犯罪紀錄。
3. 患有足以妨害公共衛生或社會安寧之傳染病、精神疾病或其他疾病。
4. 有事實足認其在我國境內無力維持生活。但依親及已有擔保之情形，不在此限。
5. 曾經被拒絕入國、限令出國或驅逐出國。
6. 曾經逾期停留、居留或非法工作。
7. 有危害我國利益、公共安全或公共秩序之虞。
8. 有妨害善良風俗之行為。
9. 有從事恐怖活動之虞。

　　以上這些條款之中，如危害我國利益、公共安全或公共秩序之虞、從事恐怖活動之虞、患有足以妨害公共衛生或社會安寧之傳染病、精神疾病或其他疾病等等，皆有戕害新移民的基本人權之虞，也皆為國際輿論所詬病。另外，有關強制驅逐出國、限令出國、收容、遣返等等，與人身自由有關的部分，亦皆是以行政處分的方式，來取代司法之涵攝，這與國際上，各人權公約所提倡的維護基本人權的意旨相去甚遠，同時也為國內外人權維護人士所撻伐。

(三) 台灣地區與大陸地區人民關係條例

　　依據《臺灣地區與大陸地區人民關係條例》之規定，其設立之目的係為確保臺灣地區安全與民眾福祉，規範臺灣地區與大陸地區人民之往來及處理衍生之法律事件而制定。同上所述，其中有關於歸化，入出境等規範，均有別於一般法而特別針對這個群族所量身制定，而這也是國內外人權維護人士所大加以

撻伐的。例如該法之子法（面談管理辦法）[21]，其目的是為了要查明大陸人士來台事由是否真實，或是有假結婚之情事。因此在其執行的過程之中，執行人員不免有因個人不同程度認定的問題而否決申請案件，因此而產生許多人權上的疑慮。另外，大陸來台的配偶在歸化的流程上，也和外國人截然不同，他們必須經過探親、依親，長期居留及定居等四個不同的身份後，才能取得在台的戶籍（身分證），然而在最後的流程中，依然還有「配額」的限制，所以他們要取得在台的戶籍，可說是難上加難[22]。

　　以上我國有關新移民的三大法律，基於國家主權至上及憲法中基本權力的三分法的劃分之下，不乏對新移民個人的基本人權、民權及公民權有很大的傷害，因此國內有許多專家亦對此提出了批判，認為新移民應與本國人擁有一切完整的憲法權利[23]。

第五項　結語

　　外國人願意移民至我國，表示我國亦有過人或值得生根發展之處，作為文明國家一份子，思維上，不應一直停留在抽象的國家安全與利益上打轉，如何運用衡平、寬容的態度將民主、法治、人權的果實與外國人分享，並使新移民者能融入我國社會，進而有歸屬感。此時，建構具有前瞻、寬容且合乎國際潮流的法制，恐怕是必須努力的方向[24]。

　　我國社會的主要經濟型態正在急遽的轉變，新移民對我們社會的貢獻，是

---

[21] 該辦法為《大陸地區人民申請進入臺灣地區面談管理辦法》，其內容是規定如何鑑別大陸來台人民（大部分是婚姻移民）目的的真偽，特別是針對假結婚。

[22] 學者或認為，該法有許多戕害基本人權之處，處處充滿了仇恨與鄙視的態度，令法學界無法苟同。該法對於一個從大陸地區來台的新移民，以此種以排外、非我族類之立法心態來加以箝制其基本人權，而其基本的公民權更是被剝奪殆盡，真有違反我國政府向國際視聽宣示以「人權立國」之主張。廖元豪，〈試用期的台灣人？承認次等公民的釋字六一八號解釋〉，《全國律師雜誌》，2007 年 11 月 6 日。

[23] 同註 6，頁 32。

[24] 李震山，〈論移民制度與外國人基本權利〉，《台灣本土法學雜誌》第 48 期，2003 年 7 月，頁 51-65。

遠大於報章媒體所報導的負面問題，就此而言，我們似乎應該對於他們有正面的評價，而不是多以負面的觀感來看待他們。同時，我們應該深切體認到新移民乃是全球化之趨勢。因此，我們除了學習如何接納這些新移民之外，政府有關部門應提出更為前瞻、務實，且更具人權理念的新移民政策，並且從制度上規劃，給予他們較為妥適之協助與輔導。例如，對於外籍配偶、外籍勞工、外籍幫傭等之日常生活、教育、經濟、就業、文化認同、人際關係、健康照顧、社會福利、公民權之取得等各層面問題之妥適解決，以更為包容、關懷、尊重雙方多元文化之原則，使新移民更能適應融入台灣社會，促進優質的多元文化活力[25]。

　　筆者之所以提出這個看法，是希望社會各界能夠了解，我們對於這些新移民，應該要以多一點的感謝及感恩來取代一般社會對他們的排斥與鄙視及疏離，我們要知道，社會是一個多元的共生體，在它們沒有來之前，我們不覺得他們的存在與否有何不同，但是如今，這些新移民已在你我的四周，我們可以確定的一件事是，如果我們現在以排斥與鄙視的態度來疏離他們，那麼我們全體人民的生活肯定會過的比從前更為辛苦，社會亦將會更為的紊亂，這是我個人認為社會對新移民應有的認知。因此，政府當局更應正視新移民的問題，本於地球村的一份子，致力憲法保障基本人權治國的理念，以具體有效的改善及提昇新移民的人權問題。

---

[25] 莫藜藜，〈建構新移民家庭的社會安全網〉，陳榮傳主編，《新移民、新未來》，台北：新台灣人文教基金會，2008.01，頁 195-212。

參考書目

中文書籍

M.J.C. 維爾，憲政與分權，香港：三聯，1997 年 10 月初版。

三民書局，大法官解釋彙編（增訂十版），台北：三民，2013 年。

小林幸夫，吉田直正　編著，日本國憲法入門，日本：玉川大學出版部，2013 年。

中央選舉委員會，總統、副總統選舉方式之研究 —— 絕對多數制與相對多數制之探討，中央

王甲乙、楊建華、鄭健才，民事訴訟法新論，台北：三民，2000 年 7 月。

左潞生，比較憲法，台北：文化圖書公司，1974 年 6 月再版。

任德厚，政治學，台北：三民，1997 年 5 月四版。

朱諶著，中華民國憲法理論與制度，台北：五南，1995 年 6 月。

吳　庚、陳淳文，憲法理論與政府體制，台北：元照，2013 年。

吳玉山、吳重禮　編，憲政改革-背景、運作與影響，台北：五南，2006 年。

吳庚，行政法之理論與實用，台北：三民，1999 年 6 月。

吳庚，憲法的解釋與適用，2003 年 9 月。

李少軍、尚新建譯，賽班（Georgeo H. Sabine），西方政治思想史，台北：桂冠，1991 年 10 月。

李步云，憲法比較研究，北京：法律，1998 年 11 月。

李念祖，憲政與國是，台北：永然文化，1991 年。

李建良，憲法理論與實踐 (1)，台北：學林，1999 年 7 月。

李炳南，《九七修憲重實記》，世新大學，2001 年 7 月。

李炳南、楊智傑，〈第七次修憲過程瑕疵與正當性〉，《憲政改革 背景、運作與影響》，五南，2006 年。

李惠宗，憲法要義，台北：敦煌，1999 年 4 月。

李登輝，〈親臨國民大會第二次臨時會閉會典禮致詞〉，《李總統登輝先生八十年言論選集》，臺北，行政院新聞局編印，1992 年 8 月，一版，頁 45。

李總統登輝先生七十九年言論選集，台北：行政院新聞局編印，1991 年 8 月。

李鴻禧，《李鴻禧憲法教室》，北市，元照，1999，初版。

李鴻禧，憲法、憲政之生理與病理，台北：前衛，1990 年 7 月 10 日。

李鴻禧，憲法與人權，台北：元照，1999 年 12 月。

李鴻禧教授祝壽論文集編輯委員會編，現代國家與憲法，台北：月旦出版社，1997 年 3 月。

李鴻禧著，憲法，台北：月旦，1995 年 1 月。

沈有忠、吳玉山　編，權力在哪裡？從多個角度看半總統制，台北：五南，2012 年。

汪子錫，中華民國憲法概要，台北：秀威資訊，2013 年。

卓播英，均權制度研究，國父遺教研究會編印，1975 年 6 月 30 日。

林子儀，言論自由與新聞自由，台北：月旦，1994 年 10 月。

林子儀，權力分立與憲政發展，台北：月旦，1993 年 4 月。

林文斌、劉兆隆譯，Andrew Heywood 著，政治學（下冊），台北：韋伯。

林紀東，中華民國憲法逐條釋義（三），1982 年 1 月。

林紀東，中華民國憲法逐條釋義 (四)，台北：三民，1993 年 9 月，6 版。

林紀東，中華民國憲法釋論，台北，大中國，1980 年 9 月，改訂三十九版。

林紀東，比較憲法，台北：五南，1989 年 5 月再版。

林聰賢，外國法制史，台北：五南，1993 年初版。

林騰鷂，中華民國憲法，台北：三民，2006 年。

法治斌，大法官之選任及其背景之比較研究，收於氏著（人權保障與釋憲法制，憲法專論 (1)，政大法學叢書 (23)，1993 年。

法治斌，修憲問題研討會（引言），憲政時代，19 卷 4 期，1994 年。

法治斌、董保成，中華民國憲法，台北：國立空中大學，1999 年 1 月再版三刷。

城仲模六秩華誕祝壽論文集編輯委員會，憲法體制與法治行政至城仲模六秩華誕祝壽論文集，台北：三民，1998 年 8 月。

姚志剛、左雅玲、黃峻昇、劉淑惠、江大樹、巴登特、杜哈梅著，法國第 5 共和的憲政運作，台北：業強，1994 年 11 月。

紀俊臣，精省與新地方制度：台北：時英，2000 年 9 月。

胡佛、沈清松、周陽山、石之瑜合著，中華民國憲法與立國精神，台北：三民，1995 年 8 月。

胡祖慶，比較政府與政治，台北，五南，2012 年。

胡祖慶譯，Austin Ranney 著，政治學，台北：五南，1992 年 5 月二版二刷。

胡經明，憲法司法論文集，台北：三民，1987 年 10 月。

孫文，「三民主義與中國民族之前途」，國父全集，第 2 冊。

孫哲，新人權論，台北：五南，1995 年 1 月。

柴松林，〈人權伸張與人權譜系的擴增〉，中國人權會編，《人權法典》，〈序言〉，台北：遠流出版社，2001 年。

殷嘯虎，近代中國憲政史，上海人民出版社，1997 年 11 月。

翁岳生，大法官功能演變之探討，法治國家之行政法與司法，台大法學叢書 (64)，1994 年。

翁興利，地方政府與政治，台北：商鼎，1999 年。

耿雲卿，中華民國憲法論，台北：華欣，1989 年 9 月。

高旭輝，五權憲法與三權憲法之比較研究，台北：中央文物供應社，1981 年 7 月。

涂懷瑩，中華民國憲法原理，作者自刊，1977 年 9 月。

涂懷瑩，現代憲法原理，台北：正中，1993 年 1 月。

國父地方自治之理論與實踐，中國地方自治學會印行，1965 年 11 月 12 日。

康有為傳，戊戌變法第 4 冊，上海人民，1953 年。

張台麟，法國第五共和的政制發展，中國論壇，30 卷 7 期（355 期），1990 年。

張台麟，法國總統的權力，台北：志一，1995 年 5 月。

張安藍譯，Kurt Sontheimer, Wilhelm Bleek 著，德國政府與政治，台北：五南，1999 年。

張君勱，中華民國民主憲政十講，上海：商務印書館，1948 年。

張治安，中華民國憲法最新釋義，台北：政大書城，1994 年 9 月。

張金鑑，美國政府，台北：三民，1992 年 9 月。

曹興仁，政治學概論，台北：五南，1990 年 8 月。

莫藜藜，〈建構新移民家庭的社會安全網〉，陳榮傳主編，《新移民、新未來》，
　　台北：新台灣人文教基金會，2008 年。

莊輝濤，重建民主理論，台北：韋伯，1998 年。

許志雄，憲法秩序之變動，台北：元照，2010 年。

許志雄，權力分立之理論與現實 其構造與動態之分析，台大法研所碩士論文，
　　1982 年。

許志雄、陳銘祥、蔡茂寅、周志宏、蔡宗珍，現代憲法論，台北：元照，2000
　　年 9 月。

許宗力，法與國家權力，台北：月旦，1996 年 2 月。

許宗力，憲法與法治國行政，台北：元照，2007 年。

許慶雄，社會權論，台北：眾文，1992 年 5 月。

許慶雄，憲法入門，台北：月旦，1997 年 11 月三版。

許慶雄，憲法入門二 政府體制篇，台北：月旦，1998 年。

陳水逢，現代政黨政治論，台北：財團法人中日文教基金會，1991 年 4 月初版。

陳必照、江大樹、劉淑範，行政與立法之關係，收於當前憲政改革方案，台
　　北：國家政策研究中心，1992 年。

陳春生，中華民國憲法原理，台北：國立編譯館，1998 年。

陳昭男　編，現代憲法的理論與現實：李鴻禧教授七秩華誕祝壽論文集，台
　　北：元照，2007 年。

陳惠苓著，張君邁憲政思想之研究，國立台灣大學三民主義研究所碩士論文，
　　1991 年。

陳新民，中華民國憲法釋論，台北：三民，1995 年 9 月。

陳新民，憲法學釋論（修正七版），台北：三民，2011 年。

陳毓鈞，美國民主的解析，台北：允晨，1994 年 3 月。

陳滄海，憲政改革與政治權力 97 憲改的例證，台北：五南，1999 年 4 月。

陳榮傳主編，新移民、新未來，台北：新台灣人文教基金會出版，翰蘆總經銷，
　　2008 年 1 月。

陸潤康，美國聯邦憲法論，凱侖出版社，1993 年。

陶百川，監察制度新發展，台北，三民，1970 年 10 月，再版。

傅崑成等編譯，美國憲法逐條釋義，台北：三民，1991 年 8 月。

傅肅良，中國憲法論，台北：三民，1985 年。

游盈隆，民主鞏固與台灣憲政體制的選擇，收於游盈隆主編，民主鞏固或崩潰，台北：月旦，1997 年。

湯德宗，行政程序法論，台北：元照，增訂二版，2003 年。

湯德宗等著，美國國會之制度運作，中研院歐美所出版，1992 年 6 月。

湯德宗譯，Walter J. oleszek 著，國會程序與政策過程，立法院秘書處發行，1992 年。

程全生，政黨與政黨政治，台北：華欣，1989 年 4 月。

隋杜卿，中華民國的憲政工程：以雙首長制為中心的探討，台北：韋伯，2001 年。

黃東熊，司法院如何維繫司法獨立，郭岳主編，憲法與你，台北：青年日報。

黃炎東，選舉制度之研究，台北；五南，1993 年。

黃炎東，中華民國憲政改革之研究，台北；五南，1995 年 3 月。

黃炎東，我國憲法中央與地方權限劃分之研究，台北；五南，2000 年 6 月。

黃炎東，新世紀台灣憲政體制與政黨政治發展趨勢，正中書局，2004 年。

黃炎東，中華民國憲法新論，台北；五南，2006年。

黃炎東，站在民主的十字路口的台灣，水牛圖書出版事業有限公司，2006 年 11 月。

黃炎東，憲政思辯－我國中央體制發展方向之研究，台北；五南，2008 年。

黃炎東，新世紀憲政思辨－兼論台灣發展新未來，水牛圖書出版事業有限公司，2009 年 6 月。

黃炎東，人權、主權、法治與國家發展，三民書局總經銷，2009 年 10 月。

黃炎東，教育與法學論衡，中央警察大學出版社，2010 年。

黃炎東，憲法、人權與國家發展，台北；五南，2010 年 10 月初版二刷。

黃炎東，新世紀刑事訴訟法釋要，中央警察大學出版社，三民書局總經銷，

2011 年 3 月初版。

黃炎東，新世紀刑法釋要 (修訂版)，新北；正中書局，2012 年。

黃炎東，管理哲學與管理策略，中央警察大學出版社，2012 年 5 月。

黃炎東，從憲政變遷論我國總統之憲政角色，中央警察大學出版社，2013 年 8 月。

黃炎東，政黨政治與民主憲政，中央警察大學出版社，2013 年 12 月再版二刷。

黃炎東，法律與生活，台北；新陸書局，2014 年。

黃炎東，憲政論：憲政變遷與體制改革，台北；台灣商務印書館，2014 年。

黃錦堂，地方制度法問題之研究，台北：翰蘆，2000 年 8 月。

奧斯汀・蘭尼（A.Ranney），政治學，台北：桂冠，1993 年 6 月。

葉俊榮，珍惜憲法時刻，台北：元照，2000 年。

葛永光，文化多元主義與國家整合，台北：正中，1993 年 2 月。

董保城，教育法與學術自由，台北：月旦，1997 年 5 月。

董翔飛，中國憲法與政府，台北：三民，2005 年。

路易斯・亨金著，鄧正來譯，憲政、民主、對外事務，北京：三聯，1997 年 11 月。

鄒文海，比較憲法，台北：三民，1980 年 5 月。

鄒忠科、黃松榮譯，Georg Brunner 著，比較政府，台北：五南，民國 1995 年初版。

雷競旋，選舉制度，台北：洞察，1989 年 3 月。

廖義男，國家賠償法，台北：三民，1998 年 9 月。

管歐著，中華民國憲法論，台北：三民，1982 年 3 月。

褚劍鴻，刑事訴訟法論，台北：台灣商務印書館，1998 年 9 月。

趙中麒編，中華民國憲法 Q&A，台北：風雲論壇，1994 年 6 月。

趙永茂，中央與地方權限劃分的理論與實際 兼論台灣地方政府的變革方向，台北：翰蘆，1998 年 9 月。

趙守博，法治與革新，台北：幼獅，1986 年。

趙守博，社會問題與社會福利，台北：中華日報，1980 年。

趙守博，勞工政策與勞工問題，台北：中國生產力出版社，1992 年。

劉盈軻，現代憲法趨勢與三民主義，台北：中央文物供應社，1986 年 2 月。

劉嘉甯，法國憲政共治之研究，台北：台灣商務，1990 年 12 月初版。

劉慶瑞，中華民國憲法要義，台北：三民，1985 年 5 月。

劉慶瑞，比較憲法，台北：大中國，1993 年。

歐宗佑譯，美濃部達吉著，憲法學原理，上海：商務，1925 年。

編委會，刑事司法‧社會公平暨勞動正義：趙守博教授七秩華誕祝壽論文集，台北：元照，2011 年。

蔣總統經國先生 73 年言論集，台北：行政院新聞局輯印，1985 年 5 月初版。

蕭全政主編，民間國建會總結報告，台北：國家政策研究中心，1990 年 4 月初版。

戴雪（Albert Venn Dicey）著，雷賓南譯，英憲精義，台北：帕米爾，1991 年 10 月初版。

薄慶玖，中央與地方權限劃分問題，邁向已開發國家中華民國政府發展，蔡政文主編，國立台灣大學政治系印。

薄慶玖，地方政府與政治，台北：國立空中大學，1997 年 8 月。

謝瑞智，中華民國憲法（增修版），台北：商務，2011 年。

謝瑞智，中華民國憲法，台北：華泰，1995 年 6 月初版。

謝瑞智，中華民國憲法精義與立國精神，台北：文笙，1993 年 11 月增訂十四版。

謝瑞智，民主政治與選舉罷免法，台北：黎明文化事業公司，1989 年 11 月。

謝瑞智，修憲春秋，台北：文笙，1994 年 6 月。

謝瑞智，憲法新視界，台北：文笙，2001 年。

謝瑞智，憲法新論，台北：正中，2000 年 2 月。

薩孟武，中國憲法新論，台北：三民，1980 年。

薩孟武，政治學，台北：三民，1993 年 8 月增訂五版。

蘆部信喜著，李鴻禧譯，憲法，台北：月旦，1995 年。

蘇永欽，司法改革的再改革，台北：元照，1998 年 10 月。

蘇永欽，走入新世紀的憲政主義，台北：元照，2002 年。

蘭尼奧斯汀原著，陳想容譯，眾人的管理，商務印書館。

顧忠華、金恆煒，《憲改大對決？九七修憲的教訓》，桂冠，2004 年 5 月。

龔祥瑞、侯健譯，詹寧斯（Jennings Ivor Sir）著，法與憲法，北京：三聯，1997 年 11 月。

中文期刊論文

王業立，〈再造憲政運作的理想環境：選舉制度、國會運作與政黨協商機制的改革芻議〉，收錄於陳隆志主編，《新世紀新憲政研討會論文集》，新世紀智庫叢書（3），臺北，元照出版公司，2002 年 8 月。

左潞生，比較憲法，台北：文化，1974 年。

白文漳，法官自治與自律，月旦法學雜誌，第 7 期，1995 年 11 月。

朱雲漢，法國憲政體制對我國憲改的啓示，國家政策雙週刊，73 期，1993 年 11 月 16 日。

吳東野，「半總統制之探討」，美歐月刊，11 卷 1 期，1996 年。

李西潭，《臺灣憲政工程較適當的選擇：總統制》，發表於臺灣新憲法國際研討會，2004 年。

李建良，民主原則與國會議員任期的延長，台灣本土法學雜誌，第 3 期，1999 年 8 月。

李國雄，我國的修憲過程與政治改革：從民主轉型到民主鞏固，理論與政策，11 卷 4 期，1997 年。

李震山，〈論移民制度與外國人基本權利〉，《台灣本土法學雜誌》第 48 期，2003 年 7 月。

李鴻禧，限制中央民代言論免責權行不通，自立早報，1994 年 4 月 21 日三版。

李鴻禧，國家主權與國際社會淺說，月旦法學雜誌，第 20 期，1997 年 1 月。

李鴻禧，淺談副總統在憲法上定位問題，自立晚報，2000 年 8 月 16 日。

周志宏，教育基本法的規範內容幾個可能的思考方向，月旦法學雜誌，第 5 期，1995 年 9 月。

周志宏，教育基本法的規範內容幾個可能的思考方向，月旦法學雜誌，第 5 期，1995 年 9 月。

周育仁，〈建構多數政府的憲政基礎〉，《國政研究報告》，憲政（研）094-15 號，2005 年 7 月 11 日。

張特生、陳瑞堂，司法院大法官任期制度芻議，司法周刊，644 期，1993 年。

許志雄，修憲之界限，月旦法學雜誌，第 54 期，1999 年 11 月。

許志雄，從比較憲法觀點論「雙首長制」，月旦法學雜誌，26 期，1997 年。

許志雄，總統直選的民主效用 兼論中央政府體制的定位與問題，月旦法學雜誌，11 期，1996 年。

許陽明，從國民大會同意權行使看大法官會議的改革，國家政策雙周刊，95 期，1994 年。

陳春生，司法院大法官會議解釋制度之研究 「大法官任期制度之研究」，憲政時代，17 卷 1 期，1992 年。

陳慈陽，〈憲改工程的另類思考：由準總統制邁向內閣制的制度安排〉，《國家政策季刊》，第四卷，第二期，2005 年 6 月。

陳愛娥，國民大會作為第二院？月旦法學雜誌，第 26 期，1997 年 7 月。

賀德芬，評「政黨政治的迷思 從九七憲改的政黨運作論我國憲政體制下政黨的地位、發展及其危機」，台大法學論叢，27 卷第 2 期，1998 年 1 月。

黃建輝，憲法第五次增修條文評釋，台灣本土法學雜誌，第 4 期，1999 年 10 月。

黃昭元，社論：釐清修憲後中央政府體制的解釋爭議，律師雜誌，215 期，1997 年。

黃錦堂，三都十五縣與地方制度法之修正，台北：月旦法學雜誌，第 170 期，2009 年 7 月，頁 183-192。

新台灣週刊 NO.142 期。

楊光中，美國總統選舉人制度之研究：制憲原因之探討，輯於中央研究院美國

　文化研究所編；美國總統選舉論文集，台北，編者自刊，1984 年。

楊與齡，大法官任期制度之立法經過及其分析，政大法學評論，33 期，1973 年。

葉俊榮，修憲程序：建立任務型國大後所帶動變革，月旦法學，第 61 期，2000
　年 6 月。

廖元豪，〈建構以平等公民權（Equal Citizenship）爲基礎的人權保障途徑？對
　傳統基本權理論之反省〉，2008 年。

蔣次寧，論釋憲制度及其運作，司法周刊，第 653 期，民國 82 年 12 月 22 日三
　版。

蔡宗珍，論國民大會虛級化後立法院的地位，月旦法學雜誌，第 61 期，2000 年
　6 月。

蔡茂寅，地方自治之基礎理論，台灣本土法學雜誌，第 11 期，2000 年 6 月。

薛化元，中華民國憲政藍圖的歷史演變 行政權爲中心的考察，月旦法學雜誌，
　26 期，1997 年。

謝秉憲，地方自治立法權界限之探討，立法院院聞月刊，第 26 卷 9 期，1989 年
　9 月。

中文報紙

中央日報，2000 年 5 月 15 日二版。

中共「一個中國的原則與台灣問題」白皮書，載於聯合報，4、39 版，2000 年 2
　月 22 日。

中國時報，1999 年 5 月 22 日初版。

中國時報，1999 年 7 月 9 日二版。

中國時報，焦點新聞，1999 年 9 月 9 日。

台灣新生報，1991 年 12 月 14 日二版。

自由時報，要民主就要有更多的參與 我們對實施公民投票制度的看法，1997 年
　4 月 13 日三版，社論。

李鴻禧，淺談副總統在憲法上定位問題，自立晚報，2000 年 8 月 16 日。

周陽山，論絕對多數產生的條件與利弊得失，聯合報，1994 年元月 29 日十一版。

林世宗，延任修憲背離民意如何善後，中國時報，1999 年 9 月 9 日，時論廣場。

林美芬，省府抬轎跨黨派，田單黨部忙滅火，自由時報，1998 年 11 月 24 日。

法治斌，修憲界限與聲請釋憲，中國時報，1999 年 9 月 13 日，時論廣場。

胡佛，經濟日報，1991 年 12 月 13 日三版。

孫善豪，〈中國時報〉，時論廣場，2004 年 8 月 14 日，A15 版。

耿雲卿，制憲與修憲的法理分析，青年日報，1991 年 8 月 8 日，二版專欄。

郝龍斌，國代延任案聲請釋憲文新聞稿，新黨電子報，1999 年 10 月 19 日。

郝龍斌，國民大會代表能否自行延長任期特請大法官解釋聲請書，新黨電子報，1999 年 10 月 29 日。

張宗智，政黨法將明訂政黨解散條款，聯合報，2000 年 10 月 15 日。

莊碩漢，李總統胸襟恢宏，按步驟推動政黨政治，台灣日報，1994 年 5 月 22 日二版。

傅崐成，國大自肥、總統包 司法權該出來制服國大了，新黨電子報，1999 年 9 月 10 日。

黃炎東，媒體應善盡責任，台灣真正站起來（下），台灣日報，2000 年 10 月 17 日，9 版。

黃炎東，朝野攜手合作，導正台灣憲政，台灣日報，2001 年 2 月 17 日，9 版。

黃炎東，鄉鎮市長官派落實民主改革，台灣日報，2001 年 3 月 18 日，9 版。

楊泰順，總統直選對政治生態影響與衝擊，聯合報，1994 年 6 月 14 日。

廣告費率審議權回歸地方 蘇正平同意研究，中國時報，2001 年 1 月 9 日六版。

鄭益俊，精省後省主席失權，地位等同部長，中時晚報，1998 年 11 月 21 日四版。

賴英照，〈守護憲法 保護人權〉載於《司法周刊》，第 1472 期，二版，2007 年 12 月 25 日。

聯合報，1990 年 6 月 30 日，第六、七兩版。

聯合報，比例代表制的任務型國大，2000 年 4 月 27 日二版，社論。

聯合報，何謂比例代表制的任務型國大，2000 年 4 月 27 日二版，社論。

羅怡德，修憲是民主的保障、制憲是暴力的根源，青年日報，1991 年 11 月 27
日二版專欄。

英文期刊論文

Arend, Lijphart, "Comparative Politics and the Comparative Method." American
Political Science Review LXV (Setember), 1971.

Austin Ranney: The Governing of Men, The University of Wisconsin, Rev, edit,
1965。

C. H. Mcllwain, Constitutenalism: Ancient and Modern (Ithaca: Cornell University
Press, 1947).

Carl J. Friedrich: Constitutional Government and Democracy, Blaisdell Publishing
Company Tenth Rev.edit.1965.

Douglas, E. Ashford, "Territorial Political and equality: Decentralization in the
Modern State." Political Study 27. No.1 (Mar 1979).

E. Barker, ed., "The Politics of Aristotle(oxford:Clarendon Press, 1946).

Kurt Sontheimer: Grundzuge des politischen Systems der Bunde srepublik
Deutschland, Munchen 1976.

Peter Golding, Graham Murdock, and Philip Schlesinger, eds.,Communication
Politics, Leicester Univesity Press, 1986.

Robert G.Meadow, Politics as Commucication, Norwood: Ables, 1980.

V.O.Key, Ir, Politics, Parties, and Pressure Group, (New York: Thomas Y. Crorvell Co.,
1958).

附錄一
【中華民國憲法】

1. 中華民國 35 年 12 月 25 日國民大會通過
2. 中華民國 36 年 1 月 1 日國民政府公布
3. 中華民國 36 年 12 月 25 日施行

　　中華民國國民大會受全體國民之付託，依據孫中山先生創立中華民國之遺教，爲鞏固國權，保障民權，奠定社會安寧，增進人民福利，制定本憲法，頒行全國，永矢咸遵。

第一章　總綱

第 1 條（國體）

　　中華民國基於三民主義，爲民有民治民享之民主共和國。

第 2 條（主權之歸屬）

　　中華民國之主權屬於國民全體。

第 3 條（國民）

　　具有中華民國國籍者爲中華民國國民。

第 4 條（領土）

　　中華民國領土，依其固有之疆域，非經國民大會之決議，不得變更之。

第 5 條（民族之平等）

　　中華民國各民族一律平等。

第 6 條（國旗）

　　中華民國國旗定爲紅地，左上角青天白日。

第二章　人民之權利義務

第 7 條（平等權）

　　中華民國人民，無分男女、宗教、種族、階級、黨派，在法律上一律平等。

第 8 條（人身自由之保障）

　　人民身體之自由應予保障。除現行犯之逮捕由法律另定外，非經司法或警察機關依

法定程序，不得逮捕拘禁。非由法院依法定程序，不得審問處罰。非依法定程序之逮捕、拘禁、審問、處罰，得拒絕之。

人民因犯罪嫌疑被逮捕拘禁時，其逮捕拘禁機關應將逮捕拘禁原因，以書面告知本人及其本人指定之親友，並至遲於二十四小時內移送該管法院審問。本人或他人亦得聲請該管法院，於二十四小時內向逮捕之機關提審。

法院對於前項聲請，不得拒絕，並不得先令逮捕拘禁之機關查覆。逮捕拘禁之機關，對於法院之提審，不得拒絕或遲延。

人民遭受任何機關非法逮捕拘禁時，其本人或他人得向法院聲請追究，法院不得拒絕，並應於二十四小時內向逮捕拘禁之機關追究，依法處理。

第 9 條（不受軍事審判之自由）

人民除現役軍人外，不受軍事審判。

第 10 條（居住遷徙之自由）

人民有居住及遷徙之自由。

第 11 條（表現意見之自由）

人民有言論、講學、著作及出版之自由。

第 12 條（祕密通訊之自由）

人民有秘密通訊之自由。

第 13 條（信仰宗教之自由）

人民有信仰宗教之自由。

第 14 條（集會結社之自由）

人民有集會及結社之自由。

第 15 條（生存權、工作權及財產權之保障）

人民之生存權、工作權及財產權，應予保障。

第 16 條（請願權、訴願權及訴訟權）

人民有請願、訴願及訴訟之權。

第 17 條（人民之參政權）

人民有選舉、罷免、創制及複決之權。

第 18 條（應考試服公職之權）

人民有應考試服公職之權。

第 19 條（納稅之義務）

人民有依法律納稅之義務。

第 20 條（服兵役之義務）

人民有依法律服兵役之義務。

第 21 條（受國民教育之權利義務）

人民有受國民教育之權利與義務。

第 22 條（人民其他權利之保障）

凡人民之其他自由及權利，不妨害社會秩序公共利益者，均受憲法之保障。

第 23 條（人民自由權利之限制）

以上各條列舉之自由權利，除為防止妨礙他人自由、避免緊急危難、維持社會秩序，或增進公共利益所必要者外，不得以法律限制之。

第 24 條（損害人民權利之賠償）

凡公務員違法侵害人民之自由或權利者，除依法律受懲戒外，應負刑事及民事責任。被害人民就其所受損害，並得依法律向國家請求賠償。

第三章　國民大會

第 25 條（國民大會之地位）

國民大會依本憲法之規定，代表全國國民行使政權。

第 26 條（國民大會代表之產生方式）

國民大會以左列代表組織之：

一　每縣市及其同等區域各選出代表一人，但其人口逾五十萬人者，每增加五十萬人，增選代表一人。縣市同等區域以法律定之。

二　蒙古選出代表，每盟四人，每特別旗一人。

三　西藏選出代表，其名額以法律定之。

四　各民族在邊疆地區選出代表，其名額以法律定之。

五　僑居國外之國民選出代表，其名額以法律定之。

六　職業團體選出代表，其名額以法律定之。

七　婦女團體選出代表，其名額以法律定之。

第 27 條（國民大會之職權）

國民大會之職權如左：

一　選舉總統、副總統。

二　罷免總統、副總統。

三　修改憲法。

四　複決立法院所提之憲法修正案。

關於創制複決兩權，除前項第三、第四兩款規定外，俟全國有半數之縣市曾經行使創制複決兩項政權時，由國民大會制定辦法並行使之。

第 28 條（國民大會代表之任期）

國民大會代表每六年改選一次。

每屆國民大會代表之任期，至次屆國民大會開會之日為止。

現任官吏不得於其任所所在地之選舉區當選為國民大會代表。

第 29 條（國民大會之集會）

國民大會於每屆總統任滿前九十日集會，由總統召集之。

第 30 條（國民大會之臨時會）

國民大會遇有左列情形之一時，召集臨時會：

一　依本憲法第四十九條之規定，應補選總統、副總統時。

二　依監察院之決議，對於總統、副總統提出彈劾案時。

三　依立法院之決議，提出憲法修正案時。

四　國民大會代表五分之二以上請求召集時。

國民大會臨時會，如依前項第一款或第二款應召集時，由立法院院長通告集會。依第三款或第四款應召集時，由總統召集之。

第 31 條（國民大會之開會地點）

國民大會之開會地點在中央政府所在地。

第 32 條（國民大會代表之言論免責特權）

國民大會代表在會議時所為之言論及表決，對會外不負責任。

第 33 條（國民大會代表之不逮捕特權）

國民大會代表，除現行犯外，在會期中，非經國民大會許可，不得逮捕或拘禁。

第 34 條（關於國民大會之附屬法規）

國民大會之組織，國民大會代表之選舉罷免，及國民大會行使職權之程序，以法律定之。

第四章　總統

第 35 條（總統之地位）

總統為國家元首，對外代表中華民國。

第 36 條（總統之統帥權）

總統統率全國陸海空軍。

第 37 條（總統之公布法令權）

總統依法公布法律，發布命令，須經行政院院長之副署，或行政院院長及有關部會首長之副署。

第 38 條（總統之外交權）

總統依本憲法之規定，行使締結條約及宣戰、媾和之權。

第 39 條（總統之宣布戒嚴權）

總統依法宣布戒嚴，但須經立法院之通過或追認。立法院認為必要時，得決議移請總統解嚴。

第 40 條（總統之赦免權）

總統依法行使大赦、特赦、減刑及復權之權。

第 41 條（總統之任免官員權）

總統依法任免文武官員。

第 42 條（授與榮典權）

總統依法授與榮典。

第 43 條（總統之發布緊急命令權）

國家遇有天然災害、癘疫，或國家財政經濟上有重大變故，須爲急速處分時，總統於立法院休會期間，得經行政院會議之決議，依緊急命令法，發布緊急命令，爲必要之處置。但須於發布命令後一個月內提交立法院追認。如立法院不同意時，該緊急命令立即失效。

第 44 條（總統之權限爭議處理權）

總統對於院與院間之爭執，除本憲法有規定者外，得召集有關各院院長會商解決之。

第 45 條（總統副總統之被選資格）

中華民國國民年滿四十歲者，得被選爲總統、副總統。

第 46 條（總統副總統之選舉方法）

總統、副總統之選舉，以法律定之。

第 47 條（總統副總統之任期與連任）

總統、副總統之任期爲六年，連選得連任一次。

第 48 條（總統就職之宣誓）

總統應於就職時宣誓，誓詞如左：

「余謹以至誠，向全國人民宣誓，余必遵守憲法，盡忠職務，增進人民福利，保衛國家，無負國民付託。如違誓言，願受國家嚴厲之制裁。謹誓」

第 49 條（總統缺位時之繼任）

總統缺位時，由副總統繼任，至總統任期屆滿爲止。總統、副總統均缺位時，由行政院院長代行其職權，並依本憲法第三十條之規定，召集國民大會臨時會，補選總統、副總統，其任期以補足原任總統未滿之任期爲止。總統因故不能視事時，由副

總統代行其職權。總統、副總統均不能視事時，由行政院院長代行其職權。

第 50 條（總統解職時之代行職權）

總統於任滿之日解職，如屆期次任總統尚未選出，或選出後總統、副總統均未就職時，由行政院院長代行總統職權。

第 51 條（行政院長代行總統職權之期限）

行政院院長代行總統職權時，其期限不得逾三個月。

第 52 條（總統之刑事豁免權）

總統除犯內亂或外患罪外，非經罷免或解職，不受刑事上之訴究。

第五章　行政

第 53 條（行政院之地位）

行政院為國家最高行政機關。

第 54 條（行政院之主要人員）

行政院設院長、副院長各一人，各部會首長若干人，及不管部會之政務委員若干人。

第 55 條（行政院院長之任命）

行政院院長由總統提名，經立法院同意任命之。

立法院休會期間，行政院院長辭職或出缺時，由行政院副院長代理其職務，但總統須於四十日內咨請立法院召集會議，提出行政院院長人選，徵求同意。行政院院長職務，在總統所提行政院院長人選未經立法院同意前，由行政院副院長暫行代理。

第 56 條（行政院副院長及各部會首長之任命）

行政院副院長，各部會首長及不管部會之政務委員，由行政院院長提請總統任命之。

第 57 條（行政院與立法院之主要關係）

行政院依左列規定，對立法院負責：

一　行政院有向立法院提出施政方針及施政報告之責。立法委員在開會時，有向行政院院長及行政院各部會首長質詢之權。

二　立法院對於行政院之重要政策不贊同時，得以決議移請行政院變更之。行政院對於立法院之決議，得經總統之核可，移請立法院覆議。覆議時，如經出席立法委員三分之二維持原決議，行政院院長應即接受該決議或辭職。

三　行政院對於立法院決議之法律案、預算案、條約案，如認爲有窒礙難行時，得經總統之核可，於該決議案送達行政院十日內，移請立法院覆議。覆議時，如經出席立法委員三分之二維持原案，行政院院長應即接受該決議或辭職。

第 58 條（行政院會議之組織及其職權）

行政院設行政院會議，由行政院院長、副院長、各部會首長及不管部會之政務委員組織之，以院長爲主席。

行政院院長、各部會首長，須將應行提出於立法院之法律案、預算案、戒嚴案、大赦案、宣戰案、媾和案、條約案及其他重要事項，或涉及各部會共同關係之事項，提出於行政院會議議決之。

第 59 條（行政院提出預算案之期間）

行政院於會計年度開始三個月前，應將下年度預算案提出於立法院。

第 60 條（行政院提出決算之期間）

行政院於會計年度結束後四個月內，應提出決算於監察院。

第 61 條（關於行政院組織之授權規定）

行政院之組織，以法律定之。

第六章　立法

第 62 條（立法院之地位）

立法院爲國家最高立法機關，由人民選舉之立法委員組織之，代表人民行使立法權。

第 63 條（立法院之職權）

立法院有議決法律案、預算案、戒嚴案、大赦案、宣戰案、媾和案、條約案及國家

其他重要事項之權。

第 64 條（立法委員之產生方式）

立法院立法委員，依左列規定選出之：

一　各省、各直轄市選出者，其人口在三百萬以下者五人，其人口超過三百萬者，每滿一百萬人增選一人。

二　蒙古各盟旗選出者。

三　西藏選出者。

四　各民族在邊疆地區選出者。

五　僑居國外之國民選出者。

六　職業團體選出者。

立法委員之選舉及前項第二款至第六款立法委員名額之分配，以法律定之。婦女在第一項各款之名額，以法律定之。

第 65 條（立法委員之任期）

立法委員之任期為三年，連選得連任，其選舉於每屆任滿前三個月內完成之。

第 66 條（立法院正副院長之產生）

立法院設院長、副院長各一人，由立法委員互選之。

第 67 條（立法院之委員會）

立法院得設各種委員會。

各種委員會得邀請政府人員及社會上有關係人員到會備詢。

第 68 條（立法院之會期）

立法院會期，每年兩次，自行集會，第一次自二月至五月底，第二次自九月至十二月底，必要時得延長之。

第 69 條（立法院之臨時會）

立法院遇有左列情事之一時，得開臨時會：

一　總統之咨請。

二　立法委員四分之一以上之請求。

第 70 條（立法院對預算案所為提議之限制）

立法院對於行政院所提預算案，不得爲增加支出之提議。

第 71 條（立法院開會時之列席人員）

立法院開會時，關係院院長及各部會首長得列席陳述意見。

第 72 條（法律案公布之期限）

立法院法律案通過後，移送總統及行政院，總統應於收到後十日內公布之，但總統得依照本憲法第五十七條之規定辦理。

第 73 條（立法委員之言論免責特權）

立法委員在院內所爲之言論及表決，對院外不負責任。

第 74 條（立法委員之不逮捕特權）

立法委員，除現行犯外，非經立法院許可，不得逮捕或拘禁。

第 75 條（立法委員不得兼任官吏）

立法委員不得兼任官吏。

第 76 條（關於立法院組織之授權規定）

立法院之組織，以法律定之。

第七章　司法

第 77 條（司法院之地位及職權）

司法院爲國家最高司法機關，掌理民事、刑事、行政訴訟之審判及公務員之懲戒。

第 78 條（司法院解釋憲法及統一解釋法令之權）

司法院解釋憲法，並有統一解釋法律及命令之權。

第 79 條（司法院之主要人員）

司法院設院長、副院長各一人，由總統提名，經監察院同意任命之。

司法院設大法官若干人，掌理本憲法第七十八條規定事項，由總統提名，經監察院同意任命之。

第 80 條（法官之地位）

法官須超出黨派以外，依據法律獨立審判，不受任何干涉。

第 81 條（法官身分之保障）

法官爲終身職，非受刑事或懲戒處分，或禁治產之宣告，不得免職。非依法律，不得停職、轉任或減俸。

第 82 條（關於司法院組織之授權規定）

司法院及各級法院之組織，以法律定之。

第八章　考試

第 83 條（考試院之地位及職權）

考試院爲國家最高考試機關，掌理考試、任用、銓敘、考績、級俸、陞遷、保障、褒獎、撫卹、退休、養老等事項。

第 84 條（考試院之主要人員）

考試院設院長、副院長各一人，考試委員若干人，由總統提名，經監察院同意任命之。

第 85 條（選拔公務人員之方法）

公務人員之選拔，應實行公開競爭之考試制度，並應按省區分別規定名額，分區舉行考試。非經考試及格者，不得任用。

第 86 條（應經考試院依法考選銓定之資格）

左列資格，應經考試院依法考選銓定之：
一　公務人員任用資格。
二　專門職業及技術人員執業資格。

第 87 條（考試院提出法律案之權）

考試院關於所掌事項，得向立法院提出法律案。

第 88 條（考試委員之地位）

考試委員須超出黨派以外，依據法律獨立行使職權。

第 89 條（關於考試院組織之授權規定）

考試院之組織，以法律定之。

第九章　監察

第 90 條（監察院之地位及職權）

監察院爲國家最高監察機關，行使同意、彈劾、糾舉及審計權。

第 91 條（監察委員之產生方式）

監察院設監察委員，由各省市議會，蒙古西藏地方議會及華僑團體選舉之。其名額分配，依左列之規定：

一　每省五人。

二　每直轄市二人。

三　蒙古各盟旗共八人。

四　西藏八人。

五　僑居國外之國民八人。

第 92 條（監察院正副院長之產生）

監察院設院長、副院長各一人，由監察委員互選之。

第 93 條（監察委員之任期）

監察委員之任期爲六年，連選得連任。

第 94 條（監察院同意權之行使）

監察院依本憲法行使同意權時，由出席委員過半數之議決行之。

第 95 條（監察院之調查權）

監察院爲行使監察權，得向行政院及其各部會調閱其所發布之命令及各種有關文件。

第 96 條（監察院之委員會）

監察院得按行政院及其各部會之工作，分設若干委員會，調查一切設施，注意其是否違法或失職。

第 97 條（監察院之糾正權、糾舉權與彈劾權）

監察院經各該委員會之審查及決議，得提出糾正案，移送行政院及其有關部會，促其注意改善。

監察院對於中央及地方公務人員，認為有失職或違法情事，得提出糾舉案或彈劾案，如涉及刑事，應移送法院辦理。

第 98 條（監察院彈劾公務人員之程序）

監察院對於中央及地方公務人員之彈劾案，須經監察委員一人以上之提議，九人以上之審查及決定，始得提出。

第 99 條（監察院彈劾司法院、考試院人員之程序）

監察院對於司法院或考試院人員失職或違法之彈劾，適用本憲法第九十五條、第九十七條及第九十八條之規定。

第 100 條（監察院彈劾總統、副總統之程序）

監察院對於總統、副總統之彈劾案，須有全體監察委員四分之一以上之提議，全體監察委員過半數之審查及決議，向國民大會提出之。

第 101 條（監察委員之言論免責特權）

監察委員在院內所為之言論及表決，對院外不負責任。

第 102 條（監察委員之不逮捕特權）

監察委員，除現行犯外，非經監察院許可，不得逮捕或拘禁。

第 103 條（監察委員兼職之限制）

監察委員不得兼任其他公職或執行業務。

第 104 條（審計長之設置）

監察院設審計長，由總統提名，經立法院同意任命之。

第 105 條（決算之審核及報告）

審計長應於行政院提出決算後三個月內，依法完成其審核，並提出審核報告於立法院。

第 106 條（關於監察院組織之授權規定）

監察院之組織，以法律定之。

第十章　中央與地方之權限

第 107 條（中央立法並執行之事項）

左列事項，由中央立法並執行之：

一　外交。

二　國防與國防軍事。

三　國籍法及刑事、民事、商事之法律。

四　司法制度。

五　航空、國道、國有鐵路、航政、郵政及電政。

六　中央財政與國稅。

七　國稅與省稅、縣稅之劃分。

八　國營經濟事業。

九　幣制及國家銀行。

十　度量衡。

十一　國際貿易政策。

十二　涉外之財政經濟事項。

十三　其他依本憲法所定關於中央之事項。

第 108 條（中央立法並執行或由省縣執行之事項）

左列事項，由中央立法並執行之，或交由省縣執行之：

一　省縣自治通則。

二　行政區劃。

三　森林、工礦及商業。

四　教育制度。

五　銀行及交易所制度。

六　航業及海洋漁業。

七　公用事業。

八　合作事業。

九　二省以上之水陸交通運輸。

十　二省以上之水利、河道及農牧事業。

十一　中央及地方官吏之銓敘、任用、糾察及保障。

十二　土地法。

十三　勞動法及其他社會立法。

十四　公用徵收。

十五　全國戶口調查及統計。

十六　移民及墾殖。

十七　警察制度。

十八　公共衛生。

十九　振濟、撫卹及失業救濟。

二十　有關文化之古籍、古物及古蹟之保存。

前項各款，省於不牴觸國家法律內，得制定單行法規。

第 109 條（省立法並執行或交由縣執行之事項）

左列事項，由省立法並執行之，或交由縣執行之：

一　省教育、衛生、實業及交通。

二　省財產之經營及處分。

三　省市政。

四　省公營事業。

五　省合作事業。

六　省農林、水利、漁牧及工程。

七　省財政及省稅。

八　省債。

九　省銀行。

十　省警政之實施。

十一　省慈善及公益事項。

十二　其他依國家法律賦予之事項。

前項各款，有涉及二省以上者，除法律別有規定外，得由有關各省共同辦理。

各省辦理第一項各款事務，其經費不足時，經立法院議決，由國庫補助之。

第 110 條（縣立法並執行之事項）

左列事項，由縣立法並執行之：

一　縣教育、衛生、實業及交通。

二　縣財產之經營及處分。

三　縣公營事業。

四　縣合作事業。

五　縣農林、水利、漁牧及工程。

六　縣財政及縣稅。

七　縣債。

八　縣銀行。

九　縣警衛之實施。

十　縣慈善及公益事項。

十一　其他依國家法律及省自治法賦予之事項。

前項各款，有涉及二縣以上者，除法律別有規定外，得由有關各縣共同辦理。

第 111 條（剩餘權之歸屬）

除第一百零七條、第一百零八條、第一百零九條及第一百十條列舉事項外，如有未列舉事項發生時，其事務有全國一致之性質者屬於中央，有全省一致之性質者屬於省，有一縣之性質者屬於縣。遇有爭議時，由立法院解決之。

第十一章　地方制度

第一節　省

第 112 條（省民代表大會之召集與省自治法之制定）

省得召集省民代表大會，依據省縣自治通則，制定省自治法，但不得與憲法牴觸。

省民代表大會之組織及選舉，以法律定之。

第 113 條（省自治法之內容）

省自治法應包含左列各款：

一　省設省議會，省議會議員由省民選舉之。

二　省設省政府，置省長一人。省長由省民選舉之。

三　省與縣之關係。

屬於省之立法權，由省議會行之。

第 114 條（省自治法之審查）

省自治法制定後，須即送司法院。司法院如認為有違憲之處，應將違憲條文宣布無效。

第 115 條（省自治法發生重大障礙之解決）

省自治法施行中，如因其中某條發生重大障礙，經司法院召集有關方面陳述意見後，由行政院院長、立法院院長、司法院院長、考試院院長與監察院院長組織委員會，以司法院院長為主席，提出方案解決之。

第 116 條（省法規與國家法律牴觸之結果）

省法規與國家法律牴觸者無效。

第 117 條（省法規與國家法律有無牴觸之解釋）

省法規與國家法律有無牴觸發生疑義時，由司法院解釋之。

第 118 條（直轄市之自治制度）

直轄市之自治，以法律定之。

第 119 條（蒙古各盟旗之自治制度）

蒙古各盟旗地方自治制度，以法律定之。

第 120 條（西藏之自治制度）

西藏自治制度，應予以保障。

第二節　縣

第 121 條（縣自治）

縣實行縣自治。

第 122 條（縣民代表大會之召集與縣自治法之制定）

縣得召集縣民代表大會，依據省縣自治通則，制定縣自治法，但不得與憲法及省自治法牴觸。

第 123 條（縣民之行使參政權）

縣民關於縣自治事項，依法律行使創制、複決之權，對於縣長及其他縣自治人員，依法律行使選舉、罷免之權。

第 124 條（縣議會之組成與職權）

縣設縣議會，縣議會議員由縣民選舉之。

屬於縣之立法權，由縣議會行之。

第 125 條（縣單行規章與國家法律等牴觸之結果）

縣單行規章，與國家法律或省法規牴觸者無效。

第 126 條（縣長之設置）

縣設縣政府，置縣長一人。縣長由縣民選舉之。

第 127 條（縣長之職權）

縣長辦理縣自治，並執行中央及省委辦事項。

第 128 條（市準用縣之規定）

市準用縣之規定。

第十二章　選舉、罷免、創制、複決

第 129 條（行使選舉權之方法）

本憲法所規定之各種選舉，除本憲法別有規定外，以普通、平等、直接及無記名投票之方法行之。

第 130 條（行使選舉權之年齡）

中華民國國民年滿二十歲者，有依法選舉之權，除本憲法及法律別有規定者外，年滿二十三歲者，有依法被選舉之權。

第 131 條（公開競選之原則）

本憲法所規定各種選舉之候選人，一律公開競選。

第 132 條（選舉公正之維護）

選舉應嚴禁威脅利誘。選舉訴訟，由法院審判之。

第 133 條（罷免權之行使）

被選舉人得由原選舉區依法罷免之。

第 134 條（婦女當選名額之保障）

各種選舉，應規定婦女當選名額，其辦法以法律定之。

第 135 條（內地生活習慣特殊之國民代表名額及選舉）

內地生活習慣特殊之國民代表名額及選舉，其辦法以法律定之。

第 136 條（創制複決權之行使）

創制複決兩權之行使，以法律定之。

第十三章　基本國策

第一節　國防

第 137 條（國防之目的）

中華民國之國防，以保衛國家安全，維護世界和平為目的。

國防之組織，以法律定之。

第 138 條（陸海空軍之任務）

全國陸海空軍，須超出個人、地域及黨派關係以外，效忠國家，愛護人民。

第 139 條（軍隊國家化）

任何黨派及個人不得以武裝力量爲政爭之工具。

第 140 條（軍民分治）

現役軍人不得兼任文官。

第二節　外交

第 141 條（外交之基本原則與目的）

中華民國之外交，應本獨立自主之精神，平等互惠之原則，敦睦邦交，尊重條約及聯合國憲章，以保護僑民權益，促進國際合作，提倡國際正義，確保世界和平。

第三節　國民經濟

第 142 條（國民經濟之基本原則）

國民經濟應以民生主義爲基本原則，實施平均地權，節制資本，以謀國計民生之均足。

第 143 條（土地政策）

中華民國領土內之土地屬於國民全體。人民依法取得之土地所有權，應受法律之保障與限制。私有土地應照價納稅，政府並得照價收買。

附著於土地之礦，及經濟上可供公眾利用之天然力，屬於國家所有，不因人民取得土地所有權而受影響。

土地價值非因施以勞力資本而增加者，應由國家徵收土地增值稅，歸人民共享之。

國家對於土地之分配與整理，應以扶植自耕農及自行使用土地人爲原則，並規定其適當經營之面積。

第 144 條（發展國家資本）

公用事業及其他有獨佔性之企業，以公營爲原則，其經法律許可者，得由國民經營之。

第 145 條（節制私人資本）

國家對於私人財富及私營事業，認為有妨害國計民生之平衡發展者，應以法律限制之。

合作事業應受國家之獎勵與扶助。

國民生產事業及對外貿易，應受國家之獎勵、指導及保護。

第 146 條（農業建設之政策）

國家應運用科學技術，以興修水利，增進地力，改善農業環境，規劃土地利用，開發農業資源，促成農業之工業化。

第 147 條（省縣經濟平衡發展之政策）

中央為謀省與省間之經濟平衡發展，對於貧瘠之省，應酌予補助。

省為謀縣與縣間之經濟平衡發展，對於貧瘠之縣，應酌予補助。

第 148 條（貨暢其流）

中華民國領域內，一切貨物應許自由流通。

第 149 條（金融機構之管理）

金融機構，應依法受國家之管理。

第 150 條（普設平民金融機構）

國家應普設平民金融機構，以救濟失業。

第 151 條（華僑經濟事業之保護）

國家對於僑居國外之國民，應扶助並保護其經濟事業之發展。

第四節　社會安全

第 152 條（促使人民之充分就業）

人民具有工作能力者，國家應予以適當之工作機會。

第 153 條（勞工及農民之保護）

國家為改良勞工及農民之生活，增進其生產技能，應制定保護勞工及農民之法律，實施保護勞工及農民之政策。

婦女兒童從事勞動者，應按其年齡及身體狀態，予以特別之保護。

第 154 條（勞資關係及其糾紛之處理）

勞資雙方應本協調合作原則，發展生產事業。勞資糾紛之調解與仲裁，以法律定之。

第 155 條（社會保險及社會救濟之實施）

國家為謀社會福利，應實施社會保險制度。人民之老弱殘廢，無力生活，及受非常災害者，國家應予以適當之扶助與救濟。

第 156 條（婦女兒童福利政策之實施）

國家為奠定民族生存發展之基礎，應保護母性，並實施婦女兒童福利政策。

第 157 條（衛生保健事業及公醫制度之推行）

國家為增進民族健康，應普遍推行衛生保健事業及公醫制度。

第五節　教育文化

第 158 條（教育文化之目標）

教育文化，應發展國民之民族精神、自治精神、國民道德、健全體格、科學及生活智能。

第 159 條（受教育機會之平等）

國民受教育之機會，一律平等。

第 160 條（基本教育及補習教育）

六歲至十二歲之學齡兒童，一律受基本教育，免納學費。其貧苦者，由政府供給書籍。

已逾學齡未受基本教育之國民，一律受補習教育，免納學費，其書籍亦由政府供給。

第 161 條（獎學金之設置）

各級政府應廣設獎學金名額，以扶助學行俱優無力升學之學生。

第 162 條（教育文化機關之監督）

全國公私立之教育文化機關，依法律受國家之監督。

第 163 條（各地區教育之均衡發展）

國家應注重各地區教育之均衡發展，並推行社會教育，以提高一般國民之文化水準，邊遠及貧瘠地區之教育文化經費，由國庫補助之。其重要之教育文化事業，得由中央辦理或補助之。

第 164 條（教育科學文化經費之比例在各級預算上應占之比例）

教育、科學、文化之經費，在中央不得少於其預算總額百分之十五，在省不得少於其預算總額百分之二十五，在市縣不得少於其預算總額百分之三十五。其依法設置之教育文化基金及產業，應予以保障。

第 165 條（教育科學藝術工作者生活之保障）

國家應保障教育、科學、藝術工作者之生活，並依國民經濟之進展，隨時提高其待遇。

第 166 條（科學發明與創造之獎勵及古蹟古物之保護）

國家應獎勵科學之發明與創造，並保護有關歷史、文化、藝術之古蹟、古物。

第 167 條（對於教育事業及從事教育者之鼓勵）

國家對於左列事業或個人，予以獎勵或補助：

一　國內私人經營之教育事業成績優良者。

二　僑居國外國民之教育事業成績優良者。

三　於學術或技術有發明者。

四　從事教育久於其職而成績優良者。

第六節　邊疆地區

第 168 條（邊疆民族地位之保障）

國家對於邊疆地區各民族之地位，應予以合法之保障，並於其地方自治事業，特別予以扶植。

第169條（邊疆地區教育文化等事業之積極舉辦）

國家對於邊疆地區各民族之教育、文化、交通、水利、衛生及其他經濟、社會事業，應積極舉辦，並扶助其發展，對於土地使用，應依其氣候、土壤性質，及人民生活習慣之所宜，予以保障及發展。

第十四章　憲法之施行及修改

第170條（本憲法所稱法律之定義）

本憲法所稱之法律，謂經立法院通過，總統公布之法律。

第171條（法律不能牴觸憲法）

法律與憲法牴觸者無效。

法律與憲法有無牴觸發生疑義時，由司法院解釋之。

第172條（命令不能牴觸憲法或法律）

命令與憲法或法律牴觸者無效。

第173條（解釋憲法之機關）

憲法之解釋，由司法院為之。

第174條（修改憲法之程序）

憲法之修改，應依左列程序之一為之：

一　由國民大會代表總額五分之一之提議，三分之二之出席，及出席代表四分之三之決議，得修改之。

二　由立法院立法委員四分之一之提議，四分之三之出席，及出席委員四分之三之決議，擬定憲法修正案，提請國民大會複決。此項憲法修正案，應於國民大會開會前半年公告之。

第175條（憲法之實施）

本憲法規定事項，有另定實施程序之必要者，以法律定之。

本憲法施行之準備程序，由制定憲法之國民大會議定之。

附錄二
【中華民國憲法增修條文】

1. 中華民國 80 年 5 月 1 日總統令制定公布全文 10 條。
2. 中華民國 81 年 5 月 28 日總統令增訂公布第 11 ～ 18 條條文。
3. 中華民國 83 年 8 月 1 日總統令修正公布全文 10 條。
4. 中華民國 86 年 7 月 21 日總統令修正公布全文 11 條。
5. 中華民國 88 年 9 月 15 日總統令修正公布第 1、4、9、10 條條文。
   （中華民國 89 年 3 月 24 日大法官解釋字第 499 號解釋該次修正條文因違背修憲正當程序，故應自本解釋公布之日起失其效力，原 86 年 7 月 21 日之增修條文繼續適用）
6. 中華民國 89 年 4 月 25 日總統 號令修正公布全文 11 條。
7. 中華民國 94 年 6 月 10 日總統令修正公布第 1、2、4、5、8 條條文；並增訂第 12 條條文。

　　為因應國家統一前之需要，依照憲法第二十七條第一項第三款及第一百七十四條第一款之規定，增修本憲法條文如左：

第 1 條（人民行使直接民權）

　　中華民國自由地區選舉人於立法院提出憲法修正案、領土變更案，經公告半年，應於三個月內投票複決，不適用憲法第四條、第一百七十四條之規定。

　　憲法第二十五條至第三十四條及第一百三十五條之規定，停止適用。

第 2 條（總統、副總統）

　　總統、副總統由中華民國自由地區全體人民直接選舉之，自中華民國八十五年第九任總統、副總統選舉實施。總統、副總統候選人應聯名登記，在選票上同列一組圈選，以得票最多之一組為當選。在國外之中華民國自由地區人民返國行使選舉權，以法律定之。

　　總統發布行政院院長與依憲法經立法院同意任命人員之任免命令及解散立法院之命令，無須行政院院長之副署，不適用憲法第三十七條之規定。

　　總統為避免國家或人民遭遇緊急危難或應付財政經濟上重大變故，得經行政院會議之決議發布緊急命令，為必要之處置，不受憲法第四十三條之限制。但須於發布命令後十日內提交立法院追認，如立法院不同意時，該緊急命令立即失效。

　　總統為決定國家安全有關大政方針，得設國家安全會議及所屬國家安全局，其組織以法律定之。

　　總統於立法院通過對行政院院長之不信任案後十日內，經諮詢立法院院長後，得宣告解散立法院。但總統於戒嚴或緊急命令生效期間，不得解散立法院。立法院解散

後,應於六十日內舉行立法委員選舉,並於選舉結果確認後十日內自行集會,其任期重新起算。

總統、副總統之任期爲四年,連選得連任一次,不適用憲法第四十七條之規定。

副總統缺位時,總統應於三個月內提名候選人,由立法院補選,繼任至原任期屆滿爲止。

總統、副總統均缺位時,由行政院院長代行其職權,並依本條第一項規定補選總統、副總統,繼任至原任期屆滿爲止,不適用憲法第四十九條之有關規定。

總統、副總統之罷免案,須經全體立法委員四分之一之提議,全體立法委員三分之二之同意後提出,並經中華民國自由地區選舉人總額過半數之投票,有效票過半數同意罷免時,即爲通過。

立法院提出總統、副總統彈劾案,聲請司法院大法官審理,經憲法法庭判決成立時,被彈劾人應即解職。

第 3 條(行政院)

行政院院長由總統任命之。行政院院長辭職或出缺時,在總統未任命行政院院長前,由行政院副院長暫行代理。憲法第五十五條之規定,停止適用。

行政院依左列規定,對立法院負責,憲法第五十七條之規定,停止適用:

一　行政院有向立法院提出施政方針及施政報告之責。立法委員在開會時,有向行政院院長及行政院各部會首長質詢之權。

二　行政院對於立法院決議之法律案、預算案、條約案,如認爲有窒礙難行時,得經總統之核可,於該決議案送達行政院十日內,移請立法院覆議。立法院對於行政院移請覆議案,應於送達十五日內作成決議。如爲休會期間,立法院應於七日內自行集會,並於開議十五日內作成決議。覆議案逾期未議決者,原決議失效。覆議時,如經全體立法委員二分之一以上決議維持原案,行政院院長應即接受該決議。

三　立法院得經全體立法委員三分之一以上連署,對行政院院長提出不信任案。不信任案提出七十二小時後,應於四十八小時內以記名投票表決之。如經全體立法委員二分之一以上贊成,行政院院長應於十日內提出辭職,並得同時呈請總統解散立法院:不信任案如未獲通過,一年內不得對同一行政院院長再提不信任案。

國家機關之職權、設立程序及總員額，得以法律爲準則性之規定。

各機關之組織、編制及員額，應依前項法律，基於政策或業務需要決定之。

第 4 條（立法委員之選舉）

立法院立法委員自第七屆起一百一十三人，任期四年，連選得連任，於每屆任滿前三個月內，依左列規定選出之，不受憲法第六十四條及第六十五條之限制：

一　自由地區直轄市、縣市七十三人。每縣市至少一人。

二　自由地區平地原住民及山地原住民各三人。

三　全國不分區及僑居國外國民共三十四人。

前項第一款依各直轄市、縣市人口比例分配，並按應選名額劃分同額選舉區選出之。第三款依政黨名單投票選舉之，由獲得百分之五以上政黨選舉票之政黨依得票比率選出之，各政黨當選名單中，婦女不得低於二分之一。

立法院於每年集會時，得聽取總統國情報告。

立法院經總統解散後，在新選出之立法委員就職前，視同休會。

中華民國領土，依其固有之疆域，非經全體立法委員四分之一之提議，全體立法委員四分之三之出席，及出席委員四分之三之決議，提出領土變更案，並於公告半年後，經中華民國自由地區選舉人投票複決，有效同意票過選舉人總額之半數，不得變更之。

總統於立法院解散後發布緊急命令，立法院應於三日內自行集會，並於開議七日內追認之。但於新任立法委員選舉投票日後發布者，應由新任立法委員於就職後追認之。如立法院不同意時，該緊急命令立即失效。

立法院對於總統、副總統之彈劾案，須經全體立法委員二分之一以上之提議，全體立法委員三分之二以上之決議，聲請司法院大法官審理，不適用憲法第九十條、第一百條及增修條文第七條第一項有關規定。

立法委員除現行犯外，在會期中，非經立法院許可，不得逮捕或拘禁。憲法第七十四條之規定，停止適用。

第 5 條（司法院）

司法院設大法官十五人，並以其中一人爲院長、一人爲副院長，由總統提名，經立法院同意任命之，自中華民國九十二年起實施，不適用憲法第七十九條之規定。司法院大法官除法官轉任者外，不適用憲法第八十一條及有關法官終身職待遇之規

定。

司法院大法官任期八年，不分屆次，個別計算，並不得連任。但並爲院長、副院長之大法官，不受任期之保障。

中華民國九十二年總統提名之大法官，其中八位大法官，含院長、副院長，任期四年，其餘大法官任期爲八年，不適用前項任期之規定。

司法院大法官，除依憲法第七十八條之規定外，並組成憲法法庭審理總統、副總統之彈劾及政黨違憲之解散事項。

政黨之目的或其行爲，危害中華民國之存在或自由民主之憲政秩序者爲違憲。

司法院所提出之年度司法概算，行政院不得刪減，但得加註意見，編入中央政府總預算案，送立法院審議。

第 6 條（考試院）

考試院爲國家最高考試機關，掌理左列事項，不適用憲法第八十三條之規定：

一　考試。

二　公務人員之銓敘、保障、撫卹、退休。

三　公務人員任免、考績、級俸、陞遷、褒獎之法制事項。

考試院設院長、副院長各一人，考試委員若干人，由總統提名，經立法院同意任命之，不適用憲法第八十四條之規定。

憲法第八十五條有關按省區分別規定名額，分區舉行考試之規定，停止適用。

第 7 條（監察院）

監察院爲國家最高監察機關，行使彈劾、糾舉及審計權，不適用憲法第九十條及第九十四條有關同意權之規定。

監察院設監察委員二十九人，並以其中一人爲院長、一人爲副院長，任期六年，由總統提名，經立法院同意任命之。憲法第九十一條至第九十三條之規定停止適用。

監察院對於中央、地方公務人員及司法院、考試院人員之彈劾案，須經監察委員二人以上之提議，九人以上之審查及決定，始得提出，不受憲法第九十八條之限制。

監察院對於監察院人員失職或違法之彈劾，適用憲法第九十五條、第九十七條第二項及前項之規定。

監察委員須超出黨派以外，依據法律獨立行使職權。

憲法第一百零一條及第一百零二條之規定，停止適用。

第 8 條（待遇調整）

立法委員之報酬或待遇，應以法律定之。除年度通案調整者外，單獨增加報酬或待遇之規定，應自次屆起實施。

第 9 條（省縣自治）

省、縣地方制度，應包括左列各款，以法律定之，不受憲法第一百零八條第一項第一款、第一百零九條、第一百十二條至第一百十五條及第一百二十二條之限制：

一　省設省政府，置委員九人，其中一人為主席，均由行政院院長提請總統任命之。

二　省設省諮議會，置省諮議會議員若干人，由行政院院長提請總統任命之。

三　縣設縣議會，縣議會議員由縣民選舉之。

四　屬於縣之立法權，由縣議會行之。

五　縣設縣政府，置縣長一人，由縣民選舉之。

六　中央與省、縣之關係。

七　省承行政院之命，監督縣自治事項。

台灣省政府之功能、業務與組織之調整，得以法律為特別之規定。

第 10 條（基本國策）

國家應獎勵科學技術發展及投資，促進產業升級，推動農漁業現代化，重視水資源之開發利用，加強國際經濟合作。

經濟及科學技術發展，應與環境及生態保護兼籌並顧。

國家對於人民興辦之中小型經濟事業，應扶助並保護其生存與發展。

國家對於公營金融機構之管理，應本企業化經營之原則；其管理、人事、預算、決算及審計，得以法律為特別之規定。

國家應推行全民健康保險，並促進現代和傳統醫藥之研究發展。

國家應維護婦女之人格尊嚴，保障婦女之人身安全，消除性別歧視，促進兩性地位之實質平等。

國家對於身心障礙者之保險與就醫、無障礙環境之建構、教育訓練與就業輔導及生活維護與救助，應予保障，並扶助其自立與發展。

國家應重視社會救助、福利服務、國民就業、社會保險及醫療保健等社會福利工作，對於社會救助和國民就業等救濟性支出應優先編列。

國家應尊重軍人對社會之貢獻，並對其退役後之就學、就業、就醫、就養予以保障。

教育、科學、文化之經費，尤其國民教育之經費應優先編列，不受憲法第一百六十四條規定之限制。

國家肯定多元文化，並積極維護發展原住民族語言及文化。

國家應依民族意願，保障原住民族之地位及政治參與，並對其教育文化、交通水利、衛生醫療、經濟土地及社會福利事業予以保障扶助並促其發展，其辦法另以法律定之。對於澎湖、金門及馬祖地區人民亦同。

國家對於僑居國外國民之政治參與，應予保障。

第 11 條（兩岸關係）

自由地區與大陸地區間人民權利義務關係及其他事務之處理，得以法律為特別之規定。

第 12 條（憲法修正案之提出）

憲法之修改，須經立法院立法委員四分之一之提議，四分之三之出席，及出席委員四分之三之決議，提出憲法修正案，並於公告半年後，經中華民國自由地區選舉人投票複決，有效同意票過選舉人總額之半數，即通過之，不適用憲法第一百七十四條之規定。

附錄三　歷屆考題

100 年公務人員普通考試試題

（B）1. 憲法本文及其增修條文中關於「邊疆民族地位」與「原住民族」之規範設計，下列說明何者錯誤？

（A）國家肯定多元文化，並積極維護發展原住民族語言及文化

（B）國家對於邊疆地區各民族之教育文化事業應積極舉辦，但不包括經濟社會事業

（C）國家應依民族意願，保障原住民族之地位及政治參與

（D）國家對於邊疆地區各民族之土地，應予以合法之保障，並於其地方自治事業，特別予以扶植

（A）2. 關於夫妻婚後之住所，依司法院釋字第 452 號解釋，下列說明何者錯誤？

（A）夫妻有同居義務，夫妻婚後所設定之住所亦應同一

（B）住所雖得由夫妻約定之，不能協議約定者，應准許訴請法院決定之

（C）如法律規定妻以夫之住所為住所，贅夫以妻之住所為住所，有違男女平等原則

（D）住所選擇乃人民權利，夫妻婚後未設定住所者，亦應尊重其決定

（D）3. 總統副總統選舉罷免法規定，被連署人應繳交保證金新臺幣 100 萬元，依司法院釋字第 468 號解釋，是否合憲？

（A）違憲，侵害人民被選舉之權利　　（B）違憲，逾越比例原則

（C）合憲，對人民服公職權利並無影響　（D）合憲，係避免耗費社會資源之合理規範

（B）4. 所謂人性尊嚴，下列敘述何者錯誤？

（A）係指人的尊嚴不可侵犯，尊重及保護人的尊嚴是所有國家機關之

義務

（B）屬於我國憲法第一條所明定，居於基本權之首位

（C）屬於我國憲法未明文例示而爲司法院憲法解釋所承認之人權

（D）世界人權宣言亦明揭：人皆生而自由平等，享有尊嚴與權利

（C）5. 憲法本文及其增修條文中關於修改憲法之規定，均未包括下列何種事項？

（A）提案機關　　　　　　（B）修憲程序

（C）修憲之界限　　　　　（D）如須複決者，複決機關爲何

（C）6. 依憲法第 153 條之規定，有關國家與勞資雙方關係之敘述，下列何者正確？

（A）基於契約自由原則，國家不應介入勞資雙方所定之勞動條件

（B）基於計劃經濟原則，國家應訂出固定勞動條件，勞資雙方不得以合意改變

（C）爲改良勞工生活，增進其生產技能，國家應制定保護勞工之法律

（D）基於濟弱扶傾原則，國家應要求資方一律提繳盈餘之一定比例給國家，以照顧勞工

（B）7. 下列有關基本人權保障之敘述，何者正確？

（A）憲法平等權保障僅限於男女、宗教、種族、階級、黨派之形式平等

（B）受基本人權保障之主體除自然人之外，還包括公司、財團法人等私法人

（C）言論自由並非絕對，國家得因公益需要，雖無法律依據仍得爲事前之檢查

（D）大陸地區人民來臺設有戶籍後，即可立即比照臺灣地區人民，享有應考試服公職之權利

（D）8. 教育、科學、文化之經費，依憲法增修條文之規定，中央、省、縣各占預算總額多少百分比？

（A）5%、10%、15%　　　　（B）10%、15%、20%

（C）15%、25%、35% （D）不受百分比之限制

（B）9. 依司法院釋字第 574 號解釋，憲法第 16 條所規定之訴訟權，係以人民於其權利遭受侵害時，得依下列何者請求法院救濟為其核心內容？

（A）三級三審 （B）正當法律程序

（C）職權進行主義 （D）自力救濟

（D）10. 依憲法增修條文之規定，副總統缺位時，應如何處置？

（A）不須補選 （B）由行政院長兼任

（C）開放登記，人民補選之 （D）總統提名候選人，立法院補選之

（D）11. 依憲法及其增修條文規定，下列何者非屬行政院院長之職權？

（A）總統、副總統均缺位時，代行總統職權 （B）提請總統任命行政院副院長之權

（C）總統發布命令之副署權 （D）預算執行完畢後，向立法院提出審核報告之權

（D）12. 依憲法增修條文第 4 條規定，有關總統彈劾，何者正確？

（A）由全體監察委員四分之一以上提議，全體監察委員過半數審查及決議後向國民大會提出

（B）由全體監察委員三分之一以上提議，全體監察委員三分之二以上審查及決議後向國民大會提出

（C）由全體立法委員三分之一以上提議，全體立法委員三分之二以上之決議

（D）由全體立法委員二分之一以上提議，全體立法委員三分之二以上之決議

（C）13. 依憲法增修條文第 1 條規定，有關領土變更案之敘述，下列何者正確？

（A）領土變更案涉及受變更地之住民權益，應先由當地住民公投通過後方得成案

（B）領土變更案涉及國家安全，應由國家安全局負責向立法院提出

（C）領土變更案依規定須交由我國自由地區選舉人投票複決

（D）領土變更案爲國際法問題，我國應依聯合國之決定辦理

（A）14. 依據司法院釋字第 384 號解釋，秘密證人制度違反下列何一原則？

（A）比例原則 （B）一事不再理原則 （C）罪疑唯輕原則 （D）罪刑
法定主義原則

（C）15. 依據憲法增修條文第 9 條規定，省議會之組織如何規定？

（A）省設省議會，爲省之立法機關，省議員由省民選舉之

（B）省設省參議會，置參議員若干人，由行政院院長任命之

（C）省設省諮議會，置省諮議會議員若干人，由行政院院長提請總統
任命

（D）省設省諮議會，置省諮議會議員若干人，由縣（市）議會選舉產
生之

101 年公務人員普通考試試題

（C）1. 行政院於會計年度結束後四個月內應向何一機關提出決算？

（A）立法院　（B）司法院　（C）監察院　（D）總統府

（A）2. 監察委員所提出之彈劾案，須經幾人以上之審查及決定？

（A）9人　（B）7人　（C）5人　（D）3人

（D）3. 依憲法本文及增修條文之規定，下列有關司法院大法官之敘述，何者正確？

（A）大法官係最高法院法官之尊稱

（B）大法官負責審理一般法官之彈劾案

（C）在職大法官總數依規定必須爲奇數，以利二分之一可決

（D）大法官不得連任

（B）4. 依憲法增修條文之規定，總統於立法院解散後發布緊急命令，立法院至少須於幾日內自行集會？

（A）2日　（B）3日　（C）5日　（D）7日

（D）5. 下列何者並非行政院對立法院負責的方式？

（A）因施政方針變更涉及法定預算之停止執行，行政院院長或部會首長應向立法院提出報告並備質詢

（B）行政院對於立法院決議之條約案移請立法院覆議

（C）立法院對行政院院長提出不信任案

（D）立法院於每年集會時，得聽取行政院院長國情報告

（C）6. 下列何者非憲法增修條文所定有關總統發布緊急命令之條件？

（A）總統爲避免國家或人民遭遇緊急危難或應付財政經濟上重大變故

（B）須經行政院會議之決議

（C）發布緊急命令後二十日內，應提交立法院追認

（D）立法院若不追認，該緊急命令失效

（D）7. 下列何種制度爲憲法人身自由權保障之內容？

（A）聽證（B）檢察一體　（C）審計　（D）提審

（C）8. 依憲法增修條文之規定，憲法之修正須經出席立法委員多少比例之決議？

　　（A）二分之一（B）三分之二　（C）四分之三　（D）五分之三

（B）9. 下列有關信賴保護原則的敘述，何者錯誤？

　　（A）信賴保護原則係源於法治國原則對於人民權利與法律秩序安定之維護

　　（B）行政機關可對人民主張信賴利益保護

　　（C）倘法規預先定有施行期間者，尚不發生信賴保護問題

　　（D）因公益之必要廢止法規，導致人民因信賴而生之利益受損害時，應採取合理之補救措施，或訂定過渡期間之條款

（C）10. 在人權發展史上，下列何者是一般所公認最早之人權法典？

　　（A）美國之獨立宣言　　　　　（B）法國之人權宣言

　　（C）英國之大憲章　　　　　　（D）世界人權宣言

（D）11. 依憲法增修條文第 12 條之規定，有關修憲案複決公告之規定，下列敘述何者正確？

　　（A）修憲案提出後，毋須公告，應即進行複決

　　（B）修憲案提出後，須公告三個月後，方可進行複決

　　（C）修憲案提出後，須公告五個月後，方可進行複決

　　（D）修憲案提出後，須公告六個月後，方可進行複決

（C）12. 關於憲法第 8 條人身自由的保障，司法院釋字第 639 號解釋之敘述，下列何者錯誤？

　　（A）羈押之被告僅得向原法院聲請撤銷或變更該處分，不得提起抗告之審級救濟之法律規定，為立法機關基於訴訟迅速進行之考量所為合理之限制，未逾立法裁量之範疇，與憲法第 16 條、第 23 條尚無違背

　　（B）法律規定審判長、受命法官或受託法官得為羈押處分，與憲法第 8 條並無牴觸

（C）審級制度乃訴訟權保障之核心內容，立法機關不得限制

（D）憲法第 8 條所定之法院，包括依法獨立行使審判權之法官

（B）13. 下列那一項不符合憲法上宗教信仰自由之精神？

（A）國家不應強制人民信仰宗教

（B）立法院得立法設立國教

（C）人民有傳教之自由

（D）人民不得因宗教信仰不同而受差別待遇

（D）14. 憲法第 150 條規定國家應普設平民金融機構，其目的爲何？

（A）防止通貨膨脹　　　　　（B）促進產業升級

（C）實現住者有其屋的理想　（D）救濟失業

（A）15. 從法之淵源論，英美法系屬於不成文法系，單就美國法制，下列敘述，何者正確？

（A）有一部成文聯邦憲法

（B）尚無行政程序法典

（C）1803 年 Marbury v. Madison 一案，樹立了州法優先原則

（D）非常重視公法與私法的區分

102 年公務人員普通考試試題

（B）1. 依憲法增修條文第 9 條第 1 項第 2 款之規定，省諮議會議員如何產生？

　　（A）由省政府主席提請總統任命

　　（B）由行政院院長提請總統任命

　　（C）由總統提名，經立法院同意任命

　　（D）由行政院院長直接任命

（B）2. 下列何者由憲法法庭審理之？

　　（A）總統之罷免案　　　　　　（B）總統之彈劾案

　　（C）行政院院長之彈劾案　　　（D）行政院院長之不信任案

（C）3. 依司法院釋字第 328 號解釋之見解，我國領土固有疆域範圍係屬下列何種問題，不應由行使司法權之釋憲機關予以解釋？

　　（A）統獨問題　　　　　　　　（B）歷史爭議問題

　　（C）重大政治問題　　　　　　（D）內政問題

（D）4. 司法院釋字第 613 號解釋認為，國家通訊傳播委員會組織法中規定該會委員原「由各政黨（團）接受各界舉薦，並依其在立法院所占席次比例共推薦十五名、行政院院長推薦三名」，主要有違下列何原則？

　　（A）平等原則　　　　　　　　（B）比例原則

　　（C）法律保留原則　　　　　　（D）權力分立原則

（B）5. 以下何機關，為中央行政機關組織基準法所稱之獨立機關？

　　（A）行政院農業委員會　　　　（B）國家通訊傳播委員會

　　（C）國防部　　　　　　　　　（D）行政院衛生署

（C）6. 下列關於總統與副總統的描述何者錯誤？

　　（A）總統逝世時，由副總統繼任

　　（B）總統與副總統均缺位時，由行政院院長代行其職權，並依法補選

　　（C）總統經彈劾去職後，副總統應一併解職

　　（D）副總統無特定職權

（C）7. 有關選舉、罷免、創制、複決事項，下列說明中之何者並不屬於我國憲法上的明文規定？

　　　（A）創制、複決兩權之行使，以法律定之

　　　（B）被選舉人得由原選舉區依法罷免之

　　　（C）選舉訴訟一律由行政法院審判之

　　　（D）憲法上所規定之各種選舉，原則上以普通、平等、直接及無記名投票之方法行之

（B）8. 各大學院校教師關於教師升等之評審，依司法院釋字第462號解釋，受評審之教師於依教師法或訴願法用盡救濟途徑後，仍有不服者，為保障其訴訟權，仍可循下列何途徑請求救濟？

　　　（A）經與任職大學院校協議不成後，向民事法院提起民事訴訟

　　　（B）向行政法院提起行政訴訟

　　　（C）向司法院公務員懲戒委員會聲明異議

　　　（D）向司法院大法官聲請統一解釋法令

（B）9. 依司法院解釋，因軍事審判法令遭受冤獄之人民，不能依冤獄賠償法行使賠償請求權，係違反下列何種原則？

　　　（A）民主原則　　　　　　　　（B）平等原則

　　　（C）權力分立原則　　　　　　（D）信賴保護原則

（A）10. 下列關於選舉平等的說明，何者錯誤？

　　　（A）憲法規定對於弱勢族群的特殊保障，違反平等選舉之要求

　　　（B）我國憲法增修條文規定，每一縣市均有立法委員席次

　　　（C）平等選舉所要達成之目標為票票等值

　　　（D）不分區席次之分配，設定一定門檻，雖限制選舉平等，但乃是有一定的正當化事由

（D）11. 有關出版自由之敘述，下列何者正確？

　　　（A）國家應於出版品上市前加以審查，並得要求修改出版品內容

　　　（B）國家不得於事前或事後限制任何出版品上市，一律由業者自律

　　　（C）國家得要求出版品不得發表政治性言論，否則以刑法相繩

（D）出版品有妨害善良風俗及公共秩序等情形者，國家得依法予以限
制

（D）12. 有關人民之生存權、工作權及財產權應予保障之敘述，下列何者錯
誤？

（A）依司法院大法官歷年來之解釋得知，我國現行死刑制度尚難謂牴
觸憲法對生存權保障之規定

（B）財產權之保障並非絕對，惟對於所謂之特別犧牲，國家不僅應予
以補償，更應儘速

（C）為增進公共利益之必要，國家得對人民從事工作之方法、應具備
之資格或其他要件，以法律為適當之限制

（D）一律限制明眼人不得從事按摩業，係屬對視障人士工作權之確
保，應屬合憲

（A）13. 依司法院解釋，下列何者屬憲法中具有本質之重要性，如修改條文予
以變更，則憲法整體規範秩序將形同破毀？

（A）國民主權原則 　　　　（B）民意代表之選舉制度

（C）立法院議事規則 　　　　（D）基本國策

（C）14. 下列有關原住民族之保障，何者非憲法增修條文所明定？

（A）保障原住民族之地位及政治參與

（B）對其教育文化及衛生醫療予以保障扶助

（C）對原住民族保障耕者有其田，促進高經濟農業發展

（D）對其經濟土地及社會福利予以保障扶助

（C）15. 依憲法增修條文第 10 條之規定，國家應消除性別歧視，促進何種目
之實現？

（A）父母子女地位之認同 　　　　（B）夫妻地位之平等發展

（C）兩性地位之實質平等 　　　　（D）親權地位之真正平等

100 年公務人員高等考試三級考試試題

（A）1. 就公立大學教育而言，下列何者不屬於憲法第 11 條講學自由之保障範圍？
  （A）行政規費之收取　　　　（B）教師之研究主題設定
  （C）教師之教學大綱決定　　（D）學生之學習自由

（D）2. 人民有居住遷徙的自由，依司法院釋字第 454 號解釋，以下敘述何者錯誤？
  （A）憲法第 10 條規定人民有居住及遷徙之自由，旨在保障人民有自由設定住居所、遷徙、旅行，包括出境或入境之權利
  （B）對人民上述自由或權利加以限制，必須符合憲法第 23 條所定必要之程度，並以法律定之
  （C）對於「國人入境短期停留長期居留及戶籍登記作業要點」第 7 點規定，關於在臺灣地區無戶籍人民申請在臺灣地區長期居留得不予許可、撤銷其許可、撤銷或註銷其戶籍，並限期離境之規定，係對人民居住及遷徙自由之重大限制，應有法律或法律明確授權之依據
  （D）對人民入境居住之權利，固得視規範對象究為臺灣地區有戶籍人民，僑居國外或居住港澳等地區之人民，及其所受限制之輕重而容許合理差異之規範，惟必須符合憲法第 23 條所定必要之程度，並以法律定之，不得經立法機關明確授權由行政機關以命令定之

（A）3. 下列那一種公職人員之選舉並無婦女當選名額之保障？
  （A）區域立法委員
  （B）全國不分區及僑居國外國民立法委員
  （C）直轄市、縣（市）議員
  （D）鄉（鎮、市）民代表

（C）4. 下列那一種制度，在法理上也常被稱為「第二次權利保護」或「第二次

權利救濟」？

　　（A）訴願　　（B）行政訴訟　　（C）國家賠償　　（D）徵收補償

（D）5. 憲法第 1 條明定中華民國為民主共和國，下列何者並非民主共和國之特徵？

　　（A）國家元首是透過選舉產生

　　（B）國家元首有一定的任期

　　（C）國家元首由人民直接或間接選出

　　（D）國家元首可以指定繼承人

（B）6. 下列我國憲法本文第 10 章及第 11 章之條文中，何者已因憲法增修條文第 9 條第 1 項之規定而不適用？

　　（A）第 110 條有關縣立法並執行事項之條文

　　（B）第 113 條有關省自治法內容之條文

　　（C）第 116 條有關省法規與國家法律牴觸者無效之條文

　　（D）第 111 條有關中央與地方權限爭議解決之條文

（A）7. 下列何者並非憲法基本國策中明文規定，有關勞工及勞資關係之重要原則？

　　（A）為保護本國勞工，應限制輸入外籍勞工

　　（B）婦女兒童從事勞動者，應給予特別之保護

　　（C）勞資關係以協調合作為原則

　　（D）勞資糾紛之仲裁應以法律定之

（D）8. 下列何者非訴訟權保障之核心內容？

　　（A）權利遭受侵害時，必須給予向法院提起訴訟之權利

　　（B）權利遭受侵害時，可以請求依正當法律程序公平審判

　　（C）權利遭受侵害時，可以獲及時有效救濟之機會

　　（D）公私法上之訴訟，皆應有相同審級之救濟

（A）9. 有關財產權之限制，依據司法院大法官解釋，下列何項敘述正確？

　　（A）得依其限制之程度，以法律或法律明確授權之命令予以規範

（B）有關財產權之限制，必須以法律定之

（C）屬憲法保留層次問題

（D）原則上由法規命令或行政規則爲之

（B）10. 法律限制大陸地區人民經許可進入臺灣地區者，非在臺灣地區設有戶籍滿十年，不得擔任公務人員之規定，依司法院大法官解釋，何者錯誤？

（A）此規定目的爲確保臺灣地區安全、民眾福祉暨維護自由民主之憲政秩序，應屬合理正當

（B）此種有關兩岸關係事務之規定，係屬政治問題，立法機關就此所爲之決定，釋憲機關不得審查

（C）以設有戶籍滿十年，作爲其擔任公務人員之要件，仍屬必要及合理之範圍

（D）此種限制係考量原設籍大陸地區人民對自由民主憲政體制認識與臺灣地區人民之差異，仍屬合理

（C）11. 總統行使何種職權，無須經行政院會議之議決？

（A）宣布戒嚴

（B）發布緊急命令

（C）行使國家安全大政方針決定權

（D）行使大赦之權

（D）12. 有關審計長之敘述，下列何者正確？

（A）任期十年

（B）與執政黨之更迭同進退

（C）由總統提名，監察院同意後任命

（D）由總統提名，立法院同意後任命

（C）13. 有關言論自由，依司法院大法官解釋，下列說明何者錯誤？

（A）言論自由有實現自我、溝通意見、追求真理、滿足人民知的權利，形成公意，促進各種合理的政治及社會活動之功能，乃維持民主多元社會正常發展不可或缺之機制

（B）言論自由如以法律加以限制者，應符合比例原則之要求

（C）人民團體法第 2 條規定：「人民團體之組織與活動，不得主張共產主義」，使主管機關於許可設立人民團體以前，得就人民「主張共產主義」之政治上言論內容而為審查，與憲法保障人民結社自由與言論自由之意旨相符

（D）政黨成立後發生其目的或行為危害中華民國之存在或自由民主之憲政秩序者，經憲法法庭作成解散之判決後，始得禁止

（D）14. 人民身體自由享有充分保障，行政執行法拘提管收事由相關規定是否違憲，依司法院大法官解釋，下列敘述何者錯誤？

（A）立法機關基於重大之公益目的，藉由限制人民自由之強制措施，以貫徹其法定義務，於符合憲法上比例原則之範圍內，應為憲法之所許

（B）行政執行法關於「管收」處分之規定，於法定義務人確有履行之能力而不履行時，拘束其身體所為間接強制其履行之措施，尚非憲法所不許

（C）行政執行法如規定，「於調查執行標的物時，對於執行人員拒絕陳述者」得予以拘提管收，已逾越必要程度，與憲法第 23 條規定之意旨違背

（D）憲法第 8 條第 1 項規定所稱「法定程序」，係指凡限制人民身體自由之處置，不問其是否屬於刑事被告之身分均須同一

（B）15. 下列何者並不是司法院大法官解釋認為憲法保障商業言論自由的理由？

（A）商業言論所提供之訊息為真實

（B）商業言論所提供之訊息須無獲利性

（C）商業言論所提供之訊息係以合法交易為目的，且有助於消費大眾作出經濟上之合理抉擇者

（D）商業言論所提供之訊息須無誤導性

101 年公務人員高等考試三級考試試題

（D）1. 關於法定預算之敘述，依司法院大法官解釋，下列何者錯誤？

（A）法定預算為措施性法律

（B）預算案經立法院通過並公布者即為法定預算

（C）倘行政院停止法定預算執行致影響法定機關存續者，即非法之所許

（D）即使行政院重要政策變更涉及法定預算之停止執行時，立法院亦無參與決策權

（C）2. 依據憲法第 111 條規定，中央與地方權限分配遇有爭議時，由下列何機關解決？

（A）總統府　　（B）行政院　　（C）立法院　　（D）監察院

（B）3. 依司法院釋字第 499 號解釋，下列何者不屬於憲法中「具有本質之重要性而為規範秩序存立之基礎」而不得任意修改者？

（A）人民基本權利的保障　　　（B）行政國原則

（C）國民主權原則　　　　　　（D）權力分立與制衡原則

（B）4. 有關立法院審議法律案程序中一讀會的進行，下列敘述何者錯誤？

（A）一讀會由主席將議案宣付朗讀行之

（B）立法委員提出之法律案，得於一讀會時經大體討論後，議決不予審議

（C）政府機關提出之法律案，應先送程序委員會，然後提報院會朗讀標題

（D）立法委員提出之法律案，應先送程序委員會，然後提報院會朗讀標題

（A）5. 依憲法增修條文規定，立法院對於行政院院長提出不信任案通過之議決人數為何？

（A）全體‧

　　立法委員二分之一以上贊成

　　（B）全體立法委員三分之二以上贊成

　　（C）全體立法委員三分之一以上出席，出席委員二分之一以上贊成

　　（D）全體立法委員二分之一以上出席，出席委員三分之二以上贊成

（B）6. 依憲法本文及增修條文之規定，有關總統、副總統均缺位時之敘述，下列何者錯誤？

　　（A）應重新辦理總統、副總統之選舉

　　（B）繼任者任期重新起算

　　（C）由行政院院長代行總統職權

　　（D）行政院院長代行總統職權時，其期限不得逾三個月

（A）7. 憲法保障居住及遷徙的自由，以下敘述何者正確？

　　（A）國民有權利移居外國

　　（B）即使患有法定傳染病，政府亦不可限制居所

　　（C）保釋在外的嫌疑犯可以自由旅行

　　（D）政府對於犯罪的國民可以拒絕其入境

（D）8. 下列何種言論相較之下，可受較大之限制？

　　（A）鼓吹臺灣獨立　　（B）主張共產主義

　　（C）藥物廣告　　　　（D）在網際網路上徵求 16 歲少女當援交對象

（B）9. 依司法院大法官解釋，下列何者並非就人民財產權加以限制？

　　（A）主管機關依法為禁止設攤之公告或為道路擺設攤位之許可

　　（B）九二一大地震災區住屋全倒、半倒者，發給慰助金之對象，以是否實際居住於受災屋作為判斷依據

　　（C）法規規定電動玩具業不得容許未滿 18 歲之兒童及少年進入其營業場所

　　（D）法律規定商標專用權人於商標專用期間內廢止營業者，其商標專用權當然消滅

（B）10. 依憲法增修條文之規定，現行立法委員之選舉採下列何種制度？

　　（A）單一選舉一票制（B）單一選區兩票制（C）複數選區一票制（D）

複數選區兩票制

（C）11. 總統、副總統當選人之當選票數不實，足認有影響選舉結果之虞者，候選人得提起何種訴訟？

（A）撤銷當選公告之訴（B）撤銷選舉公告之訴（C）當選無效之訴（D）選舉無效之訴

（D）12. 下列關於中華民國國籍之敘述，何者錯誤？

（A）有國籍者，始有國民身分

（B）我國法律規定，選舉權之行使，以有國籍之人為前提

（C）憲法本文對於雙重國籍，未有明文規定

（D）中華民國國民取得外國國籍者，不影響登記為總統、副總統候選人之權利

（B）13. 有關選舉、罷免訴訟之選舉法庭的審理，下列何者錯誤？

（A）採合議制方式審理（B）判決確定，得提起再審（C）應先於其他訴訟審判之（D）審判審級，採二審終結

（B）14. 司法院大法官解釋：槍砲彈藥刀械管制條例第 8 條第 1 項：未經許可製造、販賣、運輸具殺傷力之空氣槍，不論情節輕重，處以無期徒刑或五年以上有期徒刑之規定違憲。係因違反下列何項法原則？

（A）平等原則（B）比例原則（C）法律保留原則（D）法律優位原則

（B）15. 行政院院會通過之預算案須經立法院審議通過，係本於下列何項憲政原則？

（A）法治國原則（B）權力分立原則（C）法律優位原則（D）國會主權原則

（C）16. 身心障礙者權益保障法原有規定：非視覺障礙者，不得從事按摩業。因違反下列何原則，經司法院大法官解釋應自 100 年 10 月 31 日失其效力？

（A）比例原則（B）信賴保護原則（C）平等原則（D）誠信原則

102 年公務人員高等考試三級考試試題

（D）1. 依我國現行憲法及憲法增修條文之規定，以下何者不是司法院大法官之職權？

（A）解釋憲法　　　　　　　　（B）審理政黨違憲之解散案

（C）審理總統、副總統彈劾案　（D）審理公務員懲戒案件

（A）2. 下列何者曾被司法院大法官解釋宣告違憲？

（A）行政執行法上之拘提管收要件

（B）公務員懲戒未設通常上訴救濟制度

（C）公務員離職後職業選擇之限制

（D）通姦罪

（D）3. 關於立法院議案審議程序中「第二讀會」的進行，下列敘述何者錯誤？

（A）第二讀會時，應朗讀議案，依次或逐條提付討論

（B）第二讀會時，可就審查意見或原案要旨，先作廣泛討論

（C）第二讀會是於討論各委員會審查之議案時進行

（D）議案於完成二讀之後，原提案者可以經院會同意後撤回原提案

（A）4. 依據憲法第 58 條及行政院組織法之規定，下列何者非行政院會議之組織成員，僅依規定應列席行政院會議？

（A）行政院秘書長　　　　　　（B）內政部部長

（C）僑務委員會委員長　　　　（D）不管部會之政務委員

（B）5. 我國總統不享有下列那一權限？

（A）締結條約　　　　　　　　（B）主動解散立法院

（C）宣布戒嚴　　　　　　　　（D）發布緊急命令

（B）6. 依現行法之規定，下列那一種公職人員之選舉，候選人當選與否，並不取決於該候選人得票數之多寡，而是原則上取決於該候選人所屬政黨得票數之多寡？

（A）總統、副總統　　　　　　（B）僑居國外國民立法委員

（C）原住民立法委員　　　　　（D）原住民直轄市議員

（D）7. 依公民投票法之規定，全國性公民投票案成立後，係由下列何機關負責
投票之進行？

（A）行政院　　　　　　　　　（B）全國性公民投票審議委員會

（C）監察院　　　　　　　　　（D）中央選舉委員會

（D）8. 如某社區之社區公約，約定區分所有權人不得於其住宅內設置各種中途
之家，違者將由社區管理委員會訴請遷離。甲為該社區之住戶，於其所
有之獨棟住宅內設置「未婚媽媽中途之家」，為社區管理委員會知悉，
社區管理委員會即向法院起訴請求甲應遷離社區。請問法院於審理本案
時，審酌雙方當事人之基本權保障時，應運用下列那一種理論？

（A）國民主權及參政權之理論　　（B）基本權對國庫行為之效力

（C）私法自治及契約自由原則　　（D）基本權之第三人效力理論

（B）9. 房屋所有權人應提供私有騎樓供公眾通行，得不另發給補償金。關於其
法理，下列敘述何者正確？

（A）未喪失所有權而無須補償

（B）人民之財產權負有未逾比例原則之社會義務

（C）缺乏相關補償之法令依據

（D）基於財政考量而無須補償

（C）10. 下列何者不屬於訴訟權保障之核心領域？

（A）受公平審判之權利

（B）受及時審判之權利

（C）受三級三審之審級制度保障權利

（D）聽審請求權

（D）11. 依司法院大法官解釋，下列何者與憲法第 7 條所保障之平等權有違？

（A）民國 89 年修正公布之臺灣地區與大陸地區人民關係條例中，規
定大陸地區人民經許可進入臺灣地區者，非在臺灣地區設有戶籍
滿 10 年，不得擔任公務人員

（B）中央警察大學 91 學年度研究所碩士班入學考試招生簡章規定，

　　　　以有無色盲作為能否取得入學資格之條件

（C）民國 93 年修正公布之遺產及贈與稅法中，僅規定配偶間之贈與，免徵贈與稅；但對於尚無法律上婚姻關係之異性伴侶間之贈與，無免徵贈與稅之規定

（D）民國 80 年制定公布之社會秩序維護法中，在性交易過程中，對支付對價之相對人未有處罰規定，而僅處罰意圖得利之一方

（C）12. 下列何項基本權不在司法院大法官解釋具有制度性保障性質之列？

　　（A）財產權　　（B）婚姻與家庭　　（C）宗教自由　　（D）學術自由

（B）13. A 於僱用 B 時，要求 B 切結，如有懷孕即離職。B 以其違反性別工作平等法，向主管機關檢舉，要求主管機關對 A 處罰鍰。本例最可能涉及何種基本權功能？

　　（A）防禦權功能　　　　　（B）基本權之保護義務功能
　　（C）基本權之信賴保護功能　（D）程序保障功能

100 年三等特種考試地方政府公務人員考試試題

（D）1. 憲法第 1 條明定中華民國為民主共和國，下列何項原則並非民主國家必須具備的特徵？

（A）國民主權原則　　　　　　（B）多數決原則

（C）政黨政治原則　　　　　　（D）聯邦國原則

（B）2. 有關國民與公民之敘述，下列何者錯誤？

（A）中華民國國民係指具有中華民國國籍者

（B）國民係指滿二十歲之成年人

（C）公民是指取得法定資格或條件而享有參與國家公權行使的國民

（D）公民有選舉之自由

（D）3. 下列事項何者曾被司法院解釋認為違反「男女平等」而宣告違憲？

（A）兵役法規定，僅中華民國男子依法有服兵役之義務

（B）一夫一妻之婚姻制度

（C）夫或妻之剩餘財產差額分配請求權

（D）父母對於未成年子女權利之行使意思不一致時，應由父行使之規定

（A）4. 若法律規定：「律師接見羈押被告時監聽、錄影所獲得之資訊，得作為審判上認定被告犯罪事實之證據。」依據司法院解釋，請問此項規定違反被告下列何項憲法基本權利之保障？

（A）訴訟權　（B）集會自由　（C）言論自由　（D）人身自由

（B）5. 司法院釋字第 364 號解釋有提及國家應保障電波頻率的使用為合理分配，並尊重人民「平等接近使用傳播媒體」之權利。請問此係由那一個基本權利所導引而來？

（A）秘密通訊自由　（B）言論自由　（C）財產權　（D）工作權

（C）6. 依憲法增修條文第 2 條第 4 項規定，總統為決定國家安全有關大政方

針，得設何種組織？

（A）國家調查會議及所屬調查局（B）國家中央情報會議及所屬中央情

報局

（C）國家安全會議及所屬國家安全局（D）國家緊急會議及所屬軍事情

報局

（B）7. 如果國家限制自己的國民不能回到國內，是涉及人民之何種自由？

（A）言論自由　　（B）遷徙自由　　（C）講學自由　　（D）集會自由

（C）8. 下列何者非行政院院長之職權？

（A）法令副署　　　　　　　（B）移請覆議

（C）宣布戒嚴　　　　　　　（D）主持行政院會議

（A）9. 依憲法本文所列舉之監察院職權，何者已於增修條文中被刪除？

（A）同意權　　（B）彈劾權　　（C）糾舉權　　（D）審計權

（B）10. 立法院對行政院院長所提出之不信任案未獲通過時，下列敘述何者正

確？

（A）行政院院長應即辭職（B）一年內不得對同一行政院院長再提不

信任案

（C）行政院院長得呈請總統解散立法院（D）總統得宣告解散立法院

（A）11. 下列何者不屬於考試院掌理之事項？

（A）公務員之懲戒（B）公務人員考試

（C）公務人員之銓敘、保障、撫卹、退休（D）專門職業及技術人員

執業資格考試

（B）12. 依司法院解釋，關於公務員懲戒之敘述，下列何者錯誤？

（A）公務員懲戒得視其性質於合理範圍內以法律規定由其長官為之

（B）公務員受記大過之懲處處分，得向司法機關請求救濟

（C）公務員懲戒案件之審議，應本正當法律程序之原則

（D）公務員懲戒機關之成員屬於憲法上之法官

（C）13. 依憲法增修條文規定，國家應重視社會救助、福利服務、國民就業、

社會保險及醫療保健等社會福利工作，何類支出應優先編列？

（A）福利服務等福利性支出　　（B）社會保險等保險支出

（C）社會救助等救濟性支出　　（D）醫療保健等醫療支出

（C）14. 依據地方制度法規定，地方自治團體不具有下列何項權限？

（A）人事權　（B）立法權　（C）刑罰權　（D）財政權

（B）15. 立法院所提出之憲法修正案，依憲法增修條文第 12 條規定，應經下列何種程序，方得交由公民投票複決之？

（A）大法官審查通過　　　　（B）公告半年

（C）舉行公開辯論會　　　　（D）徵求公民連署支持

101 年三等特種考試地方政府公務人員考試試題

（A）1. 依憲法增修條文之規定，中華民國領土，依其固有疆域，非經以下立法院何種程序及人民投票複決，不得變更？

　（A）全體立法委員四分之一之提議，全體立法委員四分之三之出席，及出席委員四分之三之決議

　（B）全體立法委員五分之一之提議，全體立法委員三分之二之出席，及出席委員四分之三之決議

　（C）全體立法委員四分之一之提議，全體立法委員三分之二之出席，及出席委員三分之二之決議

　（D）全體立法委員五分之一之提議，全體立法委員四分之三之出席，及出席委員三分之二之決議

（D）2. 下列何者不屬於居住及遷徙自由保障範圍？

　（A）本國人民旅行自由　　　（B）本國人民入出境自由

　（C）本國人民設定住居所自由　（D）本國人民變更國籍自由

（D）3. 下列有關憲法第 14 條規定人民有結社自由之敘述，何者錯誤？

　（A）憲法第 14 條規定人民有結社之自由，旨在保障人民為特定目的，以共同之意思組成團體並參與其活動之權利

　（B）結社自由保障人民得以團體之形式發展個人人格

　（C）結社自由有促使具公民意識之人民，組成團體以積極參與經濟、社會及政治等事務之功能

　（D）團體之存續與內部組織之自由，非屬結社自由保障之範圍

（C）4. 依司法院解釋，法院事實審之審理若僅實施下列何種制度，尚不符合憲法所保障人民訴訟權之本旨？

　（A）對審及辯護制度　　　（B）言詞辯論

　（C）書面審理　　　　　　（D）直接審理

（B）5. 當國家遭受外力威脅，致國家主權有改變之虞，總統如何發動公民投票？

　　（A）總統得直接就攸關國家安全事項，交付公民投票

　　（B）總統得經行政院院會之決議，就攸關國家安全事項，交付公民投票

　　（C）總統得經國家安全會議之決議，就攸關國家安全事項，交付公民投票

　　（D）總統得經立法院之決議，就攸關國家安全事項，交付公民投票

（D）6. 總統、副總統候選人應聯名登記，在選票上同列一組圈選，下列敘述何者正確？

　　（A）若未有任何一組得票超過有效投票數之半數以上，則以得票最多之前兩名總統候選人為正副總統

　　（B）若第一輪投票未有任何一組得票超過有效投票數之半數以上，須舉行第二輪投票

　　（C）若第一輪投票未有任何一組得票超過有選舉權人之半數以上，須舉行第二輪投票

　　（D）以得票最多之一組為當選

（B）7. 依憲法增修條文之規定，立法院對行政院院長不信任案之表決，應以何種方式為之？

　　（A）無記名投票　　　　　　（B）記名投票

　　（C）由立法院院長裁決　　　（D）由立法院議決

（C）8. 總統所發布之何種命令，無須經行政院會議之議決？

　　（A）戒嚴令　　　　　　　　（B）緊急命令

　　（C）國防部部長之任免命令　（D）大赦令

（A）9. 立法院經總統解散後，在新選出之立法委員就職前，下列敘述何者正確？

　　（A）視同立法院休會之狀態

　　（B）解散前立法委員仍得行使職權

（C）解散前立法院院長仍得召集開會

（D）解散前立法院視同看守國會

（C）10. 下列關於考試院正副院長及考試委員之產生程序，何者正確？

（A）考試院院長，由總統提名，經立法院同意任命之；副院長、考試委員由院長提請總統提名，經立法院同意任命之

（B）考試院院長、副院長，由總統提名，經立法院同意任命之；考試委員由院長提請總統提名，經立法院同意任命之

（C）考試院院長、副院長、考試委員，由總統提名，經立法院同意任命之

（D）考試院院長，由總統提名，經立法院同意任命之；副院長由院長提請總統提名，經立法院同意任命之；考試委員逐由院長提請總統任命之

（B）11. 依憲法增修條文之規定，總統、副總統彈劾案之進行程序為何？

（A）由立法院提出，自由地區選舉人複決之

（B）由立法院提出，司法院大法官審理之

（C）由國民大會提出，自由地區選舉人複決之

（D）由國民大會提出，立法院複決之

（D）12. 人民對國家政策不滿，欲有所建言時，得行使下列何種權利？

（A）抵抗權　（B）訴願權　（C）釋憲權　（D）請願權

（C）13. 如法律案於立法院中，是在各政黨爭執不休的混亂狀況下完成三讀程序，依司法院釋字第 342 號解釋之意旨，總統是否可拒絕公布該法律？

（A）是，因為法律案是否已合法完成三讀程序，仍有疑義

（B）是，法律案之審議既然不符一般議事程序，總統即不應受拘束

（C）否，法律案已完成形式立法程序，總統即應予以尊重

（D）否，無論議決程序有無明顯重大瑕疵，總統有公布法律之義務

（B）14. 依司法院解釋，下列何種規定違反比例原則？

（A）攜帶外幣出入國境須報明登記，違反者應予沒入

（B）律師接見受羈押被告時，應予以監聽、錄音及錄影

（C）名譽被侵害者，得請求回復名譽之適當處分

（D）大陸地區人民經許可進入臺灣地區者，非在臺灣地區設有戶籍滿
　　十年，不得擔任公務人員

102 年三等特種考試地方政府公務人員考試試題

（B）1. 地方法院法官於審理案件時，如認其所擬適用之某一法律有違憲之虞，依司法院大法官解釋，得爲下列何種處置？

（A）宣告該法律無效

（B）裁定停止訴訟程序，聲請司法院解釋

（C）逕自拒絕適用該法律

（D）仍須依該法律判決

（C）2. 有關立法院預算審議權之敘述，下列何者錯誤？

（A）預算案經立法院審議通過者稱爲法定預算

（B）行政機關依職權停止部分法定預算中部分預算之執行，並不當然構成違法

（C）立法院得提議增加預算支出

（D）法定預算又稱措施性法律

（D）3. 下列何者非立法委員言論免責權之保障範圍？

（A）立法院內黨團協商之發言　（B）立法院內公聽會之發言

（C）立法院委員會之發言　　　（D）蓄意傷人之肢體動作

（B）4. 依司法院大法官釋字第 520 號，法定預算中部分支出項目之停止執行，若涉及國家重要政策變更，行政院應尊重下列何者之權限？

（A）總統之政策主導權　　　（B）立法院之參與決策權

（C）司法院之違憲審查權　　（D）監察院之決算審核權

（A）5. 下列何者無到立法院委員會備詢之義務？

（A）監察院院長　　　　　　（B）總統府秘書長

（C）國家安全局局長　　　　（D）考選部部長

（D）6. 依據傳統國家理論，下列何者不屬於國家組成之基本要素？

（A）主權　（B）國民　（C）領土　（D）稅收

（B）7. 國家統治權之行使均源自於人民，係屬下列何等原則之內涵？

　　（A）文化國原則　　　　　　　（B）民主國原則

　　（C）福利國原則　　　　　　　（D）社會國原則

（A）8. 下列何人除犯內亂或外患罪外，非經罷免或解職，不受刑事上之訴究？

　　（A）總統　　（B）副總統　　（C）立法委員　　（D）司法院大法官

（D）9. 法官於個案裁判時，下列何者得直接拒絕適用？

　　（A）法官於個案審判，認為違憲之法律

　　（B）地方自治條例

　　（C）大學所訂定之自治規章

　　（D）各機關依其職掌就有關法規為釋示之行政規則

（D）10. 各種專門職業人員依各該相關法律，非加入專門職業人員公會，不得執業，此一規定係限制專門職業人員的何種基本權利？

　　（A）集會自由　　（B）人身自由　　（C）言論自由　　（D）職業自由

（C）11. 依司法院大法官解釋，隱私權雖非憲法明文列舉之權利，但基於下列何者，仍受憲法第 22 條之保障？

　　（A）資訊公開制度　　　　　　（B）表意自由

　　（C）人性尊嚴　　　　　　　　（D）人身自由

（A）12. 依司法院大法官解釋，人民命名自由之權利，應為憲法所保障，此一姓名權係屬下列何種權利之保障？

　　（A）人格權　　（B）財產權　　（C）社會權　　（D）生存權

（A）13. 所得稅制採累進稅率而不採比例稅之設計，為憲法何種規定之具體體現：

　　（A）民生福利國家原則　　　　（B）權力分立原則

　　（C）生存權保障原則　　　　　（D）財產權保障原則

（A）14. 關於國家賠償法第 2 條第 2 項所稱行使公權力之行為，下列敘述何者正確？

　　（A）指公務員居於國家機關之地位，行使統治權作用之公法行為

　　（B）指公務員居於一般人民之地位，行使統治權作用之公法行為

（C）指公務員居於國家機關之地位，行使統治權作用之私法行為

（D）指公務員居於一般人民之地位，行使統治權作用之私法行為

（B）15. 甲因欠稅而被國家限制出境，係對其何項基本權之限制？

（A）對甲生存權之限制　　　（B）對甲遷徙自由之限制

（C）對甲人格權之限制　　　（D）對甲人性尊嚴之侵害

（C）16. 我國憲法與增修條文列有諸多基本國策，作為國家施政重要方針，係參考下列何者的法例？

（A）英國憲法　　　　　　　（B）美國憲法

（C）德國威瑪憲法　　　　　（D）日本戰後憲法

（C）17. 依司法院大法官解釋，下列何者違反平等原則？

（A）公營事業人員轉任公務人員後，任職公營事業期間年資之併計退休年資，與公立學校教育人員轉任者規定不同

（B）汽車燃料使用費與使用牌照稅之徵收方式有所不同

（C）中風或其他重症長期臥病在床之醫藥費，以付與各保險特約醫院為限，始得於申報所得稅時列舉扣除

（D）僅對設廠機製之清涼飲料品課徵貨物稅，而未對非設廠機製者課徵貨物稅

（D）18. 依司法院大法官解釋，有關法律及宗教關係之敘述，下列何者正確？

（A）依釋字第 490 號解釋，人民得主張信仰自由，以宗教之因素拒服兵役，並不受處罰

（B）依釋字第 573 號解釋，監督寺廟條例第 8 條限制寺廟處分或變更其不動產及法物之規定，不違反宗教平等原則

（C）依釋字第 460 號解釋，地上建物供神壇使用，已非土地稅法第 9 條自用住宅，不得減免土地稅之函釋違憲

（D）依釋字第 414 號解釋，言論自由除政治、學術及商業言論外，亦包含宗教言論自由

100 年四等特種考試地方政府公務人員 考試試題

（D）1. 下列何種事項不屬於國民主權之具體表現？

    （A）公民投票　　　　　　　（B）民意代表之定期改選

    （C）制定憲法　　　　　　　（D）法官終身職之保障

（B）2. 憲法第 12 條規定，人民有秘密通訊之自由，下列說明何者錯誤？

    （A）旨在確保人民就通訊之有無、對象、時間、方式及內容等事項，有不受國家及他人任意侵擾之權利

    （B）其乃憲法保障言論自由之具體態樣之一

    （C）國家若採取限制手段，應有法律為其依據

    （D）限制之要件應具體、明確，不得逾越必要之範圍，所踐行之程序並應合理、正當

（B）3. 司法院釋字第 396 號認為懲戒案件之審議，「應本正當法律程序之原則，對於被付懲戒人予以充分之程序保障」。下列何者不屬於此種程序保障之必要內容？

    （A）辯護制度　　　　　　　　（B）三級三審制度

    （C）給被付懲戒人最後陳述之機會　（D）直接審理、言詞辯論

（C）4. 由我國憲法對下列何種基本人權的保障中，可導出對政黨自由之保障？

    （A）人身自由　　　　　　　（B）居住遷徙自由

    （C）集會結社自由　　　　　（D）宗教信仰自由

（B）5. 外國人在我國無法享有下列那一項基本權？

    （A）言論自由　（B）參政權　（C）財產權　（D）人身自由權

（D）6. 依司法院釋字第 579 號解釋，下列關於國家徵收私人土地，發放補償費之敘述，何者錯誤？

    （A）國家徵收私人土地對被徵收財產之權利人而言，係為公共利益所受之特別犧牲，故應給予相當之補償

（B）國家徵收私人土地應發放補償費，係基於財產權保障

（C）國家所應給予之徵收補償，須符合補償與損失必須相當之原則

（D）徵收補償之發放標準以及是否合理，立法機關有絕對自由之形成空間，無須考量社會經濟發展

（C）7. 為防立法怠惰，人民應有：

（A）罷免權　（B）複決權　（C）創制權　（D）制憲權

（B）8. 國家年度總預算案由什麼機關向什麼機關提出？

（A）由行政院向總統提出　　　（B）由行政院向立法院提出

（C）由行政院向監察院提出　　（D）由司法院向立法院提出

（D）9. 下列何人不得依憲法第 67 條第 2 項至立法院各委員會備詢？

（A）中央銀行總裁　　　　　（B）交通部部長

（C）司法院秘書長　　　　　（D）考試院院長

（B）10. 依司法院釋字第 459 號解釋，如不服徵兵機關兵役體位之判定，役男得如何提出救濟？

（A）提起民事訴訟　　　　　（B）提起訴願及行政訴訟

（C）提起國家賠償訴訟　　　（D）向公務員懲戒委員會聲明異議

（D）11. 下列何種權限非屬監察院所有？

（A）彈劾權　（B）糾正權　（C）糾舉權　（D）同意權

（C）12. 我國憲法對人民基本權的保障，係採用何種規定方式？

（A）僅採列舉式　　　　　　（B）僅採概括式

（C）以列舉為主，概括為輔　（D）以概括為主，列舉為輔

（B）13. 依我國憲法第 172 條之規定，命令與憲法或法律牴觸者無效。各級法院法官於審理個案，認為所適用之命令有牴觸憲法或法律之情形者，其應如何處理？

（A）宣告無效　　　　　　　（B）拒絕適用

（C）聲請立法院解釋　　　　（D）聲請行政院解釋

（A）14. 依憲法增修條文第 10 條之規定，國家對於身心障礙者之保障、輔導與照顧，其終極目標為何？

（A）使其能自立與發展　　　（B）使其能自行使用公共設施

（C）使其行使參政權　　　　（D）使其能受高等教育

（B）15. 根據憲法增修條文第 10 條第 6 項，明定國家應促進其下列何者之實質平等？

（A）人民受教育機會　　　　（B）兩性地位

（C）資方與勞方　　　　　　（D）公營事業與私營事業

101 年四等特種考試地方政府公務人員考試試題

（B）1. 依憲法本文之規定，中華民國國民，應具有何種資格條件？

（A）中華民國血統　　　　　（B）中華民國國籍

（C）於中華民國出生　　　　（D）於中華民國有居留權

（D）2. 下列何者不屬於憲法增修條文內對於「醫療或就醫」有特別規定應予保障之範圍？

（A）退役軍人　（B）原住民族　（C）身心障礙者　（D）婦女

（D）3. 下列何種人員之選任與國民主權原則無涉？

（A）政務官　　　　　　　　（B）地方首長

（C）公營事業官股代表　　　（D）公務人員協會理事

（A）4. 依據憲法本文，有關國民經濟之敘述，下列何者正確？

（A）國家應運用科學技術，以興修水利，改善農業環境

（B）中央應要求下級自治團體財務自主獨立，不得加以補助

（C）為求有效控制，我國領域內之貨物應由各級政府管制其流通與否

（D）國家應增進地力，規劃土地利用，開發商業資源，轉化農地為商業用地

（D）5. 依憲法第 143 條第 3 項之規定，土地價值非因施以勞力資本而增加者，與人民之關係為何？

（A）歸人民負擔之　　　　　（B）歸人民拍賣之

（C）歸人民處分之　　　　　（D）歸人民共享之

（B）6. 憲法增修條文將總統副總統之彈劾方式，修改為：

（A）監察院提案，聲請司法院大法官審理，由憲法法庭判決

（B）立法院提案，聲請司法院大法官審理，由憲法法庭判決

（C）監察院提案，立法院以四分之三多數決議決

（D）立法院提案，監察院以四分之三多數決議決

（D）7. 下列何者非屬訴訟權之保障內容？

（A）受法院公平審判之權利

（B）刑事被告詰問證人之權利

（C）刑事被告選任信賴之辯護人之權利

（D）一律要求三級三審之審級保障

（C）8. 下列關於法律保留概念的敘述，何者錯誤？

（A）給付行政措施如涉及公共利益或實現人民基本權利之保障等重大事項者，原則上仍應有法律或法律明確之授權為依據，主管機關始得據以訂定法規命令

（B）基於法治國家之基本原則，凡涉及人身自由之限制事項，應以法律定之；涉及財產權者，則得依其限制之程度，以法律或法律明確授權之命令予以規範。惟法律本身若已就人身之處置為明文之規定者，應非不得以法律具體明確之授權委由主管機關執行之

（C）公務人員保險金請求權之消滅時效期間之規定，因屬細節性、技術性之次要事項，故得以行政機關依職權以命令訂之

（D）刑罰法規關係人民生命、自由及財產權益至鉅，自應依循罪刑法定主義，以制定法律之方式為之，如法律授權主管機關發布命令為補充規定時，須自授權之法律規定中得預見其行為之可罰，方符刑罰明確性原則

（B）9. 依據司法院釋字第 396 號，關於公務員懲戒法之懲戒規定，下列敘述何者正確？

（A）公務員懲戒委員會之成員並非屬憲法上之法官

（B）懲戒案件之審議程序應符合正當法律程序原則

（C）懲戒案件之審議程序無須為言詞辯論，亦未違反訴訟權保障

（D）公務員懲戒法對懲戒案件之議決，未設通常上訴救濟制度違憲

（C）10. 有關憲法保障之選舉權及被選舉權之限制，下列敘述何者錯誤？

（A）選舉人年滿 23 歲，得於其行使選舉權之選舉區登記為公職人員候選人

（B）有選舉權人在各該選舉區繼續居住 4 個月以上者，爲公職人員選
　　舉各該選舉區之選舉人

（C）中華民國國民，年滿 18 歲，除受監護宣告尚未撤銷者外，有選
　　舉權

（D）於無記名之投票，刺探票載之內容者，可處以罰金

（C）11. 依據憲法，有關總統與副總統之選舉罷免之規定，下列敘述何者錯
　　　　誤？

（A）總統、副總統由人民直接選舉之

（B）立法院提出總統、副總統罷免案，由人民投票同意

（C）人民提出總統、副總統罷免案，由立法院議決

（D）總統、副總統之選舉程序應符合公平合理之原則

（D）12. 依我國憲法及增修條文之規定，下列何者並非行政院院長之職權？

（A）提請總統任命行政院副院長

（B）總統、副總統均不能視事時，代行其職權

（C）總統公布法令時之副署權

（D）總統發布解散立法院命令時之副署權

（C）13. 立法院開會時，下列何者得就與其相關之事項列席陳述意見？

（A）檢察官　　　　　　　（B）國家安全局局長

（C）司法院院長　　　　　（D）參謀總長

（A）14. 下列何者有向立法院提出法律案之權？

（A）司法院　　　　　　　（B）考選部

（C）內政部　　　　　　　（D）立法院之委員會

（C）15. 依憲法增修條文規定，省政府主席如何產生？

（A）由行政院副院長兼任之

（B）由內政部部長兼任之

（C）由行政院院長提請總統任命之

（D）由省民選舉之

（D）16. 下列何者屬於憲法第 170 條所稱之「法律」？

（A）礦產權利金收費辦法

（B）役男申請服替代役辦法

（C）經濟部貿易調查委員會組織規程

（D）中央選舉委員會組織法

（D）17. 依憲法第 90 條及增修條文第 7 條之規定，下列何者非屬監察院之職

權？

（A）對於公務員提出彈劾案

（B）對於行政院之決算進行審計

（C）對於行政院之施政提出糾正案

（D）對於被提名之考試委員行使同意權

（A）18. 下列有關我國國家權力運作之敘述，何者正確？

（A）總統發布解散立法院之命令，無須行政院院長之副署

（B）第四次憲法增修後，行政院已無須向立法院負責

（C）第四次憲法增修後，總統可主動解散立法院

（D）立法院提出總統彈劾案後，交由國民罷免之

102 年四等特種考試地方政府公務人員
考試試題

（C）1. 依憲法增修條文之規定，有關公務人員考績之法制事項，是屬於下列何者之職權？

（A）行政院　（B）立法院　（C）考試院　（D）司法院

（D）2. 關於憲法之解釋，應由下列何者為之？

（A）行政院法規會　（B）立法院　（C）監察院　（D）司法院

（A）3. 有關國稅與地方稅之劃分敘述，下列何者正確？

（A）由中央立法並執行之　　　（B）由中央立法交由縣執行之

（C）由地方立法　　　　　　　（D）由地方立法並執行之

（A）4. 依憲法增修條文之規定，有關國民健康之基本國策，國家應推行：

（A）全民健康保險　　　　　　（B）全民人壽保險

（C）建設全民免費運動中心　　（D）醫療事業公有化

（C）5. 依司法院大法官解釋，下列何者屬於憲法中具有本質之重要性，如修改條文予以變更，則憲法整體規範秩序將形同破毀？

（A）總統之職權　　　　　　　（B）中央與地方分權之權限分配

（C）權力分立與制衡　　　　　（D）釋憲機關之職權

（C）6. 以下何者並非司法院大法官釋字第 580 號，對於「契約自由」之見解？

（A）係源於個人之人格發展自由，個人得自由決定其生活資源之使用、收益及處分

（B）契約自由包含締結契約與消極不締結契約之自由

（C）契約自由之限制，得由行政機關基於維護公益之必要，以行政處分為之

（D）屬於憲法第 22 條所保障之一般自由權利

（A）7. 憲法第 23 條所稱之「必要」，屬於下列何種原則？

（A）比例原則　　　　　　　　（B）依法行政原則

（C）明確性原則　　　　　　　（D）裁量原則

（A）8. 除法律另有規定外，下列何者不屬於「法律保留」範圍？

　　　（A）大學自治事項　　　　　（B）基本權利之限制

　　　（C）國家機關之職權與總員額　（D）各級法院之組織

（B）9. 依據司法院大法官釋字第 443 號，役男出境處理辦法限制役男出境的相關規定，主要意旨為何？

　　　（A）違憲，對人身自由之重大限制

　　　（B）違憲，未得法律具體明確授權限制遷徙自由

　　　（C）合憲，符合法律保留原則

　　　（D）合憲，符合授權明確性原則

（B）10. 下列何者係屬人民之司法受益權？

　　　（A）請願　（B）訴訟　（C）陳情　（D）訴願

（A）11. 依憲法第 132 條之規定，選舉應嚴禁下列那一種行為？

　　　（A）威脅利誘　　　　　　　（B）脫黨

　　　（C）政黨輔選　　　　　　　（D）公務員下班後助選

（D）12. 依憲法本文之規定，下列何者有依法公布法律，發布命令的權限？

　　　（A）立法院院長　　　　　　（B）行政院院長

　　　（C）總統府秘書長　　　　　（D）總統

（B）13. 司法院大法官組成之憲法法庭，審理下列何者？

　　　（A）統一解釋命令案　　　　（B）總統、副總統之彈劾案

　　　（C）統一解釋法律案　　　　（D）非常上訴

（D）14. 司法院依據憲法規定，並未擁有下列何種權限？

　　　（A）解釋憲法　　　　　　　（B）統一解釋法律

　　　（C）統一解釋命令　　　　　（D）制定法律

（D）15. 下列考試中，何者不是考試院掌理的考試？

　　　（A）普通考試　　　　　　　（B）高等考試

　　　（C）專門職業及技術人員考試　（D）大學入學考試

（C）16. 依司法院大法官釋字第 472 號，國家為謀社會福利應實施社會保險制

度；…惟對於無力繳納保費者，國家應給予適當之救助…。此點為以下何種基本權功能？

（A）人民的義務　　　　　　（B）程序保障功能

（C）國家保護義務功能　　　（D）基本權的防禦功能

（D）17. 依司法院大法官解釋，下列何者違反比例原則？

（A）傳染病防治法規定曾與傳染病病人接觸者，得令遷入指定之處所檢查

（B）電信法規定未經核准擅自使用無線電頻率者，應予處罰及沒收電信器材

（C）社會秩序維護法規定無正當理由，跟追他人，經勸阻不聽者，處新臺幣 3 千元以下罰鍰或申誡

（D）所得稅法規定扣繳義務人不按實補報扣繳憑單者，一律按應扣未扣或短扣之稅額處 3 倍之罰鍰

（B）18. 下列關於我國婚姻與家庭制度之敘述，何者錯誤？

（A）婚姻自由為憲法所保障之自由權

（B）民法關於重婚無效之規定，不受憲法之保障

（C）婚姻與家庭為社會形成與發展之基礎，受憲法制度性保障

（D）性行為自由受憲法第 22 條之保障，並應受婚姻與家庭制度之制約

（B）19. 依司法院大法官釋字第 694 號，所得稅法規定扶養其他親屬或家屬須未滿 20 歲或年滿 60 歲始得減除免稅額，係違反下列何種原則？

（A）比例原則　　　　　　　（B）平等原則

（C）信賴保護原則　　　　　（D）裁量權正當行使原則

100 年四等一般警察人員考試

（D）1. 依憲法增修條文之規定，下列何者有權複決憲法修正案？
（A）司法院大法官　　　　　（B）立法院
（C）總統　　　　　　　　　（D）中華民國自由地區選舉人

（C）2. 依憲法增修條文之規定，下列何者由立法院通過後，無須交由公民複決？
（A）憲法修正案　　　　　　（B）領土變更案
（C）對總統之彈劾案　　　　（D）對總統之罷免案

（A）3. 依憲法增修條文第 10 條之規定，國家應推行何種保險，並促進現代和傳統醫藥之研究發展？
（A）全民健康保險　　　　　（B）人壽保險
（C）儲蓄保險　　　　　　　（D）第三人強制責任險

（B）4. 有關勞工及農民之保護，係規定在我國憲法基本國策章的那一節？
（A）國民經濟　　　　　　　（B）社會安全
（C）教育文化　　　　　　　（D）邊疆地區

（C）5. 依憲法增修條文之規定，教育、科學、文化之經費：
（A）在中央不得少於其預算總額之百分之十五
（B）在市、縣不得少於其預算總額之百分之三十五
（C）應優先編列
（D）沒有特別規定

（D）6. 依憲法第 167 條之規定，下列何者不在國家獎助補助之列？
（A）於學術或技術有發明者
（B）從事教育久於其職成績優良者
（C）國內私人經營之教育事業成績優良者
（D）外國僑民在我國之教育事業績效卓著者

（A）7. 憲法第 2 章所規定的基本權利保障的條文中，何種權利規定種類最多？

（A）自由權　（B）平等權　（C）社會權　（D）受益權

（D）8. 中華民國領域內，一切貨物應許其自由流通，係我國憲法基本國策章那一節之規定？

　　（A）邊疆地區　（B）教育文化　（C）社會安全　（D）國民經濟

（A）9. 依憲法第 2 條之規定，我國之主權屬於何者？

　　（A）國民全體　（B）總統　（C）中華民族　（D）滿二十歲之國民

（B）10. 對於符合擔任公務人員之資格者，給予分發職務，屬下列何者？

　　（A）考試　（B）任用　（C）銓敘　（D）陞遷

（C）11. 根據司法院大法官解釋，下列那一項對於隱私權的敘述是正確的？

　　（A）法律有特別規定者始受保障

　　（B）憲法明文列舉之權利

　　（C）保障個人生活私密領域免於他人侵擾及個人資料自主控制之權利

　　（D）不屬於憲法第 22 條保護之列

（C）12. 我國憲法自第 7 條到第 22 條規定了人民之權利與義務，其中關於權利，乃是採何種方式的規定所形成？

　　（A）個別列舉規定　　　　　（B）概括規定

　　（C）個別列舉並概括規定　　（D）授權由法律個別形成規定

（D）13. 依司法院釋字第 472 號解釋，國家對於無力繳納全民健康保險費之人民，應採取何項措施？

　　（A）在補繳保費之前，得拒絕保險給付

　　（B）在補繳保費之前，暫時拒絕保險給付

　　（C）得視具體情形，免除繳納保險費義務

　　（D）主管機關應給予適當之救助

（D）14. 依司法院釋字第 603 號解釋，留存指紋才可領取國民身分證之法律，除牴觸憲法第 22 條關於隱私權保護之外，尚違反憲法何項基本人權保障規定？

　　（A）憲法第 7 條平等原則　　（B）憲法第 8 條人身自由保障

　　（C）憲法第 15 條財產權保障　（D）憲法第 23 條比例原則

（B）15. 全民健康保險屬強制保險，依各投保人收入多寡計算應負擔保險費，司法院釋字第 473 號解釋認為合乎平等原則，所持理由為何？

（A）全民健康保險適用對象為絕大多數國民，保險費性質與稅捐負擔並無差異

（B）全民健康保險為社會保險，對於不同所得者，收取不同保險費，符合量能負擔公平性

（C）全民健康保險投保人眾多，為求費用計算、徵收便利，乃以收入作為計算基準

（D）全民健康保險為社會保險，未使用醫療服務，也應負擔保險費

（C）16. 依司法院釋字第 373 號解釋，各級政府行政及教育事業、軍火工業之員工，應有組織公會之權利，係憲法保障之何項權利？

（A）工作權　（B）言論自由　（C）結社權　（D）集會權

（C）17. 依司法院釋字第 563 號解釋，大學院校依規定程序訂定有關章則，使成績未達一定標準之學生，予以退學處分，其有關退學事由之規定須合理妥適，其訂定及執行應依循何項法律原則為之？

（A）便宜原則　　　　　　（B）不利變更禁止原則

（C）正當法律程序原則　　（D）信賴保護原則

（D）18. 下列何者屬於憲法上明定之人民義務？

（A）從事社區服務　　　　（B）繳納違規罰鍰

（C）參與公民投票　　　　（D）接受國民教育

（B）19. 憲法未明文規定之人民其他自由權利，在不妨害社會秩序、公共利益之前提下，應否受保障？

（A）不受保障　　　　　　（B）均受保障

（C）經修憲後，方受保障　（D）經立法後，方受保障

（D）20. 行政機關之職權命令，未經法律授權，限制人民之自由權利，且其影響又非屬輕微者，係屬違反憲法要求之下列那一原則？

（A）比例原則　　　　　　（B）法律優位原則

（C）法律明確性原則　　　（D）法律保留原則

（C）21. 依司法院大法官解釋，專門職業人員行為準則及懲戒之相關立法，必須使受懲戒處分者，能預見何種作為或不作為構成義務之違反，及所應受之懲戒為何，始符合憲法要求之下列那一原則？

 （A）法律抽象性原則   （B）法律概括性原則

 （C）法律明確性原則   （D）法律平等性原則

（C）22. 下列何者非屬表現自由之保障範疇？

 （A）集會結社   （B）示威遊行

 （C）名譽隱私   （D）新聞自由

（D）23. 人民有請願權，下列何者非為請願的對象？

 （A）監察院   （B）行政院經濟建設委員會

 （C）鄉民代表會   （D）法院

（D）24. 依據司法院釋字第 559 號解釋，下列說明何者錯誤？

 （A）基於法治國家之基本原則，凡涉及人身自由之限制事項，應以法律定之

 （B）涉及財產權者，則得依其限制之程度，以法律或法律明確授權之命令予以規範

 （C）惟法律本身若已就人身之處置為明文之規定者，應非不得以法律具體明確之授權委由主管機關執行之

 （D）主管機關依法律概括授權所發布之命令，若屬細節性、技術性之次要事項者，亦為法所不許

（C）25. 憲法上基本人權之保障，不僅適用於國家與人民之間，且及於私人相互間之關係，學理上稱之為：

 （A）特別權力關係   （B）基本權特別效力

 （C）基本權第三人效力 （D）特別權利關係

（B）26. 依憲法本文之規定，行政院對下列何者負責？

 （A）考試院 （B）立法院 （C）司法院 （D）監察院

（D）27. 下列何項案件依憲法增修條文規定不得移請立法院覆議？

 （A）法律案 （B）預算案 （C）條約案 （D）宣戰案

（A）28. 攸關國家財政之預算，以下何者正確？

　　（A）由行政院會議決議後，向立法院提出

　　（B）由總統向立法院提出

　　（C）由總統向國家安全會議提出

　　（D）由行政院呈請總統核可後，向立法院提出

（B）29. 依憲法之規定，關於行政院會議，以下何者錯誤？

　　（A）行政院院長為主席

　　（B）行政院院長不能出席時，由秘書長代理主持

　　（C）依法須提出於立法院之戒嚴案、大赦案、宣戰案、媾和案、條約案均應提出於行政院會議議決之

　　（D）涉及各部會共同關係之事項，應提出於行政院會議議決之

（B）30. 依憲法及憲法增修條文規定，有關行政院院長代行總統職權，以下何者錯誤？

　　（A）總統、副總統任期中均缺位時，由行政院院長代行職權

　　（B）總統、副總統任期中均缺位時，由行政院院長代行職權，期限至原總統任期屆滿為止

　　（C）總統於任滿之日解職，如次屆總統尚未選出或新選出總統、副總統均未就職時，由行政院院長代行職權

　　（D）總統、副總統均不能視事時，由行政院院長代行職權

（A）31. 依憲法增修條文第 3 條之規定，關於行政院院長之任命，以下何者正確？

　　（A）由總統任命，不必經立法院同意

　　（B）由總統提名，經立法院同意後任命之

　　（C）由立法院最大黨提名，交由總統任命之

　　（D）由總統提名，經監察院同意後任命之

（D）32. 依憲法本文及增修條文之規定，下列何者非屬行政院會議得議決的事項？

　　（A）緊急命令　　（B）預算案　　（C）法律案　　（D）特赦案

（A）33. 憲法第 23 條的比例原則，其中有三個子原則，其中「採取之方法應有助於目的之達成」，乃屬於那個原則？

    （A）適當性原則   （B）必要性原則

    （C）過度禁止原則   （D）視情況而定

（B）34. 依憲法本文及增修條文規定，下列何者屬總統之職權？

    （A）擬定預算案   （B）發布緊急命令

    （C）主持行政院會議   （D）提出施政報告

（D）35. 依憲法本文規定，下列何者負責統率全國陸海空軍？

    （A）參謀總長   （B）國防部部長

    （C）國家安全局局長   （D）總統

（C）36. 依憲法增修條文第 2 條之規定，總統發布下列那一項命令，無須行政院院長之副署？

    （A）戒嚴令   （B）緊急命令

    （C）大法官之任免命令 （D）特赦令

（A）37. 行政院院長於新任總統就職時提出總辭，依司法院釋字第 419 號解釋，下列敘述何者錯誤？

    （A）為其不可違反之職責 （B）係尊重國家元首

    （C）乃屬禮貌性辭職   （D）非其憲法上義務

（B）38. 依憲法第 52 條之規定，總統於下列何種情況，必然不得享有刑事豁免權？

    （A）任期屆滿前   （B）犯內亂外患罪

    （C）競選連任期間   （D）未經罷免或解職

（C）39. 依憲法原理，下列有關內閣制主要特徵的描述，何者正確？

    （A）內閣總理即為國家元首

    （B）國會議員不可兼任行政官員

    （C）贏得國會選舉多數席次者有組閣權

    （D）內閣若認為議會通過之法案窒礙難行，可將法案退回議會請求覆議

（B）40. 下列機關中何者不受行政院之指揮監督？

　　（A）人事行政局　　　　　　（B）審計部

　　（C）原住民族委員會　　　　（D）新聞局

（B）41. 實施「審檢分隸原則」之後，檢察官隸屬於：

　　（A）司法院　（B）行政院　（C）監察院　（D）考試院

（C）42. 憲法法庭得審理之事項，以下何者屬之？

　　（A）選舉總統、副總統

　　（B）罷免總統、副總統

　　（C）彈劾總統、副總統

　　（D）糾舉總統、副總統

（A 或 B 或 AB）43. 民事訴訟法關於上訴第三審之一定以上財產利益為要件之

　　規定，與人民之那一項基本權有關？

　　（A）財產權　（B）訴訟權　（C）生存權　（D）工作權

（D）44. 關於考試委員的敘述，下列何者錯誤？

　　（A）依據法律獨立行使職權　　（B）須超出黨派之外

　　（C）由總統提名　　　　　　　（D）為事務官

（C）45. 省諮議會議員如何產生？

　　（A）省民直選

　　（B）總統提名，經立法院同意而任命

　　（C）行政院院長提名，經總統同意而任命

　　（D）由縣市議會選出

（C）46. 下述關於上級機關對於地方自治團體之自治監督的敘述，何者正確？

　　（A）關於委辦事項，上級機關只作合法性監督

　　（B）關於自治事項，上級機關只作適當性監督

　　（C）對於委辦事項，除合法性監督之外，還包括適當性監督

　　（D）對於自治事項，除合法性監督之外，還包括適當性監督

（D）47. 關於監察委員之職權，憲法增修條文做了何種改變？

　　（A）彈劾權取消　　　　　　　（B）糾舉權取消

（C）審計權取消　　　　　　（D）人事同意權取消

（C）48. 我國憲法所列舉中央與地方事權外，依據憲法第 111 條，剩餘權的劃分原則爲何？

　　（A）未列舉事項歸中央

　　（B）未列舉事項歸省

　　（C）事務有全國一致之性質者屬於中央，有省一致之性質者屬於省

　　（D）未列舉事項歸省與縣

（C）49. 下列何者依憲法本文或增修條文之規定，須超出黨派以外，依據法律獨立行使職權？

　　（A）總統　　　　　　　　　（B）行政院院長

　　（C）監察委員　　　　　　　（D）立法委員

（A）50. 依現行憲政體制，監察院彈劾權行使之對象，不包括下列何者？

　　（A）總統、副總統　　　　　（B）民選之行政首長

　　（C）司法院人員　　　　　　（D）考試院人員

101 年四等一般警察人員考試

（C）1. 當法律與憲法有無牴觸發生疑義時，應如何解決？
　　（A）由立法院重新修法　　　　（B）由總統召集五院院長會商解決
　　（C）由司法院解釋之　　　　　（D）交由人民舉行公民投票決定

（C）2. 依憲法增修條文規定，自由地區與大陸地區人民之權利義務與其他事務
　　之處理該如何規範？
　　（A）由行政院院會決定　　　　（B）由兩岸共同約定
　　（C）以法律為特別規定　　　　（D）由總統決定

（A）3. 依憲法增修條文第 10 條之規定，國家應尊重下列何者對社會之貢獻，
　　故應對其後續就學、就業、就醫、就養予以保障？
　　（A）軍人　　（B）警察　　（C）醫生　　（D）公務員

（D）4. 依憲法本文及增修條文的規定，下列有關對婦女保護之敘述，何者尚未
　　規定？
　　（A）婦女從事勞動，國家應予以特別之保護
　　（B）立法委員當選席次中，婦女應占有一定比例之保障
　　（C）國家應維護婦女之人格尊嚴
　　（D）行政院部會首長中，婦女應占有一定比例之保障

（C）5. 憲法增修條文規定，「國家」應推行全民健康保險。依司法院釋字第
　　550 號解釋之見解，此規定所稱之「國家」係指下列何者？
　　（A）中央　　　　　　　　　　（B）地方
　　（C）兼指中央與地方　　　　　（D）各級地方自治團體

（D）6. 依憲法第 155 條之規定，國家應實施社會保險制度。下列何者不屬於社
　　會保險？
　　（A）全民健保　　（B）公保　　（C）農保　　（D）投資保險

（A）7. 依憲法規定，國防之組織應如何定之？
　　（A）以法律定之　　　　　　　（B）由總統基於統帥權發布命令定之

（C）由國防部發布命令定之　　　（D）由參謀總長發布命令定之

（D）8. 依憲法增修條文之規定，修憲程序由下列何者發動？

　　（A）人民　　（B）總統　　（C）政黨　　（D）立法院

（C）9. 依司法院釋字第 603 號之見解，請領國民身分證須按指紋的規定，主要因涉及人民何種基本權利，須符合比例原則的要求？

　　（A）選舉權　　　　　　　　　（B）財產自由權

　　（C）資訊隱私權　　　　　　　（D）遷徙自由權

（D）10. 依憲法第 170 條之規定，本憲法所稱之法律，謂經立法院通過，總統公布之法律，下列何者非憲法該條所稱法律之名稱？

　　（A）法　　（B）通則　　（C）條例　　（D）自治條例

（B）11. 大學對於教學、研究之學術事項享有自治權，是基於憲法何項權利之保障？

　　（A）人身自由　　（B）講學自由　　（C）財產權　　（D）結社權

（D）12. 我國憲法第 2 章關於人民權利，規定最為詳細具體者為何？

　　（A）言論自由　　（B）選舉權　　（C）平等權　　（D）人身自由

（B）13. 限制役男出境，依司法院釋字第 443 號解釋，主要係對下列何種自由之限制？

　　（A）集會自由　　　　　　　　（B）遷徙自由

　　（C）表現自由　　　　　　　　（D）信仰宗教自由

（A）14. 依憲法本文規定，人民因犯罪嫌疑被逮捕，至遲應於何時移送法院審問？

　　（A）24 小時　　（B）36 小時　　（C）48 小時　　（D）72 小時

（B）15. 依司法院釋字第 535 號解釋，警察人員對人民實施臨檢時，經受檢人表明身分後，除涉有不法或妨礙交通、安寧之外，應任其離去，係遵守憲法何項人民權利自由之保障？

　　（A）平等權　　（B）人身自由　　（C）居住遷徙自由　　（D）生存權

（C）16. 國家依法徵收人民之財產，依司法院釋字第 516 號解釋，對於被徵收財產之所有人，應採取下列何種措施？

（A）合理之賠償 　　　　　　（B）最低限度之補償

（C）合理之補償 　　　　　　（D）最低限度之賠償

（D）17. 依司法院釋字第 399 號解釋，人之姓名為其人格之表現，故命名乃人民受憲法保障之何項自由？

（A）憲法第 11 條之言論自由　（B）憲法第 13 條之信仰自由

（C）憲法第 15 條之生存權　　（D）憲法第 22 條之人格權

（A）18. 下列何項原則要進行是否符合「目的正當性、手段必要性、限制妥當性」之審查？

（A）比例原則 　　　　　　　（B）法律保留原則

（C）平等原則 　　　　　　　（D）明確性原則

（D）19. 關於言論自由，下列敘述何者錯誤？

（A）表意人經由焚燒旗幟方式表達其意見，此乃象徵性言論之展現，為言論自由保障的範圍

（B）電視廣告的商業言論，屬於言論自由的保障

（C）不向國旗敬禮的消極行為，為言論自由保障的範圍

（D）使用暴力手段傷害他人表達意見之行動表現，為言論自由保障的範圍

（C）20. 舊民法第 1089 條「父母對於未成年子女權利之行使意思不一致時，由父行使之」之規定部分，主要違反下列何者？

（A）隱私權 　（B）人格權 　（C）平等權 　（D）資訊自決權

（B）21. 依司法院釋字第 551 號解釋，某甲栽贓誣陷某乙販賣一級毒品，舊毒品危害防制條例規定對於某甲「處以其所誣告之罪之刑」，此一規定違憲的主要理由為下列何者？

（A）違反罪刑法定原則　　　　（B）違反比例原則

（C）違反明確性原則　　　　　（D）違反信賴保護原則

（A）22. 某地人口激增，現有道路不敷使用，人民可以依據下列何種方式請求政府闢建馬路？

（A）請願 　（B）提起訴願 　（C）提起行政訴訟 　（D）國家賠償

（B）23. 依司法院大法官解釋，下列關於公務人員身分保障的敘述，何者錯誤？

（A）公務員身分保障之法律措施，係爲貫徹憲法第 18 條應考試服公職之基本權

（B）爲確保公務員職務中立，其身分保障與俸給多寡絕對不得低於一般私營企業之雇員水準

（C）服務機關改組、解散或改隸，應設適度過渡條款或其他緩和措施，以維護公務員身分保障

（D）對於公務員身分造成重大影響之處分，如懲戒與考績處分，均應踐行正當法律程序

（B）24. 裁罰性之行政處分，涉及人民權利之限制，其處分之構成要件，應由下列何者定之？

（A）憲法　　（B）法律　　（C）行政命令　　（D）行政規則

（D）25. 依憲法本文之規定，除憲法及法律別有規定者外，國民年滿幾歲者，有依法被選舉之權？

（A）18 歲　　（B）20 歲　　（C）21 歲　　（D）23 歲

（D）26. 依憲法增修條文之規定，總統發布緊急命令後最遲幾日內須提交立法院追認？

（A）3 日　　（B）5 日　　（C）7 日　　（D）10 日

（A）27. 依憲法第 51 條之規定，行政院院長代行總統職權時，其期限不得逾幾個月？

（A）3 個月　　（B）4 個月　　（C）5 個月　　（D）6 個月

（B）28. 依憲法增修條文第 12 條之規定，憲法修正案提出，並於公告半年後，應經何種程序？

（A）總統複決

（B）中華民國自由地區選舉人投票複決

（C）立法院複決

（D）司法院複決

（C）29. 依憲法第 58 條之規定，下列有關行政院會議之敘述，何者正確？

（A）行政院設行政院會議，以便總統決定國家安全有關大政方針

（B）行政院會議由副院長任主席，所作決議交院長定奪

（C）行政院欲提出於立法院之法律案，須經行政院會議議決之

（D）不管部會之政務委員，不是行政院會議組織成員

（ABCD）30. 依司法院釋字第 461 號解釋，下列何人有義務列席立法院接受質詢？

（A）最高法院院長　　　　　（B）考試院院長

（C）參謀總長　　　　　　　（D）監察委員

（A）31. 行政院於會計年度結束後，應向下列何機關提出決算案？

（A）監察院　（B）立法院　（C）司法院　（D）考試院

（D）32. 立法院決議通過總統、副總統之彈劾案後，須再由下列何者審理？

（A）普通法院法官　　　　　（B）行政法院法官

（C）公務員懲戒委員會委員　（D）憲法法庭

（D）33. 依我國憲法增修條文第 4 條的規定，依投票選出代表全國不分區與僑居國外國民之立法委員，政黨之選票至少應達多少比率以上，方得依得票比率分配立法委員當選席次？

（A）百分之二　（B）百分之三　（C）百分之四　（D）百分之五

（C）34. 依憲法第 111 條規定，中央與地方就憲法未列舉事項之權限發生爭議時，由下列何者解決？

（A）總統　（B）行政院　（C）立法院　（D）司法院

（C）35. 審計長由總統提名，經下列何機關同意任命之？

（A）監察院　（B）考試院　（C）立法院　（D）行政院

（A）36. 依憲法第 72 條之規定，總統應於收到立法院通過的法律案後幾日內公布之？

（A）10 日　（B）15 日　（C）20 日　（D）30 日

（D）37. 依憲法增修條文之規定，司法院大法官如何產生？

（A）全國法官票選產生

（B）司法院院長選任

（C）司法院院長提名，經立法院同意任命

（D）總統提名，經立法院同意任命

（D）38. 依憲法增修條文第 5 條之規定，下列有關司法院院長、副院長之敘述，何者正確？

（A）司法院院長出缺時，由副院長繼任

（B）司法院副院長出缺時，由司法院秘書長代理

（C）司法院副院長隨司法院院長變動而變動

（D）司法院院長、副院長無任期保障

（C）39. 下列何者係隸屬司法院？

（A）政黨審議委員會　　　　（B）公民投票審議委員會

（C）公務員懲戒委員會　　　（D）公務人員保障暨培訓委員會

（C）40. 下列何者不屬於受憲法第 81 條獨立行使職權保障之法官？

（A）最高行政法院法官

（B）地方法院簡易庭法官

（C）公務人員保障暨培訓委員會委員

（D）公務員懲戒委員會委員

（B）41. 依憲法增修條文之規定，行政院院長辭職或出缺時，在總統未任命行政院院長前，應如何處理？

（A）由行政院副院長繼任

（B）由行政院副院長代理

（C）由行政院秘書長代理

（D）由行政院會議以合議方式代行院長職權

（C）42. 依憲法第 20 條規定，人民有依法律服兵役之義務，但兵役法第 1 條卻僅規定只有「男子」有服兵役之義務，是否違反平等原則？

（A）違反，憲法第 7 條規定人民無分男女，在法律上一律平等

（B）違反，僅規定男子有服兵役之義務，剝奪女性從事兵役相關工作之權利

（C）不違反，此係立法者基於男女生理上之差異，所爲合理之差別待
　　遇

（D）不違反，此係對女性有利之規定

（A）43. 下列何者屬於憲法第 19 條租稅法律主義要求，應以法律規定之事項？

（A）納稅義務人應於何時開始，辦理結算申報

（B）納稅義務人填具申報書之格式

（C）申報書所應檢附之資料、文件

（D）稽徵機關接到納稅義務人申報之後，應於多久的時間之內，核定
　　應納稅額

（C）44. 下列何者之政治參與不屬於憲法增修條文第 10 條內明列應予特別保障
　　之人民？

（A）原住民族　　　　　　　（B）澎湖、金門及馬祖地區人民

（C）居住於我國之外國人民　（D）僑居國外國民

（D）45. 下列何者非屬大法官的職權？

（A）解釋憲法　　　　　　　（B）統一解釋法令

（C）政黨違憲之審查　　　　（D）公民投票案之審核

（C）46. 法官於審理案例時，對於應適用之法律，確信有違憲疑義者應：

（A）仍然受該法律之拘束　　（B）逕行宣告該法律無效

（C）許其停止審判聲請釋憲　（D）呈報法院行政主管處理

（B）47. 考試院設考試委員若干人，由總統提名，經下列何者同意任命之？

（A）行政院　（B）立法院　（C）司法院　（D）監察院

（D）48. 現行監察委員如何產生？

（A）由各市議會選舉之

（B）由國民直選之

（C）由立法委員以無記名投票方式選舉之

（D）由總統提名，經立法院同意任命之

（B）49. 依憲法第 107 條規定，下列何者非屬中央立法並執行之事項？

（A）外交

（B）銀行及交易所制度

（C）國防與國防軍事

（D）國籍法及刑事、民事、商事之法律

（B）50. 下列關於直轄市之敘述，何者錯誤？

（A）直轄市之自治，以法律定之　（B）直轄市得設地方法院

（C）直轄市為公法人　　　　　　（D）新北市為直轄市

102 年四等一般警察人員考試

（C）1. 下列何者並未於憲法本文中明確規定？

　　（A）國旗　　（B）國民　　（C）國都　　（D）國體

（A）2. 根據司法院釋字第 690 號解釋，傳染病防治法第 37 條第 1 項規定的「必
　　要處置」包含強制隔離，與下列何項憲法規定較無關聯？

　　（A）法律保留原則　　　　　（B）人身自由

　　（C）法律明確性　　　　　　（D）正當法律程序

（C）3. 依司法院釋字第 689 號解釋，社會秩序維護法第 89 條第 2 款規定限制
　　新聞採訪者的跟追行為，與下述憲法規定較無關聯？

　　（A）憲法第 11 條新聞採訪自由　　（B）憲法第 15 條工作權

　　（C）憲法平等原則　　　　　　　　（D）憲法比例原則

（D）4. 下列有關通訊保障及監察法對於秘密通訊自由之限制，何者錯誤？

　　（A）不得於私人住宅裝置竊聽器、錄影設備或其他監察器材

　　（B）偵查中由檢察官依司法警察機關聲請或依職權聲請法院核發通訊
　　　　監察書

　　（C）審判中由法官依職權核發通訊監察書

　　（D）違反通訊保障及監察法之規定進行監聽行為情節重大者，所取得
　　　　之內容或所衍生之證據，若能於司法偵查、審判或其他程序中證
　　　　明其為真實者，均可採為證據

（A）5. 憲法第 8 條規定，人民因犯罪嫌疑被逮捕拘禁時，其逮捕拘禁機關應將
　　逮捕拘禁原因，以書面告知本人及其本人指定之親友，並至遲於幾小時
　　內移送該管法院審查？

　　（A）24 小時　　（B）36 小時　　（C）48 小時　　（D）由法院決定

（D）6. 下列有關憲法第 11 條，「人民有言論、講學、著作及出版之自由」之
　　說明，何者錯誤？

　　（A）國家應給予言論自由最大限度之維護，俾其實現自我、溝通意

見、追求真理及監督各種政治或社會活動之功能得以發揮

（B）以法律限制言論自由者，應符合比例原則之要求

（C）商業言論所提供之訊息，內容為真實，無誤導性，以合法交易為目的而有助於消費大眾作出經濟上之合理抉擇者，應受憲法言論自由之保障

（D）媒體之報導或評論侵害他人之權利者，受害人即可要求媒體允許其更正或答辯。亦即此時為使媒體作出確實、公正之報導與評論，憲法強制傳播媒體接受民眾表達其反對意見之要求

（B）7. 關於信仰宗教自由權所保護的範圍，下列說明何者錯誤？

（A）包括不信仰的自由

（B）信仰的內容不可超越一般經驗與知識之理解範圍

（C）包括宗教儀式的自由

（D）包括傳教的自由

（D）8. 依司法院釋字第 591 號解釋，下列關於憲法第 16 條訴訟權保障的敘述，何者錯誤？

（A）訴訟權旨在確保人民於其權利受侵害時，有依法定程序提起訴訟，並受法院公平審判之權利

（B）針對訴訟應遵循之程序及相關要件，立法機關得衡量訴訟案件之種類、性質等考量，為正當合理之規定

（C）立法機關按照個別訴訟類型的特性，而有特別之規定者，如符合必要，適當限制人民部分的訴訟權，為憲法所許

（D）仲裁係人民本於契約自由原則，合意選擇由仲裁人來解決私法上紛爭，由於仲裁非由法院法官裁判，故非屬訴訟權保障範圍

（B）9. 下列何者並非憲法第 11 條講學自由保障之範圍？

（A）教學自由　　　　　（B）秘密通訊自由

（C）研究自由　　　　　（D）學習自由

（C）10. 下列何者與司法院大法官的職權無涉？

（A）解釋總統的憲法職權　　（B）審理政黨違憲

（C）罷免總統　　　　　　　　（D）彈劾總統

（B）11. 下列何者係由總統提名，經立法院同意任命之？

　　　（A）行政院院長　　　　　　　（B）考試院院長

　　　（C）中央銀行總裁　　　　　　（D）國家通訊傳播委員會委員

（D）12. 下列有關立法委員免責特權之敘述，何者錯誤？

　　　（A）在院內所為言論，對院外不負責任

　　　（B）在院內所為表決，對院外不負責任

　　　（C）在院內所為質詢，對院外不負責任

　　　（D）在院內所為犯罪，對院外不負責任

（B）13. 依憲法增修條文規定，總統為決定國家安全有關大政方針，得設下列何機關？

　　　（A）國家統一委員會　　　　　（B）國家安全會議

　　　（C）大陸委員會　　　　　　　（D）光復大陸設計委員會

（C）14. 依憲法增修條文第 2 條規定，總統經向下列何者諮詢後得宣告解散立法院？

　　　（A）副總統　　　　　　　　　（B）行政院院長

　　　（C）立法院院長　　　　　　　（D）司法院院長

（D）15. 依憲法增修條文第 4 條規定，不分區及僑居國外國民之立法委員依政黨名單投票選舉之，即我國採二票制，要獲得多少比例政黨選票之政黨才可以依比例分配當選名額？

　　　（A）百分之二　（B）百分之三　（C）百分之四　（D）百分之五

（D）16. 依憲法本文及增修條文之規定，總統、副總統均不能視事時，由下列何種官員代行其職權？

　　　（A）立法院院長

　　　（B）總統府秘書長

　　　（C）五院院長輪流一定期間代行其職權，其細節另由法律定之

　　　（D）行政院院長

（A）17. 依憲法增修條文政黨違憲之敘述，下列何者不在其內？

（A）政黨之成立未經內政部政黨審議委員會許可

（B）政黨之行為危害自由民主之憲政秩序

（C）政黨違憲之解散由司法院大法官組成憲法法庭審理

（D）政黨之目的危害中華民國之存在

（B）18. 依憲法增修條文規定，下列何者有不得連任之限制？

（A）總統　（B）大法官　（C）考試委員　（D）監察委員

（D）19. 行政院提出決算後三個月內，應由何機關正式向立法院提出決算報告？

（A）決算部　（B）經濟部　（C）財政部　（D）審計部

（B）20. 下列那一個單位，非屬考試院所設之機關？

（A）公務人員保障暨培訓委員會

（B）公務員懲戒委員會

（C）銓敘部

（D）考選部

（A）21. 依憲法增修條文規定，對於按省區分別規定名額，分區舉行考試之規定，作何處理？

（A）停止適用　　　　　（B）依所訂定落日條款處理

（C）繼續適用　　　　　（D）只有部分繼續適用

（D）22. 依現行憲法之規定，下列有關監察院之敘述，何者正確？

（A）監察院之性質相當於民主國家之國會

（B）監察院設院長、副院長各一人，由監察委員互選之

（C）監察院設委員若干人，由總統任命之

（D）監察委員並不享有不受逮捕特權

（B）23. 下列何者由憲法法庭審理之？

（A）總統之罷免案（B）政黨違憲之解散事件

（C）大法官之彈劾案（D）大法官之罷免案

（ABCD）24. 依憲法增修條文規定，下列何者無終身職之保障？

（A）最高法院法官

（B）最高行政法院法官

（C）法官轉任之大法官

（D）所有之大法官

（A）25. 依憲法增修條文第 2 條規定，總統發布下列何種命令，須經行政院院長副署？

（A）任命行政院副院長　　　（B）任命司法院副院長

（C）任命考試院副院長　　　（D）任命監察院副院長

（B）26. 依憲法第 63 條之規定，下列那個機關掌有我國對外締結條約之議決權？

（A）外交部　（B）立法院　（C）行政院　（D）總統府

（C）27. 立法院立法委員自第 7 屆起，選出全國不分區及僑居國外國民共幾人？

（A）26 人　（B）30 人　（C）34 人　（D）48 人

（A）28. 下列何者不屬立法院對行政院之監督方式？

（A）糾正　（B）質詢　（C）調查　（D）提出不信任案

（D）29. 依司法院釋字第 435 號解釋，立法委員之言論免責權，不包含：

（A）質詢　　　　　　　　（B）提案

（C）院內黨團協商　　　　（D）蓄意而非表意之肢體動作

（C）30. 有關憲法增修條文第 3 條第 2 項第 3 款不信任案之敘述，下列何者正確？

（A）立法院得經全體委員二分之一以上連署，對行政院院長提出不信任案

（B）不信任案提出七十二小時後，應於四十八小時內以無記名投票表決之

（C）如經全體立法委員二分之一以上贊成，行政院院長應於十日內提出辭職，並同時得呈請總統解散立法院

（D）不信任案如未獲通過，同一行政院院長任內不得再提不信任案

（D）31. 依據憲法增修條文第 3 條第 2 項第 2 款規定，行政院得移請立法院覆

議下列何種案件？

（A）戒嚴案　　（B）宣戰案　　（C）大赦案　　（D）預算案

（A）32. 有關立法院職權行使之原則，下列敘述何者錯誤？

（A）法案任期連續原則　　（B）憲法機關忠誠原則

（C）會議公開原則　　　　　（D）議會自律原則

（D）33. 有關立法院之敘述，下列何者錯誤？

（A）副總統缺位時之補選機關

（B）總統、副總統罷免案之提案機關

（C）總統、副總統彈劾案之提出機關

（D）審理違憲政黨解散之機關

（C）34. 依憲法增修條文第 3 條之規定，立法院對行政院院長提出之不信任案
如未獲通過，下列敘述何者正確？

（A）立法院於一年內不得再提任何不信任案

（B）立法院於一年內不得對同一政黨之行政院院長再提不信任案

（C）立法院於一年內不得對同一行政院院長再提不信任案

（D）立法院於一年內不得對同一總統所任命之行政院院長再提不信任
案

（A）35. 依憲法第 36 條之規定，三軍由誰負責統率？

（A）總統　　　　　　　　　（B）行政院院長

（C）國防部部長　　　　　　（D）參謀總長

（B）36. 依憲法本文及增修條文規定，總統與行政院、立法院之關係，下列何
者錯誤？

（A）行政院對立法院決議之法律案認為有窒礙難行時，得經總統之核
可，移請立法院覆議

（B）總統提名行政院院長須經立法院同意

（C）立法院得對行政院院長提出不信任案

（D）不信任案通過後，行政院院長得呈請總統解散立法院

（A）37. 依憲法增修條文規定，立法院對於行政院移請覆議之案件至遲應於送

達多少日內作成決議？

（A）15 日 　（B）20 日 　（C）25 日 　（D）30 日

（C）38. 依據司法院大法官解釋，下列何者非憲法第 7 條平等權之內涵？

（A）平等原則非指絕對、機械之形式上平等

（B）平等原則保障在法律上地位之實質平等

（C）差別待遇之手段與目的間不需具實質關聯

（D）立法機關基於憲法上之價值體系，自得斟酌規範事務性質之差異為合理之區別對待

（D）39. 依憲法本文之規定，有關人民選舉權之行使，下列敘述何者正確？

（A）以普通、平等、直接及記名投票之方式為之

（B）中華民國國民年滿 18 歲者，有依法選舉之權

（C）選舉產生之爭議由監察院解決之

（D）各種選舉之候選人一律公開競選

（A）40. 我國憲法第 7 條規定各黨派在法律上一律平等，下列何者錯誤？

（A）公職應平等分配於各黨派

（B）各黨派均受法律同等之保障

（C）各黨派均有平等機會從事競選活動

（D）各黨派均有平等機會從事主義宣傳

（C）41. 依司法院釋字第 664 號解釋，關於少年事件處理法就常逃學逃家虞犯少年收容感化教育之規定違憲，下列何者與本解釋所言及之憲法規定較不相干？

（A）憲法第 8 條之人身自由

（B）憲法第 22 條導出之人格自由

（C）憲法第 10 條之遷徙自由

（D）憲法第 23 條之比例原則

（A）42. 依司法院大法官解釋，大學對學生所為行政處分，即使非屬退學處分，如侵害學生基本權利，學生仍得提起行政爭訟，主要係為保障下列何種基本權利？

（A）訴訟權　　（B）自治權　　（C）人身自由　　（D）健康權

（B）43. 國家對欠稅人進行拘提、管收，主要是對人民何種基本權利之限制？

　　（A）訴訟權　　（B）人身自由　　（C）言論自由　　（D）工作權

（D）44. 依司法院大法官解釋，下列何者不屬於受居住遷徙自由保障之事項？

　　（A）於臺灣有戶籍之國民從國外返國

　　（B）環島旅行

　　（C）搭乘飛機出國

　　（D）外國人在臺工作應經許可

（B）45. 依司法院大法官解釋，有關言論自由之敘述，下列何者錯誤？

　　（A）國家得基於重大公共利益以法律對商業性言論加以適當限制

　　（B）凡為探求真相揭發個人隱私者，法院概不得以毀謗罪相繩

　　（C）國家應以法律保障人民之媒體接近使用權

　　（D）傳播媒體編輯自由應受保障

（C）46. 依憲法增修條文之規定，憲法修正案由何機關提出？

　　（A）行政院　　（B）總統　　（C）立法院　　（D）監察院

（A）47. 依憲法第 142 條之規定，有關國民經濟之敘述，下列何者錯誤？

　　（A）禁止自由放任　　　　　　（B）實施平均地權

　　（C）節制私人資本　　　　　　（D）謀求國計民生之均足

（C）48. 依司法院釋字第 499 號解釋之見解，有關修憲程序之敘述，下列何者
　　正確？

　　（A）與修憲有關之程序規定，應悉由憲法規定

　　（B）與修憲有關之程序規定，憲法若無規定，須由法律規定

　　（C）與修憲有關之程序規定，除由憲法規定外，可由修憲機關自訂，
　　　　但須符合公開透明原則

　　（D）與修憲有關之程序規定，除由憲法規定外，可由修憲機關自訂，
　　　　司法院大法官無權審查其合憲性

（A）49. 憲法內對於中華民國國民之定義為：

　　（A）具有中華民國國籍者

（B）具有中華民國國籍，且不具他國國籍者

（C）具有中華民國國籍，且年滿 20 歲者

（D）具有中華民國國籍，且有長期居住之事實者

（D）50. 依司法院釋字第 554 號解釋，關於刑法通姦罪的說明，下列敘述何者
錯誤？

（A）婚姻與家庭受憲法制度性保障

（B）性行為之自由受憲法第 22 條之保障

（C）性行為之自由受婚姻與家庭制度之制約

（D）婚姻關係存續中，不得以罪刑相加，限制配偶之一方與第三人間
之性行為

100 年公務人員特種考試司法官考試第一試試題

（B）1. 甲半夜在公園中攜帶鋼剪閒逛，巡邏警察認為甲形跡可疑，乃上前臨檢要甲拿出身分證明，甲表示未帶證件並拒絕告知姓名，警察要甲一同到警察局但遭甲拒絕，警察乃強制將甲帶回警察局盤查身分。下列敘述何者正確？

（A）警察係依法執行職務，甲不配合係妨礙公務，故警察得逮捕甲

（B）警察得臨檢甲，因甲不配合且身分不明，警察得逕行強制將甲帶回警察局盤查身分

（C）甲並無犯罪嫌疑亦非現行犯，故警察不得臨檢，盤查並要求甲至警察局，故警察之行為違法

（D）警察得臨檢甲，甲不配合，警察須獲得警察局長官許可後，始得強制將甲帶回警察局，故警察之行為違法

（A）2. 承上題，關於強制帶回警察局盤查身分，下列敘述何者正確？

（A）若甲之身分已經查明，雖警察發現其有犯罪前科，仍應立即任其離去

（B）若甲認為警察強制將其帶回警察局之行為違法，得向管轄法院請求提審

（C）甲之身分雖經查明，若警察發現其有犯罪前科，仍得留置甲繼續調查，但不得逾 24 小時

（D）若甲認為警察強制將其帶回警察局之行為違法，得向管轄檢察機關請求提審

（B）3. 甲為某國立大學學生，一向熱衷政治，並強烈支持 A 政黨，在總統大選期間向該校課外活動組申請在海報版張貼支持 A 政黨候選人乙之海報，校方援引教育部 91 年 10 月 29 日臺（91）訓（二）字第 91157349 號函：「各項公職人員競選活動期間，為加強維護選舉期間校園學習安

寧，學校不得借予教職員工與學生從事『為候選人在校園內張貼散發海報、標語或傳單』及「其他有違行政中立及影響校園學習環境安寧之助選活動」暨該校「學生社團公告管理暫行辦法」第 4 條規定：「主管單位認為社團公告內容有左列情形之一者，得不予以加蓋期限印章：一、違背國家法令者。二、違反學校規定者。三、惡意攻訐或顯然與事實不符，涉及私德且與公共利益無關者。」，認為甲申請張貼海報已違反教育部前揭函令而屬違背國家法令，故不予同意。請問下列何者正確？

（A）該校不予同意張貼海報，並非退學或類此處分，因此不得提起行政爭訟

（B）該校不予同意張貼海報，屬於公權力措施，已經侵害甲的基本權利，甲得提起行政爭訟

（C）該校不予同意張貼海報，已經損及甲受教育的機會，甲得提起行政爭訟

（D）該校不予同意張貼海報，對於甲的受教權屬於微不足道的輕微干預，甲不得提起行政爭訟

（A）4. 承上題，根據司法院大法官釋字第 382 號解釋，各級學校對學生所為退學或類此之處分行為，足以改變其學生身分並損及其受教育之機會，受處分之學生於用盡校內申訴途徑，未獲救濟者，得依法提起訴願及行政訴訟。設若甲歷經校內申訴、訴願不受理及行政訴訟以不合法裁定駁回確定，因此想要聲請釋憲。下列敘述何者正確？

（A）甲應以補充或變更司法院大法官釋字第 382 號解釋為聲請釋憲的標的

（B）甲應以該校「學生社團公告管理暫行辦法」第 4 條之規定違憲為聲請釋憲的標的

（C）甲應以教育部 91 年 10 月 29 日臺（91）訓（二）字第 91157349 號函違憲為聲請釋憲的標的

（D）甲應以最高行政法院之裁定違憲為聲請釋憲的標的

（D）5. 承上題，大法官受理甲的聲請案，並作出司法院大法官釋字第 684 號解

釋，請問依據該號解釋下列何者正確？

（A）針對退學或類此處分，方才得以提起行政爭訟

（B）不須先進行校內申訴等救濟程序，亦能提起行政爭訟

（C）只有侵害受教育權才得以提起行政爭訟

（D）大學生得就學校對其所為的行政處分或其他公權力措施提起行政
　　爭訟

（C）6. 承上題，設若甲並非國立大學的學生，而係私立大學的學生，下列何者
正確？

（A）甲僅得就學校對其所為之退學或類此處分提起行政爭訟

（B）私立大學的學生與學校之間屬於私法契約，對於學校的各種措施
　　與處分無法提起行政爭訟

（C）甲就學校對其所為的行政處分或其他公權力措施得提起行政爭訟

（D）不准張貼海報屬於學校秩序維持的內部管理措施，不得對之提起
　　行政爭訟

（C）7. 某甲因違反 A 法被處罰鍰，歷經行政救濟均敗訴後，向司法院大法官
聲請解釋。假設大法官於 2010 年 12 月 1 日公布解釋，宣告 A 法違憲
並立即失效。與甲同案受罰的乙於歷經行政救濟敗訴確定後，則未向大
法官聲請解釋。請問上述大法官解釋對於甲、乙二人的判決之效力，以
下敘述何者正確？

（A）大法官解釋只宣告 A 法立即失效，不生溯及既往效力，甲乙二人
　　均無從提起再審之訴請求救濟

（B）大法官解釋為抽象解釋，不影響已經確定的個案處分或判決之效
　　力，甲乙二人均無從提起再審之訴請求救濟

（C）大法官解釋，對於聲請人據以聲請的案件得例外產生溯及既往之
　　效力，故甲得提起再審，乙不得提起再審

（D）違反大法官解釋之確定處分或裁判，均當然無效，甲乙二人均得
　　提起再審請求救濟

（A）8. 臺灣民間燒王船活動，屬於憲法何種基本權的行使？

（A）信仰宗教的自由　　　（B）言論自由

（C）結社的自由　　　　　（D）一般行動自由

（D）9.甲企業人事部門依法律規定公告「甲企業員工性騷擾防治辦法」，請問此一辦法與下列何種基本權利之保障無關？

（A）隱私權　（B）工作權　（C）人身自由　（D）宗教信仰自由

（C）10.憲法增修條文第 10 條第 12 項規定應保障「原住民族的地位及政治參與，以及保障扶助其教育文化……」，下列敘述何者錯誤？

（A）國家依憲法此種相關規定，即應致力訂定法律以保障原住民族的地位

（B）立法委員的選舉包含原住民代表，即係一種保障原住民族政治參與的表現

（C）國家應設立「原住民（族）事務的專屬審判法院」，否則即不合憲法此一規定的意旨

（D）國家積極維護原住民族的語言及文化，亦屬一種憲法上對原住民族的保障

（D）11.某甲就讀於國防大學，基於滿腔熱血，向主管機關申請登記為立法委員選舉候選人，卻被以公職人員選舉罷免法第 27 條第 1 項第 3 款「軍事學校學生不得登記為候選人」的規定，拒絕受理參選登記。某甲不服，提起行政救濟，根據司法院大法官釋字第 546 號解釋的見解，下列敘述何者正確？

（A）基於權利保護的實益，限於選舉尚未進行，某甲才得提起行政救濟

（B）基於權利保護的實益，限於選舉進行中，某甲才得提起行政救濟

（C）基於權利保護的實益，限於選舉結束後，某甲才得提起行政救濟

（D）於選舉前或後，甲皆得提起行政救濟

（B）12.依司法院大法官解釋，下列何者侵害人民之言論自由而違憲？

（A）法律規定製造人應於其所生產的食品包裝上標示是否使用特定成分

（B）法律規定人民不得設立主張分裂國土的人民團體

（C）法律規定不具證券投資顧問事業資格之人，不得舉辦有關證券投資講習

（D）法院判決命加害人應於報紙上登載被害人勝訴判決之部分或全部

（D）13. 依現行憲法規定，關於司法院大法官任期之說明，除院長及副院長以外者，下列敘述何者錯誤？

（A）不得連任（B）任期個別計算（C）不分屆次（D）任期 9 年

（B）14. 憲法第 73 條規定：「立法委員在院內所為言論及表決，對院外不負責任。」所謂「在院內所為言論及表決」，依司法院大法官釋字第 435 號解釋，未包括下列何者？

（A）公聽會之發言（B）記者會之發言（C）院內黨團之協商（D）院會之表決

（D）15. 下列敘述何者錯誤？

（A）「憲法法庭」由大法官組成，以司法院院長為審判長

（B）「憲法法庭」負責審理政黨違憲解散及總統、副總統彈劾案件

（C）大法官審理解釋憲法的案件，必要時得舉行言詞辯論

（D）大法官審理案件認為有必要時，得於案件中以裁定宣告「暫時處分」

（B）16. 甲、乙出任我國總統、副總統後，下列敘述何者正確？

（A）兩者任期均為 6 年，連選得連任一次

（B）甲缺位時，由乙繼任，至總統任期屆滿為止

（C）乙缺位時，由甲提名並經國民投票同意

（D）甲、乙均缺位時，由行政院院長丙代行職權，並補選總統、副總統，任期重新起算

（C）17. 依司法院大法官釋字第 613 號解釋，下列敘述何者錯誤？

（A）獨立行政機關得依據法律獨立行使職權，自主運作，對行政一體及責任政治不免有所減損

（B）賦予獨立行政機關獨立性與自主性之同時，仍應保留行政院院長

　　　對該機關重要人事一定之決定權限

　　（C）行政院院長更迭時，獨立行政機關委員毋庸與行政院院長同進
　　　　退，係與責任政治相違

　　（D）獨立行政機關之設置，應屬例外

（D）18. 依司法院大法官釋字第 419 號解釋，有關行政院院長之禮貌性辭職之
　　　敘述，下列何者正確？

　　（A）行政院院長之辭職，自辭職提出之日立即生效，不必總統核准

　　（B）總統有義務退回辭呈

　　（C）非屬總統之統治行為

　　（D）非司法院應作合憲性審查之事項

（B）19. 司法院大法官解釋曾認為檢肅流氓條例（已廢止）第 2 條第 3 款關於
　　　「欺壓善良」的規定違憲，請問這項規定違反以下何種原則？

　　（A）授權明確性原則　　　　（B）法律明確性原則

　　（C）比例原則　　　　　　　（D）平等原則

（C）20. 對於醫療機構，我國憲法如何規定？

　　（A）基於自由市場機制，國家不應介入醫療事業

　　（B）為增進民族健康，國家應嚴格管理所有醫院，但不自己設置公立
　　　　醫療機構

　　（C）為增進民族健康，國家應設立公立醫院

　　（D）我國憲法對此未置一詞，無任何相關規定

（B）21. 以下有關司法院大法官解釋之敘述，何者錯誤？

　　（A）大法官之憲法解釋，以及法令之統一解釋，有拘束全國各機關及
　　　　人民之效力，各機關處理有關事項，應依解釋意旨為之

　　（B）大法官所為之法令統一解釋，對於引起歧見之該案件，如經確定
　　　　終局裁判，而其適用法令所表示之見解，經大法官解釋為違背法
　　　　令之本旨時，是項解釋不得據為再審或非常上訴之理由

　　（C）大法官依人民聲請所為之解釋，對聲請人據以聲請解釋的案件，
　　　　亦有效力

（D）大法官依人民聲請所為之解釋，於聲請人以同一法令牴觸憲法疑義而已聲請解釋之各案件，亦可適用

（B）22. 下列何者，不屬於我國憲法本文所稱：「非經司法或警察機關依法定程序，不得逮捕拘禁」之「警察機關」？

（A）憲兵　　　　　　　　　　（B）書記官

（C）刑事警察　　　　　　　　（D）行政執行處之執行員

101 年公務人員特種考試司法官考試
第一試試題

（B）1. 若國際突然發生重大金融風暴，嚴重影響我國之產業及國民經濟，為應付此項財政經濟上之重大變故，下列敘述何者正確？

（A）總統僅得於立法院休會期間，經行政院會議之決議發布緊急命令，為必要之處置

（B）總統得發布緊急命令，但須於發布後十日內提交立法院追認

（C）總統發布緊急命令時須依緊急命令法之規定

（D）總統發布之緊急命令，如立法院不同意時，該緊急命令溯及發布時失效

（B）2. 憲法第 73 條規定「立法院委員在院內所為之言論及表決，對院外不負責任」，是為立法委員之「言論免責權」。請問下列敘述何者錯誤？

（A）言論免責權的目的是要讓立法委員行使職權無所顧慮，以便於監督政府，故應作最大程度之界定

（B）「對院外不負責任」，包含不負相關民事責任、刑事責任，及立法院的相關紀律違反的懲戒責任

（C）立法委員參加電視台政論節目所發表的言論，不享有言論免責權

（D）立法委員在休會期間，不受言論免責權的保障

（A）3. 下列何者不得提出公民投票案？

（A）直轄市議會

（B）立法院

（C）總統

（D）中華民國公民，未受監護宣告，在戶籍地繼續居住六個月以上者

（D）4. 關於司法院大法官審理政黨解散之案件，下列敘述何者正確？

（A）應由行政院移送

（B）關於政黨解散之案件，應由大法官組成憲法法庭以解釋為之

（C）關於政黨解散之宣告，應由大法官組成憲法法庭以裁定為之

（D）關於政黨解散之宣告，應由大法官組成憲法法庭以判決為之

（D）5. 依據司法院解釋，下列那一選項正確？

（A）特別公課以一般國民為課徵對象

（B）特別公課之支出不受徵收目的之拘束

（C）特別公課收入原則上歸入公庫

（D）特別公課具有行為制約之功能

（C）6. 有關憲法上人民之納稅義務，下列敘述何者錯誤？

（A）人民的納稅義務應符合租稅法律主義

（B）租稅法律主義適用於租稅主體、租稅客體、稅基、稅率、納稅方
法等構成要件及租稅稽徵程序

（C）減免繳稅的事項不適用租稅法律主義

（D）租稅法律主義並不禁止法律基於特定目的，具體明確的授權行政
機關以命令規定納稅的義務

（B）7. 依司法院釋字第 539 號解釋，庭長、審判長與法官之關係，下列敘述何
者錯誤？

（A）兼任庭長之法官與未兼行政職務之法官，二者就法官本職在法律
上得享有之權利及利益皆無差異

（B）憲法第 81 條所保障之身分對象，應包括職司獨立審判之法官與監
督司法行政事務之庭長

（C）審判長係為統一指揮訴訟程序而設

（D）充任審判長之法官與充當庭員之法官共同組成合議庭時，審判長
除指揮訴訟外，於審判權之行使及對案件之評決，其權限與庭員
並無不同

（C）8. 依司法院釋字第 580 號解釋，憲法第 143 條第 4 項扶植自耕農之農地使
用政策，以及憲法第 153 條第 1 項改良農民生活之基本國策，主要係為
何種目的而制定？

（A）規定農地歸屬程序　　　　　（B）訂定農民生活基準

（C）合理分配農業資源　　　　　（D）合理分配人力資源

（D）9. 甲當選我國總統，依總統職權發布命令，下列何者須經行政院院長之副署？

（A）甲任命乙出任行政院院長

（B）甲提名丙出任考試院院長，經立法院同意後任命丙為考試院院長

（C）甲解散立法院之命令

（D）甲於建國 100 年國慶時，發布大赦命令

（C）10. 依司法院解釋，下列何者錯誤？

（A）稅法之內容應符合量能課稅原則

（B）財政部規定：查獲短漏報銷售額始提出進項憑證者，不准扣抵銷項稅額，尚不違憲

（C）財政部規定：偏遠或服務性路線之補貼收入應課營業稅，尚不違憲

（D）所得稅法就扣繳義務人及違背扣繳義務之處罰等規定，尚不違憲

（C）11. 某公立國小校長甲，因篤信基督教，而要求全校學生在例行性朝會時一起禱告。請問：根據憲法及教育基本法的規定，甲的行為是否合憲？

（A）因是校長的治校理念而屬合憲

（B）因禱告是勸人為善而合憲

（C）因違反宗教信仰自由而違憲

（D）因未報備教育主管機關而違憲

（A）12. 有關於猥褻性言論，下列敘述，何者錯誤？

（A）猥褻性言論完全不受言論自由保障

（B）猥褻性言論包含暴力、性虐待與人獸性交而欠缺藝術、醫學或教育價值的言論

（C）雖不含有暴力、性虐待與人獸性交，但仍足以刺激或滿足性慾，而令一般人感覺不堪呈現於眾或不能忍受的資訊亦屬於猥褻性言論

（D）雖不含有暴力、性虐待與人獸性交，但仍足以刺激或滿足性慾，
　　　而令一般人感覺不堪呈現於眾或不能忍受的資訊或物品，只要採
　　　取適當之安全隔絕措施，則不屬於散布猥褻物品

（B）13. 勞工保險旨在保障勞工生活安定，以符合憲法第 153 條保障勞工生活
　　　的國家目標。請問：根據司法院釋字第 609 號解釋，勞工保險在我國
　　　的定位為何？
　　　（A）屬商業保險，且具強制投保的性質
　　　（B）屬社會保險，且具強制投保的性質
　　　（C）屬商業保險，且具自願投保的性質
　　　（D）屬社會保險，且具自願投保的性質

（A）14. 下列何者不是憲法增修條文規定之基本國策？
　　　（A）設置國家基因資料庫　　　（B）推行全民健康保險
　　　（C）促進現代醫藥之研究發展　（D）促進傳統醫藥之研究發展

（C）15. 下列有關基本權效力之論述，何者錯誤？
　　　（A）基本權第三人效力，是指基本權條款適用於私人之間的法律關係
　　　（B）基本權可以作為客觀規範的拘束力
　　　（C）基本權可以作為刑事法院法官認定法律違憲而拒絕適用該法律之
　　　　　依據
　　　（D）基本權具有作為個人權利的效力

（D）16. 下列敘述，何者錯誤？
　　　（A）考試院院長，依循憲政慣例，得不受立法院各種委員會邀請列席
　　　　　備詢
　　　（B）檢察官因依法不受外部干涉，不必到立法院司法委員會備詢
　　　（C）公平交易委員會委員因依法獨立行使職權，故無應立法院各種委
　　　　　員會邀請到會說明之義務
　　　（D）司法院院長，本於司法獨立，不得於立法院開會時，列席陳述意
　　　　　見

（C）17. 憲法第 75 條規定：「立法委員不得兼任官吏」，請問在下列敘述中，

何者爲本條文在憲法解釋上的合理推論或敘述？

（A）法條上僅言及不得兼任「官吏」，故官吏以外的職務即可兼任

（B）如果立法院在廣播電視法中規定立法委員不得擔任民營電台的董事，因爲此一職位不是「官吏」，此一規定即有違憲之嫌

（C）立法委員得否兼任「官吏」以外之職務，仍應視該職務之性質與立法委員之職權是否相容而定

（D）本條文僅指「立法委員」，因此「地方民意代表」於解釋上即不受此一拘束，而可兼任官吏

（D）18. 下列關於立法院提出「不信任案」之敘述，何者正確？

（A）立法院經全體立法委員三分之二以上連署，始得對行政院院長提出不信任案

（B）不信任案提出九十六小時後，立法院應於二十四小時內以記名投票表決之

（C）經全體立法委員二分之一以上贊成不信任案，行政院院長應於當日離職

（D）不信任案如未獲通過，一年內不得對同一行政院院長再提不信任案

（C）19. 依司法院解釋，有關職業自由，下列敘述，何者錯誤？

（A）立法者所欲限制者，如屬從事特定職業之個人應具備之專業能力或資格，例如知識、學位、體能等，須有重要公共利益存在

（B）立法者所欲限制者，如屬對從事特定職業之條件限制，非個人努力所可達成，例如行業獨占制度，須有保護特別重要之公共利益始得爲之

（C）關於從事工作之方法、時間、地點等執行職業自由，立法者不得僅爲追求一般公共利益即予以限制

（D）對職業自由之限制，因其內容之差異，在憲法上有寬嚴不同之容許標準

（D）20. 某甲經營化工廠，因排放廢氣而造成附近居民的身體受到傷害，該縣

市環保局於是依空氣污染防制法對某甲處以罰鍰。請問：該縣市環保局對某甲的處分係屬何種基本權功能的展現？

（A）防禦權（B）共享權

（C）正當法律程序的保障（D）國家保護義務

102 年公務人員特種考試司法官考試
第一試試題

（D）1. 根據我國憲法增修條文的規定，下列何者非人民得投票複決的事項？

（A）憲法修正案　　　　　（B）領土變更案

（C）總統罷免案　　　　　（D）總統彈劾案

（D）2. 兵役法第 1 條規定中華民國男子有依法服兵役之義務，引起是否牴觸性別平等的疑慮。下列敘述何者錯誤？

（A）人民如何履行兵役義務屬於立法裁量的範圍

（B）立法者鑒於男女生理上之差異及因此種差異所生之社會生活功能角色之不同，而予以差別待遇，並不違反性別平等

（C）有關人民服兵役之重要事項，應由立法者斟酌國家安全、社會發展之需要，以法律定之

（D）兵役法規定，限於男子才有服兵役之義務，係屬違反平等原則

（A）3. 司法院釋字第 664 號認定少年事件處理法第 26 條第 2 款，少年法院認有必要時得以裁定命少年收容於少年觀護所之規定違憲。請問下列何者錯誤？

（A）該款違反平等原則（B）該款違反比例原則

（C）該款侵犯收容少年人格權（D）該款侵犯收容少年人身自由

（C）4. 下列那一選項係錯誤？

（A）依司法院大法官解釋，關於父母對於未成年子女權利之行使意思不一致時，由父行使之規定係違憲

（B）依司法院大法官解釋意旨，妻原有財產所生之孳息，其所有權歸屬於夫之規定，係違憲

（C）國家機關訂定規則，以私法行為作為達成公行政目的之方法，無須遵循性別地位之實質平等之原則

（D）依司法院大法官解釋意旨，聯合財產關係消滅時，剩餘財產平均

　　　　分配之規定合憲

（C）5. A 為非視障者，於營業場所內從事按摩服務。A 被主管機關依原身心障礙者保護法第 37 條第 1 項前段和同法第 65 條第 1 項的規定處以罰鍰。試問：根據釋字第 649 號解釋，原身心障礙者保護法的相關規定是否合憲？

　　（A）為落實憲法增修條文有關身心障礙者保障之規定，合憲

　　（B）屬於實質平等的展現，合憲

　　（C）因違反平等權、工作權而違憲

　　（D）因違反法明確性而違憲

（C）6. 關於基本權利之主體，下列何者正確？

　　（A）只有自然人是基本權利之主體

　　（B）外國法人不得為基本權利之主體

　　（C）私法人得為適合其性質之基本權利主體

　　（D）公法人不得為基本權利之主體

（D）7. 憲法有關國民教育之規定，下列敘述，何者正確？

　　（A）受國民教育並非人民的權利

　　（B）受國民教育的權利主體是父母

　　（C）受國民教育的義務侵犯父母對於子女的教育權

　　（D）學齡兒童一律受基本教育

（D）8. 下列有關基本權利之敘述，何者正確？

　　（A）只有憲法上具體規定的基本權利才受到憲法保障

　　（B）憲法第 22 條規定的未列舉基本權利，其效力低於已列舉的基本權利

　　（C）立法者可以任意限制憲法第 22 條未列舉基本權利的內容

　　（D）憲法第 22 條規定的未列舉基本權利，也適用憲法第 23 條的保障

（D）9. 依據司法院大法官之解釋，下列敘述，何者錯誤？

　　（A）憲法第 21 條所保障國民受教育權利，並不包括接受國民教育以外教育之權利

（B）人民得請求國家提供以國民教育為內容之給付，國家亦有履行該
項給付之義務

（C）人民受國民教育以外教育之權利，係為憲法第 22 條所保障

（D）人民受國民教育以外教育之權利，包括賦予人民請求給予入學許
可、提供特定教育給付之權利

（C）10. 依司法院大法官解釋，菸害防制法原第 8 條第 1 項規定：「菸品所含
之尼古丁及焦油含量，應以中文標示於菸品容器上。…」（下稱強制
標示義務）同法第 21 條對違反者處以罰鍰。下列敘述，何者錯誤？

（A）強制標示義務限制了菸商之不表意自由

（B）強制標示義務雖限制了菸商的財產權，但仍屬財產權的社會義務
之範疇

（C）針對菸品有強制標示義務的規定，但酒品或保健食品並未有相同
規定，因此違反平等原則

（D）強制標示義務的規定，並未逾越比例原則

（B）11. 甲為虔誠的佛教徒，擔任嘉義市 A 公立國民小學的校長。為了淨化學
童心靈，他以「節能茹素救地球」為名，要求學校所提供的營養午餐
必須是素食，而且在午餐時間全校廣播佛教音樂。乙為學生家長，對
甲之所為甚為不滿，屢屢抗議而無效。請問甲乙間的爭執可能涉及下
列何項權利？

（A）財產權　（B）宗教自由　（C）營業自由　（D）行動自由

（C）12. 承前題，乙屢屢抗議無效後，向市府教育處陳情。請問市府應如何作
為？

（A）尊重學校自治，不予介入

（B）尊重甲之行動自由，不予介入

（C）要求學校提供學生選擇葷食或素食的可能性，並停止播放佛教音
樂，以避免形成國家特別獎掖特定宗教之疑慮

（D）要求學校停止提供營養午餐，以杜爭議

（A）13. 甲自幼為「耶和華見證人」基督徒，相信聖經是上帝的話語，不僅一

切信仰基於聖經，生活言行概以聖經爲唯一標準及原則。甲於應徵入營報到時，表示在良心上無法接受軍事訓練，致遭依陸海空軍刑法以抗命罪判處有期徒刑。請問：根據釋字第490號解釋，下列敘述何者正確？

（A）兵役法未規定因宗教信仰而得免服兵役，仍不違憲

（B）兵役法因侵犯甲的宗教自由而違憲

（C）當時我國因無替代役制度，致有特定信仰之人無法服替代役而違憲

（D）兵役制度強迫人民服兵役，已侵害人性尊嚴

（B）14.依司法院釋字第461號解釋，參謀總長在行政系統爲下列何者之幕僚長，故無須於立法院院會接受質詢？

（A）總統　　　　　　　　（B）國防部部長

（C）行政院院長　　　　　（D）國家安全會議秘書長

（A）15.關於立法程序的相關問題，下列敘述何者正確？

（A）行政院向立法院提出的法律案，須先由行政院會議議決之

（B）行政院如認立法院所通過的法律案窒礙難行，即可向立法院提出覆議

（C）覆議時若經立法院決議維持原議案，行政院院長僅得辭職

（D）法律案經立法院立法程序通過後，應由總統公布，但總統若認該法律案違憲，即得拒絕公布

（C）16.下列案例所涉及的「事前許可制」，何者曾經司法院大法官宣告違憲？

（A）以內容誇大、鼓勵濫用藥物爲由，拒絕感冒藥廣告之刊播申請

（B）以違反禁制區爲由，拒絕於港口舉行演唱會之申請

（C）以主張共產主義爲由，拒絕臺灣共產黨之設立申請

（D）以涉嫌重大犯罪爲由，拒絕入境之申請

（D）17.考試院擬修改公務人員相關法律，規定各機關公務員每年考績丙等的比例必須是3%，行政院及立法委員紛表疑慮。請問下列敘述何者正確？

（A）考試院擬將此草案送立法院審查以完成立法程序，但行政院認此

　　草案違憲，則可以聲請釋憲

（B）立法院於立法時若將此 3% 之規定刪除並完成立法，但考試院認為窒礙難行，得於總統核可後向立法院提出覆議

（C）本草案於立法院立法時，即使考試院院長擬親自向立法委員說明報告，但受限於考試院院長不出席立法院的憲政慣例，亦無法到立法院陳述意見

（D）對此擬議各院若有不同意見，總統得召集行政院、立法院及考試院院長會商解決之

（D）18. 某甲與某乙為一對共同生活之「同性戀伴侶」，某甲欲收養 5 歲之丙女，並向法院聲請認可，經法院依民法第 1079 條之 1 規定，認為甲與乙為同性戀伴侶，不符合未成年丙女之最佳利益，故裁定不予認可。某甲於窮盡審級救濟程序後，可否以終審確定裁判認為同性戀之家庭生活即不符民法第 1079 條之 1 規定之「未成年子女最佳利益」的見解，侵害同性戀者之平等權保障為由，聲請大法官釋憲？

（A）可以，因為此已符合人民聲請釋憲之要件

（B）可以，因為此乃法規違憲審查之範圍

（C）不可以，因為此種情形只能由法官聲請釋憲

（D）不可以，因為此已涉及裁判法律見解之違憲審查，並非大法官釋憲之範圍

（B）19. 承上題，若最高法院裁判對於同性戀之家庭生活是否即不符民法第 1079 條之 1「未成年子女最佳利益」的解釋出現不同見解，最高法院為統一見解，作成決議主張同性戀之家庭生活不符民法第 1079 條之 1「未成年子女最佳利益」的解釋，某乙之終審確定裁判亦是依該決議之意旨作成時，其可否以該決議侵害同性戀者之平等權保障為由，聲請大法官釋憲？

（A）可以，因為此屬機關聲請釋憲

（B）可以，因為最高法院決議係法規違憲審查之標的

（C）不可以，因為此為裁判違憲審查，非大法官釋憲之範圍

（D）不可以，因為此種情形只能由法官聲請釋憲

（C）20. 立法委員提案修正「監察法」，將對政務官的彈劾權移轉給立法院行使，其目的在於落實質詢權，避免質詢權被架空。試問下列敘述何者正確？

（A）憲法第 67 條第 2 項規定：「各種委員會得邀請政府人員及社會上有關係人員到會備詢。」因此監察委員就其執行職務事項應到會備詢

（B）倘若修正案已經三讀通過，而在總統公布之前，監察院得以「窒礙難行」為由提出覆議案

（C）修正案經總統公布生效後，監察院可以自己再提出「監察法修正案」

（D）監察院可以針對立法院修正通過之「監察法」，向司法院大法官聲請釋憲，並同時行使對政務官之彈劾權

國家圖書館出版品預行編目資料

中華民國憲法概要 / 黃炎東著. —— 二版.
——臺北市：黃炎東出版：五南總經銷,
 2014.
　　面；　公分
參考書目：面
ISBN 978-957-43-1424-9（平裝）
1. 中華民國憲法
581.21　　　　　　　　　　　　103007684

中華民國憲法概要

作　　者：黃炎東

出　　版：黃炎東

二版一刷：2014 年

定　　價：新台幣 550 元

總 經 銷：五南圖書出版股份有限公司

電　　話：(02) 2705-5066

傳　　真：(02) 2706-6100

地　　址：台北市大安區和平東路二段 339 號 4 樓

劃撥帳號：01068953

戶　　名：五南圖書出版股份有限公司